KB267594

新 HSK 한 권이면 끝

한선영 지음

동양books

초판 4쇄 발행 | 2018년 2월 10일

지은이 | 한선영
발행인 | 김태웅
편집장 | 강석기
편   집 | 권민서, 정지선, 김효수, 김다정
디자인 | 방혜자, 이미영, 김효정, 서진희
마케팅 총괄 | 나재승
마케팅 | 서재욱, 김귀찬, 이종민, 오승수, 조경현
온라인 마케팅 | 김철영, 양윤모
제   작 | 현대순
총   무 | 전민정, 안서현, 최여진, 강아담
관   리 | 김훈희, 이국희, 김승훈, 이규재

발행처 | 동양북스
등   록 | 제10-806호(1993년 4월 3일)
주   소 | 서울시 마포구 동교로22길 12 (04030)
전   화 | (02) 337-1737
팩   스 | (02) 334-6624

http://www.dongyangbooks.com

ISBN 978-89-8300-835-0 14720
ISBN 978-89-8300-820-6 (세트)

新HSK 5급을 쉽고 재미있게 공부할 수 있는 책 좀 추천해주세요!

학생들에게 자주 듣는 말이다. 그러나 지금까지 나와 있는 책은 대부분 모의고사 문제집으로, 유형별로 공부할 수 있는 교재가 부족했고, 그래서 HSK 강의 12년의 노하우와 급변하는 출제 경향의 변화를 밤낮으로 연구·분석한 결실을 바탕으로 〈新HSK 한 권이면 끝-5급〉이 완성되었다.

나에게 있는 달란트!

신은 모든 이에게 달란트를 주었다. 하지만 나는 '왜 나에게는 특별한 달란트가 없을까?'라는 생각으로 힘들어한 적이 있다. 그때 JRC 김효정 원장 선생님의 격려 한마디가 나의 가슴을 벅차게 했다. "너에게는 다른 사람이 갖지 못한 열정이 있어. 가진 것의 120%를 발휘할 수 있는 네가 자랑스럽다." 그렇다! 나는 분명 다른 사람이 갖지 못한 것을 가졌다. 학생을 사랑하는 마음, 학생들의 눈높이에서 더 쉽게 가르치려는 열정, 그리고 문제를 분석하고 비법을 정리해내는 능력이 바로 그것이다. 그래서 나는 신이 주신 나의 달란트를 이 책의 집필에 최대한 발휘하였다.

오아시스를 만나다!

'풍요 속의 빈곤'이라는 말처럼, 수많은 교재의 홍수 속에서도 마음에 드는 교재를 찾기란 쉽지 않다. 학생들은 마치 사막에서 헤매는 것처럼 '비법서'에 목말라하고 있다. 新HSK 5급 문제는 원리만 알면 풀 수 있는 '비법이 통하는' 유형이다. 이 책은 학습자들이 좀 더 빠른 시간 내에 급수를 획득할 수 있도록 많은 비법과 공부 방법을 소개함으로써 사막의 길잡이 역할을 해준다. 이 책을 펼치는 순간 여러분은 오아시스를 만날 것이며, 오랜 갈증이 속 시원히 해소될 것이다.

분권을 결정하다!

〈新HSK 한 권이면 끝-5급〉 책이 출간된 후, 수험생들의 반응은 뜨거웠다. 新HSK 수험서 중 국내 최초로 선보인 올 컬러 편집이 보기에도 시원하고, 내용까지도 만족스럽다는 평이 나왔다. 가장 큰 이유는 〈듣기〉, 〈독해〉, 〈쓰기〉 각 영역마다 기출문제 분석을 통해 얻은 비법이 녹아 있고, 꼼꼼한 설명으로 누구나 쉽게 공부할 수 있도록 되어 있기 때문이다. 우리는 또다시 수험생들에게 더 필요한 것은 무엇인지 고민하기 시작했다. 그 결과 더 많은 수험생들이 부담 없이 이 책을 선택하여 학습할 수 있도록 영역별로 분권을 결정하게 되었다.

마지막으로 이 책이 나오기까지 옆에서 묵묵히 도와준 김하령 학생, 송근호 선생님, 朴香芝 선생님께 진심으로 감사하다는 말을 전하고 싶다. 그리고 나의 인생에 터닝 포인트를 만들어주신 권혁주 부사장님, 좋은 교재를 만들기 위해 애써주신 동양북스 편집부의 노고에도 머리 숙여 감사의 마음을 전한다.

한 선 영

만점 노하우

1. 어휘력이 관건이다!

중국어에 입문한 지 얼마 되지 않은 사람들 중에 연세가 높은 분의 독해 점수가 좋은 이유는, 알고 있는 한자가 많기 때문입니다. 즉, 독해는 어휘력 싸움이므로, 단어를 모른다면 독해 문제를 아무리 많이 풀어봐도 독해 실력은 쉽게 늘지 않습니다. 독해 점수를 올리고 싶다면 조금 더디고 귀찮더라도 단어 암기부터 시작하세요.

2. 시간과의 싸움이다!

독해는 45문제를 45분 안에 풀어야 하므로, 1문제당 주어진 시간은 1분입니다. 독해 시험은 제한 시간 내에 속독하여 내용을 제대로 이해할 수 있는지를 테스트하는 것이므로, 평소에 시간을 재면서 푸는 연습을 해야 합니다.

3. 아는 문제부터 풀어라!

만약 45분 안에 도저히 45문제를 풀 자신이 없다면, 문제 순서에 구애받지 말고 자신 있는 문제부터 풀어나가는 것이 좋습니다. 모르는 문제를 계속 잡고 있으면 애꿎은 시간만 낭비됩니다. 시험장에서 당황하지 않으려면 평소에 미리미리 속독하는 연습을 해야 합니다.

4. 노트에 번역하는 연습을 하라!

자신이 틀린 지문은 반드시 노트에 번역해봅니다. 눈으로 얼핏 보면 전부 해석되는 것처럼 생각되지만, 막상 노트에 해석을 해보면 어느 부분이 부족한지를 한눈에 발견할 수 있습니다.

제1부분

문제 형식	지문에 있는 3~4개의 빈칸에 알맞은 단어나 문장을 고르는 문제
출제 문항	15문제 (지문당 3~4문제로 총 4개의 지문이 출제)
점수 배점	1문제당 2.2점
문제 풀이 시간	❶ 지문 읽고 ❷ 정답 선택하고 ❸ 답안지에 체크하는 시간까지 총 1분
정답 체크	답안지에 체크하는 시간 따로 없음 제시된 [A] [B] [C] [D] 중 답이라고 생각되는 곳에 체크한다.

1. 중간중간 빈칸이 있는 완전하지 않은 지문을 읽고 대략적인 내용을 파악할 수 있어야 합니다.

2. 막연히 답만 고르려 하지 말고, 동사와 목적어의 호응 관계나 문맥 이해를 통해 힌트를 찾아내어,
   논리적으로 생각해서 답을 선택해야 합니다.
   ① 동사의 힌트 : 목적어 또는 주어

   예 欣赏窗外的景色

   ② 목적어의 힌트 : 동사

   예 经历了长长的时间

   ③ 접속사 힌트 : 앞 절과 뒤 절에 호응하는 접속사 또는 부사

   예 如果…, 那么… / 如果…, 就…

제2부분

문제 형식	3~4줄의 단문을 읽고, 일치하는 내용을 보기에서 고르는 문제
출제 문항	10문제 (지문당 1문제로 총 10개의 지문이 출제)
점수 배점	1문제당 2.2점
문제 풀이 시간	❶ 지문 읽고 ❷ 정답 선택하고 ❸ 답안지에 체크하는 시간까지 총 1분
정답 체크	답안지에 체크하는 시간 따로 없음 제시된 [A] [B] [C] [D] 중 답이라고 생각되는 곳에 체크한다.

1. 평균 200~300자의 단문과 4개의 보기를 1분 안에 모두 읽고 일치하는 답을 찾아내야 합니다.
2. 보기를 미리 보고, 지문에서 어떤 내용을 중점으로 읽어야 하는지 확인해야 합니다.
3. 지문을 읽으면서 보기에 나왔던 내용이 나오면 일치 여부를 확인한 후, 소거법을 사용합니다.

제3부분

문제 형식	14~18줄의 긴 지문을 읽고, 지문에 딸린 4개의 질문에 알맞은 답을 고르는 문제
출제 문항	20문제 (지문당 약 4문제로 총 5개의 지문이 출제)
점수 배점	1문제당 2.2점
문제 풀이 시간	❶ 지문 읽고 ❷ 문제 풀고 ❸ 답안지에 체크하는 시간까지 총 1분
정답 체크	답안지에 체크하는 시간 따로 없음 제시된 [A] [B] [C] [D] 중 답이라고 생각되는 곳에 체크한다.

1. 지문을 모두 정독(精读)하려면 시간이 절대적으로 부족합니다. 문제를 먼저 읽고, 답을 찾는 데
   필요한 정보가 무엇인지 확실히 파악한 다음에 지문을 읽어야 합니다.
2. 지문에서 힌트는 문제 순서대로 나올 가능성이 큽니다.
3. 글의 흐름을 보여주는 접속사나 시간사에 네모 표시를 해두는 것이 좋습니다.
4. 지문의 핵심어는 무엇이며, 작가가 글을 통해 전달하려는 정보나 중심 생각이 무엇인지 침착하
   게 파악할 수 있도록, 평소 속독하는 연습을 충분히 해야 합니다.

이 책의 구성

★맞춤형 5급 독해 공략 프로젝트

新HSK 시험 형식에 맞춰 1~3부분으로 나누어져 있고, 총 15개 장으로 구성되어 있습니다. 학습 환경에 따라 15일, 30일 공략 프로젝트로 활용할 수 있습니다.

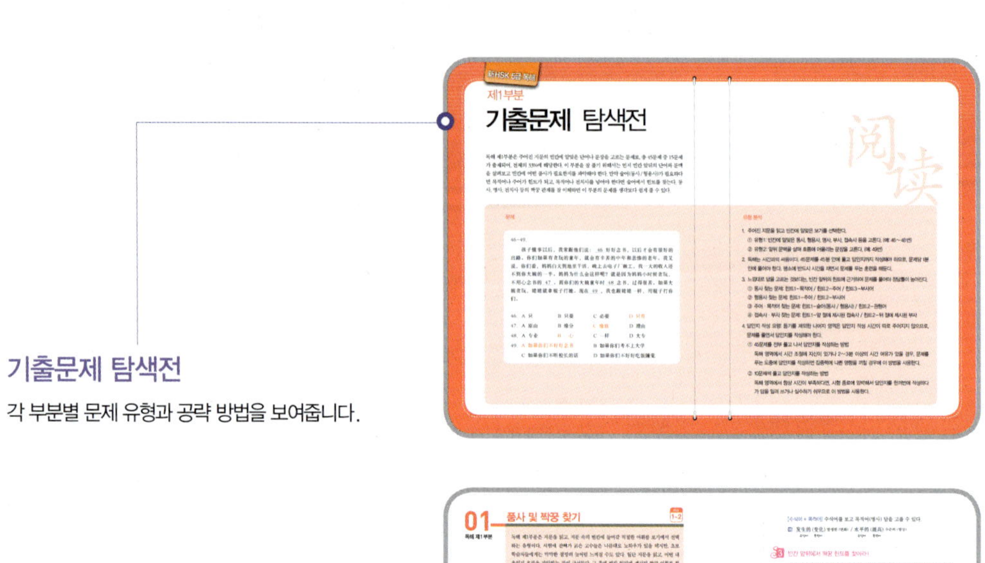

기출문제 탐색전

각 부분별 문제 유형과 공략 방법을 보여줍니다.

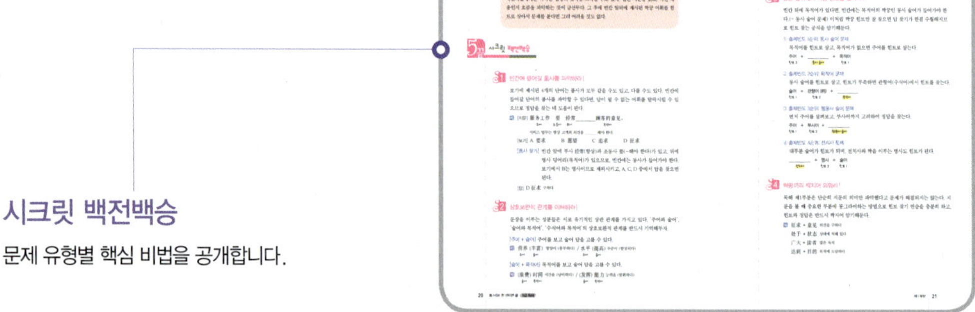

시크릿 백전백승

문제 유형별 핵심 비법을 공개합니다.

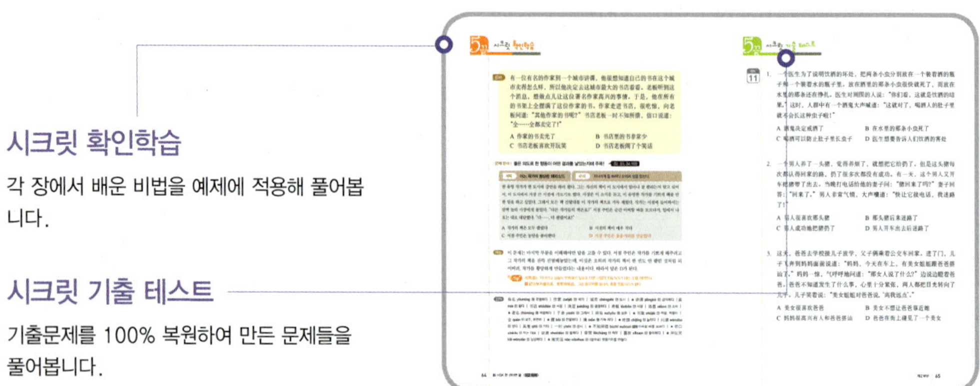

시크릿 확인학습

각 장에서 배운 비법을 예제에 적용해 풀어봅니다.

시크릿 기출 테스트

기출문제를 100% 복원하여 만든 문제들을 풀어봅니다.

감동일기

그날 공부한 내용을 정리하고 틀린 문제를 메모하여 자신의 단점을 극복하고 보완해나갑니다.

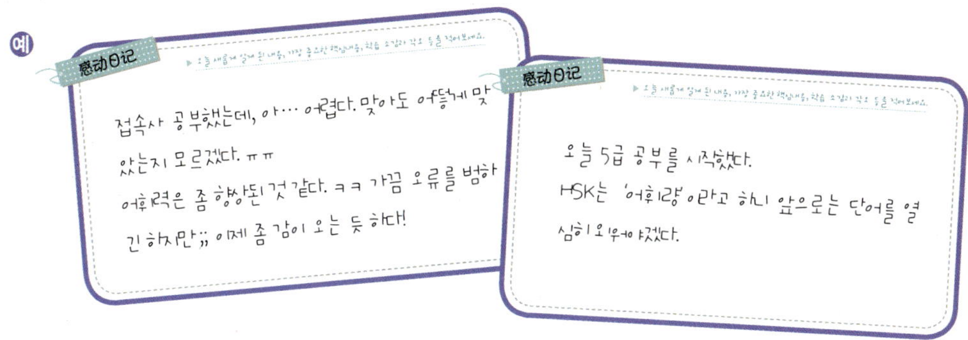

실전 모의고사

독해 부분별 학습이 끝나면 실전 모의고사를
풀어보면서 그동안 갈고 닦은 실력을 체크할
수 있습니다.

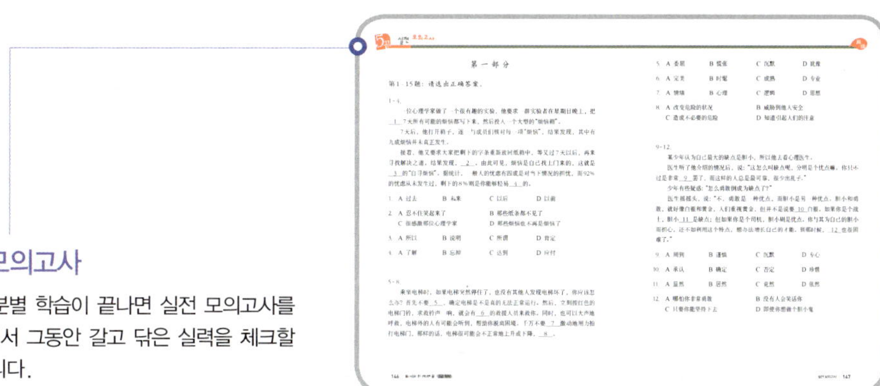

문제 해설

시크릿 기출 테스트와 실전 모의고사 문제에
대한 우리말 해석과 단어 해석, 문제 풀이 설
명이 수록되어 있습니다.

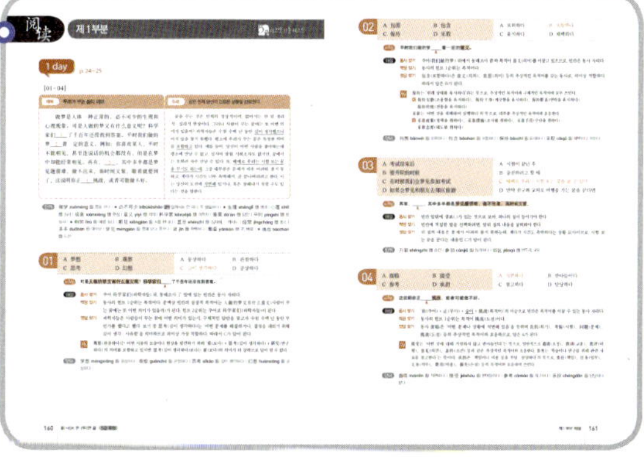

맞춤형 학습 플랜

이 책은 총 15개 장으로 구성되어 있고, 장마다 2일 분량의 기출 테스트가 편성되어 있으므로,
학습자의 상황에 따라 15일, 30일 학습 전략을 세울 수 있습니다.

15일 플랜
(대학 강의용)

대학교 수업 일수에 적절한 학습 플랜으로, 한 학기 15회에 걸쳐 완성할 수 있습니다.
하루에 독해 1장씩 공부합니다. 홀수 day에 해당하는 문제는 수업 시간에 풀고, 짝수 day에 해당하는 문제는 과제로 풀 수 있습니다.

학습일		학습 내용	
1day	제1부분	01. 품사 및 짝꿍 찾기	비법 학습 + 테스트 1day (과제: 테스트 2day)
2day	제2부분	01. 재담·유머형 지문	비법 학습 + 테스트 11day (과제: 테스트 12day)
3day	제3부분	01. 성공 이야기	비법 학습 + 테스트 21day (과제: 테스트 22day)
4day	제1부분	02. 문맥 파악하기	비법 학습 + 테스트 3day (과제: 테스트 4day)
5day	제2부분	02. 상식을 넓혀주는 지문	비법 학습 + 테스트 13day (과제: 테스트 14day)
6day	제3부분	02. 인생 이야기	비법 학습 + 테스트 23day (과제: 테스트 24day)
7day	제1부분	03. 접속사 활용하기	비법 학습 + 테스트 5day (과제: 테스트 6day)
8day	제2부분	03. 정보를 나열하는 지문	비법 학습 + 테스트 15day (과제: 테스트 16day)
9day	제3부분	03. 지혜 이야기	비법 학습 + 테스트 25day (과제: 테스트 26day)
10day	제1부분	04. 유의어 비교하기	비법 학습 + 테스트 7day (과제: 테스트 8day)
11day	제2부분	04. 접속사를 활용한 지문	비법 학습 + 테스트 17day (과제: 테스트 18day)
12day	제3부분	04. 감동과 깨달음을 주는 이야기	비법 학습 + 테스트 27day (과제: 테스트 28day)
13day	제1부분	05. 대조·보완하기	비법 학습 + 테스트 9day (과제: 테스트 10day)
14day	제2부분	05. 내용을 음미해야 하는 지문	비법 학습 + 테스트 19day (과제: 테스트 20day)
15day	제3부분	05. 설명문과 견해문	비법 학습 + 테스트 29day (과제: 테스트 30day)

여러분에게 딱 맞는 학습 플랜을 짜보세요.

학습일	학습 내용
1day	
2day	
3day	
4day	
5day	
6day	
7day	
8day	
9day	
10day	
11day	
12day	
13day	
14day	
15day	
16day	
17day	
18day	
19day	
20day	
21day	
22day	
23day	
24day	
25day	
26day	
27day	
28day	
29day	
30day	

나에게 꼭 맞는 수험서 선택 비법

▶ 출제 경향을 얼마나 반영했는가?

가장 신뢰할만한 HSK 문제는 기출문제입니다. 이 책은 근간에 실시된 모든 기출문제를 철저히 분석하여 출제 경향을 최대한 완벽하게 반영했습니다.

▶ 설명은 얼마나 친절하고 명쾌한가?

이 책은 급수의 당락을 판가름하는 난이도 최상의 문제부터 너무 쉬워서 답이 뻔히 보이는 문제까지, 하나도 소홀히 하지 않고 학습자의 눈높이에서 알기 쉽게 설명했습니다.

▶ 단어는 충분히 정리되어 있는가?

시험은 한 달밖에 남지 않았는데 책을 보자니 모르는 단어가 너무 많고, 단어부터 외우자니 막막하다면? 이 책은 5급에 처음 입문하는 초보자들도 쉽게 공부할 수 있도록 실제 문제에서 다뤄진 모든 단어를 총망라하여 사전이 필요 없을 정도로 친절하게 정리했습니다. 또한, 난이도가 비교적 높은 단어에는 ★표로 표시하여 한눈에 찾아볼 수 있도록 했습니다.

▶ 학습량은 적절한가?

학습자가 소화할 수 없을 정도로 많은 양의 정보를 주입식으로 쏟아붓는 것은 정보를 주지 않느니만 못합니다. 이 책은 부분별로 가장 적절한 학습량을 구성하여 5급에서 꼭 필요한 수준으로 엑기스를 뽑아 정리했습니다.

▶ 비법은 얼마나 들어 있는가?

수험서를 사서 공부하는 이유는 시험에서 가장 좋은 성적을 얻기 위해서입니다. 빠른 시간 안에, 좀 더 쉽고 재미있게 공부하기 위해서는 저자의 비법이 소개되어야 합니다. 이 책에서는 십수 년 베테랑 HSK 강사의 노하우와 비법을 숨김없이 공개했습니다.

▶ 좋은 책, 좋은 저자, 좋은 출판사인가?

보기 좋은 책이 공부하기도 좋습니다. 이 책은 학습 의욕을 높여주고 효과를 극대화할 수 있도록 일목요연하게 디자인 및 구성되었을 뿐만 아니라, 오랜 강의 경력을 갖춘 열정적이고 실력 있는 저자와 좋은 책에 아낌없이 투자하는 역사와 전통을 갖춘 어학 전문 출판사의 경험을 통해 학습자에게 최적화될 수 있도록 만들어졌습니다.

▶ 본인에게 맞는 책인가?

인터넷의 판매 순위나 정보에만 의존하여 책을 고르기보다는 서점에서 직접 펼쳐 보고 확인해보는 것이 중요합니다. 다른 사람의 평가보다는 자신의 기준으로, 자신의 수준에 잘 맞는 책인지, 공부하고 싶어지는 책인지, 그 첫 설렘을 느껴보세요.

목차   C o n t e n t s

공략편

제1부분

제2부분

新HSK 5급 이것이 궁금하다!

Q 5급의 구성과 시험시간은 어떻게 되나요?

A 新HSK 5급은 총 100문제로 듣기·독해·쓰기 3부분으로 나뉘며, 100문항을 약 120분 동안 풀게 됩니다. 듣기 시험을 마치고 나면 답안 작성 시간이 5분 주어집니다.

시험구성		문항 수	배점	시험시간
개인정보 작성 시간				5분
듣기	제1부분	20		약 30분
	제2부분	25	45문항	100점
듣기 답안지 작성 시간				5분
독해	제1부분	15		
	제2부분	10	45문항	100점	45분
	제3부분	20		
쓰기	제1부분	8	10문항	100점	40분
	제2부분	2		
총계		100문항	300점	약 125분

Q 몇 점이면 합격인가요?

A 총점 180점 이상이면 합격입니다. 영역별 과락 없이 총점만 180점을 넘으면 되지만, 성적표에 영역별 성적이 모두 표기되기 때문에 점수가 현저히 낮은 영역이 있는 것은 좋지 않습니다.

Q 新HSK 5급은 구HSK의 몇 급에 해당하나요?

A 新HSK 5급은 구HSK의 6~8급을 의미합니다. 따라서 5급을 180점으로 합격했다고 바로 新HSK 6급을 준비하는 것보다는, 210점 이상의 점수를 받은 후에 도전하는 것이 바람직합니다.

新HSK 5급	180점 이상	구HSK 6급에 해당
	195점 이상	구HSK 7급에 해당
	210점 이상	구HSK 8급에 해당

Q 영역별 배점은 어떻게 되나요?

A 영역별 배점은 아래와 같습니다. 특히 쓰기 제2부분은 주어진 어휘나 그림을 보고 80자 내외의 작문을 하는 문제로, 5급의 당락을 좌우하는, 배점이 아주 큰 영역이므로, 각별히 신경 써서 준비해야 합니다.

영역		문항 수	배점	총점	
듣기		45문항	2.2점	100점	
독해		45문항	2.2점	100점	
쓰기	제1부분	8문항	5점	40점	100점
	제2부분	2문항	30점	60점	

Q 독해는 얼마나 공부하면 5급을 받을 수 있나요?

A 사람마다 실력이나 투자할 수 있는 시간이 다르기 때문에 정해진 답은 없습니다. 하지만 이 책을 보고 '아! 공부하면 할 수 있겠다!'라는 생각이 드는 수준이라면 이 책으로 15~30일간 집중 학습하여 독해 영역을 마스터하면 독해는 충분히 5급을 받을 수 있습니다.

Q 기출문제가 중요한가요?

A 기출문제가 시험에 다시 나오든 나오지 않든, 기출문제는 실제 시험문제의 유형과 난이도를 직접 느낄 수 있는 최적의 문제입니다. 이 책은 기출문제를 토대로 실제 시험문제와 가장 유사하게 만든 문제들로 구성하여 실전 감각을 익힐 수 있습니다.

Q 기출문제는 반복 출제되나요?

A 기출문제의 반복 출제는 지금까지 학계에서 논란이 되어 왔습니다. 중국 汉办에서는 기출문제를 꾸준히 교재로 출간하고, 향후 기출문제의 재사용을 자제할 예정이라고 합니다. 그렇기 때문에 기출문제의 답만 무조건 외우는 것이 아니라, 문제를 충분히 이해하고 소화하여 자신의 실력을 높이는 수단으로 사용하는 것이 효과적입니다.

Q 시험 난이도는 계속해서 높아질까요?

A 新HSK의 개정은 중국어의 세계적인 보급을 목적으로 하기 때문에 학생들의 성적이 좋다고 해서 난이도를 끝없이 상향 조정할 수는 없습니다. 하지만, 매회 난이도는 조금씩 차이가 있을 수 있습니다.

Q 정기시험 일자는 어떻게 되나요?

A 新HSK 시험은 연간 8회 정도(3월, 4월, 5월, 6월, 7월, 9월, 10월, 12월) 실시되며, 실시 지역과 시행 급수가 매회 다르므로, HSK 한국사무국 홈페이지(www.hsk.or.kr)에서 확인하는 것이 좋습니다.

Q 시험성적은 언제 나오며 언제까지 유효한가요?

A 시험 1개월 후부터 HSK 한국사무국 홈페이지를 통해 성적조회가 가능하며, 시험일로부터 40일경에 성적표를 등기우편으로 받아볼 수 있습니다. 시험성적은 시험일로부터 2년간 유효합니다.

新 HSK 5급 시험 보는 날!

1. 준비물 챙기기

수험표 ☐　　신분증 ☐　　2B연필 ☐　　지우개 ☐　　손목시계 (분침이 있는 아날로그 시계) ☐

(※ 시험 당일 유효 신분증이나 수험표가 없으면 시험에 응시할 수 없으니 반드시 미리 준비해둡니다.)

2. 고시장 확인하기

자신이 시험 보는 고시장 약도를 HSK 한국사무국 홈페이지에서 출력한 후, 교통편과 소요시간을 넉넉히 예상해둡니다.

3. 컨디션 조절하기

신체적으로나 감정적으로 평온한 상태가 유지될 수 있도록 합니다.

3禁
- ① 자극적인 음식이나 과식은 금물!
- ② 과도한 외부 활동이나 힘든 일은 금물!
- ③ 친구나 가족과 싸우는 일은 금물!

★ 집에서 할 일

1. 기상 : 지각하지 않도록 일찍 일어나 준비합니다.
2. 식사 : 두뇌활동이 활발해지도록 반드시 식사를 하되, 국물 종류를 너무 많이 마시면 자주 화장실에 가게 되므로 자제합니다.
3. 의상 : 활동이 편한 복장으로 너무 덥거나 춥지 않게 입습니다. 얇은 옷을 여러 개 입는 것도 체온 조절에 도움이 됩니다.
4. 준비물 : 전날 미리 챙겨둔 준비물을 다시 한 번 확인합니다.
5. 복습자료 : 이동 중에 복습할 교재와 MP3도 가방에 챙겨둡니다.

★ 이동 중에 할 일

1. 듣기 : 첫 시험 영역이 듣기이므로, 워밍업하듯이 그동안 공부했던 내용을 MP3로 들으면서, 머릿속으로 답을 떠올려봅니다.
2. 쓰기 : 자주 잊어버렸던 단어나 획수가 많은 단어를 다시 써봅니다.

※ 단, 복습에 너무 열중하다가 내릴 정거장을 지나치지 않도록 유의합니다.

★ 시험장에서 할 일

1. 좌석 찾기 : 자신이 시험 볼 고시장(교실)과 책상을 확인합니다.
2. 시험용품 정리 : 수험표, 신분증, 연필, 지우개, 손목시계를 책상 위에 정리해둡니다.
3. 가방 정리 : 시험 30분 전에 감독관이 들어오면, 학습자료와 기타 소지품을 가방에 정리하여 고시장 맨 앞이나 뒤에 가져다 놓습니다.
4. 화장실 다녀오기 : 시험 중에 고시장을 나갈 수 없으므로, 적어도 시험 시작 15분 전까지는 화장실에 한 번 다녀오는 것이 좋습니다.
5. 심신 안정하기 : 간단한 스트레칭으로 몸을 풀어주고, 명상하는 마음으로 마음의 평정을 유지합니다.

新 HSK 한 권이면 끝

5급

독해

공략편

제1부분

기출문제 탐색전

독해 제1부분은 주어진 지문의 빈칸에 알맞은 단어나 문장을 고르는 문제로, 총 45문제 중 15문제가 출제되어, 전체의 33%에 해당한다. 이 부분을 잘 풀기 위해서는 먼저 빈칸 앞뒤의 단어와 문맥을 살펴보고 빈칸에 어떤 품사가 필요한지를 파악해야 한다. 만약 술어(동사/형용사)가 필요하다면 목적어나 주어가 힌트가 되고, 목적어나 전치사를 넣어야 한다면 술어에서 힌트를 찾는다. 동사, 명사, 전치사 등의 짝꿍 관계를 잘 이해하면 이 부분의 문제를 생각보다 쉽게 풀 수 있다.

문제

46-49.

孩子懂事以后，我常跟他们说：__46__好好念书，以后才会有很好的出路。你们如果有贪玩的童年，就会有辛苦的中年和悲惨的老年。我又说，你们看，妈妈白天到地里干活，晚上去电子厂做工，我一天的收入还不到你大姨的一半。妈妈为什么会这样呢？就是因为妈妈小时候贪玩，不用心念书的__47__。而你们的大姨童年时__48__念书，过得很苦。如果大姨贪玩，姥姥就拿棍子打她。现在__49__，我也跟姥姥一样，用棍子打你们。

46. A 只　　　　　B 只要　　　　　C 必要　　　　　D 只有

47. A 原由　　　　B 缘分　　　　　C 缘故　　　　　D 理由

48. A 专业　　　　B 一心　　　　　C 一样　　　　　D 大专

49. A 如果你们不好好念书　　　　　B 如果你们考不上大学

　　 C 如果你们不听校长的话　　　　D 如果你们不好好吃饭睡觉

1. 주어진 지문을 읽고 빈칸에 알맞은 보기를 선택한다.

    ① 유형1: 빈칸에 알맞은 동사, 형용사, 명사, 부사, 접속사 등을 고른다. (예: 46~48번)

    ② 유형2: 앞뒤 문맥을 살펴 흐름에 어울리는 문장을 고른다. (예: 49번)

2. 독해는 시간과의 싸움이다. 45문제를 45분 안에 풀고 답안지까지 작성해야 하므로, 문제당 1분 안에 풀어야 한다. 평소에 반드시 시간을 재면서 문제를 푸는 훈련을 해둔다.

3. 느낌대로 답을 고르는 것보다는, 빈칸 앞뒤의 힌트에 근거하여 문제를 풀어야 정답률이 높아진다.

    ① 동사 찾는 문제: 힌트1-목적어 / 힌트2-주어 / 힌트3-부사어

    ② 형용사 찾는 문제: 힌트1-주어 / 힌트2-부사어

    ③ 주어·목적어 찾는 문제: 힌트1-술어(동사 / 형용사) / 힌트2-관형어

    ④ 접속사·부사 찾는 문제: 힌트1-앞 절에 제시된 접속사 / 힌트2-뒤 절에 제시된 부사

4. 답안지 작성 요령: 듣기를 제외한 나머지 영역은 답안지 작성 시간이 따로 주어지지 않으므로, 문제를 풀면서 답안지를 작성해야 한다.

    ① 45문제를 전부 풀고 나서 답안지를 작성하는 방법

    독해 영역에서 시간 조절에 자신이 있거나 2~3분 이상의 시간 여유가 있을 경우, 문제를 푸는 도중에 답안지를 작성하면 집중력에 나쁜 영향을 끼칠 경우에 이 방법을 사용한다.

    ② 10문제씩 풀고 답안지를 작성하는 방법

    독해 영역에서 항상 시간이 부족하다면, 시험 종료에 임박해서 답안지를 한꺼번에 작성하다가 답을 밀려 쓰거나 실수하기 쉬우므로 이 방법을 사용한다.

01 _ 품사 및 짝꿍 찾기

독해 제1부분

독해 제1부분은 지문을 읽고, 지문 속의 빈칸에 들어갈 적절한 어휘를 보기에서 선택하는 유형이다. 시험에 잔뼈가 굵은 고수들은 나름대로 노하우가 있을 테지만, 초보 학습자들에게는 막막한 절망의 늪처럼 느껴질 수도 있다. 일단 지문을 읽고, 어떤 내용인지 흐름을 파악하는 것이 급선무다. 그 후에 빈칸 앞뒤에 제시된 짝꿍 어휘를 힌트로 삼아서 문제를 푼다면 그리 어려울 것도 없다.

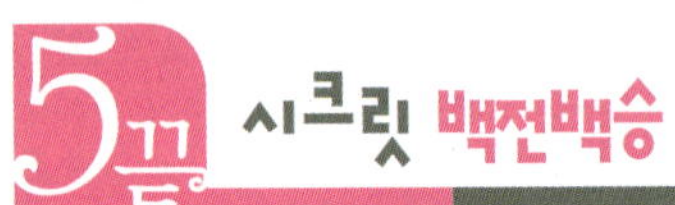

1 빈칸에 들어갈 품사를 파악하라!

보기에 제시된 4개의 단어는 품사가 모두 같을 수도 있고, 다를 수도 있다. 빈칸에 들어갈 단어의 품사를 파악할 수 있다면, 답이 될 수 없는 어휘를 탈락시킬 수 있으므로 정답을 찾는 데 도움이 된다.

예 [지문] 服务工作　要　经常________顾客的意见。
　　　　주어　　조동사　부사　　　　　　목적어

서비스 업무는 항상 고객의 의견을 ______해야 한다.

[보기]　A 要求　　　　B 愿望　　　　C 追求　　　　D 征求

[품사 찾기] 빈칸 앞에 부사 经常(항상)과 조동사 要(~해야 한다)가 있고, 뒤에 명사 덩어리(목적어)가 있으므로, 빈칸에는 동사가 들어가야 한다. 보기에서 B는 명사이므로 제외시키고, A, C, D 중에서 답을 찾으면 된다.

[답] D 征求 구하다

2 상호보완적 관계를 이해하라!

문장을 이루는 성분들은 서로 유기적인 상관 관계를 가지고 있다. '주어와 술어', '술어와 목적어', '수식어와 목적어'의 상호보완적 관계를 반드시 기억해두자.

[주어 + 술어] 주어를 보고 술어 답을 고를 수 있다.

예　营养 (丰富) 영양이 (풍부하다) / 水平 (提高) 수준이 (향상되다)
　　　주어　술어　　　　　　　　　　주어　술어

[술어 + 목적어] 목적어를 보고 술어 답을 고를 수 있다.

예　(浪费) 时间 시간을 (낭비하다) / (发挥) 能力 능력을 (발휘하다)
　　　술어　목적어　　　　　　　　　술어　목적어

[수식어 + 목적어] 수식어를 보고 목적어(명사) 답을 고를 수 있다.

예 发生的 (变化) 발생한 (변화) / 水平的 (提高) 수준의 (향상)
　　 수식어　목적어　　　　　　　수식어　목적어

3 빈칸 앞뒤에서 짝꿍 힌트를 찾아라!

빈칸 뒤에 목적어가 있다면, 빈칸에는 목적어의 짝꿍인 동사 술어가 들어가야 한다.(= 동사 술어 문제) 이처럼 짝꿍 힌트만 잘 찾으면 답 찾기가 한결 수월해지므로 힌트 찾는 공식을 암기해둔다.

① 출제빈도 1순위: 동사 술어 문제

목적어를 힌트로 삼고, 목적어가 없으면 주어를 힌트로 삼는다.

주어 ＋ ________ ＋ 목적어
힌트 2　　동사 술어　　힌트 1

② 출제빈도 2순위: 목적어 문제

동사 술어를 힌트로 삼고, 힌트가 부족하면 관형어(수식어)에서 힌트를 찾는다.

술어 ＋ 관형어 (的) ＋ ________
힌트 1　　 힌트 2　　　 목적어

③ 출제빈도 3순위: 형용사 술어 문제

먼저 주어를 살펴보고, 부사어까지 고려하여 정답을 찾는다.

주어 ＋ 부사어 ＋ ________
힌트 1　　힌트 2　　 형용사 술어

④ 출제빈도 4순위: 전치사 문제

대부분 술어가 힌트가 되며, 전치사와 짝을 이루는 명사도 힌트가 된다.

________ ＋ 명사 ＋ 술어
전치사　　　 힌트 2　 힌트 1

4 짝꿍끼리 짝지어 외워라!

독해 제1부분은 단순히 지문의 의미만 파악했다고 문제가 해결되지는 않는다. 지문을 볼 때 중요한 부분에 동그라미하는 방법으로 힌트 찾기 연습을 충분히 하고, 힌트와 정답은 반드시 짝지어 암기해둔다.

예 征求 ＋ 意见 의견을 구하다

　 处于 ＋ 状态 상태에 처해 있다

　 广大 ＋ 读者 많은 독자

　 达到 ＋ 目的 목적에 도달하다

문제
　　刚到夏威夷的时候，被美丽的风景迷住了。我们在沙滩上，看着蓝天，吹着海风，沐浴着阳光，听着海浪声，整个人都放松了。在阳光下__1__着太阳镜，在充足的阳光中，晒着古铜色的__2__，还有满身的汗水，在蓝天白云的衬托下，在阳光的照射下，__3__活力。

1. A 穿　　　　B 带　　　　C 挂　　　　D 戴
2. A 皮肤　　　B 身体　　　C 头发　　　D 胳膊
3. A 充分　　　B 装满　　　C 充满　　　D 包含

| 문제 분석 | 동사의 힌트 목적어, 명사의 힌트 수식어에 주목! ⬛ S1, S2, S3, S4 적용

제목　**하와이 해변에서**　　주제　하와이 해변에서의 휴식은 몸과 마음의 활력을 찾아준다.

　　막 하와이에 도착했을 때, 아름다운 풍경에 매료되었다. 우리는 해변에서 파란 하늘을 보며 바닷바람을 맞고, 햇살을 받으며 파도 소리를 듣고 있노라니, 몸과 마음이 편안해졌다. 햇살 아래에서 선글라스를 <u>착용하고</u>, 충분한 햇빛에 구릿빛의 <u>피부</u>를 태우며 땀을 흠뻑 흘렸고, 푸른 하늘과 흰 구름이 대비를 이루며 햇볕이 내리쬐는 가운데 활력이 <u>충만</u>하였다.

단어　★夏威夷 Xiàwēiyí 명 하와이 | 美丽 měilì 형 아름답다 | 风景 fēngjǐng 명 경치, 풍경 | ★迷住 mízhù 동 매혹되다 | ★沙滩 shātān 명 모래사장 | 蓝天 lántiān 명 푸른 하늘 | 吹 chuī 동 불다 | 海风 hǎifēng 명 해풍, 바닷바람 | ★沐浴 mùyù 동 목욕하다, (비유) 흠뻑 받다 | 阳光 yángguāng 명 햇빛 | 海浪声 hǎilàngshēng 명 파도 소리 | 整个人 zhěng ge rén 명 사람의 전체(몸과 마음) | ★放松 fàngsōng 긴장을 풀다, 편안해지다 | 太阳镜 tàiyángjìng 명 선글라스 | ★充足 chōngzú 형 충족하다 | ★晒 shài 동 비추다, 쬐다 | 古铜色 gǔtóngsè 명 고동색, 갈색, 구릿빛 | 满身 mǎnshēn 명 온몸 | 汗水 hànshuǐ 명 땀 | 白云 báiyún 명 흰 구름 | ★衬托 chèntuō 동 (다른 사물을 함께 놓아 한 사물을) 두드러지게 하다, 돋보이게 하다 | ★照射 zhàoshè 동 (빛이 물체에) 비추다 | 活力 huólì 명 활력

1. A 穿　　B 带　　C 挂　　D 戴　　　　A 입다　　B 지니다　　C 걸다　　**D 착용하다**

| 문제 분석 | 在阳光下_____着**太阳镜**,

힌트

해설　품사 찾기　전치사구(在…下) 뒤에서 동태조사 着를 이끌고 있으므로 빈칸은 동사 자리다.

　　　　짝꿍 찾기　동사의 힌트 1순위는 목적어다.

　　　　정답 찾기　목적어 太阳镜(선글라스)을 보고 동사 戴(착용하다)를 써야 함을 알 수 있다. 戴는 선글라스 외에도 안경, 모자, 목걸이, 반지 등 신체에 착용하는 모든 물건에 사용되는 동사다. 따라서 답은 D가 된다.

 穿은 '입다, 신다'의 뜻으로 衣服(옷), 袜子(양말), 鞋(신발)와 호응하고, 挂는 옷걸이, 벽 등에 '걸다'라는 뜻이다. 带는 戴와 발음이 같지만, 어떤 물건을 지니고 있음을 나타낸다.

단어 穿 chuān 통 입다 | 带 dài 통 (몸에) 지니다, 휴대하다 | 挂 guà 통 (부착되게) 걸다 | 戴 dài 통 (신체에) 착용하다

---

2. A 皮肤　　B 身体　　C 头发　　D 胳膊　　　A 피부　　　B 몸　　　C 머리카락　　　D 팔

| 문제 분석 | 晒着古铜色的______,
　　　　　　　힌트1　힌트2

해설

품사 찾기 구조조사 的 이하 부분은 명사 자리다. (수식 성분 + 的 + 명사)

짝꿍 찾기 목적어(명사) 힌트 1순위는 동사 晒(햇볕을 쬐다)이고, 2순위는 수식어 古铜色的(고동색의)이다.

정답 찾기 바닷가 모래사장에서 햇볕을 쬐는 고동색(갈색)의 것으로는 신체의 어떤 부분보다는 피부(皮肤)일 때 가장 자연스러우므로, 답은 A가 된다.

단어 皮肤 pífū 명 피부 | 身体 shēntǐ 명 몸 | 头发 tóufa 명 머리카락 | 胳膊 gēbo 명 팔

---

3. A 充分　　　　　B 装满　　　　　A 충분하다　　　　　B 가득 차다
　 C 充满　　　　　D 包含　　　　　C 충만하다　　　　　D 포함하다

| 문제 분석 | 在阳光的照射下，______活力。
　　　　　　　　　　힌트

해설

품사 찾기 전치사구(在…下) 뒤에서 목적어(명사)를 이끌고 있으므로 빈칸은 동사 자리다.

짝꿍 찾기 동사의 힌트 1순위는 목적어다.

정답 찾기 A는 형용사로, 목적어를 취할 수 없으므로 제외시킨다. 목적어 活力(활력)는 추상명사로, 동사 充满(충만하다)과 짝꿍으로 쓰인다. 따라서 답은 C가 된다.

 装满도 '가득 차다'의 의미지만, 어떤 공간에 구체적인 사물을 가득 담는다는 뜻이다. 包含은 意思(의미)와 자주 호응한다. 充分의 가장 큰 특징은 술어 역할보다는 술어 앞에서 充分准备(충분히 준비하다), 充分发挥(충분히 발휘하다), 充分利用(충분히 이용하다)처럼 부사어 역할을 많이 한다는 것이다.

단어 充分 chōngfèn 형 충분하다 | 装满 zhuāngmǎn 통 가득 채우다 | 充满 chōngmǎn 통 충만하다 | 包含 bāohán 통 포함하다, 내포하다

day 1

1-4.

　　做梦是人体一种正常的、必不可少的生理和心理现象。可是人做的梦又有什么意义呢? 科学家们__1__了千百年还没找到答案。平时我们做的梦__2__着一定的意义。例如: 你喜欢某人，平时不能相见，甚至连说话的机会都没有，但是在梦中却能经常相见。再有，__3__，其中多半都是梦见题很难，做不出来，而时间又紧，眼看就要到了，这说明你正__4__挑战，或者可能做不好。

1.　A 梦想　　　　　B 观察　　　　　C 思考　　　　　D 幻想

2.　A 包围　　　　　B 包含　　　　　C 保持　　　　　D 采取

3.　A 考试结束后　　　　　　　　　　B 要升职的时候
　　C 有时候我们会梦见参加考试　　　D 如果会梦见和朋友去郊区旅游

4.　A 面临　　　　　B 接受　　　　　C 参考　　　　　D 承担

5-8.

　　工作中那种不懂装懂的人，喜欢说: "这些工作真无聊。"但他们内心的真正感觉是: "我做不好任何工作。"他们希望年纪轻轻就功成名就，但是他们又不喜欢学习、求助或__5__意见，因为这样会被人认为他们不行，__6__。

　　脱掉不懂装懂、放弃学习的"外套"，因为学习的心态已经成为一个人能够在这个竞争激烈的社会中得以生存和发展的最基本的心态。21世纪是一个知识爆炸的时代，知识和技能成为一个人生存的__7__条件。没有知识技能你将无法生存，而知识和技能的获得就是要靠不断地学习、充电，再学习、再充电。多__8__一种知识或是一门技术，在众多的竞争对手面前就多了一份取胜的机会。

5.　A 提供　　　　　B 征求　　　　　C 整理　　　　　D 发表

6. A 于是他们辞职了   B 所以他们只好装懂
   C 所以他们向长辈学习   D 于是他们就拼命地学习

7. A 选择   B 无聊   C 必要   D 优势

8. A 掌握   B 模仿   C 复制   D 调整

1-3.

　　人们每天面对紧张的生活和匆忙的工作，都没有时间坐下来　1　生活。童年时的理想和少年时的梦想不知什么时候已经　2　，只剩下生活的压力。总是看着远处的山峰，不断地向前跑，不如停下来，欣赏一下沿途的　3　。

1. A 享受   B 舒适   C 高兴   D 忙碌

2. A 实现   B 消失   C 停止   D 丰富

3. A 和睦   B 角落   C 气候   D 风景

4-7.

　　春秋末期，齐国大夫晏子出使楚国，楚王想乘机侮辱晏子，　4　楚国的威风。晏子身材矮小，楚国的大臣就在城门旁边特意开了一个小门，然后命人把城门关上。晏子到了楚国，看到前面的　5　，马上就明白了楚王的意图。他对　6　的人说："只有出使狗国的人，才从狗洞中进去。今天我出使的是楚国，应该不是从此门中入城吧，你们先去问问楚王吧。"楚王听了下人的劝告，　7　，把晏子迎接进去。

4. A 表达   B 显示   C 发表   D 显得

5. A 情景   B 景色   C 情况   D 奇迹

6. A 服务   B 批准   C 咨询   D 接待

7. A 非常生气   B 考虑了很久
   C 只好命令打开城门   D 觉得晏子是个很聪明的人

02 문맥 파악하기

독해 제1부분

독해 제1부분의 지문은 중간중간 빈칸이 나오므로, 지문을 읽으면서 내용을 파악하는 도중 흐름이 끊길 수 있다. 하지만 이러한 난관에 그대로 무너져버리면 안 된다. 정신을 집중하고 읽었던 내용을 정리하여, 흐름을 계속 이어나가야 한다. 왜냐하면 지문 속에는 정답을 찾아낼 수 있는 힌트가 곳곳에 숨어 있기 때문이다. 이번 장에서는 빈칸을 초월하여 문맥을 파악하는 비법을 학습해보자.

5끝 시크릿 백전백승

S1 문제 순서에 집착하지 마라!

지문을 읽다가 빈칸이 나오면, 순간적으로 경직되면서 문제를 풀어야 한다는 강박관념이 생길 수 있다. 하지만 전체 흐름을 파악하지 않은 채, 섣불리 답을 고르는 것은 옳지 않다. 먼저 확실히 아는 문제부터 풀고, 모르는 문제는 지문의 내용을 다 파악한 후에 다시 도전한다. 보류하는 문제는 앞에 체크 표시(✓)를 하여 누락하는 일이 없도록 한다.

S2 지문을 입체적으로 이해하라!

독해 제1부분은 제3부분처럼 내용 이해만을 목적으로 해서는 안 된다. 지문을 구(句)나 절 단위로 꼼꼼히 읽으며 입체적이고 다각적인 사고로 내용을 이해하려고 노력해야 한다.

S3 핵심을 놓치지 말고 독해하라!

지문이 어떻게 전개되는지 문장 흐름의 맥(脈)을 놓치지 말아야 한다. 문맥을 파악할 때 절대 놓치면 안 되는 핵심은 다음과 같다.

① **주체자**(누가): 어떤 인물이 등장하는지 체크한다.

② **행위**(어떻게): 어떤 동작을 하였는지 기억한다.

③ **원인**(왜): 원인, 목적을 나타내는 접속사에 주의한다.

  예 因为 왜냐하면 / 为了 ~하기 위해서

④ **긍정 · 부정**: 이야기의 방향이 긍정적인지 부정적인지에 주의한다.

⑤ **전환**: 역접을 나타내는 접속사가 나오면 이야기 전개 방향이 바뀐다.

  예 但是 그러나 / 其实 사실은 / 不过 그런데

4 내 안에 답 있다!

지문을 입체적으로 이해하고 문맥을 파악하면 의외의 성과가 기다리고 있을지도 모른다. 지문 안에 정답이 그대로 드러나 있는 문제들이 종종 있기 때문이다. 지문 안에서 정답을 찾아내는 센스를 발휘해보자.

5 많은 글을 접하라!

드라마를 자주 보다 보면, 이야기가 어떻게 흘러갈지, 뒤에 어떤 반전이 있을지 짐작할 수 있듯이, 많은 글을 접하다 보면 독해력이 향상되고, 글의 흐름을 파악하는 능력이 생긴다. 무작정 많이 보라는 것은 아니다. 좋은 글들을 정독하면서 내용의 전개 과정에 주의하는 습관을 기른다.

6 점수에 연연하지 말고 복습에 집중하라!

초보 학습자들 중에는 풀어본 문제를 복습하지 않고, 문제를 풀고 채점하는 데에만 관심이 있는 학생이 있다. 10문제 중 9문제를 맞았다고 하더라도 틀린 1문제를 복습하지 않는다면, 6문제씩 맞고 틀린 4문제를 꾸준히 복습한 학생과 비교했을 때, 당장의 수준 차이는 크지만 몇 달 후에는 두 번째 학생이 첫 번째 학생을 앞지르게 된다. 점수에만 연연하지 말고 복습에 집중하라!

문제

一位先生拿了三把伞去修理。中午，他在一家__1__吃饭。临走时，他心不在焉地把挂在帽子旁边的一把伞也拿了下来。

"__2__"旁边桌子的一个妇人说道。

他才发现自己拿错了伞，__3__向妇人道歉后就走了。

然后，他去修理店把三把伞取了出来，坐地铁回家。没想到，坐地铁的时候又碰到了刚才那个妇人，她也上了车。她看了他一眼，又瞧了瞧他的伞，说："看得出来，你今天的__4__很好。"

1. A 银行　　　　B 客厅　　　　C 餐厅　　　　D 博物馆
2. A 先生，这儿有人。　　　　B 外面雨停了，先生。
   C 这伞是我的，先生。　　　　D 您还没付钱呢，先生。
3. A 不满　　　　B 连忙　　　　C 竟然　　　　D 偶尔
4. A 心情　　　　B 身体　　　　C 运气　　　　D 影响

| 문제 분석 | 전체 문맥 이해에 주의!　　S1, S2, S3 적용

| 제목 | 우산 때문에 생긴 오해　　　| 주제 | 우연찮은 상황으로 인해 우산 도둑으로 오해를 받았다.

한 남자가 우산 3개를 수리하러 갔다. 점심에 그는 한 식당에서 밥을 먹었다. 떠날 즈음에, 그는 정신을 딴 데 팔다가 모자 옆에 걸려 있는 우산 하나를 집어들었다.

"이 우산은 제 것이에요, 아저씨." 옆 테이블의 한 여성이 말했다.

그는 그제서야 자기가 우산을 잘못 든 것을 알고, 재빨리 여자에게 미안하다고 말하고 갔다.

그 후, 그는 우산 수리점에서 우산 3개를 찾아서 지하철을 타고 집으로 돌아가는데, 생각지도 못하게 지하철을 탈 때 또 그 여성을 마주쳤다. 그녀도 역시 지하철을 탄 것이다. 그녀는 그를 보고, 또 그의 우산을 보면서 말했다. "보아하니, 당신은 오늘 운이 굉장히 좋군요."

단어　先生 xiānsheng 몡 선생님(성인 남성에 대한 호칭) | ★伞 sǎn 몡 우산 | 修理 xiūlǐ 통 수리하다 | ★临 lín 뷔 ~에 즈음하여 | ★心不在焉 xīnbúzàiyān 솅 정신을 딴 데 팔다 | 帽子 màozi 몡 모자 | 桌子 zhuōzi 몡 탁자 | 妇人 fùrén 몡 부인(성인 여성에 대한 호칭) | ★道歉 dàoqiàn 통 사과하다 | 然后 ránhòu 젭 그런 후에 | 地铁 dìtiě 몡 지하철 | ★瞧 qiáo 통 보다

1. A 银行　B 客厅　C 餐厅　D 博物馆　A 은행　B 응접실　C 식당　D 박물관

| 문제 분석 | 中午，他在一家____吃饭。

힌트1　힌트2

해설	품사 찾기	'수사(一) + 양사(家) + 명사'의 어순이다. 家는 이윤을 목적으로 하는 장소를 세는 양사로, 公司(회사), 商店(상점), 饭馆(음식점), 餐厅(식당) 등에 쓰일 수 있다. '수사 + 양사' 뒤의 빈칸은 명사 자리다.
	짝꿍 찾기	명사의 힌트 1순위는 양사, 2순위는 동사다. 따라서 家와 吃饭이 힌트다.
	정답 찾기	양사 家와 어울리는 명사로는 银行(은행), 餐厅(식당)이 있다. 吃饭(식사)할 수 있는 곳은 식당(餐厅)이므로, 답은 C가 된다.

| 단어 | 银行 yínháng 명 은행 | 客厅 kètīng 명 응접실 | 餐厅 cāntīng 명 식당 | 博物馆 bówùguǎn 명 박물관 |

---

2. A 先生，这儿有人。   A 아저씨, 여기 사람 있어요.
    B 外面雨停了，先生。   B 밖에 비가 그쳤어요, 아저씨.
    C 这伞是我的，先生。   C 이 우산은 제 것이에요, 아저씨.
    D 您还没付钱呢，先生。   D 아직 돈을 내지 않으셨어요, 아저씨.

| 문제 분석 | 他心不在焉地把挂在帽子旁边的一把伞也拿了下来。"＿＿＿＿"旁边桌子的一个妇人说道。

힌트

해설	품사 찾기	따옴표(" ")는 어떤 이의 말을 인용했다는 표시다. 따라서 빈칸에는 단어가 아니라, 절이 나올 것임을 예상할 수 있다.
	짝꿍 찾기	앞뒤 문맥의 흐름을 봐야 한다.
	정답 찾기	남자가 무심코 다른 사람의 우산을 집어들자, 옆 테이블에 있던 손님이 그것은 자신의 우산이라고 말해주는 상황이다. 따라서 답은 C가 된다.

| 단어 | 付 fù 동 돈을 지급(지불)하다 | 钱 qián 명 돈

---

3. A 不满   B 连忙   C 竟然   D 偶尔   A 불만이다   B 재빨리   C 의외로   D 때때로

| 문제 분석 | 他才发现自己拿错了伞，＿＿＿＿向妇人道歉后就走了。

힌트

해설	품사 찾기	'부사 + (조동사) + 전치사구 + 술어'의 어순이다. 보기에는 조동사가 없으므로, 전치사 向 앞은 부사 자리다.
	짝꿍 찾기	빈칸에 알맞은 부사는 동사 술어나 전체 문맥을 보고 판단한다.
	정답 찾기	남자가 다른 사람의 우산을 잘못 집어든 것을 알고 사과하는 상황에 가장 어울리는 부사는 连忙(재빨리)이므로, 답은 B가 된다.

Tip＋ 竟然은 '뜻밖에'라는 뜻으로 居然，没想到와 동의어로 쓰이며, 偶尔은 '이따금'이라는 뜻으로 有时와 같은 의미이므로, 모두 문맥과 어울리지 않는다.

| 단어 | 不满 bùmǎn 형 불만이다 | 连忙 liánmáng 부 얼른, 재빨리 | 竟然 jìngrán 부 뜻밖에도 | 偶尔 ǒu'ěr 부 때때로, 가끔씩

| 4. A 心情　　B 身体　　C 运气　　D 影响 | A 기분　　　　B 몸　　　　C 운　　　　D 영향 |

| 문제 분석 | 他去修理店把三把伞取了出来，…她看了…说："看得出来，你今天的_____很好。"

힌트

해설

품사 찾기 　빈칸이 있는 문장의 주어는 你가 아니라 '你今天的___'까지다. 구조조사 的 이하 부분은 문장의 주어 성분으로, 명사가 들어가야 한다.

짝꿍 찾기 　주어의 힌트는 술어 很好(매우 좋다)다.

정답 찾기 　남자는 수리점에 맡겼던 우산 3개를 찾아 지하철을 타고 가다가, 식당에서 실수했던 여성과 또 마주치게 되었다. 그 여성은 아까 자신의 우산을 들고 가려고 했던 남자가 우산을 잔뜩 들고 있는 모습을 보고는, 남자가 다른 사람의 우산을 챙겨 가는 상습범이라 생각했을 가능성이 크다. 따라서 그녀는 비꼬듯이 '오늘 수확이 좋네요', 혹은 '오늘 운이 좋네요' 정도로 말하는 것이 가장 자연스러우므로, 답은 C의 运气(운)가 된다.

단어 　心情 xīnqíng 몡 심정, 기분 | 身体 shēntǐ 몡 몸, 신체 | 运气 yùnqi 몡 운, 행운 | 影响 yǐngxiǎng 몡 영향

感动日记

▶ 오늘 새롭게 알게 된 내용, 가장 중요한 핵심내용, 학습 소감과 각오 등을 적어보세요.

day 3

1-4.

　　一只小猫问它的妈妈："妈妈，幸福在哪里？"猫妈妈回答说："幸福就在你的尾巴上啊！"于是这只小猫每天就__1__着它的尾巴跑，可总是抓不着，它生气地去问妈妈："为什么我总是抓不住幸福呢？"猫妈妈笑着回答它说："只要你一直不停地往前走，__2__！"

　　每天一早醒来，感觉空气是清新的，太阳是明亮的，身体是舒服的，全新的一天开始了。每天躺下的时候，感觉一天的生活总体是快乐的，希望明天早上__3__开眼睛的时候，还能继续保持这种明朗的__4__。难道不幸福吗？

1. A 追　　　　　B 摸　　　　　C 碰　　　　　D 打

2. A 你就会很开心　　　　　　　B 你就会越走越远
　 C 就可以抓到很多鱼　　　　　D 幸福就一直跟在你的后面

3. A 闭　　　　　B 睁　　　　　C 翻　　　　　D 写

4. A 情景　　　　B 情绪　　　　C 优势　　　　D 事实

5-8.

　　古时候，有一个叫愚公的老人，他家门前有两座山，__5__，出入非常不方便。突然有一天，他说："我们把门前的两座山移走，怎么样呢？"愚公的儿子和孙子一听，都表示__6__。可是愚公的妻子反对这个计划，她觉得这是不可能完成的。第二天，愚公和家人拿着工具开始移山，他的邻居听说后也都来帮忙。

　　有一个叫智叟的老人听说这件事后，__7__他太傻，对他说："你看看你，快要九十岁了，走路都摇摇晃晃，怎么移山呢？"愚公说："即使我死了，还有我的儿子。儿子死了，还有孙子，孙子又生孩子，孩子又生儿子。只要一直坚持做，就有可能__8__。"

5.　A 挡住了路　　　　　　　　　　B 十分矛盾
　　C 因为无法推辞　　　　　　　　D 犹豫了很长时间

6.　A 感动　　　　B 陌生　　　　C 反对　　　　D 赞成

7.　A 确定　　　　B 考虑　　　　C 笑话　　　　D 相信

8.　A 收获　　　　B 努力　　　　C 到达　　　　D 成功

1-4.

　　顾恺之，是中国东晋时期非常著名的画家。他很小的时候，母亲就＿＿1＿＿了。稍长大一点，便每天缠着父亲追问母亲的样子，父亲不厌其详地给他讲了母亲的样貌和日常的衣着。他把这一切都牢牢地记在心中。

　　八岁那年，他忽然向父亲要笔墨，说要给母亲画像。父亲说，"你连母亲的模样都没见过，怎么画呢?"他回答说："＿＿2＿＿，一天不像画两天，两天不像画三天，一定要到画像了为止。"于是他每天都在画，不分白天和黑夜。画好了就给父亲看，看了以后就按照父亲的意见修正。逐渐地，父亲惊喜地发现，母亲的像居然有几分＿＿3＿＿了，只是眼睛还是不太像。于是，他又用心地去琢磨，一年过去了，两年过去了，终于有一天，他把再次画成的母亲像给父亲看，父亲竟然看＿＿4＿＿了，说："像，太像了，眼睛特别像呀。"

1.　A 去世　　　　B 存在　　　　C 耽误　　　　D 上班

2.　A 我请画家来画　　　　　　　　B 我相信您的实力
　　C 我就按照您说的画　　　　　　D 我已经画了很长时间了

3.　A 几乎　　　　B 相似　　　　C 可靠　　　　D 巧妙

4.　A 晕　　　　　B 吓　　　　　C 呆　　　　　D 住

5-8.

　　我家有只猫，名字叫薇拉。它__5__守着那棵大树，期待着树上的小鸟有一天掉下来成为它的美食，可是它整整等了一个春天也毫无结果。它又老又胖，从不捕捉老鼠，按时吃我给它的猫食，长得像一只虚胖的企鹅。"别__6__了，小鸟不会从树上掉下来的，你面对__7__吧。"薇拉不理我的建议，一直守在树下。过了一段时间，我发现薇拉不在树下了，院子里多了死老鼠的尸体。原来，最近薇拉一直守在老鼠洞前面，洞里的老鼠们最后都死在薇拉的爪下。原来我的薇拉有很高的捕鼠技术，它其实很能干呢。它真是我聪明的宠物，它教会了我长大的智慧：__8__。

5. A 整整　　　　　B 整天　　　　　C 半天　　　　　D 全体

6. A 麻烦　　　　　B 烦心　　　　　C 破费　　　　　D 费事

7. A 现在　　　　　B 自己　　　　　C 自身　　　　　D 现实

8. A 傻等着什么事也干不成
　　B 知道自己如何定位，才能心随所愿
　　C 天上不会掉馅饼，树上也不会掉下来小鸟
　　D 知道自己是什么东西，才能安心做好自己的事

03 접속사 활용하기

독해 제1부분에서는 긴 문장을 읽고 내용을 이해하는 장문 독해 능력, 빈칸에 적절한 어휘를 고르는 유의어 비교 능력, 그리고 어법 요소인 접속사 활용 능력 등 종합적인 능력을 평가한다. 접속사는 대개 2개의 접속사(또는 접속부사)가 앞뒤로 호응하여 나오기 때문에, 하나의 접속사를 찾으면 호응하는 짝꿍을 선택할 수 있는 아주 쉬운 유형이다. 하지만 아무리 쉬워도 접속사를 암기하지 않으면 문제를 풀 수 없으므로, 먼저 주요 접속사를 마스터해두자.

시크릿 백전백승

 **1 이란성 쌍둥이 접속사를 암기하라!**

먼저 대표 접속사를 마스터하고, 그 다음에 접속사의 동의어를 암기한다. 생김새는 달라 보이지만, '이란성 쌍둥이'라는 것을 잊지 말자.(★ 표시는 더 자주 출제됨.)

▶ 앞 절에 잘 나오는 쌍둥이 접속사

	대표 접속사	의미	쌍둥이 접속사
1	如果	만약 ~라면	★要是 / ★假如 / 假使
2	虽然	비록 ~일지라도	★尽管 / 固然
3	不但	~일 뿐만 아니라	★不仅 / 不只 / 不光
4	不管	~에 관계없이	★不论 / ★无论
5	因为	~ 때문에	★由于
6	哪怕	설령 ~일지라도	★即使 / 就算 / 就是

▶ 뒤 절에 잘 나오는 쌍둥이 접속사 / 부사

	대표 접속사/부사	의미	쌍둥이 접속사	쌍둥이 부사
1	就	그러면, 곧	★那么	便 / 立即(一…就 구문)
2	但是	그러나	可是 / 可 / ★然而	★却 / 也
3	而且	게다가	并且 / ★甚至	★还 / 也 / 又 / 更
4	都	모두	反正	也 / 总
5	所以	그래서	★因此 / 因而	
6	也	그래도		

▶ 호응 관계

	앞 절 접속사	뒤 절 접속사
1	如果(=要是 / 假如 / 假使)	就(=那么 + 주어 + 便 / 立即)
	만약 ~라면	그러면, 곧
2	虽然(=尽管 / 固然)	但是(=可是 / 可 / 然而 + 주어 + 却 / 也)
	비록 ~일지라도	그러나
3	不但(=不仅 / 不只 / 不光)	而且(=并且 / 甚至 + 주어 + 还 / 也 / 又 / 更)
	~일 뿐만 아니라	게다가
4	不管(=不论 / 无论)	都(=反正 + 주어 + 也 / 总)
	~에 관계없이	모두
5	因为(=由于)	所以(=因此 / 因而 + 주어)
	~ 때문에	그래서
6	哪怕(=即使 / 就算 / 就是)	也
	설령 ~일지라도	그래도

❷ 사실과 가설, 순접과 역접을 파악하라!

접속사가 나오는 구문에서 사실인지 가정인지, 순접인지 역접인지 판단할 수 있다면, 빈칸에 들어갈 말을 쉽게 찾을 수 있다.

[분석 1]

如果…就 만약 ~라면, 곧	哪怕…也 설령 ~일지라도

▶ 공통점

모두 실제로 일어나지 않은 일이다.(如果 → 가정 / 哪怕 → 가설)

▶ 차이점

如果: 가정에 따른 '순접'을 나타낸다.

→ 어떤 조건 · 상황에서, 자연스럽게 이루어짐을 나타내는 부사 就와 호응한다.

예 如果父母同意，就要跟小李结婚。
만약 부모님께서 허락하시면, 곧 샤오리와 결혼하겠다.

哪怕: 가설에 따른 '역접'을 나타낸다.

→ 화제의 전환이나 양보를 나타내는 부사 也와 호응한다.

예 哪怕父母不同意，也要跟小李结婚。
설령 부모님께서 허락하지 않으셔도, 샤오리와 결혼하겠다.

[분석 2]

| 既然…就 이왕 이렇게 되었으니, 곧 | 虽然… 但是 비록 ~지만, 그러나 |

▶ **공통점**

모두 이미 발생하여 알고 있는 사실을 전제로 한다.

▶ **차이점**

既然: 사실에 따른 '순접'을 나타낸다.

→ 순접의 부사 就와 호응하며, 就 이하 부분은 아직 발생하지 않은 일이다.

예 既然小王想要这本书，就送给他吧。

이왕 샤오왕이 이 책을 갖고 싶어하니, 그에게 주자.

虽然: 사실에 따른 '역접'을 나타낸다.

→ 역접을 나타내는 접속사 但과 호응하며, 但 이하 부분은 이미 발생한 일이다.

예 虽然小王想要这本书，但我没给他。

비록 샤오왕이 이 책을 갖고 싶어했지만 나는 그에게 주지 않았다.

3 중요 접속사를 암기하라!

모든 접속사가 시험에 다 출제되는 것은 아니다. 하지만 피가 되고 살이 되는 핵심 접속사는 반드시 자신의 것으로 만들어야 한다.

관계	중요 접속사	예문
긴축	一…就 ~하자마자, 곧 ~하기만 하면, 곧	一到月底，手头儿就很紧。 월말이 되기만 하면, 주머니 사정이 곧 여의치 않다.
가정	一旦…就 일단 ~하면, 곧	一旦遇到困难，就会感到失望。 일단 난관에 부딪히면, 곧 실망감을 느끼게 된다.
조건	只要…就 단지 ~하기만 하면, 곧	只要打针，这病就会好。 주사만 맞으면, 이 병은 곧 나을 수 있다.
조건	只有…才 반드시 ~해야지만, 비로소	只有做手术，这病才能好。 반드시 수술을 해야지, 이 병은 비로소 나을 수 있다.
선후	(首)先… 然后 / 接着 / 再… 먼저 ~하고, 그런 후에 ~	我先开了门，然后走进屋子里。 나는 먼저 문을 열고, 그런 후 방으로 들어갔다.
선택	与其… 不如 / 宁可 / 宁肯… ~하느니, 차라리 ~하다	与其看这样的电影，不如回家看孩子。 이런 영화를 보느니, 차라리 집에 가서 애나 보는 게 낫겠다.

문제

　　有一个年轻人一直得不到重视，特别苦恼。为此，他去很远的地方寻找智者，问他："我觉得自己很有能力，为什么没有人　1　我呢？"智者没有直接回答，而是捡起一块石头丢到远处，然后让他捡回来。没想到他无功而返。智者从手上取下金戒指，同样扔到远处，又叫他捡回来，这次年轻人很快就捡回来，　2　也找到了答案。当一个人总是埋怨自己未被发现之际，何不反过来想一下自己在别人的眼里是否只是一块石头，　3　自己真是一块石头，就应该使自己变成一块黄金，不要埋怨命运对自己不公平。

1. A 忽视　　　　B 欣赏　　　　C 表扬　　　　D 启发
2. A 同时　　　　B 随时　　　　C 临时　　　　D 暂时
3. A 何况　　　　B 要不　　　　C 毕竟　　　　D 假如

| 문제 분석 | 접속사의 힌트 부사에 주목! **S1 적용**

| 제목 | 자신에 대한 냉정한 평가 | | 주제 | 인정받지 못함을 불평하기 전에, 스스로 능력 있고 필요한 인재가 되어야 한다. |

한 젊은이가 줄곧 인정을 받지 못해서 몹시 괴로웠다. 이 때문에, 그는 매우 먼 곳까지 현자(현인)를 찾아가 물었다. "제가 생각하기에 저는 매우 능력이 있는데, 왜 저를 마음에 들어 하는 사람이 없을까요?" 현자는 직접 대답하지 않고, 돌 하나를 집어 먼 곳으로 던진 다음, 그에게 주워오도록 했다. 뜻밖에도 그는 아무 성과 없이 돌아왔다. 현자는 손에서 금반지를 빼내, 똑같이 멀리 던지고, 또 그에게 주워오라고 했다. 이번에 젊은이는 금반지를 매우 빨리 주워왔고, 또한 해답도 얻었다. 사람이 늘 자신이 아직 발견되지 못했다고 원망할 때, 왜 반대로 자신이 다른 사람의 눈에 한낱 돌멩이에 불과하지 않은지는 생각해보지 않는가? 만약 자기가 정말 하나의 돌멩이에 불과하다면, 곧 자신을 황금으로 변화시켜야지, 운명이 자신에게 불공평하다고 원망해서는 안 된다.

단어　年轻人 niánqīngrén 명 젊은이 | 一直 yìzhí 부 줄곧, 내내 | 重视 zhòngshì 통 중시하다 | ★苦恼 kǔnǎo 형 괴롭다, 고통스럽다 | 为此 wèicǐ 접 이 때문에 | ★寻找 xúnzhǎo 통 찾다 | ★智者 zhìzhě 명 현인, 현자 | 直接 zhíjiē 형 직접적인 | ★捡起 jiǎnqǐ 통 집어 올리다 | 石头 shítou 명 돌멩이 | 远处 yuǎnchù 명 먼 곳 | 然后 ránhòu 접 그런 후에 | 无功而返 wúgōng'érfǎn 성과 없이 돌아오다 | ★金戒指 jīnjièzhǐ 명 금반지 | 同样 tóngyàng 접 마찬가지로 | 答案 dá'àn 명 답안 | ★埋怨 mányuàn 통 원망하다 | 未 wèi 부 아직 | 何 hé 대 어찌하여 | 反过来 fǎn guòlái 뒤집다, 역으로 하다 | ★是否 shìfǒu ~인지 아닌지 | 变成 biànchéng 통 변하다 | 黄金 huángjīn 명 황금 | ★命运 mìngyùn 명 운명 | 公平 gōngpíng 형 공평하다

1.　A 忽视　　　　　B 欣赏　　　　　A 소홀히 하다　　　　B 마음에 들다
　　C 表扬　　　　　D 启发　　　　　C 칭찬하다　　　　　D 일깨우다

| 문제 분석 | …一直得不到重视，…"我觉得自己很有能力，为什么没有人＿＿＿＿我呢？"

힌트2　　　　　　　　　　　　힌트1

해설　품사 찾기　'동사 + 목적어(我)'의 어순으로 빈칸에는 동사가 필요하다.

　　　짝꿍 찾기　동사의 힌트는 목적어 我(나)다. 힌트가 충분하지 못하면 전체적인 문맥을 살피거나, 주어진 보기를 하나씩 대조해서 가장 타당한 답을 골라야 한다.

　　　정답 찾기　젊은이의 고민은 자신은 능력이 있다고 생각하는데, 자신을 인정해주는 사람이 없다는 것(得不到重视)이었다. 그는 자신을 마음에 들어하는(欣赏) 사람이 왜 없냐고 묻는 게 가장 자연스러우므로, 답은 B가 된다.

Tip⁺　일단 능력을 인정하고 마음에 들어하는(欣赏) 사람이 있어야 칭찬을 받을 수 있는 것이므로, C의 表扬은 답이 될 수 없다.

단어　忽视 hūshì 동 소홀히 하다 | 欣赏 xīnshǎng 동 좋게 여기다, 마음에 들다 | 表扬 biǎoyáng 동 칭찬하다 | 启发 qǐfā 동 일깨우다, 깨닫게 하다

2.　A 同时　　B 随时　　C 临时　　D 暂时　　A 또한　　　B 수시로　　　C 임시로　　　D 잠시

| 문제 분석 | 这次年轻人很快就捡回来，＿＿＿＿也找到了答案。

힌트

해설　품사 찾기　빈칸 뒤의 부사 也와 호응하는 접속사를 찾는다.

　　　짝꿍 찾기　젊은이는 돌을 던졌을 때는 던진 돌을 찾아오지 못했는데, 금반지를 던지니 금방 찾아올 수 있었고, 그것을 주워오면서 자신이 현자에게 물었던 질문의 답까지 깨달을 수 있었다. '또한, 게다가'라는 뜻을 가진 접속사 同时는 뒤 절에 쓰이며, 부사 也와 호응하여 쓰인다.

　　　예　爱情是一种付出，同时也是一种获取。
　　　　　사랑은 주는 것이지만, 또한 얻는 것이기도 하다.

Tip⁺　주어진 보기는 모두 …时로 끝나기 때문에 유의어라고 생각할 수 있지만, 사실 의미는 다 제각각이다.

단어　同时 tóngshí 접 또한 | 随时 suíshí 부 언제나, 수시로 | 临时 línshí 형 임시로 | 暂时 zànshí 명 잠시

3. A 何况	B 要不	A 하물며	B 그렇지 않으면
C 毕竟	D 假如	C 결국	D 만약

| 문제 분석 | _____自己真是一块石头，**就**应该使自己变成一块黄金，

힌트

해설

품사 찾기   주어 自己 앞에 나올 수 있는 것은 접속사다.

짝꿍 찾기   접속사는 절과 절을 연결한다. 서로 호응하는 접속사나 부사가 힌트가 된다.

정답 찾기   앞 절에 나오는 접속사를 고르는 문제이므로, 뒤 절에 주로 나오는 何况，要不는 자동 소거된다. 부사 就와 호응하는 접속사여야 하므로, '만약'이라는 가정을 나타내는 D의 假如(=如果，要是)가 답이 된다.

Tip+   앞 절에 쓰이는 접속사를 찾는 것인지, 뒤 절에 쓰이는 접속사를 찾는 것인지 먼저 확인하고, 호응하는 접속사나 부사를 힌트로 삼아 문제를 풀면 된다.

예 连…也…，何况…呢?: 심지어 ~도 ~한데, 하물며 ~겠는가?
　　　　　　뒤 절 접속사

　…，要不…: ~하고, 그렇지 않으면 ~하다
　　　뒤 절 접속사

　如果…，就…: 만약 ~라면, 곧 ~하다
　　앞 절 접속사

단어   何况 hékuàng 졉 하물며 | 要不 yàobù 졉 그렇지 않으면 | 毕竟 bìjìng 뷔 필경, 결국 | 假如 jiǎrú 졉 만약, 가령

感动日记

▶ 오늘 새롭게 알게 된 내용, 가장 중요한 핵심내용, 학습 소감과 각오 등을 적어보세요.

day 5

1-4.

　　有的人喜欢猫的温顺，有的人喜欢狗的忠诚。但是在__1__狗的时候要注意，不要轻易靠近它们，也不要随便去摸它们的头，__2__主人就在身边。走路的时候，迎面过来一只狗的话，不要一直直视它，它会把这一动作看作是__3__。因此，如果有一只狗向你跑过来，__4__，也许它只是想要闻闻陌生人的味道。

1.　A 接触　　　　　B 抛弃　　　　　C 区分　　　　　D 改正

2.　A 所以　　　　　B 虽然　　　　　C 要是　　　　　D 哪怕

3.　A 亲密　　　　　B 挑战　　　　　C 信任　　　　　D 轻视

4.　A 就叫警察帮忙　　　　　　　　　B 不管你跑得有多快
　　C 马上跑到安全的地方　　　　　　D 你要安静地站在那儿

5-8.

　　后来，这个人就成了我的丈夫，他__5__我走过无数风雨。那__6__艰苦的日子里，他给予我的关爱永远在我脑海里挥之不去。__7__他在不在我身边，我都会想起他在冬日里给我的第一个拥抱。我的这个男人，在饥寒交迫的日子里，细心地抚慰了一个女孩子孤独寂寞的心。我想，每个爱过的女人，如果她希望和一个男人天长地久，那背后一定有着一次感人的记忆，而这个男人__8__这个女人期待，也一定是因为他给女人宽厚温暖的爱。

5.　A 跟　　　　　B 陪　　　　　C 随　　　　　D 引

6.　A 条　　　　　B 个　　　　　C 段　　　　　D 是

7.　A 尽管　　　　B 尽量　　　　C 不但　　　　D 不管

8.　A 价值　　　　B 值得　　　　C 保证　　　　D 希望

1-4.

　　上世纪30年代，梅兰芳先生初到上海，虽然他唱功绝顶，但要在大上海一下子出名也难。为了　1　梅兰芳，当时替梅兰芳筹划的这个戏班子就想在报纸上打广告，但是这个广告怎么登，才能引起人们的注意呢？

　　经过一番筹划，他们决定在报纸上只印三个字——梅兰芳，之后什么都不说，广告就这样登出去了。第一天就开始有人议论："　2　？"第二天的报纸上还是不小的版面三个大字——梅兰芳。这下子议论的人就更多了，连登了几天之后，上海市街头巷尾就都在议论了："您知道梅兰芳吗？"由于这个特殊的广告特别引人注目，梅兰芳这个名字很快就传遍了当时的上海。

　　可当时上海的市民并不知道梅兰芳，因为　3　，都在互相打听，就这样，梅兰芳的名声越来越响。连登了一周之后，一天，报纸上登出了一个详细的广告："梅兰芳——京剧演员，今晚在上海某某戏院登台献艺。欢迎观看。"这广告一出，票　4　卖光了。大家都想去看看梅兰芳唱得究竟怎么样，看看梅兰芳先生的功底。从此，梅先生一唱走红，知名度提高了。

1.　A 影响　　　　　　B 传播　　　　　　C 宣传　　　　　　D 广告

2.　A 这梅兰芳是谁啊　　　　　　　　B 为什么选择梅兰芳
　　C 梅兰芳真的在上海　　　　　　　D 演出的地方在哪儿啊

3.　A 好奇　　　　　　B 批评　　　　　　C 委屈　　　　　　D 安慰

4.　A 随时　　　　　　B 没有　　　　　　C 很难　　　　　　D 立即

5-7.

　　有一个农夫，他养了一条狗。那条狗每天趴在马路旁，　5　有车经过，它就会兴奋地跳起来跟着车跑，好像在和汽车比赛谁跑得快。旁边的人对农夫说："你的狗跑得真快，再过一段时间就真的能追上汽车，跑得跟汽车一样快了。"农夫看着他的狗说："　6　？它也只是一只狗。"

　　其实，生活中人们有的时候也会犯同样的　7　，一直努力地去争取，但是争取的目标只是一些没有意义的东西。

5. A 哪怕　　　　　B 即使　　　　　C 不管　　　　　D 一旦

6. A 有了麻烦怎么办　　　　　　B 追上又有什么用呢
   C 累病了是谁的责任　　　　　　D 你喜欢这样的狗吗

7. A 错误　　　　　B 情绪　　　　　C 影响　　　　　D 信任

04 유의어 비교하기

유의어 문제는 단시간에 성적을 높이기 힘든 유형이다. 하지만 어떠한 어려운 문제에도 방법은 있듯이, 유의어 비교 문제에도 나름의 노하우가 있다. "知彼知己百战不殆(적을 알고 나를 알면, 백 번 싸워도 위태롭지 않다)"라고 했다. 유의어 비교 방법을 확실히 마스터하여, 정답을 쏙쏙 찾아내는 실력을 쌓아보자.

5끝 시크릿 백전백승

1 유의어를 두려워하지 마라!

구 HSK에서 빈칸 문제는 대부분이 유의어를 골라내는 문제였지만, 지금은 전체 15문제 중 3~4개 정도만 유의어 문제다. 유의어 문제라고 해도 보기 4개가 모두 유사 어휘가 아니라, 1~2개 정도가 있을 뿐이니 전혀 겁먹을 필요가 없다.

2 짝꿍만 암기해놓으면 게임은 끝이다!

아무리 헷갈리는 유의어 문제가 나와도, 이미 호응하는 짝꿍 어휘를 암기해놓았다면 정답 고르기는 식은 죽 먹기다. 실력이 부족하다고 느끼는 학생들은 문제를 풀고 나서 정답과 힌트의 호응 구조를 파악하여 암기한다. 시험장에서 바로 그 효과를 느끼게 될 것이다.

예	동사 유의어	호응하는 짝꿍 목적어
	吸引 매료시키다	顾客 고객 / 游客 여행객 / 女性 여성 / 视线 시선 / 注意力 주의력
	吸取 흡수하다	教训 교훈 / 优点 장점 / 经验 경험 / 精华 엑기스 / 营养 영양

▶ **품사 비교법: 문장 내에서 위치를 확인하라!**

유의어	공통점(의미)	차이점(품사)	비교
刚	방금, 막	부사	부사로, 주어 뒤에만 위치할 수 있다. 주어 + 刚 + 술어
刚才		시간명사	시간명사로, 주어 앞뒤에 모두 위치할 수 있다. 刚才 + 주어 + (刚才) + 술어

| 바로 확인 |　　1. (　　)他来找过你，但你不在。

　　　　　　　　A 刚　　　　　　　B 刚才

▶ **의미 비교법: 공통 음절을 제외한 나머지 부분의 의미를 비교하라!**

유의어	공통점(첫음절)	차이점(둘째 음절)	비교
优秀	优	秀	秀는 '뛰어나다, 빼어나다'의 뜻이다. 예 品德 / 学问 / 成绩 + 优秀
优美		美	美는 '예쁘다, 아름답다'의 뜻이다. 예 风景 / 环境 / 体型 + 优美

| 바로 확인 |　　2. 他是全校最(　　)的学生。

　　　　　　　　A 优秀　　　　　　　B 优美

▶ **호응 비교법: 짝꿍 목적어를 암기하라!**

유의어	공통점(의미)	차이점(호응 대상)	비교
损失	피해를 입다	금전에 관련된 목적어	失(잃다)에 중점을 둔다. 예 损失 + 财产 / 金钱 / 收入
损害		이익, 건강, 명예에 관련된 목적어	害(해를 입다)에 중점을 둔다. 예 损害 + 利益 / 健康 / 名誉

| 바로 확인 |　　3. 旅游收入方面带来了不少(　　)。

　　　　　　　　A 损失　　　　　　　B 损害

| 번역 및 정답 |

1. 방금 그가 너를 찾아 왔었는데, 네가 자리에 없었다.　　　　　　　　답 : B
2. 그는 전교에서 가장 우수한 학생이다.　　　　　　　　답 : A
3. 여행 수입 방면에 적지 않은 손실을 가져왔다.　　　　　　　　답 : A

▶ **긍정 · 부정 비교법: 긍정적인 단어인지 부정인지 단어인지 판단하라!**

유의어	공통점(의미)	차이점	비교
后果	결과, 효과	부정적	나쁜 결과를 의미하며, 동사 造成(초래하다)과 호응한다.
效果		긍정적	좋은 결과를 의미하며, 동사 取得(획득하다)와 호응한다.

| 바로 확인 |　1. 如果监督制度不严格，会造成严重的(　　)。

　　　　　A 效果　　　　　　B 后果

▶ **구체 · 추상 비교법: 목적어가 구체적인지 추상적인지 구분하라!**

유의어	공통점(의미)	차이점(목적어)	비교
充满	가득하다(满)	일반적으로 추상적인 목적어	예 充满 + 爱 / 信心 / 笑声 / 气氛 / 幻想
装满		일반적으로 구체적인 목적어	예 装满 + 钱 / 水 / 蔬菜 / 香烟 / 啤酒

| 바로 확인 |　2. 它给了我们很大的勇气，让我们(　　)信心。

　　　　　A 充满　　　　　　B 装满

▶ **순수 · 복합어 비교법: 하나의 의미인지 복합적인 의미인지 분석하라!**

유의어	공통점(의미)	차이점	비교
容易	쉽다(易)	하나의 의미	'쉽다'의 의미만 가지고 있는 '순수어'에 속한다. 예 容易 + 感冒 / 脏 / 生病 / 变坏
简易		복합적인 의미	简单(간단하다) + 容易(쉽다)의 2가지 의미를 담고 있는 복합어. 예 简易的 + 方法 / 办法

| 바로 확인 |　3. 孩子们长时间玩电脑，很(　　)引发近视。

　　　　　A 简易　　　　　　B 容易

| 번역 및 정답 |

1. 만약 감독 제도가 엄격하지 않으면, 심각한 결과를 가져올 수 있다.　　　　　　　답 : B
2. 그것은 우리에게 매우 큰 용기를 주었고, 우리로 하여금 자신감이 가득 차게 하였다.　　답 : A
3. 아이들이 오랫동안 컴퓨터를 하고 놀면, 근시가 유발되기 쉽다.　　　　　　　답 : B

문제

　　以前，有一对刚结婚的年轻夫妻，生活得很幸福。可是，这个刚结婚的小伙子特别喜欢看棒球比赛，只要看棒球比赛，连吃饭都会忘记。对此年轻的妻子一点儿__1__也没有。有一个星期天，丈夫又坐在沙发上聚精会神地看着电视，妻子说话__2__没有听到，年轻的妻子特别__3__，她起身穿衣服回自己的父母家了。没想到家里只有爸爸一个人，他正在看棒球比赛，她觉得很奇怪，问爸爸，"__4__"爸爸头都没回看着电视说："回你姥姥家了吧。"

1. A 办法　　　　　B 意思　　　　　C 方式　　　　　D 能力
2. A 好像　　　　　B 相似　　　　　C 表示　　　　　D 根本
3. A 难过　　　　　B 着急　　　　　C 生气　　　　　D 不安
4. A 妈妈呢?　　　　　　　　　　　B 爸爸你累了吧?
　　C 爸爸怎么不看电视呢?　　　　D 妈妈也要看足球比赛吗?

| 문제 분석 | 유의어에 주의 / 문맥에 맞는 어휘에 주목!　**S2, S3 적용**

제목　**남편은 야구광**　　　**주제**　남편들의 지나친 야구 사랑에 여자들은 화가 난다.

　　예전에, 갓 결혼을 한 젊은 부부가 매우 행복하게 살고 있었다. 그런데, 이제 막 결혼한 남편은 야구경기를 보는 것을 특히 좋아해서, 야구경기만 보면 밥 먹는 것조차 잊어버렸다. 이에 대해 젊은 부인은 조금도 어쩔 <u>방법</u>이 없었다. 어느 일요일, 남편은 또 소파에 앉아서 집중해서 텔레비전을 보고 있었고, 아내의 말도 <u>마치</u> 들리지 않는 듯했다. 젊은 부인은 너무 <u>화가 나서</u>, 일어나 옷을 챙겨 입고 친정집으로 가버렸다. 뜻밖에도 집에는 아버지 혼자 계셨고, 아버지는 야구경기를 보고 계셨다. 그녀는 매우 이상하게 여겨져, 아버지에게 물었다. "<u>엄마는요?</u>" 아버지는 얼굴도 돌리지 않고 텔레비전을 보면서 말씀하셨다. "너희 외할머니댁에 갔겠지."

단어　以前 yǐqián 몡 과거 | 结婚 jiéhūn 통 결혼하다 | ★幸福 xìngfú 톙 행복하다 | ★小伙子 xiǎohuǒzi 몡 젊은이 | 特别 tèbié 뷔 매우 | ★棒球 bàngqiú 몡 야구 | 比赛 bǐsài 몡 경기 | 只要 zhǐyào 젭 ~하기만 하면 | 此 cǐ 때 이, 이것 | 沙发 shāfā 몡 소파 | ★聚精会神 jùjīng huìshén 성어 정신을 집중하다 | 奇怪 qíguài 톙 이상하다 | ★姥姥 lǎolao 몡 외할머니

1.　A 办法　　B 意思　　C 方式　　D 能力　　　A 방법　　　B 의미　　　C 방식　　　D 능력

| 문제 분석 | 只要看棒球比赛，连吃饭都会忘记。对此年轻的妻子一点儿＿＿＿＿也没有。

　　　　　　　　　　　　　　　　　　　　　　　　　　　　힌트2　　힌트1

해설　　**품사 찾기**　　'连一点儿 + 명사 + 也没有'의 형식으로, 빈칸에는 명사가 필요하다.

　　　　짝꿍 찾기　　술어 没有가 힌트다.

　　　　정답 찾기　　야구경기만 보면 밥 먹는 것도 잊고, 아내의 말도 듣지 않는 남편에 대한 아내의
　　　　　　　　　　태도가 언급된 문장이다. 문맥상 办法(방법)가 쓰여 '어찌할 방법이 없다'라는
　　　　　　　　　　의미를 나타내는 것이 자연스러우므로, 답은 A가 된다.

Tip⁺　办法 VS 方式
　　　– 办法는 어떤 일을 하거나 문제를 해결하는 구체적인 방법을 말한다.
　　　　　예 想办法(방법을 생각하다) / 解决问题的办法(문제를 해결하는 방법)
　　　– 方式는 말하거나 일할 때 취하는 방법이나 형식을 말한다.
　　　　　예 付款方式(지불 방식) / 生产方式(생산 방식) / 生活方式(생활 방식)

단어　办法 bànfǎ 몡 방법 ｜ 意思 yìsi 몡 의미 ｜ 方式 fāngshì 몡 방식 ｜ 能力 nénglì 몡 능력

2.　A 好像　　　　　B 相似　　　　　A 마치 ~과 같다　　　B 닮다
　　C 表示　　　　　D 根本　　　　　C 나타내다　　　　　D 전혀

| 문제 분석 | 丈夫又坐在沙发上聚精会神地看着电视，妻子说话＿＿＿＿没有听到，

　　　　　　　　　　　　　　　　　　　　　　　　　　힌트

해설　　**품사 찾기**　　'주어(妻子说话) + ＿＿＿ + 부정부사(没有) + 술어(听到)'의 어순이다. 빈칸에는
　　　　　　　　　　적절한 부사가 필요하다.

　　　　짝꿍 찾기　　적절한 부사를 고르려면 전체적인 문맥을 파악해야 한다.

　　　　정답 찾기　　남편은 야구경기를 너무 몰입해서 보느라, 아내가 말하는 것을 듣지 못한 것 같
　　　　　　　　　　았다. 남편이 실제로 아내의 말을 못 들었다기보다는 듣고도 못 들은 것처럼 행
　　　　　　　　　　동하는 것이 앞뒤 문맥상 가장 자연스러우므로 빈칸에는 '마치 ~과 같다'(好像)
　　　　　　　　　　처럼 긍정적인 판단을 하는 부사를 써야 한다. 따라서 답은 A가 된다.

Tip⁺　– 相似(서로 닮다)는 형용사로, 문장에서 주로 술어 역할을 하기 때문에 답이 될 수 없다.
　　　　　예 他们俩长得很相似。(그들 둘은 생긴 게 매우 닮았다.)
　　　– 根本(전혀)은 대개 뒤에 부정부사 (不 / 没有)를 끌고 나온다: 根本 + 不 / 没有

단어　好像 hǎoxiàng 뷔 마치 ~과 같다 ｜ 相似 xiāngsì 휑 닮다 ｜ 表示 biǎoshì 동 나타내다 ｜ 根本 gēnběn 뷔 전혀

3. A 难过	B 着急	A 고통스럽다	B 조급하다
C 生气	D 不安	C 화나다	D 불안하다

| 문제 분석 | 年轻的妻子**特别**____, **她起身穿衣服回自己的父母家了**。

힌트1　　　　힌트2

해설　**품사 찾기**　정도를 나타내는 부사 特别(매우) 뒤에는 형용사나 심리동사가 나와야 한다.

　　　　짝꿍 찾기　문맥을 통해서 아내의 심리 상태를 유추해보자.

　　　　정답 찾기　자신이 하는 말을 들은 척도 안하고 야구경기만 보는 남편에 대해 아내는 화가 났을 가능성이 가장 크다. 뒤 절의 그녀가 옷을 챙겨 입고 친정집으로 갔다는 내용에서 A나 B, D가 답이 될 수 없음을 알 수 있다. 生气(화나다)는 심리동사여서 부사 特别와 함께 쓸 수 있으므로, 답은 C가 된다.

Tip⁺　나머지 보기 3개 역시 형용사나 심리동사로, 特别와 함께 쓸 수는 있지만, 문맥상 맞지 않는다.

단어　难过 nánguò 혱 고통스럽다 | 着急 zháojí 됭 조급해하다 | 生气 shēngqì 됭 화내다 | 不安 bù'ān 혱 불안하다

---

4. A 妈妈呢?		A 엄마는요?
B 爸爸你累了吧?		B 아버지, 피곤하시죠?
C 爸爸怎么不看电视呢?		C 아빠, 왜 텔레비전을 보지 않으세요?
D 妈妈也要看足球比赛吗?		D 엄마도 축구 경기를 보려고 하세요?

| 문제 분석 | 问爸爸，"____" 爸爸头都没回看着电视说："回你姥姥家了吧。"

힌트1　　　　힌트2

해설　**품사 찾기**　보기에 모두 절이 제시되어 있으므로 빈칸에 가장 알맞은 절을 찾는다.

　　　　짝꿍 찾기　앞뒤 문맥을 파악해야 한다.

　　　　정답 찾기　여자는 친정집에 와서 혼자서 야구경기를 보고 있는 아버지를 보았다. 딸이 무엇이라고 질문하자, 아버지는 "回你姥姥家了吧(너희 외할머니댁에 갔겠지)"라고 대답했는데, 질문 내용이 빈칸으로 주어졌으므로 아버지의 이러한 대답과 문맥상 가장 어울리는 말은 "妈妈去哪儿了?(엄마 어디 갔어요?)", "妈妈在哪儿?(엄마는 어디에 있어요?)", "妈妈呢?(엄마는요?)" 정도다. 따라서 답은 A가 된다. 呢는 사람이나 물건이 없을 때, 어디에 있는지를 묻는 의문의 어기조사다.

단어　足球 zúqiú 명 축구

day 7

1-3.

许多年前，有一位皇帝，为了穿得漂亮，不惜把所有的钱花掉。有一天，来了一个骗子，自称是裁缝，说他带来的衣服不仅色彩和图案分外漂亮，而且缝出来的衣服还有一种奇怪的特性：任何不称职的人或者愚蠢的人，都看不见这衣服。皇帝马上穿着这衣服开始游行了。站在街上和窗子里的人都说："皇帝的新装真是漂亮! 这件衣服真__1__他的身材!"谁也不__2__让人知道自己什么也看不见，因为这样就会显出自己不称职，或是太愚蠢。皇帝所有的衣服从来也没有__3__过这样的称赞。

1. A 不合　　　　B 合适　　　　C 表现　　　　D 适合

2. A 愿望　　　　B 想着　　　　C 愿意　　　　D 可以

3. A 取得　　　　B 收到　　　　C 获得　　　　D 得失

4-7.

"沉默是金"一直被人们认为是一句名言警句，告诉人们在一些情况下要保持沉默，如果说话不__4__，就很有可能"祸从口出"，让别人误会自己，对自己有不好的影响。沉默也被人们看作是一种__5__的表现，尊为处世哲学。但是在现代社会，竞争非常激烈，如果你不表达自己的看法，只是一味沉默，那么你就不能__6__机遇，那你就很难发展。因此，__7__，该说的时候就说，不该说的时候就不要说。

4. A 谨慎　　　　B 修饰　　　　C 调整　　　　D 配合

5. A 轻松　　　　B 智慧　　　　C 荣誉　　　　D 片面

6. A 掌握　　　　B 把握　　　　C 碰到　　　　D 遇见

7. A 谦虚使人进步　　　　　　　　B 一定不要骄傲
　 C 沉默不一定是金　　　　　　　D 奇迹一定会发生的

1-4.

　　在美国华尔街工作的女士，上班的装束很有__1__。太性感的服装肯定不行，可能会对周围的同事__2__心理影响。特别是高级职位的女性__3__如此。如果穿得太性感，不管她们的工作能力如何，都会被视为不称职。一般来说，夏天对女性装束的挑战最大，凡是穿得有些透露的，全都应该避免，__4__。当一位女士被提拔后，服饰方面就要比一般女同事更谨慎、更精挑细选。

1. A 知识　　　　　B 修养　　　　　C 学问　　　　　D 学习

2. A 造成　　　　　B 创造　　　　　C 生产　　　　　D 引起

3. A 特殊　　　　　B 特别　　　　　C 尤其　　　　　D 其实

4. A 免去男同事不安心工作　　　　B 可能让男同事坐卧不安
   C 不免引起男同事的非分之想　　D 免得引起男同事的非分之想

5-8.

　　生活中最大的幸福是坚信有人爱我们。关爱是世界的一抹温暖亮色，付出一点儿关爱，收获无限关爱，生活就会__5__阳光。只要__6__留心，真诚地为他人着想，__7__地行动，即使是疲倦时的一杯茶，寒冷时的一件衣，也能给人送去关爱的信息。送人玫瑰，手有余香。人人互相关爱就是这么__8__的一件事。

5. A 充满　　　　　B 充实　　　　　C 产生　　　　　D 出现

6. A 到处　　　　　B 处处　　　　　C 四处　　　　　D 处所

7. A 赶快　　　　　B 匆忙　　　　　C 积极　　　　　D 着急

8. A 大方　　　　　B 简单　　　　　C 单调　　　　　D 朴素

05 대조 · 보완하기

이번 장에서는 상호보완할 수 있는 단어가 나열되거나 반의어가 앞이나 뒤 절에 제시되는 문제를 살펴보자. 이러한 문제 유형은 한 지문에 1문제 정도 출제된다. 문장의 흐름을 놓치지 않고 지문을 읽다가, 이러한 힌트가 제시되면 재빨리 알아차리고 정답을 골라낼 수 있어야 한다. 독해 제1부분의 마지막 비법까지 모두 마스터하여 자유자재로 응용할 수 있도록 훈련해두자.

5끝 시크릿 백전백승

1 지문 속 언어 환경(语境)을 살펴라!

지문을 독해할 때는 언어 환경(语境)을 파악하는 것이 중요하다. 언어 환경이란 앞뒤 문맥의 관계를 말한다. 독해 제1부분은 어휘 하나의 의미를 묻기보다는, 앞뒤 문맥 파악을 통해 어휘의 뜻을 유추하고, 판단하는 문제들이 많다.

2 통독(通读)한 후, 문제를 풀어라!

독해 제1부분을 풀 때는 먼저 전체 글을 통독한 다음에, 빈칸 앞뒤의 문맥을 분석해서 적절한 어휘를 선택해야 한다.

[문제 접근 순서]
① 전체 지문 파악하기
② 빈칸 앞뒤의 힌트에 주목하여 정답 찾기

3 어휘 관계를 파악하라!

앞뒤 문맥 관계에 근거해서도 지문을 이해하지 못했을 경우, 결국 어휘의 관계에 근거해서 문제를 풀어나가야 한다. 다시 말해서, 문장의 의미를 이해하지 못했더라도 포기하지 말고 문제를 풀어야 한다는 뜻이다. 빈칸 앞뒤 어휘의 관계가 상호보완적인지, 대조 · 대립적인지 파악하여 정답을 찾아본다.

상호보완적 어휘	
轻松 qīngsōng 부담 없다	亲切 qīnqiè 친근하다

예 这篇文章让人觉得很轻松亲切。
이 글은 매우 부담 없고 친근하게 느껴지게 한다.

坚强 jiānqiáng 굳세다	成熟 chéngshú 성숙하다

예 如何让自己变得成熟坚强呢?
어떻게 하면 자신을 성숙하고 굳세게 만들 수 있을까?

安慰 ānwèi 위로하다	支持 zhīchí 지지하다

예 遇到困难的时候，朋友常常安慰和支持我们。
어려움을 만났을 때, 친구는 늘 우리를 위로하고 지지해준다.

丰富 fēngfù 풍부하다	多彩 duōcǎi 다채롭다

예 大学的生活丰富多彩，给我留下了深刻的印象。
대학생활은 풍부하고 다채로워서 나에게 깊은 인상을 남겼다.

孤独 gūdú 고독하다	寂寞 jìmò 적막하다, 쓸쓸하다

예 一个人在外国学习，过年的时候感觉非常孤独寂寞。
혼자 외국에서 공부하면, 새해를 맞이할 때 무척 고독하고 쓸쓸하다.

责怪 zéguài 책망하다	批评 pīpíng 비난하다, 꾸짖다

예 当你遇到不顺心的事情时，不要总是批评、责怪别人。
마음에 맞지 않는 일을 만났을 때, 항상 남을 책망하거나 비난해서는 안 된다.

健康 jiànkāng 건강하다	有活力 yǒu huólì 활력이 있다

예 多吃蔬菜让我们的身体既健康又有活力。
야채를 많이 먹는 것은 우리의 몸을 건강하고 활력 있게 한다.

▶ 대조 · 대립 관계: 반의어나 대립적인 어휘가 나온다.

대조 · 대립적 어휘	
幸运 xìngyùn 행운이다	倒霉 dǎoméi 운이 없다

예 你在街上捡到钱，真是太幸运了。可对丢钱的人来说却是件倒霉的事情。
당신이 길에서 돈을 주운 것은 정말 무척 행운이지만, 돈을 잃어버린 사람에게 있어서는 오히려 운이 나쁜 일이다.

批评 pīpíng 비난하다, 꾸짖다	称赞 chēngzàn 칭찬하다

예 今天我打扫房间，受到了妈妈的称赞。可为此我耽误了写作业，被老师批评了一顿。

오늘 나는 방을 청소해서 엄마의 칭찬을 받았다. 하지만 그러기 위해 숙제하는 것을 지체해서 선생님한테는 한바탕 꾸중을 들었다.

冷淡 lěngdàn 냉담하다	热情 rèqíng 친절하다

예 我这么热情地邀请你，你的态度却这么冷淡，难道你不想跟我去看电影吗?

내가 이렇게 친절하게 청하는데, 너의 태도는 이렇게 냉담하다니, 설마 너 나랑 영화 보러 가고 싶지 않은 거니?

埋怨 mányuàn 원망하다	感谢 gǎnxiè 감사하다

예 你要时常感谢父母，不要总是埋怨他们。

당신은 부모님께 자주 감사해야지, 늘 원망만 해서는 안 됩니다.

拒绝 jùjué 거절하다	接受 jiēshòu 받아들이다

예 你的条件被拒绝了，我们不能接受你的建议。

당신의 조건은 거절되었습니다. 우리는 당신의 제안을 받아들일 수 없어요.

失望 shīwàng 실망하다	满意 mǎnyì 만족하다

예 她对自己的男朋友一直很不满意，再加上这次的失约，使她对男朋友彻底失望了。

그녀는 자신의 남자친구에 대해 줄곧 매우 불만스러웠고, 더구나 이번에 약속을 어긴 일은 그녀가 남자친구에 대해 완전히 실망하게 만들었다.

同意 tóngyì 동의하다	反对 fǎnduì 반대하다

예 尽管父母反对他们结婚，他们也不打算放弃，直到他们的父母同意。

비록 부모님이 그들의 결혼을 반대해도 그들은 그들의 부모님이 동의할 때까지 포기하지 않을 생각이다.

4 어휘의 감정 색채를 파악하라!

어휘들은 각각 긍정적, 부정적, 또는 중립적인 감정 색채를 지닌다.

예 效果(효과) / 结果(결과) / 后果(나쁜 결과)

▶ 긍정적 어휘

칭찬이나 존경, 선호의 의미 등 건설적이고 적극적인 색채를 띤 어휘를 말한다.

称赞 칭찬하다	尊敬 존경하다	喜欢 좋아한다	支持 지지하다
美丽 아름답다	佩服 탄복하다	欣赏 좋게 여기다	

▶ 부정적 어휘

비난, 증오, 멸시 등의 감정 색채를 띤 어휘를 말한다.

批评 비난하다	轻视 경시하다	埋怨 원망하다	造成 초래하다
引起 야기하다	不满 불만이다	讨厌 싫어하다	

▶ 중립적 어휘

좋고 나쁨, 아름다움과 추함 등 대립적인 감정 색채나 긍정 · 부정의 의미를 나타내지 않는 어휘를 말한다.

平凡 평범하다	普通 보통이다	好奇 호기심 있다
请求 부탁하다	计划 계획하다	习惯 습관이 되다

▶ 이중적(긍정과 부정) 어휘

문맥에 따라 긍정의 의미나 부정의 의미로 모두 사용할 수 있는 어휘를 말한다.

단어	긍정적 의미	부정적 의미
影响	这种药对身体有很大的影响。 이 약은 신체에 아주 큰 영향(효력)이 있다. (좋은 영향을 주다)	睡眠不足影响健康。 수면 부족은 건강에 (좋지 않은) 영향을 준다. (나쁜 영향을 주다)
骄傲	小明得了第一名，我真为他骄傲! 샤오밍이 일등을 해서, 나는 정말 그가 자랑스럽다. (자랑스럽다, 자부심을 느끼다)	他考试得了满分，就骄傲得不得了。 그는 시험에서 만점을 받더니만, 거만하기 짝이 없다. (교만하다, 거만하다)

5 보기는 힌트이자 함정이고 정답이다!

지문을 통독할 때, 문장 중간에 있는 빈칸 때문에 전체 내용을 이해하는 데 문제가 생길 수 있다. 이때 4개의 보기는 매우 중요한 힌트가 되므로 잘 활용해야 한다. 보기 속에는 함정도 있지만, 분명히 정답도 존재한다. 보기를 분석해보면 4개의 품사가 같은 경우가 많으므로, 문맥을 통해서 빈칸에 어떤 내용이 들어갈지 파악한다. 문제 해결의 실마리를 주는 보기와 친해지자!

문제

鼓励是家教中最直接、最有效的方法。教育家周宏的小女儿，对数学一点兴趣也没有，＿＿1＿＿。有一天晚上，周宏准备了十道数学题，没想到女儿只对了一道题，可是他不但没批评女儿，反而对女儿加以＿＿2＿＿，他说："没想到你连这么难的问题都能做对，真聪明，爸爸小时候可真不如你啊！"

第二天晚上，周宏＿＿3＿＿准备了比第一天容易一点儿的数学题，女儿居然做对了四道！他又惊叹道："天啊，你真是太＿＿4＿＿了！我为什么以前没有发现呢，一天之内你可以有这么大的进步！"

到了第三天晚上，女儿来到爸爸的房间，对爸爸说，"我们现在做数学题吧。"不到半年，这个女孩的数学成绩是全年级第一名。

1. A 所以只喜欢语文　　　　　　B 所以数学成绩很差
   C 所以什么都不知道　　　　　D 所以每天都不上数学课
2. A 批评　　　　B 力度　　　　C 称赞　　　　D 无奈
3. A 特意　　　　B 只好　　　　C 一直　　　　D 偶尔
4. A 精彩　　　　B 可爱　　　　C 不得了　　　D 了不起

| **문제 분석** | 전체 문맥 이해하기 / 대조 관계의 어휘에 주목! | S1, S2, S3 적용 |

| **제목** 격려는 가장 좋은 교육 | **주제** 꾸중보다는 격려로 아이를 키울 때, 아이는 긍정적인 방향으로 발전한다. |

격려는 가정 교육에서 가장 직접적이고, 가장 효과적인 방법이다. 교육가인 저우홍의 작은 딸은 수학에 조금도 흥미가 없었다. 그래서 수학 성적이 매우 좋지 않았다. 어느 날 저녁, 저우홍은 10개의 수학 문제를 준비했는데, 뜻밖에도 딸은 겨우 한 문제밖에 맞히지 못했다. 그러나 그는 딸을 혼내지 않았을 뿐 아니라, 오히려 딸에게 칭찬을 해주었다. 그는 "이렇게 어려운 문제도 맞힐 수 있다고는 생각지도 못했다, 정말 똑똑하구나, 아빠는 어렸을 때 너보다 훨씬 못했단다!"라고 말했다.

둘째 날 저녁, 저우홍은 일부러 첫째 날보다 조금 쉬운 수학 문제를 준비했고, 딸은 뜻밖에 4문제를 맞혔다! 그는 또 감탄하며 "세상에, 넌 아주 대단하구나! 내가 왜 전에는 발견하지 못했을까? 하루 만에 네가 이렇게 많이 발전할 수 있다는 것을 말이다!"라고 말했다.

셋째 날 저녁이 되자, 딸은 아버지의 방으로 와서 말했다. "우리 이제 수학 문제 풀어요." 반년이 되지 않아서, 아이의 수학 성적은 전 학년에서 1등이 되었다.

단어　★ 鼓励 gǔlì 图 격려하다 ｜ 家教 jiājiào 명 가정 교육 ｜ 直接 zhíjiē 톙 직접적인 ｜ ★ 有效 yǒuxiào 톙 효과적이다 ｜ 教育家 jiàoyùjiā 명 교육가 ｜ 数学 shùxué 명 수학 ｜ 兴趣 xìngqù 명 흥미 ｜ 准备 zhǔnbèi 图 준비하다 ｜ 不但 búdàn 젭 ~일 뿐만 아니라 ｜ 批评 pīpíng 图 비판하다, 꾸짖다 ｜ ★ 反而 fǎn'ér 젭 오히려, 도리어 ｜ 加以 jiāyǐ 图 ~을 (가)하다 ｜ 聪明 cōngming 톙 똑똑하다 ｜ 不如 bùrú 图 ~만 못하다 ｜ 容易 róngyì 톙 쉽다 ｜ ★ 居然 jūrán 뜻밖에 ｜ ★ 惊叹 jīngtàn 图 경탄하다 ｜ 发现 fāxiàn 图 발견하다 ｜ 之内 zhīnèi 명 ~ 내, ~ 안 ｜ 进步 jìnbù 图 진보, 향상 ｜ ★ 成绩 chéngjì 명 성적 ｜ 全年级 quán niánjí 명 전 학년

<table>
<tr><td>

1. A 所以只喜欢语文
   B 所以数学成绩很差
   C 所以什么都不知道
   D 所以每天都不上数学课

</td><td>

A 그래서 국어만 좋아했다
B 그래서 수학 성적이 매우 좋지 않았다
C 그래서 아무것도 몰랐다
D 그래서 매일 수학 수업을 듣지 않았다

</td></tr>
</table>

|문제 분석| 对数学一点兴趣也没有, ______。
힌트

|해설| **품사 찾기** 주어진 보기에서 빈칸에 절이 필요하다는 것을 알 수 있다.

짝꿍 찾기 앞뒤 절의 내용 이해를 통해 풀어야 한다.

정답 찾기 딸이 수학에 전혀 관심이 없으니, 당연히 수학 성적이 좋지 않았을 것이다. 또, 딸의 수학 성적이 좋지 않았기 때문에, 이 교육자가 딸에게 수학 문제를 푸는 연습을 시켰을 것이다. 앞 절의 내용과 가장 긴밀하고 자연스럽게 연결될 수 있는 답은 B가 된다.

|단어| 语文 yǔwén 뗑 국어

<table>
<tr><td>

2. A 批评　　　B 力度
   C 称赞　　　D 无奈

</td><td>

A 꾸짖다　　　B 힘의 세기
C 칭찬하다　　D 어쩔 수 없다

</td></tr>
</table>

|문제 분석| 可是他不但没批评女儿, 反而对女儿加以______,
힌트

|해설| **품사 찾기** '전치사(对) + 명사(女儿) + 동사'의 어순으로, 빈칸에는 동사가 필요하다.

짝꿍 찾기 접속사 '不但没…, 反而…(~하기는커녕, 도리어 ~했다)'이 힌트가 된다.

정답 찾기 '不但没…, 反而…'은 예상치 못한 상황을 말할 때 쓴다. 즉, 상식적으로 생각한 것과는 상반된 내용을 끌고 나오는, 점층을 나타내는 접속사 구문이다. 수학 문제를 잘 못 푸는 딸을 혼내는 것이 일반적인 상황이지만, 교육자는 혼내지 않았다고 했으므로, 반대되는 내용으로는 오히려 딸을 칭찬했다는 C가 나와야 한다.

|단어| 力度 lìdù 뗑 역량, 힘의 세기 | 称赞 chēngzàn 동 칭찬하다 | 无奈 wúnài 동 어쩔 수 없다

<table>
<tr><td>

3. A 特意　　　B 只好
   C 一直　　　D 偶尔

</td><td>

A 일부러　　　B 부득이
C 줄곧　　　D 이따금씩

</td></tr>
</table>

|문제 분석| 第二天晚上, 周宏______准备了比第一天容易一点儿的数学题,
힌트

 품사 찾기   '주어(周宏) + <u>부사</u> + 술어(准备)'의 어순으로, 빈칸에는 부사가 필요하다.

짝꿍 찾기   부사의 뜻이 술어와 어울리는지와 전체 문맥의 흐름을 고려한다.

정답 찾기   교육자인 아버지가 딸이 수학에 흥미가 없다는 것과 성적이 좋지 않은 것을 해결해가는 과정이다. 먼저 어려운 문제를 낸 다음 더 쉬운 문제를 준비했고, 계속해서 딸을 칭찬했<u>으므로, 일부러(特意)</u> 난이도가 쉬운 문제를 준비한 것임을 알 수 있다. 따라서 답은 A가 된다.

Tip⁺   只好는 '어쩔 수 없이, 부득이'라는 뜻으로, 원치 않지만 해야 한다는 不得不와 같은 뜻이다. 一直(줄곧)는 행동에 변화가 없음을 나타낸다. 偶尔(가끔, 이따금)은 有时와 동의어이다.

단어   特意 tèyì 閉 일부러, 특별히 | 只好 zhǐhǎo 閉 부득이 | 一直 yìzhí 閉 줄곧, 계속 | 偶尔 ǒu'ěr 閉 때때로

---

4. A 精彩   B 可爱   A 훌륭하다   B 귀엽다
   C 不得了   D 了不起   C 큰일 났다   D 대단하다

| 문제 분석 | 天啊，你真是太＿＿＿了！

힌트

 품사 찾기   정도부사 太(아주) 뒤에는 형용사가 필요하다.

짝꿍 찾기   전체 문맥을 살펴봐야 한다.

정답 찾기   아버지는 일부러 쉬운 문제를 내 아이를 격려하고 칭찬했다. 빈칸에는 聪明(똑똑하다), 了不起(대단하다) 등 아이의 성과를 칭찬하는 어휘가 나오면 된다. 따라서 답은 D가 된다. 了不起의 동의어는 了不得이다.

Tip⁺   不得了와 了不得를 혼동해서는 안 된다. 不得了는 '큰일 났다, 야단났다'의 뜻으로 부정적인 상황에 쓰이거나, 热得不得了(매우 뜨겁다)와 같이 정도보어로 쓰여 정도가 심함을 나타낸다. 精彩는 칭찬하는 표현이긴 하지만, 보통 공연(演出), 강연(讲座), 경기(比赛), 글(文章) 등이 훌륭함을 나타낼 때 사용한다.

단어   精彩 jīngcǎi 톙 멋지다, 훌륭하다 | 可爱 kě'ài 톙 귀엽다 | 不得了 bùdéliǎo 톙 큰일 났다, 심하다 | 了不起 liǎobuqǐ 톙 대단하다

感动日记

▶ 오늘 새롭게 알게 된 내용, 가장 중요한 핵심내용, 학습 소감과 각오 등을 적어보세요.

day 9

1-3.

　　年纪轻轻就在外地打工的人为数不少，他们不能经常回家，只有过年的时候能回　1　和亲人团聚。　2　为了改善这种情况，很多子女趁节假日把父母接来，和自己过一段日子。孩子们为了学习或者工作都在外地，父母退休在家也很孤单和　3　，他们最大的心愿就是能常和子女聊聊天、说说话。

1.　A 家乡　　　　　B 公司　　　　　C 学校　　　　　D 国外

2.　A 最初　　　　　B 目前　　　　　C 曾经　　　　　D 未来

3.　A 轻松　　　　　B 寂寞　　　　　C 健康　　　　　D 丰富

4-7.

　　人生就像坐公车一样。我们已经知道了起点和终点，可是每个人的行程不一定相同。有的行程长，有的行程短。有的人很从容，可以　4　窗外的景色。有的人很窘迫，总处于拥挤之中。如果你想舒适地到达终点，　5　。

　　有的人很　6　，一上车就有座。有的人却很倒霉，即使车里所有的人都坐下了，他还站着。有时远处的座位不断空出来，只有自己身边的座位没有任何动静。当他决定换一个位置，去别处等待，没想到刚才那个座位的人正好起身离开了。有的人用了种种的方式，经历了长长的　7　，终于可以坐下，但这时他已经到站了。

4.　A 拍下　　　　　B 追求　　　　　C 欣赏　　　　　D 想象

5.　A 需要好的心情　　　　　　　　　B 座位必不可少
　　C 应该自己开车　　　　　　　　　D 要忘记不高兴的事情

6.　A 不安　　　　　B 兴奋　　　　　C 热情　　　　　D 幸运

7.　A 期待　　　　　B 等待　　　　　C 休息　　　　　D 交谈

1-3.

　　有一个年轻人毕业以后，找到了一个不错的公司。他为自己设计了一个美好的未来，对__1__充满信心。可是受到金融危机的影响，这家公司倒闭了。他伤心极了，觉得自己是这个世界上最不幸、最__2__的人。公司的经理是个中年人，他拍着年轻人的肩说："小伙子，你很幸运。""幸运?"年轻人反问道。"对，很幸运!"经理又重复了一遍，他解释道："青年时期遇到挫折是好事，因为你可以学会如何变得__3__。年轻就是资本，你现在重新开始也不晚。"

1. A 记忆　　　　　B 前途　　　　　C 命运　　　　　D 将来

2. A 善良　　　　　B 好运　　　　　C 糟糕　　　　　D 倒霉

3. A 坚强　　　　　B 成熟　　　　　C 明显　　　　　D 熟练

4-7.

　　名字对一个人来说非常重要，所以，在我们交际的过程中，记住别人的名字就变得更加重要。一位名人曾经说过："不论在任何语言之中，一个人的名字是最甜蜜、最重要的声音。"善于记住别人的姓名是一种礼貌，也是一种感情__4__，在人际交往中会起到意想不到的效果。在一个陌生的场合，你轻松而__5__地叫出了对方的名字，对方一定会感到惊讶和感动——在对方的眼里，你只是面熟而已，也许他已经记不起你们在什么地方见过面了，但是你居然叫出了他的名字，这无疑告诉了对方："你的名字对我很重要。"这样一来，你和对方的距离很快就拉近了。

　　想要记住对方的名字，就要进行有意__6__，养成准确记住名字的习惯。这样，记住别人的名字在给别人带去惊喜的同时，也会给自己的事业带来__7__的收获。

4. A 计算　　　　　B 投资　　　　　C 基础　　　　　D 世界

5. A 亲切　　　　　B 后悔　　　　　C 安慰　　　　　D 不安

6. A 握手　　　　　B 热心　　　　　C 培养　　　　　D 重视

7. A 智慧　　　　　B 丰富　　　　　C 计划　　　　　D 意外

제2부분

기출문제 탐색전

독해 제2부분은 200~300자 정도의 지문을 읽고 그 내용과 일치하는 보기를 고르는 문제로, 10문제가 출제된다. 지문의 길이는 3~5줄 정도로 비교적 짧지만, 1분 이내에 지문 내용을 모두 이해하고 4개의 보기가 일치하는지 일일이 대조하여 정확한 답을 골라내기가 쉽지만은 않다. 그러나 독해는 시간과의 싸움이다. 어휘력과 실력을 꾸준히 쌓는다면 짧은 시간에도 자신 있게 문제를 풀 수 있고, 독해가 자꾸 막힌다고 주저하면 시간은 한없이 부족해진다. 시간제한도 시험의 평가 기준이라는 것을 명심하고 진정한 실력을 갖추도록 하자!

문제

61. 幸福不是你房子有多大，而是房子里的笑声有多甜；幸福不是你开多豪华的车，而是你开着车平安到家；幸福不是你的爱人有多漂亮、帅气，而是爱人的笑容有多灿烂；幸福不是在你成功时的喝彩声有多热烈，而是在你失意时有个声音对你说：“朋友，别倒下。”

    A 家庭富裕才是幸福
    B 有人关心是一种幸福
    C 满足物质条件才能感觉幸福
    D 成功时的感觉是真正的幸福

유형 분석

1. 총10문제로 전체 독해의 약22%를 차지한다.

2. 질문은 따로 없고, 지문 내용과 일치하는 보기를 선택하면 된다.

3. 꼼꼼함이 중요하다. 보기의 내용은 지문에 나온 단어들로 재구성되어 언뜻 보면 모두 그럴듯해 보인다. 하지만 부정부사 하나만 더 있어도 지문과는 전혀 다른 뜻이 될 수 있으니, 문장 성분 하나하나를 꼼꼼히 따지면서 읽어야 한다.

4. 문제 푸는 방법

① 지문을 먼저 읽고, 지문과 일치하는 내용을 보기에서 찾는 방법

- 장점: 지문을 꼼꼼히 읽을 수 있으므로, 정확한 내용 파악이 가능하다.

- 단점: 보기를 읽다가 지문 내용이 기억나지 않으면 다시 찾아 읽어야 하므로, 시간이 소요된다.

② 보기를 먼저 읽고, 무슨 내용이 나올 것인지 파악한 다음에 지문을 읽는 방법

- 장점: 보기에 반복적으로 나오는 핵심어를 미리 파악할 수 있으므로, 지문을 읽으면서 보기와의 일치 여부를 판단할 수 있다.

- 단점: 보기 내용에만 집착하여 세부적인 내용을 놓치면 난이도 높은 문제에서는 실수할 수도 있다.

→ 따라서, 각 방법의 장점을 취해, 보기를 먼저 읽고 핵심어를 파악하되, 지문을 읽을 때는 최대한 꼼꼼히 정독하는 습관을 기른다.

5. 독해하는 방법

① 속독을 위해서는 '주어 + 술어 + 목적어'의 기본 문장 성분 위주로 해석하며 불필요한 부분은 건너뛴다.

② 모르는 단어는 네모나 동그라미로 표시하여 그림처럼 인식(스캔 뜨기)한다.

③ 중요한 단어를 모를 때는 문맥을 통해 의미를 유추해보고, 필요하다면 한자음이나 부수를 참고하여 추측해본다.

01 재담 · 유머형 지문

최근 독해에는 재미있는 이야기, 즉 재담 · 유머(笑话)가 자주 등장한다. 이러한 유형의 지문에 사용된 어휘는 아주 쉬운 편이지만, 뒷부분에 이야기의 반전이 숨어 있어서 전체 내용을 이해하지 못하면 오히려 문제를 풀지 못하는 경우도 있다. 유머를 읽고 나면 속으로 웃든 피식 웃든, 웃음이 나와야 내용을 이해했다는 뜻이다. 지문을 잘 이해하고 웃을 준비가 되었다면 이번 장을 시작해보자!

5끝 시크릿 백전백승

1 시간 관리 능력을 길러라!

지문은 짧지만 주어진 시간 또한 짧다. 독해 45문제에 주어진 시간은 45분이므로, 1문제를 1분 안에 풀어야 한다. 시간 계획 없이 문제를 풀면, 뒤의 문제는 아예 손도 못 댈 수 있으므로, 시간 관리 능력이 가장 중요하다고 할 수 있다. 평소에 자신이 제한된 시간에 문제를 풀 수 있는지 반드시 점검하고, 속도 감각을 길러둔다.

2 내용이 쉽다고 얕보지 마라!

이 유형의 지문은 다른 유형에 비해 어휘나 상황이 쉬운 편이지만, 그렇다고 얕보다가는 큰코다친다. 어휘 하나하나의 뜻은 이해했어도, 전체적인 내용은 잘 이해하지 못할 수 있기 때문이다. 자신의 유머 감각을 최대한 발휘하여, 전체적인 내용을 음미해야 한다.

3 반전에 주의하라!

지문에서 상식을 뛰어넘는, 허를 찌르는 내용이 나오곤 한다. 주인공의 대답이나 행동이 정답이 아니거나, 사실이 아닐 수 있다. 지문에 나온 말이니 맞는 내용일 것이라는 안일한 생각은 금물! 마지막 부분의 반전을 제대로 이해해야 한다.

4개의 보기 중에서 중요하다고 생각되는 부분(지문과 다르게 나올 수 있는 부분)에 밑줄을 그어보자. 그 부분만 잘 기억해서 지문과 맞춰봐도, 정답 찾기가 훨씬 쉬워진다.

예 男人成功地把猪扔了。 남자는 성공적으로 돼지를 버렸다.

→ 정말 성공했는지에 주목!

小伙子很喜欢这个姑娘。 젊은이는 이 아가씨를 매우 좋아한다.

→ 정말 좋아하는지에 주목!

酒鬼戒酒了。 술고래는 술을 끊었다.

→ 정말 술을 끊었는지에 주목!

大夫给病人的药很有效。 의사가 환자에게 준 약은 아주 효과가 있다.

→ 정말 효과가 있는지에 주목!

5 재치와 유머에 익숙해져라!

곤란한 상황을 재치로 풀어가는 방식과 예상치 못하게 엉뚱한 상황이 만들어지는 유머를 이해하는 데 익숙해져야 한다.

▶ 유머 1

有一个学生的成绩在班里倒数第一名，总是让老师费一番脑筋，最后，老师终于想出了一句评语，对其进行了恰当的评价："该同学学习成绩稳定。"

한 학생의 성적이 반에서 꼴등이어서(뒤에서 세면 일등이어서), 선생님은 항상 골치가 아팠다. 나중에 선생님은 적당한 평어를 생각해내 그 학생을 적당하게 평가했다. "이 학생은 학업 성적이 안정적입니다(성적의 변화 없이 항상 그 등수를 유지합니다)."

→ 항상 꼴지여서 좋은 말을 써줄 수 없는 학생의 성적표에 선생님이 발휘한 재치

▶ 유머 2

一护士为男患者送检尿样，不小心把患者的尿样撒落一地。护士怕人笑话，便把自己的尿样拿去化验。医生看到化验单之后，十分惊讶。患者很害怕，问医生自己怎么了？医生结结巴巴地说：先生，你，你，怀孕了。

한 간호사가 남자 환자의 소변 검사 샘플을 가지고 가다가, 실수로 환자의 소변 샘플을 바닥에 쏟았다. 간호사는 놀림거리가 될까 두려워, 자신의 소변 샘플을 가지고 가서 검사를 했다. 의사는 검사 결과지를 본 후 매우 놀랐다. 환자는 매우 두려워하며, 의사에게 어찌 된 일이냐고 물었다. 의사는 떠듬거리며 말했다. "당신은……, 당신은, 임신하셨습니다."

→ 작은 실수를 덮으려다가 만들어진 더욱 엉뚱한 상황

문제 有一位有名的作家到一个城市讲课，他很想知道自己的书在这个城市卖得怎么样，所以他决定去这城市最大的书店看看。老板听到这个消息，想做点儿让这位著名作家高兴的事情。于是，他在所有的书架上全摆满了这位作家的书。作家走进书店，很吃惊，向老板问道：“其他作家的书呢？”书店老板一时不知所措，信口说道：“全……全都卖完了！”

A 作家的书卖光了　　　　　　　B 书店里的书非常少
C 书店老板喜欢开玩笑　　　　　D 书店老板闹了个笑话

| 문제 분석 | 좋은 의도로 한 행동이 어떤 결과를 낳았는지에 주목!　S2, S3, S4 적용

제목　어느 작가의 황당한 에피소드　　　주제　지나치게 잘 하려다 오히려 일을 망친다.

한 유명 작가가 한 도시에 강연을 하러 왔다. 그는 자신의 책이 이 도시에서 얼마나 잘 팔리는지 알고 싶어서, 이 도시에서 가장 큰 서점에 가보기로 했다. 사장은 이 소식을 듣고, 이 유명한 작가를 기쁘게 해줄 만한 일을 하고 싶었다. 그래서 모든 책 진열대를 이 작가의 책으로 가득 채웠다. 작가는 서점에 들어와서는 깜짝 놀라 사장에게 물었다. "다른 작가들의 책은요?" 서점 주인은 순간 어찌할 바를 모르다가, 입에서 나오는 대로 대답했다. "다……, 다 팔렸어요!"

A 작가의 책은 모두 팔렸다　　　　　B 서점의 책이 매우 적다
C 서점 주인은 농담을 좋아한다　　　D 서점 주인은 웃음거리를 만들었다

해설　이 문제는 마지막 부분을 이해해야만 답을 고를 수 있다. 서점 주인은 작가를 기쁘게 해주려고 그 작가의 책을 잔뜩 진열해놓았는데, 이것은 오히려 작가의 책이 한 권도 안 팔린 것처럼 되어버려, 작가를 황당하게 만들었다는 내용이다. 따라서 답은 D가 된다.

Tip⁺　闹笑话는 '지식이나 경험이 부족해서 실수로 다른 사람의 웃음거리가 되는 것'을 의미한다.
예 因为他不懂汉语，常常闹笑话。그는 중국어를 몰라서, 종종 웃음거리가 된다.

단어　有名 yǒumíng 휑 유명하다 ㅣ 作家 zuòjiā 명 작가 ㅣ 城市 chéngshì 명 도시 ㅣ ★讲课 jiǎngkè 동 강의하다 ㅣ卖 mài 동 팔다 ㅣ 书店 shūdiàn 명 서점 ㅣ 决定 juédìng 동 결정하다 ㅣ 老板 lǎobǎn 명 사장 ㅣ 消息 xiāoxi 명 소식 ㅣ ★著名 zhùmíng 휑 저명하다 ㅣ 于是 yúshì 접 그래서 ㅣ 所有 suǒyǒu 휑 모든 ㅣ ★书架 shūjià 명 책장, 책꽂이 ㅣ 全 quán 부 모두, 완전히 ㅣ ★摆 bǎi 동 진열하다 ㅣ 满 mǎn 휑 가득 차다 ㅣ ★吃惊 chījīng 동 놀라다 ㅣ 问道 wèndào 동 묻다 ㅣ 其他 qítā 대 기타 ㅣ 一时 yìshí 명 잠시 ㅣ ★不知所措 bùzhī suǒcuò 성어 어찌할 바를 모르다 ㅣ ★信口 xìnkǒu 부 되는 대로 ㅣ 说道 shuōdào 동 말하다 ㅣ 非常 fēicháng 부 매우 ㅣ 喜欢 xǐhuan 동 좋아하다 ㅣ ★开玩笑 kāi wánxiào 동 농담하다 ㅣ ★闹笑话 nào xiàohua 동 (실수로) 웃음거리를 만들다

1. 一个医生为了说明饮酒的坏处，把两条小虫分别放在一个装着酒的瓶子和一个装着水的瓶子里。放在酒里的那条小虫很快就死了，而放在水里的那条还在挣扎。医生对周围的人说："你们看，这就是饮酒的结果。"这时，人群中有一个酒鬼大声喊道："这就对了，喝酒人的肚子里就不会长这种虫子啦！"

A 酒鬼决定戒酒了　　　　　　B 在水里的那条小虫死了
C 喝酒可以防止肚子里长虫子　D 医生想要告诉人们饮酒的害处

2. 一个男人养了一头猪，觉得养烦了，就想把它给扔了。但是这头猪每次都认得回家的路，扔了很多次都没有成功。有一天，这个男人又开车把猪带了出去。当晚打电话给他的妻子问："猪回来了吗？"妻子回答："回来了。"男人非常气愤，大声嚷道："快让它接电话，我迷路了！"

A 男人很喜欢那头猪　　　B 那头猪后来迷路了
C 男人成功地把猪扔了　　D 男人开车出去后迷路了

3. 这天，爸爸去学校接儿子放学，父子俩乘着公交车回家。进了门，儿子飞奔到妈妈面前说道："妈妈，今天在车上，有美女姐姐跟爸爸搭讪了。"妈妈一惊，气呼呼地问道："那女人说了什么？"边说边瞪着爸爸。爸爸不知道发生了什么事，心里十分紧张，两人都把目光转向了儿子。儿子笑着说："美女姐姐对爸爸说，'离我远点'。"

A 美女很喜欢爸爸　　　　　　B 美女不想让爸爸靠近她
C 妈妈很高兴有人和爸爸搭讪　D 爸爸在街上碰见了一个美女

4. 一个小伙子和一个姑娘相识几天后，这个小伙子就向姑娘求婚了。姑娘问他："我们才认识3天，你对我能有多少了解？"小伙子急忙说："了解，了解，我早就了解你了。"姑娘又问："怎么可能？我们以前又不认识。"小伙子回答说："我在银行工作已经3年了，你父亲有多少存款，我是很清楚的。"

A 姑娘的父亲很有钱 　　　　B 小伙子很喜欢这个姑娘
C 小伙子对姑娘非常了解 　　D 姑娘的父亲是银行的老板

1. 星期天，我请新女朋友吃烤鸭。由于我出门的时候太着急了，竟然忘了带钱包。认真想了想，实在没有别的办法，不得不向女友开口。因为不知道怎么开口才好，所以脸红了。我吞吞吐吐地说："我……"没想到这时发生了一件意想不到的事情。她竟然理解错了，也红着脸说："我也爱你。"

A 女朋友很大方 　　　　B 他觉得自己运气好
C 女朋友很喜欢开玩笑 　　D 女朋友误会他的意思了

2. 病人问道："大夫，你能给我一些可以变得聪明的药吗？"医生开了一些药，要他下个星期再来。一星期后，病人又来问："大夫，我觉得自己没有变得比较聪明。"医生又开了同样的药，要他下星期再来。病人果然又依约而来了，他这次说："我知道自己没有变得聪明，我只是想问问大夫，你给我的药是不是一般的糖？"医生答道："你总算变得聪明些了。"

A 每次的药都不一样 　　　　B 病人比以前更聪明了
C 大夫给病人的药很有效 　　D 大夫给的药只是一般的糖

3. 在我读小学的时候，有一次，老师问我们一个问题：“各位同学，有谁知道长度的单位是什么啊？”这时候，班上最最乖巧的一个同学举手要求回答，说：“老师，是‘米’！”老师说：“不错不错，请坐下。可是，有谁还知道有什么呢？”这时候，平时学习最最落后的同学也举手，老师有点激动，决定给他一个机会，他回答说：“老师，还有‘菜’！”

A “菜”不是问题的答案　　　　　B 最最乖巧的同学回答错了

C 最最落后的同学回答对了　　　D 老师对落后同学的回答很满意

4. 百货商店的电子秤，可以读出称体重人的体重。一个胖女士从百货商店回来，向朋友抱怨：“我最不喜欢自动报体重的电子秤！”朋友听了以后非常好奇，问她为什么。难道因为别人也能听到电子秤的声音吗？胖女士愤怒地说：“不是！今天我站在电子秤上，它就说每次只限一人！每次只限一人！”

A 女人想减肥　　　　　　　　　B 女人要买电子秤

C 电子秤是百货公司的　　　　　D 电子秤用一次就出了故障

독해 지문은 그 내용이 다양하다. 이번 장에서는 기존의 잘못된 상식을 바로잡아주거나 이름이나 용어를 설명해주는 등 상식을 넓혀주는 지문을 공부해본다. 특히 잘못된 상식을 바로잡는 지문은 앞부분에는 잘못된 기존 상식을 언급하고, 뒷부분에서 올바른 지식을 전달한다. 따라서 중심 내용이 있는 뒷부분을 주의해서 읽어야 한다.

5끝 시크릿 백전백승

1 고정관념은 깨도 아프지 않다!

사람은 자기가 알고 있는 것이 옳고, 절대적이라고 생각할 때가 많다. 상식을 깨는 지문에는 잘못된 상식을 바로잡는 재미도 있다. 고정관념은 깨도 아프지 않으니, 지문 내용에 충실하게 문제를 풀어보자.

[잘못된 상식의 예]

▶ 다이어트에는 저녁 운동이 효과가 좋다?

NO! 운동은 아침 공복에 해야지만 지방이 에너지원으로 사용되어 체지방이 줄어든다.

▶ 와인은 오래된 것일수록 좋다?

NO! 오랜 세월 숙성시켜도 좋은 특급 와인은 극소수에 불과하다. 우리가 일반적으로 접하는 와인은 오래 두면 맛과 향이 변질될 수 있다.

▶ 아침 공복에 마시는 우유는 건강에 좋다?

NO! 우유를 빈속에 마시게 되면, 다량의 위산 분비를 촉진시켜 소화 궤양을 악화시킬 수 있다.

2 정답은 마지막 부분에 있다!

모든 지문이 다 그런 것은 아니지만, 상식을 깨는 지문은 대개 앞부분에서 잘못된 상식을 설명하고, 작가가 새롭게 전하려는 내용은 뒷부분에 많이 나온다. 따라서 정답이 지문 마지막 부분에 나오는 경우가 많다. (※ 단, 접속사 힌트가 나오면 접속사 힌트를 먼저 찾아야 한다.)

3 여러 가지 상황이 제시될 경우 네모를 활용하라!

예를 들어 시제가 以前과 現在로 나오면 두 가지 내용이 섞여 헷갈릴 수 있다. 이렇게 두 가지 이상의 상황이 제시되면 반드시 네모나 동그라미로 확실하게 구분해놓고 내용이 섞이지 않도록 꼼꼼하게 대조해야 한다. 이름이나 용어를 설명하는 지문은 큰 따옴표(" ")로 인용한 부분을 찾아가면 설명을 쉽게 찾을 수 있다.

4 '스캔 뜨기' 비법을 사용하라!

정답이 지문에 그대로 노출되는 경우도 많다. 보기의 핵심 내용을 눈으로 스캔했다가, 지문에서 재빨리 찾아보는 습관을 기르자.

5 최대한 집중하여 속독하라!

시간제한이 없다면 웬만하면 풀 수 있는 문제들이지만, 시간이 촉박하게 주어지기에 속독할 수밖에 없다. 의미 파악에 큰 영향을 주지 않는 고유명사에는 너무 집착하지 말고, 술어가 되는 동사나 형용사는 의미를 되새기자.

▶ 속독 비법
① 명사, 장소, 이름은 동그라미 쳐서 표시해둔다.
② 중요 동사와 형용사는 밑줄로 표시해둔다.

6 독해의 기본은 요령이 아니라 실력이다!

문제를 풀고, 채점을 하고, 점수를 확인하고 책을 덮는다면 독해 실력은 향상될 수 없다. 자신의 문제점이 무엇인지, 틀린 문제는 왜 틀렸는지 반드시 확인해본다.

▶ 자기진단 방법
① 시간이 모자랐다. ☑
② 단어가 어려웠다. ☐
③ 전체 의미 파악을 못했다. ☑
④ 순간적인 착각으로 실수했다. ☐

문제

很多家庭主妇认为，在家做了很多家务劳动之后，不必再专门锻炼身体。这种想法是错误的。因为如果运动的强度不大的话，是达不到运动的效果的。即使是运动量很大的家务劳动，也没有达到运动的强度，因此是没有运动效果的。

A 家务活运动量不大

B 家务活和运动是两回事

C 做家务活就是锻炼身体

D 家务活的运动强度很大

| **문제 분석** | 뒷부분에 나오는 핵심 내용에 주목! **S1, S2 적용**

| **제목** 가사노동과 운동 | **주제** 가사노동을 아무리 많이 하더라도 체력단련을 위해서는 별도의 운동이 필요하다.

많은 가정주부는 집에서 많은 가사노동을 한 후, 다시 전문적으로 체력을 단련할 필요가 없다고 생각한다. 이러한 생각은 잘못된 것이다. 왜냐하면 만약 운동의 강도가 세지 않다면, 운동의 효과에 도달할 수 없기 때문이다. 설령 운동량이 매우 많은 가사노동이라 할지라도, 운동의 강도에는 못 미치기 때문에 운동의 효과는 없다.

A 가사노동의 운동량은 크지 않다

B 가사노동과 운동은 별개의 일이다

C 가사노동을 하는 것은 체력단련을 하는 것이다

D 가사노동의 운동 강도는 매우 크다

해설

사람들은 흔히 가사노동은 운동량이 많아서 어느 정도의 운동 효과가 있을 것이라고 생각하지만, 운동량이 아무리 많아도 일정한 운동 강도에 도달하지 못하면 운동 효과가 없다는 새로운 정보를 말해주고 있다. 따라서 답은 B가 된다.

A - 가사노동의 운동량이 크지 않다고 말하지는 않았다.

C - 가사노동을 하는 것은 체력단련과는 별개의 일이다.

D - 가사노동의 운동 강도가 매우 크다고 할 수는 없다.

▶ **접속사 힌트**

即使…也: 설령 ~일지라도 (가설에 따른 역접) / 因此: 따라서 (결과)

▶ **핵심어**

两回事는 两码事, 不是一回事와 같은 말로, 모두 '별개의 일이다, 별개의 문제다'라는 뜻이다. 回와 码는 '일'을 세는 양사로 쓰였다.

예 结婚和恋爱是两码事。 결혼과 연애는 별개의 문제다.

단어 ★ 家庭主妇 jiātíng zhǔfù 명 가정주부 | 认为 rènwéi 동 ~라고 여기다 | ★ 家务 jiāwù 명 집안일 | ★ 劳动 láodòng 명 노동 | 不必 búbì 부 ~할 필요 없다 | ★ 专门 zhuānmén 부 전문적으로 | 锻炼 duànliàn 동 단련하다 | 身体 shēntǐ 명 신체 | 想法 xiǎngfa 명 생각 | ★ 错误 cuòwù 형 잘못되다 | 因为 yīnwèi 접 ~ 때문에 | 如果 rúguǒ 접 만약 | 运动 yùndòng 명 운동 | ★ 强度 qiángdù 명 강도 | 效果 xiàoguǒ 명 효과 | ★ 即使 jíshǐ 접 설령 ~하더라도 | 因此 yīncǐ 접 그래서 | ★ 两回事 liǎng huí shì 명 별개의 일

1. 蔬菜和水果都含有维生素。虽然它们的营养成分和健康效果相似，但是两者并不完全相同。因此，营养学推荐"每餐有蔬菜，每天有水果"，建议成年人每天吃300到500克左右的蔬菜和200到400克左右的水果。

   A 水果有更高的营养价值
   B 每天都应该吃水果和蔬菜
   C 蔬菜和水果一起吃更有营养
   D 蔬菜和水果中的维生素相同

2. 说到健康食品，大家通常都会想到蔬菜、水果，而把肉类看做健康的敌人。其实，很多肉类对人体健康有很重要的作用。至今，很多国家并没有规定什么才是健康食品。因此，现在市场上所谓的健康食品其实没有统一的标准。

   A 饮食要规律 　　　　　　　　B 肉类不是健康食品
   C 只吃蔬菜对身体好 　　　　　D 健康食品没有统一标准

3. 鲨鱼，被一些人认为是海洋中最凶猛的动物。其实鲨鱼并不像电影和电视中说的那么可怕。世界上约有380种鲨鱼。约有30种会主动攻击人，其中有7种可能会致人死亡，还有23种因为体型和习性的关系，具有危险性。可见，只有其中很少的一部分，对人类有害，比如我们熟知的"大白鲨"。

   A 人类对鲨鱼很了解 　　　　　B 攻击人的鲨鱼有27种
   C 鲨鱼不是最凶猛的动物 　　　D 鲨鱼没有人想象的那么可怕

4. 以前，人们把西红柿当作有毒的果子，只用来观赏，无人敢食。直到
   18世纪，人们知道了它的价值。西红柿作为蔬菜和水果被人们食用，
   可以生吃，熟用。现在西红柿是全世界栽培最为普遍的果菜之一。中
   国也是西红柿的种植大国。

   A 西红柿吃法多样　　　　　　B 以前西红柿是有毒的
   C 种植西红柿的国家逐年减少　D 18世纪前就开始吃西红柿了

1. 有一家报社做了一个调查，他们把一面镜子放在街边，想要观察路过
   的人对它的反应。有1602个男人路过镜子，60％都会照照镜子，整理
   一下头发或衣服，而且看看周围有没有人在看他们。有1050个女人经
   过镜子，但只有20％的女人会停下来照镜子。

   A 女人更喜欢照镜子　　　　　B 男人更喜欢免费的东西
   C 报社要为自己的报纸做宣传　D 男人比女人更重视自己的形象

2. 四合院是北京传统民居形式，辽代时已初成规模，经金、元，至明、
   清，逐渐完善，最终成为北京最有特点的居住形式。"四"指东、西、
   南、北四面，"合"即四面房屋围在一起，形成一个"口"字形。经过数百
   年的营建，北京四合院从平面布局到内部结构、细部装修都形成了京
   师特有的京味风格。

   A 从元代开始有四合院的　　　B 四合院是传统的建筑形式
   C "四"是指经历了四个朝代　　D 四合院有东、西、南、北四个门

3. "东道主"原来是指"东边道路上的主人"。以前郑国在秦国的东边，经常招待来自秦国的客人，因此郑国自称"东道主"。后来用来泛指招待迎接客人的主人，或者请客的主人。现在在各种活动或者体育赛事也会经常看到这个词语，意思是举办活动的一方。

A 以前郑国是秦国的敌人　　B "东道主"多用来指主人
C "东道主"就是秦国的客人　　D 体育赛事中一般没有东道主

4. 在多元化的汉语中，"宇"代表上下四方，即所有的空间，"宙"代表古往今来，即所有的时间，所以"宇宙"这个词有"所有的时间和空间"的意思。人们对于宇宙还有很多不知道的地方，但是科技的发展，让人们对宇宙的了解越来越多。

A "宙"是指所有的空间

B 宇宙让人们难以去了解

C 宇宙还有很多未解之谜

D 科学家应该发明更多探索宇宙的东西

▶ 오늘 새롭게 알게 된 내용, 가장 중요한 핵심내용, 학습 소감과 각오 등을 적어보세요.

03 정보를 나열하는 지문

여러 가지 정보가 동시에 등장하는 지문은 독해할 때 혼동을 일으키기 쉽다. 여러 명의 인물이 등장하거나, 해와 달, 오른손과 왼손, 북쪽과 남쪽, 표준어와 방언 등 상대되는 단어가 나와 머릿속을 혼란스럽게 한다. 이러한 유형의 지문은 각각의 제시어에 표시를 해놓고, 꼼꼼히 대조하면서 푸는 것이 가장 안전하다.

1 나열되는 제시어에 표시하라!

여러 가지 제시어가 등장하면 헷갈리기 쉬우므로, 네모나 동그라미로 구분하여 혼동되지 않도록 한다.

2 비교하고 대조하라!

지문에 2개 이상의 제시어가 나오면 보기는 그 내용을 섞어서 혼동하기 쉽게 만든다. 이러한 문제 유형은 속독으로 답을 고르는 것이 위험하므로, 제시어와 내용이 맞는지 대조해봐야 한다.

예 北方人喜欢吃面条，南方人喜欢吃米饭。
북쪽 사람들은 국수 먹기를 좋아하고, 남쪽 사람들은 밥 먹기를 좋아한다.

→ 北方人喜欢吃米饭。 북쪽 사람들은 밥 먹기를 좋아한다. (×)

虽然上海没有北京大，但是人口比北京多。
비록 상하이는 베이징보다 크지 않지만, 인구는 베이징보다 많다.

→ 北京人口更多。 베이징의 인구가 더 많다. (×)

3 보기를 분석하라!

보기에서 중요한 부분에 밑줄을 긋고 지문 내용과 일치하는지 집중적으로 확인한다.

예 A 看表演的人越来越少 공연을 보는 사람들이 점점 적어진다

B 茶馆是免费的 찻집은 무료다

C 人们可以品尝到小吃 사람들은 간식을 먹어볼 수 있다

D 茶馆的面积不大 찻집의 면적은 크지 않다

→ 술어 부분이 가장 중요하다, 부정부사가 있는지도 조심하자!

4 문장 부호를 이해하라!

중국어에는 우리말에 없거나 잘 쓰지 않는 문장 부호가 있으므로 유의한다. 정보를 나열하는 지문에 자주 등장하는 문장 부호를 공부해놓으면 도움이 된다.

> **、(顿号, 모점):** 동등한 단어나 구를 나열할 때 쓴다.

[단어 나열]

예 我国科学、文化、艺术、卫生、教育和新闻出版业有了很大发展。
우리나라는 과학, 문화, 예술, 위생, 교육과 언론 출판업에서 매우 큰 발전이 있었다.

[구 나열]

예 我们都是相互联系、相互影响、相互制约的。
우리는 모두 서로 연락하고, 서로 영향을 주며, 서로 규제해준다.

> **; (分号, 쌍반점):** 병렬 혹은 대비되는 두 개 이상의 절을 구분할 때 쓴다.

예 只有健全社会主义法制，才能使社会主义民主法律化、制度化；才能用法律手段管理经济；才能维护安定团结的政治局面，保障社会主义现代化建设的顺利进行。
사회주의 법률 제도를 완전하게 해야지만 비로소 사회주의를 민주 법률화하고 제도화할 수 있고, 법률 수단으로 경제를 관리할 수 있고, 안정적이고 단결된 정치 국면을 유지하고, 사회주의 현대화 건설의 순조로운 진행을 보장할 수 있다.

> **" "(双引号, 큰따옴표):** 다른 사람의 말을 인용할 때 쓴다.

예 丽丽说：“爷爷一定有办法。”　리리가 말했다. "할아버지는 분명히 방법이 있으실 거야."
“噢，我可能猜不出来。”大兔子说。 "오! 난 아마도 못 맞힐 거 같아."라고 토끼가 말했다.

5 '경계성 단어'를 파악하라!

보기는 5~15음절로 제시된다. 4개의 보기 모두가 언뜻 보면 다 정답 같이 보이는 이유는, 대부분의 음절은 지문과 일치하고, 1~2음절의 단어를 이용해 정답이 안 되게 만들기 때문이다. 이러한 1~2음절의 '경계성 단어'는 반드시 숙지해놓고, 항상 조심해야 한다.

① **전체를 포함하는 어휘:** 全部 전부 / 所有 모두 / 都 다

② **내용을 제한하는 어휘:** 只有 오직 / 唯一 유일하다

③ **단정적인 어휘:** 肯定 분명히 / 一定 반드시

④ **시제를 나타내는 어휘:** 晚上 저녁 / 上午 오전 / 周末 주말

⑤ **부정부사:** 不 아니다 / 没(有) 없다 / 未 아직 ~ 않다 / 无 ~하지 않다 / 非 아니다

예 只有华东地区的人喜欢喝花茶。 오직 화동 지역 사람들만 꽃차 마시기를 좋아한다.

6 스스로 하는 독해만이 살길이다!

문제만 많이 푼다고 독해 성적이 올라가는 것이 아니다. 기본 어휘력을 위해 단어를 꾸준히 암기하고, 문장 성분을 구분하고 문장 구조를 파악할 수 있어야 한다. 문제를 풀고 나면 지문을 다시 읽고 스스로 노트에 해석을 써보고, 자신의 취약 부분을 개선해가자.

[단어 암기]

예 강: 하루 80단어 × 30일 = 2400 단어 암기
　　 약: 하루 40단어 × 60일 = 2400 단어 암기

[해석 연습]

하루에 3지문씩 훈련 (※ 자신이 해석한 것과 교재의 해석이 일치하는지 맞춰보고, 자신의 문제점을 파악한다.)

내가 생각하는 HSK란? – HSK는 ☐☐☐☐☐ 다.

- HSK는 **단어와의 싸움**이다. 단어를 알아야 문제를 풀 수 있으니까. – 강혜원
- HSK는 **물**이다. 사람이 물 없이 살 수 없듯이, 나는 지금 HSK 없이 살 수 없다. – 장옥희
- HSK는 **첩첩산중**이다. 4급이 끝나면 5급, 5급이 끝나면 6급이 기다리고 있으니까. – 윤연희
- HSK는 **여자친구**다. 하루 종일 피곤하게 만들지만, 그래도 남는 건 HSK급수(여자친구)뿐이다. – 현동우

문제
随着地区的不同，中国人饮茶的习惯也各不相同。在中国西北部的一些少数民族地区，人们喜欢喝浓茶，并在茶中加糖、奶或者盐，每次茶叶用量也比较多。华北和东北广大地区的人们喜欢喝花茶，通常用较大的茶壶泡茶，但茶叶用量比较少。

A 少数民族喜欢用大茶壶 　　　　B 一些少数民族喜欢喝浓茶
C 只有华东地区的人喜欢喝花茶 　D 华北地区的人每次茶叶量较多

| 문제 분석 | 서북부 소수민족 지역과 화북 및 동북 지역의 내용 구분에 주목! ◀ S1, S2, S3, S5 적용

제목 중국 각지의 다도 습관　　　**주제** 중국은 지역마다 차 마시는 습관이 다르다.

지역에 따라 중국인의 차 마시는 습관도 서로 다르다. 중국 서북부의 일부 소수민족 지역에서는, 사람들이 진한 차를 마시는 것을 좋아하고, 차에 설탕이나 우유, 혹은 소금을 넣기도 하며, 매번 찻잎의 사용량도 비교적 많다. 화북과 동북의 많은 지역 사람들은 꽃차를 즐겨 마시는데, 보통 큰 찻주전자에 차를 우리지만, 찻잎은 비교적 적게 사용한다.

A 소수민족은 큰 찻주전자를 사용하기를 좋아한다
B 일부 소수민족은 진한 차를 마시는 것을 좋아한다
C 오직 화동 지역의 사람들만이 꽃차 마시는 것을 좋아한다
D 화북 지역의 사람들은 매번 찻잎 사용량이 비교적 많다

해설 서북부의 일부 소수민족 지역에서는 차를 진하게 마시고, 화북과 동북의 많은 지역에서는 꽃차를 연하게 마신다고 설명했다.

	서북부 소수민족 지역	화북과 동북 지역
특징	진한 차(설탕, 우유, 소금을 넣어 마심) 찻잎량이 많음	꽃차 찻잎량이 적음(연한 차)

A - 화북과 동북 지역 사람들이 큰 찻주전자를 사용한다.
C - 화북과 동북 지역 사람들이 꽃차를 좋아한다고 하였는데, 华东(화동) 지역으로 바꾸어 나왔다. 또한 그 지역 사람들만(只有) 좋아한다고 단정 지을 수 없다.
D - 서북 지역 사람들이 찻잎을 많이 넣어서 차를 마신다.

단어 ★随着 suízhe 전 ~함에 따라서 | 饮 yǐn 동 마시다 | 习惯 xíguàn 명 습관 | ★各不相同 gèbùxiāngtóng 성에 서로 다르다 | ★少数民族 shǎoshù mínzú 명 소수민족 | 喜欢 xǐhuan 동 좋아하다 | ★浓茶 nóngchá 명 진한 차 | 加 jiā 동 더하다 | 糖 táng 명 설탕 | 奶 nǎi 명 우유 | 或者 huòzhě 접 혹은 | 盐 yán 명 소금 | 茶叶 cháyè 명 찻잎 | ★广大 guǎngdà 형 광대하다 | 花茶 huāchá 명 꽃차 | 通常 tōngcháng 형 일반적이다 | 较 jiào 부 비교적 | ★泡茶 pàochá 동 차를 우리다 | ★茶壶 cháhú 명 찻주전자 | 只 zhǐ 부 단지, 오직

1. 研究表明，人的左右大脑的分工是十分明确的。左半脑侧重语言、逻辑推理、数学等，因此在处理语言方面，左半脑占优势；右半脑则侧重事物形象、记忆音调、空间识别等，所以在音乐美术方面，右半脑更发达一些。因此，人的左右脑的分工是有专门性的。

A 右半脑负责语言部分
B 左右脑的作用是差不多的
C 数学好的人左半脑非常发达
D 左半脑发达的人很容易记住人的样子

2. 中国传统绘画形式是用毛笔蘸水、墨、彩在纸上作画，这种画种被称为"国画"。国画可分为人物画、山水画、花鸟画三种。人物画所表现的是人类社会，人与人的关系；山水画所表现的是人与自然的关系，将人与自然融为一体；花鸟画则是表现大自然的各种生命，与人和谐相处。

A 中国画关注自然　　　　B 山水画都是国画
C 花鸟画表现人类社会　　D 山水画表现人与社会的关系

3. 美国著名心理学家研究发现：穿着打扮，尤其是衣服可以改善人的情绪。他认为，称心的衣着可松弛神经，给人一种舒适的感受。所以在情绪不佳时应该注意四"不"：不穿易皱的麻质衣服，不穿硬质衣料衣服，不要穿过分紧身的衣服，不要打领带。

A 衣着跟心情关系不大
B 硬质衣料衣服对皮肤不好
C 心情不好别穿紧身的衣服
D 选择穿衣服对健康的影响很大

4. 山西省位于黄河中游，黄土高原的东部，是中华民族文明的发祥地之一，历史悠久，源远流长，素有"中国古代艺术博物馆"、"文献之邦"的美称，保留全国70％的古代建筑，旅游界因此说："十年中国看深圳，百年中国看上海，千年中国看西安，五千年中国看山西。"

A 山西旅游资源丰富　　　　　B 山西省位于黄河中下游
C 山西近十年的变化很大　　　D 中华民族的发祥地只有山西

1. 中国人使用筷子已经有几千年的历史了，使用的过程中形成了较多的礼仪。用餐过程中，如果说话，不要用筷子随便晃动，也不要用筷子敲打碗、盘子以及桌面，更不能用筷子指点别人。在用餐中途因故需暂时离开时，要把筷子轻轻放在桌子上或餐碟边，不能插在饭碗里，而且尽量不要发出响声。

A 筷子不能放在桌面　　　　　B 说话时敲筷子不礼貌
C 有礼貌的人才能用筷子　　　D 可以用筷子一边敲碗一边唱歌

2. 牡丹是中国特有的木本名贵花卉，花大色艳、雍容华贵、富丽端庄、芳香浓郁，而且品种繁多，素有"花中之王"的美称，长期以来被人们当做富贵吉祥、繁荣兴旺的象征。牡丹喜凉，不耐湿热，喜欢疏松、肥沃、排水良好的中性土壤或砂土壤。

A 牡丹的品种非常少　　　　　B 牡丹不喜欢湿热环境
C 酸性土壤适宜种植牡丹　　　D 牡丹是贫穷、艰苦的象征

3. 老舍茶馆，始建于1988年，现有营业面积2600多平方米，一共三层，是集书茶馆、餐茶馆、茶艺馆于一体的多功能综合性大茶馆。在这古香古色、京味十足的环境里，可以欣赏到表演，包括相声、京剧等在内的优秀民族艺术的精彩演出。同时可以品尝各类名茶、宫廷细点、北京传统风味小吃和京味佳肴。

A 茶馆的面积不大
B 老舍茶馆是免费的
C 看表演的人越来越少
D 人们可以品尝到小吃

4. 甲骨文是现代汉字的早期形式，甲骨文大约产生于商周之际，是目前发现的中国最为古老的文字，它记录了公元前3000多年前的中国祖先活动，但由于甲骨文是比较成熟的文字，所以专家们认为，中国文字产生的年代应该要更久远一些。

A 中国人创造了甲骨文
B 甲骨文出现3000年了
C 甲骨文不是真正的文字
D 商周之前已经出现甲骨文了

04 접속사를 활용한 지문

접속사는 독해나 쓰기에서 아주 중요하게 사용되는 어법 사항이다. 접속사의 의미만 잘 알고 있어도 문맥에서 가장 중요한 핵심을 쉽게 찾아낼 수 있기 때문이다. 이번 장에서는 기출 문제를 철저히 분석하여 정리한 가장 자주 활용되는 엑기스 접속사들을 공부해본다. 지문 속에서 핵심 접속사를 발견할 수 있는 '안목'을 길러 정확하고 빠르게 문제를 풀어보자.

5끝 시크릿 백전백승

1 접속사를 찾아내라!

지문을 독해할 때 무작정 해석만 하지 말고, 접속사가 힌트를 제공하는 핵심 요소임을 기억하고, 지문의 흐름을 파악함과 동시에 접속사를 뽑아내야 한다. 접속사를 잘 활용한다면 정답을 빨리, 정확히 찾아낼 수 있다.

2 엑기스 접속사를 마스터하라!

짧은 독해 지문에 나오는 접속사는 화려하지 않다. 이 장에 정리된 몇 개의 접속사를 꼭 기억해두었다가, 지문에서 발견되면 '아하~! 여기에 힌트가 있구나!'하고 알아채면 된다.

3 핵심 접속사의 위치와 성격을 파악하라!

원인이나 목적을 나타내는 접속사(因为, 为了 등)는 지문의 앞부분에 나올 가능성이 높다. 하지만 역접 접속사(但是, 可是, 然而, 而 등)와 조건 접속사(只有, 只要 등), 점층을 나타내는 접속사(而且, 甚至, 还要 등)는 뒷부분(최소한 지문 중간 이하 부분)에 나올 가능성이 크다. 핵심 접속사를 빨리 찾아내려면 지문의 마지막 부분을 공략하라!

4 시간이 부족하다면 접속사로 대처하라!

만약 주어진 시간 안에 문제를 다 풀 자신이 없는 상황이라면, 접속사는 극약 처방이다. 이 장에 정리된 엑기스 접속사가 지문에 나오면, 그 부분만 쏙 뽑아서 읽고 답을 고르자. 하지만 시간 안에 풀 수 있다면, 지문을 다 읽고 내용을 파악해서 푸는 것이 가장 안전하다.

지문 속에 숨어 있는 힌트 접속사를 한눈에 알아채야 한다. 5급 시험에서 자주 출제되는 엑기스 접속사는 다음과 같다.

▶ **원인·조건을 나타내는 접속사**

특징 ① 원인이나 조건을 물으면 앞 절의 내용을 확인한다.
② 결과를 물으면 뒤 절의 내용을 확인한다.

	앞 절	뒤 절	예문
원인 & 결과	因为	所以	因为父母疼爱你, 所以才这样批评你。 부모님께서 너를 사랑하시기 때문에, 그래서 이렇게 너를 혼내시는 거야.
	由于	因此	由于最近太忙, 因此不能亲自来看你。 요즘 너무 바빠서, 그 때문에 직접 너를 보러 올 수 없었다.
조건 & 결과	只要	就	只要有机会, 我就要去国外。 기회만 있다면, 나는 곧 외국으로 나가겠다.
	只有	才	只有多听多说, 才能学好汉语。 많이 듣고, 많이 말해야지만, 비로소 중국어를 잘 배울 수 있다.

▶ **결과를 나타내는 접속사**

특징 ① 주로 뒤 절에 나온다.
② 접속사 이하 부분에 중요 내용이 나온다.

역접 강조	但是	你是好意, 但是也要注意说话的方式。 너는 호의라지만 말하는 방식도 조심해야 한다.
	可是	这个孩子年纪小, 可是很懂事。 이 아이는 나이가 어리다. 그러나 매우 철이 들었다.
	然而	他有很多困难, 然而不能灰心。 그는 매우 많은 어려움이 있었지만, 낙심할 수는 없었다.
	而	这里已经春暖开花, 而北方还是大雪纷飞。 이곳은 이미 꽃 피는 봄이지만, 북쪽은 아직도 눈보라가 날린다.
순접 강조	所以	他没收到通知, 所以今天没来开会。 그는 통지를 받지 못해서, 오늘 회의하러 오지 못했다.
	可见	这么简单的问题都不懂, 可见你并没有用心学。 이렇게 간단한 문제도 이해 못하는 것을 보니, 너는 열심히 공부하지 않았구나.

▶ 뒤 절에 힌트가 숨어 있는 접속사

	앞 절	뒤 절	예문
점층 관계	不但	而且	这件衣服不但很漂亮，而且不贵。 이 옷은 매우 예쁠 뿐만 아니라, 게다가 비싸지도 않다.
	除了	还	我除了喜欢玩儿游戏以外，还喜欢上网聊天儿。 나는 게임하기를 좋아하는 것 이외에, 채팅하는 것도 좋아해.
	要	还要	送礼物要考虑性别，还要考虑年龄。 선물을 할 때는 성별을 고려해야 하고, 나이도 고려해야 한다.
	…	甚至	这个字我不认识，甚至词典上也查不到。 이 글자를 나는 모른다. 심지어 사전에서도 찾을 수 없다.
선택 관계	不是	而是	我不是不想去，而是没有时间去。 나는 안 가고 싶은 게 아니라, 갈 시간이 없는 거야.

문제
幸福不是你房子有多大，而是房子里的笑声有多甜；幸福不是你开多豪华的车，而是你开着车平安到家；幸福不是你的爱人有多漂亮、帅气，而是爱人的笑容有多灿烂；幸福不是在你成功时的喝彩声有多热烈，而是在你失意时有个声音对你说："朋友，别倒下。"

A 家庭富裕才是幸福　　　　B 有人关心是一种幸福
C 满足物质条件才能感觉幸福　　D 成功时的感觉是真正的幸福

| 문제 분석 | 不是A而是B(A가 아니고 B이다) 구문에 주목! ◀ S1, S2, S5 적용

제목　행복이란?　　　　주제　행복은 겉으로 보이는 크기에 있는 것이 아니다.

행복은 당신의 집이 얼마나 큰지가 아니라, 집 안의 웃음 소리가 얼마나 달콤한지에 달렸다. 행복은 당신이 얼마나 호화로운 차를 타느냐가 아니라, 당신이 차를 몰고 무사히 집에 도착하는 것에 있다. 행복은 당신의 배우자가 얼마나 예쁘거나 멋진가에 있는 것이 아니라, 배우자의 웃는 얼굴이 얼마나 찬란히 빛나는가에 있다. 행복은 당신이 성공할 때 받는 갈채 소리가 얼마나 열렬한가가 아니라, 당신의 일이 뜻대로 되지 않을 때 당신에게 '친구, 쓰러지지 말게.'라고 말해주는 목소리가 있는가에 있다.

A 가정이 부유한 것이야말로 행복이다
B 누군가의 관심은 하나의 행복이다
C 물질적 조건을 만족시켜야 비로소 행복을 느낄 수 있다
D 성공했을 때의 느낌이 진정한 행복이다

해설
작가가 생각하는 행복에 대해 4가지 정의를 내리고 있다. 자신이 실의에 빠져 있을 때, 포기하지 말고 일어나라고 말해주는 친구가 있다는 것이 행복하다고 말했으므로, 답은 B가 된다.

행복의 기준이 아닌 것	행복의 기준
집의 크기	집 안의 웃음 소리
호화로운 차	차를 몰고 안전하게 집에 도착하는 것
배우자의 외모	배우자의 환한 웃음
성공했을 때 옆에 있는 사람들	낙심했을 때 격려하는 친구

A - 행복은 큰 집이나 호화로운 차가 아니라고 했으므로, 부유한 것이 행복이라고 할 수 없다.
C - 지문에서는 물질적인 풍요가 행복은 아니라고 말하고 있다.
D - 행복은 성공했을 때의 갈채가 아니라 실의에 빠졌을 때 위로의 말이다.

Tip＋
'不是 A 而是 B'는 'A가 아니라 B이다'라는 뜻으로, B에 중점을 둔다. 따라서 而是 이하 부분을 집중적으로 봐야 한다.

幸福 xìngfú 몡 행복 | 不是…而是… búshì…érshì… ~가 아니라 ~이다 | 房子 fángzi 몡 집 | ★ 笑声 xiàoshēng 몡 웃음 소리 | 甜 tián 톙 즐겁다, 달콤하다 | ★ 豪华 háohuá 톙 호화스럽다 | 平安 píng'ān 톙 평안하다 | 爱人 àirén 몡 아내, 남편 | 漂亮 piàoliang 톙 아름답다 | ★ 帅气 shuàiqi 톙 잘생기다 | 笑容 xiàoróng 몡 웃는 얼굴 | ★ 灿烂 cànlàn 톙 눈부시다 | 成功 chénggōng 몡 성공 | ★ 喝彩声 hècǎishēng 몡 박수 소리 | 热烈 rèliè 톙 열렬하다 | ★ 失意 shīyì 톙 실의에 빠지다 | 声音 shēngyīn 몡 소리 | ★ 倒下 dǎoxià 됭 쓰러지다 | 家庭 jiātíng 몡 가정 | ★ 富裕 fùyù 톙 부유하다 | 关心 guānxīn 됭 관심을 갖다 | ★ 满足 mǎnzú 됭 만족하다 | 物质 wùzhì 몡 물질 | 条件 tiáojiàn 몡 조건 | 感觉 gǎnjué 됭 느끼다 | 真正 zhēnzhèng 톙 진정한

感动日记

▶ 오늘 새롭게 알게 된 내용, 가장 중요한 핵심내용, 학습 소감과 각오 등을 적어보세요.

단어를 전부 알지는 못해도 숨어 있는 접속사를 찾는 재미가 아주 쏠쏠하다. 더 열심히 해서 내용을 한번에 술술 파악할 수 있는 날이 빨리 왔으면 좋겠다! 독해 지문 단어들도 꼭 체크하고 넘어가자! 오늘은 노트 정리 시간도 많이 단축했고 단어 외우는 것도 더 수월해졌다. 그리고 외운 단어들이 보이니까 신기하다. 정말 두근두근! 이 설렘 그대로 시험날까지 신나게 달려보자!

day 17

1. 李丽在《南京日报》工作五年了。由于她平时努力工作，所以她的工作成绩得到了大家的认可。有一天，主编对她说："这五年你辛苦了，为了奖励你，杂志社决定给你放三个月的假。"可是没想到李丽拒绝了。主编怎么也想不明白，李丽解释说："我拒绝您的好意主要有两方面的考虑。如果我不写文章了，《南京日报》的销量可能下降，也可能不受任何影响。前者对您不好，而后者对我不好。"

A 李丽想换工作　　　　　　　B 同事们肯定了她的工作
C 主编不欣赏她的工作能力　　D 主编觉得李丽的文章一般

2. 科学家们曾经做过一次实验，他们让接受实验者观看一些图片。看完一遍之后，科学家们在图片中放进了一些新的图片。研究发现，心情忧郁的人对已经看过的熟悉的图片表示好感，而心情舒畅的人对新的图片更感兴趣。可见，后者更喜欢接受一些新鲜的东西。

A 心情舒畅的人记忆力更好
B 心情好的人更容易接受新事物
C 心情忧郁的人喜欢暗色调的图片
D 接受实验的人看到的是不一样的图片

3. 俗话说："打得赢就打，打不赢就跑"，如果你可以"打得赢"当然是最好了。但是如果"打不赢"，那"跑"是非常明智的。"打"不是没有意义的，只有通过"打"，才能知道自己的实力，了解自己的不足。之后通过不断努力弥补自己的不足，再"打"就会"打赢"。

A "打不赢就跑"是软弱的表现
B "打过"才能知道自己的能力
C "打不赢"也要打才是有勇气的
D 这句俗语在现实生活中是不适用的

4. 在自己居住的房间里摆放几盆植物，可以美化家庭环境、陶冶情操、丰富业余生活。家庭居室摆放植物要根据人的性格、爱好、情趣、职业、年龄以及审美观念等方面来选择。如女孩的卧室可在床头柜上摆放红豆或海棠花。家庭摆放植物还要和房间里的摆设以及墙壁的颜色相协调，让它们起到相互衬托的作用。

A 植物应与居室风格一致　　　　B 植物在居室中可以随意摆放
C 居室中摆放植物可以带来好运　　D 植物应该放在比较温暖的地方

1. 优秀员工奉行这样的理念：不找借口找办法，方法总比问题多。这是一种充满自信的理念，也是一种更具建设性、创造性的理念。世界上没有解决不了的问题，只有不能解决问题的人。任何问题只要被发现了，就能被解决。

A 发现问题很重要　　　　　　　B 生活中要常常借口
C 总会有解决问题的办法　　　　D 优秀员工常会提出许多问题

2. 花木兰是中国古代的女英雄，以代父从军击败北方入侵民族闻名天下，唐代追封为"孝烈将军"。其事迹被多种样式的文艺作品所表现，尤其是电影、电视剧多次重拍，甚至影响波及美国和全世界。花木兰其人其事仅限于北朝民歌《木兰辞》中，关于她的出生年月和故乡，纵观南北朝、隋唐诸史并无记载。

A《木兰辞》是唐朝民歌　　　　B 历史上根本没有花木兰
C 花木兰陪着父亲去了军队　　　D 花木兰的故事被拍成了电影

3. 冬天是一年中最寒冷的季节，很多植物没有了绿叶，一些动物会选择
   休眠，许多鸟儿飞到较为温暖的地方过冬。这个世界仿佛一下子安静
   下来了，然而，这所有的一切都是在为明年做打算。

   A 冬天的节日非常多　　　　　　B 整个冬天都要工作
   C 冬天是一年中最长的季节　　　D 冬天是为来年做准备的季节

4. 水球，又叫"水上足球"，是一种在水中进行的集体球类运动。比赛的
   目的类似于足球，以射入对方球门次数多的一方为胜。水球对运动员
   的游泳技术有较高的要求，如踩水、起跳、转体、变向游等。除此之
   外，队员之间的配合也是非常重要的。

   A 水球运动讲究配合　　　　　　B 水球跟足球是一样的
   C 水球运动是没有球门的　　　　D 水球运动员不必有太高的游泳技术

05 내용을 음미해야 하는 지문

특별한 스킬이 통하지 않고, 내용을 온전히 이해해야만 풀 수 있는 의미 파악형 지문은 다른 유형에 비해 난이도가 높다고 할 수 있다. 이런 유형의 문제는 구체적인 내용의 보기보다는, 전체 내용을 아우르는 포괄적인 보기가 정답인 경우가 많다. 지문을 꼭꼭 씹어 잘 소화시켜보자.

5끝 시크릿 백전백승

1 보기에서 공통 부분을 배제하라!

4개의 보기 중 하나는 정답이고, 힌트는 지문 속에 있다. 보기를 최대한 활용하여 정답을 찾아야 한다. 보기 A, B, C, D에 공통된 부분이 있다면 배제하여 시간을 단축시킬 수 있다.

예 A 虚拟旅游 费用较高
B 虚拟旅游 方便灵活
C 虚拟旅游 要通过手机操作
D 虚拟旅游 的发展前景不太乐观

공통 부분이므로 해석하지 않는다.　의미를 확실하게 파악한다.

2 바뀌어 나올 만한 부분을 공략하라!

지문과 다르게 나올 만한 부분을 체크해서, 그 부분의 내용을 집중적으로 공략한다. 상식적으로 배제할 수 있는 내용도 있을 수 있다.

예 A 蚂蚁 喜欢单独生活 → 뒷부분(단독생활을 좋아하는지)에 주목!
B 蚂蚁 喜欢生活在河边 → 뒷부분(강가에서 생활하는 걸 좋아하는지)에 주목!
C 蚂蚁 的生存能力很强 → 뒷부분(생존 능력이 강한지)에 주목!
D 蚂蚁 只生活在亚洲和非洲 → 뒷부분(생활하는 지역)에 주목!
(※ A와 B는 상식적으로 답이 될 수 없음을 알 수 있다.)

3 소거법을 사용하라!

보기를 읽으면서 지문 내용과 일치하지 않는 부분은 사선(/)으로 지워둔다. 먼저 시각적으로 정리되면, 머릿속의 복잡한 내용도 자연스럽게 정리된다.

4 포괄적인 보기를 선택하라!

의미 파악 문제는 정답이 지문에 그대로 노출되지 않는 경우가 많다. 전체 내용을 음미하고 동의어나 유사한 표현으로 나오는 보기 중에서 정답을 찾아내야 한다.

예 三天打鱼，两天晒网。 3일 동안 고기를 잡고, 2일 동안 그물을 말린다.
= 不专心学习 공부를 열심히 하지 않는다

出差是家常便饭。 출장은 다반사다.
= 经常出差 자주 출장 간다

他说起来没完没了。 그는 말하기 시작하면 끝이 없다.
= 他爱说话 그는 말하기를 좋아한다

他这个人说话不算数。 그는 한 말을 지키지 않는다.
= 不相信他的话 그의 말을 믿지 않는다

5 낯선 단어는 유추하라!

낯선 단어가 있다고 당황하거나 포기하지 마라. 여러 가지 다각적인 방법으로 단어를 유추하는 능력을 기르도록 하자.

① 한자 독음으로 읽어보기

자신이 이미 알고 있는 한자라면 중국어 발음을 모르더라도 우리말 독음으로 읽어본다. 명사일 경우 뜻이 우리말과 비슷할 수 있다.

② 부수로 유추하기

부수 灬(火: 불), 扌(手: 손), 饣(食: 음식), 忄(心: 마음), 犭(狗: 개, 동물), 讠(言: 말, 언어), 爫(爪: 손톱, 손), 贝(貝: 조개, 재물) 등은 가장 자주 볼 수 있는 부수들이다. 부수를 통해 무엇과 관계된 뜻인지 유추해볼 수 있다.

③ 문장의 흐름으로 유추하기

단어를 모르더라도, 앞뒤 문맥을 근거로 단어의 뜻을 유추할 수 있다.

④ 스캔 뜨기

단어의 뜻을 도저히 유추할 수 없다면 단어를 그림처럼 '스캔'하여 기억한 후, 지문에서 같은 모양의 단어를 찾아본다.

문제

什么是时尚？《时尚的哲学》一书的作者说过："如果一种现象消失得像它出现时那样匆匆，那么我们就把它称作时尚。"时尚关系到生活的各个方面，包括服装、饮食、日用品等一切可以向别人展示的东西。当然，最符合作者上述定义的就要属时装了。

A 只有时装属于时尚　　　　　B 时尚是不断变化的
C 时尚出现比消失快　　　　　D 饮食变化不属于时尚

| **문제 분석** | 전체 내용 파악에 주의 / 범위를 제한하는 只有와 부정부사 不에 주목!　　**S1, S2, S3 적용**

제목 유행이란?　　　　**주제** 유행은 생활의 모든 면에서 빠르게 변화하는 것들이다.

유행이란 무엇인가? 〈유행의 철학〉이라는 책의 작가는 말했다. "만약 어떤 현상이 사라지는 것이 그것이 나타났을 때와 마찬가지로 그렇게 빠르다면, 그럼 우리는 그것을 유행이라고 부를 수 있다." 유행은 의류, 음식, 일상용품 등 다른 사람에게 보여줄 수 있는 모든 것을 포함한 생활의 각 분야에 관계되어 있다. 물론, 작가가 위에서 말한 정의에 제일 부합하는 것은 유행 의상일 것이다.

A 유행 의상만 유행에 속한다　　　　　B 유행은 끊임없이 변화하는 것이다
C 유행의 출현은 사라지는 것보다 빠르다　　D 음식의 변화는 유행에 속하지 않는다

해설 어떠한 현상이 나타난 것처럼 빠르게 사라진다면 그것을 유행이라고 부른다고 했다. 즉, 유행은 빠르게 나타나고 사라짐을 반복하면서 계속 변화한다는 의미다. 따라서 답은 B가 된다.

　A - 유행은 생활 속의 각 방면을 포함한다고 했으므로, 단지 의상만 포함한다고 할 수 없다. 只有(단지)라는 단어 때문에 답이 될 수 없다.

　C - 어떠한 현상이 나타난 것과 같이 빠르게 사라지는 것이 유행이라고 했으므로, 유행이 나타나는 것과 사라지는 것 중 어느 것이 더 빠르다고는 할 수 없다.

　D - 유행은 의류, 음식, 일용품 등을 모두 포함하고 있다고 했으므로, 음식의 변화도 유행이라 할 수 있다. 부정부사 不가 있어서 답이 될 수 없다.

단어 时尚 shíshàng 몡 시대적 유행 | 哲学 zhéxué 몡 철학 | 作者 zuòzhě 몡 작가 | ★ 现象 xiànxiàng 몡 현상 | ★ 消失 xiāoshī 동 사라지다 | 出现 chūxiàn 동 출현하다 | ★ 匆匆 cōngcōng 혱 매우 급한 모양 | 称 chēng 동 칭하다 | 关系 guānxi 동 관련하다 | 方面 fāngmiàn 몡 방면 | ★ 包括 bāokuò 동 포함하다 | ★ 服装 fúzhuāng 몡 의류 | 饮食 yǐnshí 몡 음식 | 日用品 rìyòngpǐn 몡 일용품 | 一切 yíqiè 대 모든 | ★ 展示 zhǎnshì 동 나타내다 | 符合 fúhé 동 부합하다 | ★ 上述 shàngshù 혱 위에서 말한 | 定义 dìngyì 몡 정의 | ★ 属 shǔ 동 ~에 속하다 | ★ 时装 shízhuāng 몡 유행 의상 | ★ 属于 shǔyú 동 ~에 속하다 | 不断 búduàn 분 끊임없이 | 变化 biànhuà 동 변화하다

day 19

1. 怎样才能给招聘者一个良好的印象呢？首先，你应该了解你要面试的公司的一些基本情况，做到"知彼知己"。其次，衣着要整洁得体，避免穿太亮或太花的衣服。还有，多准备几份简历，面试官很有可能不止一位，多带几份，可以看出你提前做了不少准备。

A 面试前要准备充分　　　　　B 简历只带一份就够了
C 穿一些独特的衣服显示个性　D 对面试公司的情况尽量少了解

2. 冰灯是中国东北地区的一种独具风格的艺术形式，冰灯游园会经提炼、发展而来。哈尔滨首届冰灯游园会始于1963年，之后，1985年哈尔滨又在中央大街上举办了冰灯艺术节，从此举办冰灯艺术节就成了哈尔滨人的习惯，每年的1月5日也就成为了哈尔滨人特有的节日。

A 哈尔滨人喜欢冰灯　　　　　B 冰灯节有百年的历史
C 哈尔滨每年元旦举行冰灯节　D 哈尔滨每2年举办一次冰灯节

3. 睡眠是我们日常生活中最熟悉的活动之一。人的一生大约有1/3的时间是在睡眠中度过的。如何提高睡眠质量呢？从晚上9点到11点是较好的入睡时间。中午12点到1点半，凌晨2点到3点半，这时人体精力下降，思维减慢，情绪低下，利于人体转入慢波睡眠，让人进入甜美的梦乡。科学提高睡眠质量，是人们正常工作学习生活的保障。

A 人应该睡午觉　　　　　　　B 早睡觉对身体好
C 入睡时间影响睡眠质量　　　D 每天早上睡觉精神最好

4. 拿着尺子上街，只量别人不量自己是行不通的。生活的多样性、复杂性要求我们必须接受不同的性格、不同的思想。所有这些不同的东西需要我们有一颗包容的心，而不是拿着自己的标准去要求别人。

A 要尊重个性　　　　　　　　B 为了别人改变自己
C 拿着尺子上街有好处　　　　D 自己的想法非常重要

1. 刀叉出现的时期比筷子晚得多。研究表明，刀叉的起源与欧洲游牧民族的生活习惯有关，他们在马上生活随身带刀，往往将肉烧熟，割下来就吃。而在中国人的眼里刀是表示敌意的。中国人认为饭桌是和谐、协调的地方，因此，一般来说中餐在厨房里烹饪时切好，进餐时用筷子直接吃。

   A 用筷子的人会变得更聪明　　　B 用刀叉吃饭是中国人的习惯
   C 中国餐桌上的食物不需要刀切　　D 吃饭时用筷子比用刀叉更有礼貌

2. 在确定目标之后，管理者应该给职员们必需的材料，还有充分的权利。不要一味地只是命令他们，让他们去执行。给他们一定的权利，这样会让他们感到身后有强大的力量在支持他们，他们会更加努力地去完成任务，实现目标。

   A 确定目标之后再行动　　　　　B 管理者应该支持职员们
   C 管理者应该好好管理职员们　　D 只有管理者有权利去处理事情

3. 蚂蚁是地球上最常见的昆虫，也是数量最多的昆虫种类。蚂蚁能生活在任何有他们生存条件的地方，因此在世界各地，你都可以看见蚂蚁。蚂蚁是一种有社会性的生活习性的昆虫，他们的分工非常明确，有的负责繁殖后代，有的建筑巢穴，有的出去觅食等。

   A 蚂蚁喜欢单独生活　　　　　　B 蚂蚁喜欢生活在河边
   C 蚂蚁的生存能力很强　　　　　D 蚂蚁只生活在亚洲和非洲

4. 所谓虚拟旅游，指的是建立在现实旅游景观基础上，通过模拟或超现实景，构建一个虚拟旅游环境，网友能够身临其境般地逛逛看看。坐在电脑椅上，轻点鼠标就能游览全世界的风景名胜，还能拍照留念。这种新鲜的旅行方式，成为众多旅游爱好者的新选择。

   A 虚拟旅游方便灵活　　　　　　B 虚拟旅游费用较高
   C 虚拟旅游要通过手机操作　　　D 虚拟旅游的发展前景不太乐观

제3부분
기출문제 탐색전

독해 제3부분은 총 20문제로 독해 영역의 약 45%를 차지한다. 비중이 큰 만큼 열심히 풀다 보면 시간이 부족해서 한두 지문은 아예 읽어보지도 못하고 답안지를 제출해야 하는 경우가 생긴다. 따라서 전체 내용을 꼼꼼히 읽는 것도 중요하지만, 문제의 핵심을 파악하여 목적의식을 갖고 지문을 읽는 것이 훨씬 더 중요하다. 평소에 독해 지문을 많이 접해보지 않고 시험을 본다면, 비싼 응시료를 내고 시험장에서 독해 연습을 하게 되는 불상사가 생길 수 있으므로, 하루에 2~3개 지문 정도는 꾸준히 읽어보는 연습을 해두자.

문제

71-73.

目前的中国人才市场，有种奇怪的现象：对刚毕业的大学生说：“你有工作经验吗？”对有工作经验的人说：“年龄在35岁以下……”如果随便翻开一份报纸的招聘广告，100个用人单位有99个会要求“年龄在35岁以下”，剩下一个还算客气一点，在括号里加了一句：“条件优秀者可适当放宽年龄限制”。我们经常可以看到这样的宣传材料：“公司拥有一支高素质的知识型管理团队，大学以上文化程度的占86.5%，平均年龄在35岁以下……”可见，35岁成为公司实力的重要指标。

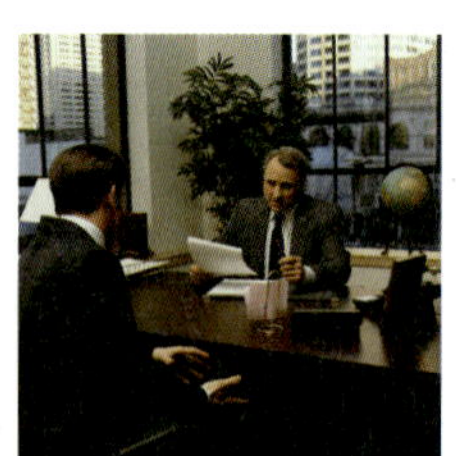

71. 目前中国人才市场的怪现象是：

    A 不要学历   B 不要工作经验

    C 必须有留学经验   D 年龄必须35岁以下

72. 大学毕业生找工作时很难，因为用人单位要求刚毕业的学生要有：

    A 城市户口   B 硕士学历

    C 英语高分   D 工作经验

73. 为了表现公司的实力，很多宣传材料自夸他们公司：

A 工资高 　　　　　　　　B 人聪明

C 管理层年轻 　　　　　　D 没有年龄限制

유형 분석

1. 총 20문제로, 약 5개의 지문과 지문당 평균 4개의 문제가 출제된다.

2. 지문 길이는 12~20줄 정도이며, 각 지문에는 관련 그림이 한 개씩 덧붙여 있다.

3. 문제마다 4개의 보기가 제시되며, 질문에 알맞은 답을 고르면 된다.

4. 반드시 문제를 먼저 보고, 그다음에 지문을 읽는다. 문제를 분석할 때는 시제, 주체자, 지문 내용과 일치하는 것을 찾는지, 아닌 것을 찾는지를 확인하고, 여기에 해당하는 내용이 없다면 문제에 언급된 조건에 유의해서 본다.

　① 시제에 유의해서 지문을 읽는다.

　　예 根据上文，首次太阳浴流行的原因是: 이 글에 따르면, 처음으로 일광욕이 유행한 원인은:

　② 주체자에 유의해서 지문을 읽는다.

　　예 男人的职业是什么? 남자의 직업은 무엇인가?

　③ 어떤 보기가 지문 내용과 일치하는지 아닌지에 유의해서 읽는다.

　　예 下面哪项(不)正确? 다음 중 옳(지 않)은 것은?

　④ 조건에 유의해서 지문을 읽는다.

　　예 根据上文，作者为什么陪着哥哥去买手机?

　　　이 글에 따르면, 작가는 왜 오빠를 데리고 휴대전화를 사러 갔는가?

01 성공 이야기

新 HSK 독해 지문의 난이도는 구 HSK에 비해 낮아졌다. 과학, 의학, 자연, 동식물 등의 내용을 다룬 어려운 지문보다는 읽기 쉬운 이야기 형식의 지문과 긍정적이고 감동을 주는 내용이 주를 이룬다. 이번 장에서는 그중 하나인 '성공'을 주제로 한 지문들을 살펴보자.

5끝 시크릿 백전백승

S1 독해는 스피드 게임이다!

독해는 정해진 시간에 문제를 다 푸는 것이 가장 중요하다. 시간이 부족해 뒷부분의 문제를 풀지 못한다면, 앞부분을 아무리 꼼꼼히 풀어도 소용이 없다. 모르는 문제는 일단 보류하고, 풀 수 있는 문제부터 공략한다.

S2 문제를 먼저 읽어라!

지문을 읽기 전에 문제를 먼저 보면 어떤 내용의 지문이 나올지, 어떤 내용을 중점적으로 봐야 할지 알 수 있다.

예 [문제] 过了三个月后，发生了什么事? 3개월 이후에, 무슨 일이 일어났는가?
　　　→ 三个月后(3개월 이후)라는 시제가 나온 부분을 지문에서 찾아낸다. (시제)

[문제] 关于这个建筑商，我们可以知道什么?
　　　이 건축상에 관해서 알 수 있는 것은 무엇인가?
　　　→ 지문에 여러 인물이 등장할 수 있다. 建筑商(건축상)이 나오는 부분을 찾아가서 해당 내용을 잘 파악한다. (인물)

[문제] 为什么很多人都遗憾地离开了? 왜 많은 사람들이 아쉬워하며 떠났는가?
　　　→ 为什么(왜)에 해당하는 부분이 정답이다. 문제에서 제시한 离开(떠나다)라는 힌트를 지문에서 찾아낸다. (조건)

S3 '성공 이야기'는 중심 생각을 파악하라!

작가는 글을 통해 정보를 전달하거나, 주장을 펼치거나, 깨달음을 주려고 하므로, 중심 생각을 잘 파악해야 한다. 중심 생각 문제는 '성공 이야기' 지문에서 꼭 출제되는 단골 문제다.

[중심 생각을 묻는 질문]

예 上文**主要**向我们**讲了什么**? 이 글은 주로 무엇을 말해주는가?

这个故事**告诉我们什么道理**? 이 이야기는 어떤 이치를 알려주는가?

通过这篇文章，我们**能知道什么**? 이 글을 통해서 무엇을 알 수 있는가?

4 효과적인 독해 방법을 선택하라!

▶ 지문 읽는 순서는?

좋은 예 先 문제 분석, 后 지문 읽고 답 찾기

목적의식을 가지고 중요 내용과 불필요한 내용을 가리면서 답을 찾을 수 있으므로, 시간 절약이 되고 정답률도 높아진다.

나쁜 예 先 지문 해석, 后 문제 읽고 답 찾기

문제에 해당하는 정보를 찾기 위해 지문을 다시 한 번 읽어야 하므로 시간이 낭비된다.

▶ 속독(速读)이나 정독(精读)이나?

좋은 예 속독과 정독 병행하기

정신을 집중하고 지문을 속독하다가, 문제를 읽으면서 찾은 힌트가 나오는 부분은 꼼꼼하게 정독한다.

나쁜 예 ① 속독으로만 지문 읽기

'주어 + 술어 + 목적어' 위주로 속독하면, 지문을 빨리 이해할 수 있으나, 세부적인 정보를 놓칠 수 있다.

② 정독으로만 지문 읽기

지문을 정확히 이해하기에는 좋지만, 시간이 많이 걸릴 수 있으므로 바람직하지 않다.

　　心理学家挑了两组运动员做心理实验。他们都是实力相当的运动员，年龄、体力以及运动水平都差不多。他要求运动员们做一些动作。第一组运动员开始做动作以前，他告诉他们，"这些动作一般人是很难做到的。你们一定要认真做，这也许就是你们比赛最后能否赢别人的关键动作。"结果运动员们虽然很尽力，但是根本达不到要求。还有几个人失误了，一分也得不了。该第二组运动员做了，心理学家告诉他们，"你们看，第一组的运动员都已经失败了，可你们不同。你们是国内最优秀的运动员，而且，我今天给你们准备了世界上最新发明的一种药片儿，你们把这个药片儿吃下去，在三分钟之内就会使你们的运动水平迅速提高到超人的水平。"结果，第二组运动员很容易就完成了所有的动作，而且得到了运动专家们的肯定。"简直太神奇了！那是什么神奇的药片儿？"事后运动员们问。"只不过是普通的维生素。你看，它成了激发你们自信和潜力的妙药。"心理学家回答。这件事告诉我们，信心是成功的秘诀，心态是成功的妙药。

1. 心理学家要求运动员们做什么？
　　A 打比赛　　　　　　　　B 谈心事
　　C 做动作　　　　　　　　D 看资料

2. 第二组运动员为什么能顺利完成动作？
　　A 年轻　　　　　　　　　B 吃了药
　　C 体力好　　　　　　　　D 动作简单

3. 那是一种什么药？
　　A 兴奋剂　　　　　　　　B 镇静剂
　　C 维生素　　　　　　　　D 新发明的药

4. 这种药片起到了什么作用？
　　A 激发潜能　　　　　　　B 治心理病
　　C 放松神经　　　　　　　D 提高灵活性

| 제목 | 플라세보 효과 | | 주제 | 성공은 마음가짐에 달렸다. |

한 심리학자가 운동선수 두 팀을 골라 심리 테스트를 했다. 그들은 모두 실력이 상당한 운동선수였고, 나이, 체력 및 운동 수준이 모두 비슷했다. 그는 운동선수들이 몇몇 동작을 하도록 요구했다. 첫 번째 팀의 운동선수들이 그 동작을 하기 전에, 그는 운동선수들에게 "이 동작들은 일반인이 매우 하기 어려운 동작이니 당신들은 반드시 열심히 해야 합니다. 이는 당신들이 경기 마지막에 이길 수 있는지 없는지의 관건이 되는 동작일 수 있습니다."라고 말했다. 그 결과 운동선수들은 온 힘을 다했지만, 그 요구 수준에 도달하지 못했다. 그리고 몇몇은 실수를 해서 1점도 얻지 못했다. 두 번째 팀 운동선수들의 차례가 됐다. 심리학자는 "알다시피 첫 번째 팀의 운동선수들은 이미 모두 실패했습니다. 하지만 당신들은 다릅니다. 당신들은 국내에서 제일 우수한 운동선수들입니다. 또한 저는 오늘 당신들에게 세계적으로 가장 최근에 발명된 알약을 주려고 준비해왔습니다. 당신들이 이 약을 먹으면, 3분 안에 당신들의 경기 수준을 빠르게 향상시켜 초인적인 수준에 달하게 될 것입니다."라고 말했다. 그 결과 두 번째 팀의 운동선수들은 모든 동작을 쉽게 완성해냈고, 또한 운동 전문가들의 인정을 받았다. "정말 신기하군요! 이 신기한 약은 도대체 무슨 약인가요?" 실험 후 운동선수들이 물었다. "그냥 평범한 비타민일 뿐입니다. 보세요, 그것은 당신들의 자신감과 잠재력을 북돋아주는 묘약이 되었죠." 심리학자는 대답했다. 이 일은 우리에게 자신감은 성공의 비결이고, 마음가짐은 곧 성공의 묘약이라는 것을 알려준다.

단어 心理学家 xīnlǐxuéjiā 阅 심리학자 | 挑 tiāo 동 고르다 | ★ 实验 shíyàn 阅 실험 | 实力 shílì 阅 실력 | 相当 xiāngdāng 동 상당하다, 대등하다 | 年龄 niánlíng 阅 연령 | 体力 tǐlì 阅 체력 | 以及 yǐjí 접 그리고, 및 | 差不多 chàbuduō 형 비슷하다 | 认真 rènzhēn 형 진지하다 | 也许 yěxǔ 부 아마도 | 比赛 bǐsài 阅 시합 | ★ 能否 néngfǒu ~할 수 있는지 없는지 | 赢 yíng 동 이기다 | ★ 关键 guānjiàn 阅 관건 | 虽然 suīrán 접 비록 ~하지만 | ★ 尽力 jìnlì 동 전력을 다하다 | 失误 shīwù 동 실수하다 | 失败 shībài 동 실패하다 | ★ 优秀 yōuxiù 형 우수하다 | 而且 érqiě 접 게다가 | 准备 zhǔnbèi 동 준비하다 | 药片 yàopiàn 阅 알약 | ★ 迅速 xùnsù 형 신속하다 | 超人 chāorén 형 (능력 등이) 일반인을 능가하다 | 专家 zhuānjiā 阅 전문가 | 肯定 kěndìng 동 긍정적으로 평가하다, 인정하다 | 简直 jiǎnzhí 부 그야말로 | ★ 神奇 shénqí 형 신기하다 | 普通 pǔtōng 형 보통이다 | ★ 维生素 wéishēngsù 阅 비타민 | ★ 激发 jīfā 동 (감정을) 불러일으키다 | 自信 zìxìn 阅 자신감 | 潜力 qiánlì 阅 잠재력 | ★ 妙药 miàoyào 阅 묘약 | 信心 xìnxīn 阅 확신, 자신감 | 成功 chénggōng 阅 성공 | 秘诀 mìjué 阅 비결

1. 心理学家要求运动员们做什么?

　　심리학자는 운동선수들에게 무엇을 하도록 요구했는가?

　　A 打比赛　　　　B 谈心事
　　C 做动作　　　　D 看资料

　　A 시합을 할 것　　　B 고민거리를 말할 것
　　C 동작을 할 것　　　D 자료를 볼 것

해설 심리학자가 실험한 내용이다. 심리학자는 운동선수들에게 몇 가지 동작을 하라고 했으므로, 답은 C가 된다.

단어 要求 yāoqiú 동 요구하다 | 打 dǎ 동 치다, 하다 | 谈 tán 동 말하다 | 心事 xīnshì 阅 걱정거리 | 资料 zīliào 阅 자료

2. 第二组运动员为什么能顺利完成动作?

　　두 번째 팀의 운동선수들은 왜 순조롭게 동작을 완성할 수 있었는가?

　　A 年轻　　　　　B 吃了药
　　C 体力好　　　　D 动作简单

　　A 젊어서　　　　B 약을 먹어서
　　C 체력이 좋아서　　D 동작이 간단해서

 두 팀의 운동선수들은 나이, 체력, 실력이 모두 비슷하다고 했으므로, A와 C는 답에서 제외된다. 두 번째 팀 선수들은 심리학자가 준 약을 먹고, 자신감을 얻어서 동작을 순조롭게 완성할 수 있었다. 따라서 보기에서 가장 적절한 답은 B가 된다.

단어   顺利 shùnlì 형 순조롭다 | 年轻 niánqīng 형 젊다 | 简单 jiǎndān 형 간단하다

3. 那是一种什么药?　　　　　　　　　그것은 무슨 약인가?
   A 兴奋剂　　　　　B 镇静剂　　　　A 흥분제　　　　　B 진정제
   C 维生素　　　　　D 新发明的药　　C 비타민　　　　　D 새로 발명된 약

해설   심리학자는 새롭게 발명된 약이라고 소개했지만, 사실은 그냥 평범한 비타민제였다. 따라서 답은 C가 된다.

단어   兴奋剂 xīngfènjì 명 흥분제 | 镇静剂 zhènjìngjì 명 진정제

4. 这种药片起到了什么作用?　　　　　이 약은 어떤 역할을 했는가?
   A 激发潜能　　　　B 治心理病　　A 잠재력을 북돋는다　　B 마음의 병을 치료한다
   C 放松神经　　　　D 提高灵活性　C 신경을 이완시킨다　　D 유연성을 높인다

해설   사실은 평범한 비타민제였지만, 운동 실력을 높여주는 약이라고 소개하자 그 약을 먹은 선수들은 자신감이 생겼고, 자신들의 잠재력을 발휘할 수 있었다. 따라서 답은 A가 된다.

단어   作用 zuòyòng 명 작용, 역할 | 潜能 qiánnéng 명 잠재력 | 治 zhì 동 치료하다 | 放松 fàngsōng 동 긴장을 풀다 | 神经 shénjīng 명 신경 | 提高 tígāo 동 향상시키다 | 灵活性 línghuóxìng 명 (사상·행동 따위의) 융통성, 유연성

感动日记

▶ 오늘 새롭게 알게 된 내용, 가장 중요한 핵심내용, 학습 소감과 각오 등을 적어보세요.

day 21

1-4.

　　有一天，一个猎人带着猎狗去打猎。猎人一枪击中一只兔子的后腿，受伤的兔子开始拼命地奔跑。猎狗在猎人的指示下也飞奔着去追赶兔子。然而，追着追着，兔子不见了，猎狗只好悻悻地回到猎人身边，猎人开始骂猎狗了："你真没用，连一只受伤的兔子都追不到!"猎狗听了很不服气地回答道："我尽力而为了呀!"

　　再说那只兔子，它带伤跑回洞里，它的兄弟们都围过来惊讶地问它："那只猎狗那么凶，你又受了伤，怎么可能比它跑得快呢?""它是尽力而为，我是全力以赴呀!"

　　人本来是有很多潜能的，可是我们往往会对自己或对别人找借口。一位心理学家的研究结果显示：一般人的潜能只开发了2％-8％左右，还有90％多的潜能处于沉睡状态。谁要想成功，创造奇迹，仅仅做到尽力而为还远远不够，必须用尽全力才行。

1. 兔子的腿怎么了?
　　A 摔断了　　　　　　　　　　B 被砍伤了
　　C 被狗咬了　　　　　　　　　D 被枪打中了

2. 猎狗为什么被主人骂了?
　　A 把兔子吃了　　　　　　　　B 不想追兔子
　　C 没有追到兔子　　　　　　　D 把兔子咬死了

3. 兔子最后怎么了?
　　A 逃跑了　　　　　　　　　　B 撞死了
　　C 被狗抓住了　　　　　　　　D 被狗咬死了

4. 通过这篇文章，我们能知道什么?
　　A 猎狗越来越懒了　　　　　　B 兔子跑得非常快
　　C 尽全力才能成功　　　　　　D 猎狗不喜欢兔子

5-8.

　　有位建筑商，年轻时就以精明著称于业内。那时的他，虽然颇具商业头脑，做事也成熟干练，但摸爬滚打许多年，事业不仅不见起色，最后竟还以破产而告终。

　　后来，他以仅剩的一万元为本金，再战商场。短短的几年内，他的资产就突飞猛进到一亿元，创造了一个商业神话。有一次，他来到大学演讲，不断有学生提问，问他从一万元变成一亿元到底有何秘诀。他笑着回答，当年在那段失落而迷茫的日子里，他不断地反思自己失败的原因，但想破脑壳也找寻不到答案。百无聊赖的时候，他来到街头漫无目的地闲转，路过一家书报亭，就买下一张报纸随便翻翻。他看见一张采访李泽楷的报纸，读后很有感触。记者问李泽楷，你的父亲李嘉诚究竟教会了你怎样的赚钱秘诀？李泽楷说，我的父亲从没告诉我赚钱的方法，只教了我一些做人处事的道理。父亲叮嘱过，你和别人合作，假如你拿7分合理，8分也可以，那我们拿6分就可以了。看完报道，他终于弄明白一个道理：让别人赚钱同时也是给自己赚钱。李嘉诚总是让别人多赚2分，所以每个人都知道和他合作会赚到便宜，所以更多的人愿意和他合作。如此一来，虽然他只拿6分，但生意却多了100个。

　　说到这儿，他动情地说，我最初犯下的最大错误就是过于精明，总是千方百计地从对方身上多赚钱，以为赚得越多，就越成功，结果是，<u>多赚了眼前，输光了未来</u>。

5. 关于这个建筑商，我们可以知道什么？

　　A 喜欢拿8分　　　　　　　　　B 经济知识丰富

　　C 是李嘉诚的朋友　　　　　　　D 后来事业取得了成功

6. 关于李嘉诚，我们可以知道什么？

　　A 是个教育家　　　　　　　　　B 很多人喜欢和他合作

　　C 最开始本金只有一万块　　　　 D 教给儿子很多赚钱的方法

7. 这个建筑商认为生意成功重要的是什么？

    A 让对方赚钱   B 有生意头脑

    C 多和别人合作   D 结交一些好朋友

8. 文中最后画线部分是什么意思？

    A 不要浪费钱

    B 失败是成功之母

    C 做生意要有长远的打算

    D 过去的经验是未来的财富

1-4.

    在我的家乡，有一个专营特色小吃的饭馆，做出的菜令人赞不绝口。餐馆的名字叫"四个点儿"，店主人的解释是：环境好点儿、菜好吃点儿、您常来点儿、我高兴点儿。它一天的营业时间也是四个点儿！

    每天，在那里排队的人非常多。很多人都会排不上号，带着遗憾离开。因为这家饭馆有个很奇怪的规定，一天的营业时间只是从上午10点到下午的2点，只有短短的4小时，其他时间一律不开放，而且不许预订。但就是这4小时，每个月的收入也不下5万元。

    谈起成功的秘诀，店主人告诉我们说正是因为只营业4小时，才使他获得了更大的收益。他说，做出的菜的味道其实和刚开始开业的时候是一模一样的，什么也没有改变，改变的只是经营的策略。刚开始的营业时间是12个小时，从早上8点到晚上8点。可是生意却不是太好，一来是因为地段有些偏僻，知道它的人很少；二来是因为菜肴的种类很多，反而显得没有了特色。所以，他决定去掉几个种类，只做几种特色小吃。然后在经营时间上做了调整，一天只营业4小时。人们都有好奇心理，越是不容易买到的东西就越想买。果然，这两种办法实施以后，餐馆的生意越来越红火。

1. 文章中的"四个点儿"指的是：
   A 营业时间到4点　　　　　　B 老板的四种愿望
   C 对职员的四个要求　　　　　D 顾客们最喜欢的四种菜

2. 为什么很多人都遗憾地离开了？
   A 厨师换了　　　　　　　　　B 顾客太多
   C 老板不在　　　　　　　　　D 没有好吃的菜

3. 小店有什么规定？
   A 每次要点四样菜　　　　　　B 每天晚上8点关门
   C 每天营业四个小时　　　　　D 消费必须满100元以上

4. 小店生意为什么变好？
   A 老板非常热情　　　　　　　B 改变了经营方式
   C 搬到了好的地段　　　　　　D 菜的味道比原来好了

5-8.

　　"第二者胜"现象，是指在某一领域内，后进入的"第二者"往往可以超过"第一者"，而一跃成为该领域的第一名。

　　之所以出现"第二者胜"现象，是因为：第一品牌已经把市场打开，让消费者接受了该品牌概念，促成了市场的成熟；"第二者"进入时往往是市场成长爆发期，成长空间巨大；"第一者"在抢占市场时，总会有很多方面不成熟，所以"第二者"往往会根据"第一者"的缺点，有针对性地设置战略，从而出乎意料地胜出。

　　掌握了"第二者胜"现象，我们可以在市场上不怕成为"第二者"。成为"第二者"反而是一种优势，可以充分利用"第二者"身份运筹帷幄、决胜千里。而作为行业的"第一名"，则需要在进入市场之初，就谨慎地寻找自身弱点，多加改正，从而在"第二者"出现之后，能够立于不败之地。

5. 文中的"第二者胜"是什么意思?

    A 第二名更有实力   B 人们都想当第二者

    C 后进入者更易成功   D 第二名通常会取得胜利

6. "第一者"失败的原因是:

    A 宣传得不够   B 营销策略不当

    C 很多方面还不成熟   D 不适应市场的变化

7. "第二者"为什么更容易成功?

    A 人们更喜欢后来的   B 有"第一者"的帮助

    C 与"第一者"竞争发展   D 可以参考别人的经验和教训

8. 本文主要向我们讲了什么?

    A 后来者也有机会   B 要争当"第一者"

    C "第二者"有很多劣势   D 市场需要"第一者"和"第二者"

한샘의 러브레터

#1

어느 날, 프랑스 약사 에밀 쿠에에게 친한 친구가 찾아와 의사의 처방전 없이 약을 지어달라고 하였습니다. 쿠에는 처음에 거절하였지만, 친구는 시간이 늦어 병원도 닫았고, 지금 당장 아파 죽겠으니 내일까지 기다릴 수 없다고 하소연했습니다. 쿠에는 위법 행위를 할 수도 없고, 친구의 부탁을 거절할 수도 없어서, 인체에 전혀 해가 없는 포도당류의 알약을 지어주면서, 이 약을 먹으면 통증이 가라앉을 테니, 내일 꼭 병원에 가보라며 돌려보냈습니다. 며칠 후 쿠에가 그 친구를 만났을 때, 친구는 "그거 무슨 약인지 참 신통하더군, 다음날 병원에 갈 필요도 없이 말끔히 나았어, 정말 고마워."라고 말했습니다. 증상이 좋아지리라고 말한 약사 친구에 대한 믿음 덕분에 병이 나았던 것입니다.

#2

어떤 사람이 나이아가라 폭포를 구경하다가 너무 목이 말라서 폭포물을 마셨습니다. 그런데 돌아서는 순간 '독(poison)'이라고 쓰여 있는 팻말을 보았습니다. 그는 독을 마셨다는 생각에 갑자기 창자가 녹아내리는 듯한 아픔을 느끼기 시작했습니다. 고통으로 괴로워하는 그를 주변 사람들이 재빨리 병원으로 옮겼는데, 자초지종을 들은 의사는 오히려 껄껄 웃으며 말했습니다. "선생님, 'poison'이 영어로는 '독'이지만, 프랑스어로는 '낚시 금지'랍니다." 그 말을 들은 환자는 배의 통증이 싹 사라지면서 멀쩡하게 병원을 나왔다고 합니다.

심리학에 '플라세보(placebo) 효과'라는 말이 있습니다. 실제로 치료에 도움이 되는 약이 아니여도 환자가 나을 것이라 믿고 복용하면, 실제로 병세가 호전되는 현상을 말합니다. 사람의 몸은 생각하는 대로 반응합니다. 여러분도 긍정적인 생각과 확신을 갖고 모든 일에 임하면 좋은 결과를 얻을 수 있습니다.

02 — 인생 이야기

day 23~24

인생에 관한 이야기는 주로 신변잡기적인 내용으로 표현된다. 주변에서 일어나는 모든 이야기를 소재로 하기 때문에 그 주제나 상황이 무궁무진하다. 어떤 내용이 나와도 당황하지 않도록 다양한 지문을 접해보고, 작가가 어떤 메시지를 전달하고자 하는지를 파악해보자.

5끝 시크릿 백전백승

1 배경과 인물 관계를 파악하라!

이야기 형식으로 된 지문의 배경과 등장인물은 제한적이다.

[이야기의 배경] 학교 · 회사 · 가정 · 마을 등

[등장인물의 관계] 형제 · 부부 · 이웃 · 사제 · 직장 상하 · 고부 관계 등

2 작가의 메시지를 파악하라!

주제는 지문의 앞부분이나 뒷부분에 제시될 가능성이 높다. 작가가 뚜렷한 주제를 가지고 이야기를 전개한다면, 주제에 관해 물어볼 가능성이 99%다. 인생 이야기에서 어떤 주제들이 나올 수 있는지 살펴본다.

[인생 이야기 관련 주제]

- 어려움을 만났을 때 남을 돕는 것은 결국 자신에게도 이익이 된다.
- 인생에서 장애물을 만났을 때, 우회하여 돌아갈 줄도 알아야 한다.
- 우리의 삶에는 끊임없는 노력과 새로운 경험의 축적이 필요하다.
- 미소를 지어야 할 이유를 찾는 것만으로도 우리의 삶은 변화할 수 있다.
- 겉모습만 보고 겁내거나 두려워할 필요는 없다. 그 실상은 별것 아닐 수 있다.

3 지정된 단어의 의미는 지문에서 찾아라!

지문에서 따옴표(" ")나 굵은 글씨, 혹은 밑줄로 표시된 단어나 문장의 의미를 묻는 문제가 출제될 수 있다. 표시된 단어나 문장의 뜻을 모른다고 슬퍼할 필요는 없다! 지문의 앞뒤 문맥을 파악하여 그 뜻을 유추하거나, 경우에 따라서는 바로 뒤에 부연 설명이 나올 수 있으므로, 이 점을 기억했다가 문제를 풀면 된다.

[따옴표 질문 형식]

예 文中的"支出"指：글에서 '지출'이 가리키는 것은:

在第3段中，老太太的"要求"是指什么?
세 번째 단락에서, 노부인의 '요구'는 무엇을 가리키는가?

文中的"第二者胜"是什么意思? 글에서 '후발주자 승리'는 무슨 뜻인가?

第1段的"愤愤不平"是什么意思? 첫 번째 단락의 '마음이 평온하지 않다'는 무슨 뜻인가?

[밑줄 질문 형식]

예 在第2段画线句子的意思是什么? 두 번째 단락에서 밑줄 친 문장은 무슨 뜻인가?

画线句子是什么意思? 밑줄 친 문장은 무슨 뜻인가?

文中最后画线部分是什么意思? 이 글의 마지막에서 밑줄 친 부분은 무슨 뜻인가?

[기출 단어&문장]

예 要求 요구(하다) / 支出 지출(하다) / 出任 (직위 등을) 맡다, 담당하다

愤愤不平 마음이 평온하지 않다

第二者胜 후발주자가 승리한다

人生也是如此 인생 또한 마찬가지다

当我在享受我的第一爱好时 내가 나의 첫 번째 취미를 즐기고 있을 때

多赚了眼前，输光了未来 당장은 많이 벌어도, 미래는 모두 잃는 것이다

4 펜과 글자가 떨어지지 않도록 하라!

펜으로 글자를 짚어가며 지문을 읽으면, 키워드가 포함된 부분을 더 빨리, 정확하게 찾을 수 있다. 손으로 턱을 괴거나 펜을 돌리지 말고, 눈이 읽는 부분을 펜으로 반드시 따라 짚으면서, 필요한 부분에는 바로바로 네모나 밑줄로 표시하며 읽는다.

문제

　　古时候，有两个兄弟出远门，他们各自带了一个很重的行李箱。一路上，重重的行李箱将兄弟俩都压得喘不过气来。他们走走停停，左手累了换右手，右手累了换左手。忽然，哥哥看见路边有人在卖扁担，就停了下来，买了一根扁担，然后把自己的行李箱和弟弟的行李箱一左一右挂在扁担两头儿。他为了照顾弟弟，让弟弟空手走路，自己用扁担挑起两个大箱子上路，可是没想到反倒觉得比原来轻松了许多。其实，人生的路上我们肯定也会遇到种种苦难，就像那沉重的大箱子，但无论多么困苦，只要我们肯想办法帮助别人，就会有意外的收获和快乐。在我们帮助别人的同时，也就帮助了我们自己，关爱别人，我们自己也获得了快乐。

1. 兄弟两个出远门，各自带了：
   A 两个大箱子　　　　　　　　B 两个行李箱
   C 一个行李箱　　　　　　　　D 吃的和用的

2. 哥哥为什么忽然停了下来?
   A 休息　　　　　　　　　　　B 喝水
   C 买扁担　　　　　　　　　　D 背弟弟

3. 哥哥一人挑起两个箱子后，觉得：
   A 后悔　　　　　　　　　　　B 更重了
   C 肩膀疼　　　　　　　　　　D 轻松多了

4. 这个故事告诉我们什么道理?
   A 出门少带东西好　　　　　　B 人生随时有困苦
   C 哥哥应该照顾弟弟　　　　　D 帮助他人可以获得快乐

| 제목 | 짐을 들고 가는 형제 | | 주제 | 어려움 속에서도 남을 배려하고 도우면 자신도 행복해질 수 있다. |

옛날에 형제 둘이 먼 길을 떠나게 되었다. 그들은 각자 무거운 여행 가방을 가지고 있었다. 길을 걷는 도중에, 형제는 이 무거운 짐에 눌려 숨도 쉴 수 없을 지경이었다. 그들은 쉬엄쉬엄 가면서, 왼손이 힘들면 오른손으로 바꾸고, 오른손이 힘들면 왼손으로 바꿔 들었다. 문득 형은 길에서 멜대를 파는 사람을 보고, 멈춰 서서 멜대 하나를 샀다. 그 후에 자신의 여행 가방과 동생의 여행 가방을 왼쪽과 오른쪽에 각각 걸었다. 형은 동생을 보살피기 위해서 동생은 빈손으로 걷게 하고, 자기는 멜대로 여행 가방 두 개를 메고 걸었다. 그런데 뜻밖에도 원래보다 더 가볍게 느껴졌다. 사실 인생의 여정에서 우리는 여러 가지 어려움에 맞닥뜨리게 된다. 마치 무거운 여행 가방처럼 말이다. 하지만 얼마나 어렵고 고통스럽든지, 우리가 다른 사람을 도와주려고 방법을 생각한다면 의외의 수확과 기쁨이 찾아올 것이다. 우리가 다른 사람을 도와줌과 동시에 우리 자신을 돕게 되며, 다른 사람에게 관심을 기울임으로써, 우리 자신도 즐거움을 얻게 된다.

단어 ★各自 gèzì 때 각자 | 带 dài 통 지니다 | 行李箱 xínglǐxiāng 뗑 짐, 트렁크 | 压 yā 통 억누르다 | ★喘气 chuǎnqì 통 숨을 헐떡거리다 | 忽然 hūrán 뿐 갑자기 | ★扁担 biǎndan 뗑 멜대 | 照顾 zhàogù 통 보살피다 | 空手 kōngshǒu 통 빈손이다 | 挑 tiāo 통 (멜대로) 메다 | 箱子 xiāngzi 뗑 상자, 트렁크 | ★反倒 fǎndào 뿐 반대로 | 觉得 juéde ~라고 여기다 | 原来 yuánlái 뿐 본래 | ★轻松 qīngsōng 웽 수월하다 | 其实 qíshí 뿐 사실은 | 肯定 kěndìng 뿐 틀림없이 | 遇到 yùdào 통 만나다 | 苦难 kǔnàn 뗑 고난 | ★沉重 chénzhòng 웽 몹시 무겁다 | 无论 wúlùn 젭 ~을 막론하고 | 困苦 kùnkǔ 어렵고 고통스럽다 | 肯 kěn 조통 기꺼이 ~하길 원하다 | 意外 yìwài 웽 의외의 | 收获 shōuhuò 뗑 소득 | 同时 tóngshí 뿐 동시에 | ★关爱 guān'ài 통 관심을 갖고 돌보다 | 获得 huòdé 통 얻다 | 快乐 kuàilè 웽 즐겁다

1. 兄弟两个出远门, 各自带了:　　　　　　　　　형제 둘이 먼 길을 떠날 때, 각자 가지고 간 것은:

　　A 两个大箱子　　　　B 两个行李箱　　　　A 두 개의 큰 트렁크　　B 두 개의 여행 가방

　　C 一个行李箱　　　　D 吃的和用的　　　　C 하나의 여행 가방　　D 먹을 것과 사용할 것

해설 문제에서 兄弟两个出远门과 같은 조건절이 있으면 반드시 기억했다가 지문에서 찾아야 한다. 그들은 각자(各自) 여행 가방을 하나씩 들고 길을 떠났으므로, 답은 C가 된다.

2. 哥哥为什么忽然停了下来?　　　　　　　　　형은 왜 갑자기 멈췄는가?

　　A 休息　　　　　　　B 喝水　　　　　　　A 쉬려고　　　　　　B 물을 마시려고

　　C 买扁担　　　　　　D 背弟弟　　　　　　C 멜대를 사려고　　　D 동생을 업으려고

해설 형이 가던 길을 갑자기 멈춰 선 것은 멜대를 사기 위해서였으므로, 답은 C가 된다.

단어 休息 xiūxi 통 휴식(휴양)하다 | 背 bēi 통 업다, 짊어지다

3. 哥哥一人挑起两个箱子后，觉得：

 A 后悔   B 更重了

 C 肩膀疼   D 轻松多了

형이 혼자 두 개의 상자를 멘 후, 느낌은:

 A 후회했다   B 더 무거워졌다

 C 어깨가 아팠다   D 더 가벼워졌다

해설 형은 동생을 돌봐주기 위해서 혼자 두 개의 짐을 짊어졌지만, 한 개의 짐을 손으로 들었을 때보다 더 수월하다고 느꼈다. 따라서 답은 D가 된다.

단어 后悔 hòuhuǐ 동 후회하다 | 肩膀 jiānbǎng 명 어깨

4. 这个故事告诉我们什么道理？

 A 出门少带东西好

 B 人生随时有困苦

 C 哥哥应该照顾弟弟

 D 帮助他人可以获得快乐

이 이야기는 무슨 이치를 알려주는가?

 A 길을 떠날 때는 물건을 적게 가져가는 것이 좋다

 B 인생에는 언제든지 어려움이 있다

 C 형은 동생을 돌봐야 한다

 D 다른 사람을 도우면 기쁨을 얻을 수 있다

해설 이 글이 우리에게 주는 메시지는 다른 사람을 도우면, 자신에게도 생각지 못했던 수확과 기쁨이 올 수 있으므로, 아무리 힘들어도 남을 도우려는 자세가 필요하다는 것이다. 따라서 답은 D가 된다.

단어 告诉 gàosu 동 말하다 | 道理 dàolǐ 명 도리, 이치 | 随时 suíshí 부 수시로 | 应该 yīnggāi 조동 ~해야 한다

感动日记

▶ 오늘 새롭게 알게 된 내용, 가장 중요한 핵심내용, 학습 소감과 각오 등을 적어보세요.

1-4.

　　从前有一户人家的菜园里有一块大石头，宽度大约有40厘米，高度有10厘米。到菜园的人，不小心就会踢到那一块大石头，不是跌伤就是擦伤。

　　儿子问："爸爸，那块讨厌的石头，为什么不把它挖走？"

　　爸爸回答："那块石头从你爷爷时起，就一直放到那里了，它的体积那么大，不知道要挖到什么时候，没事无聊挖石头，不如走路小心些。"

　　过了几年，儿子娶了媳妇。

　　有一天媳妇气愤地说："爸爸，菜园里那块大石头，我越看越不顺眼，改天请人搬走好了。"

　　爸爸回答说："算了吧，那块大石头很重的，可以搬走我小时候就搬走了，哪会让它留到现在啊？"

　　媳妇心底非常不是滋味，那块大石头不知道让她跌倒多少次了。

　　有一天早上，媳妇带着锄头和一桶水，将整桶水倒在大石头的四周。十几分钟后，媳妇用锄头把大石头四周的泥土搅松。媳妇早有心理准备，可能要挖一天吧，谁都没有想到几分钟就把石头挖起来了，看看大小，这块石头没有想象的那么大，都是被那个巨大的外表蒙骗了。

1. 爸爸为什么不同意挖这块石头？

　　A 爷爷不允许挖　　　　　　　B 可以用来盖房子

　　C 这块石头很值钱　　　　　　D 认为需要挖很长时间

2. 根据上文，下列哪一项是对的？

　　A 石头的体积非常大　　　　　B 媳妇请人把石头挖走了

　　C 媳妇不同意爸爸的观点　　　D 媳妇挖了一天才把石头挖起来

3. 这篇文章主要想告诉我们什么？

　　A 做事应谨慎　　　　　　　　B 不要靠别人，要靠自己

　　C 不要被事物的外表吓倒　　　D 大人的意见有时是不对的

4. 下面哪一项最适合做本文的标题？

    A 如何挖石头   B 媳妇和爸爸

    C 走路小心点   D 菜园里的大石头

5-8.

新的一年开始了。有人说："我们又少了一年。"有人说："我们又多了一年。"

这就是生命的加减法。有人用的是减法思维，所以越减越少，使人的一生充满危机，充满压力：20岁的人，失去了童年；30岁的人，失去了浪漫；40岁的人，失去了青春；50岁的人，失去了幻想；60岁的人，失去了健康。

有人用加法思维，使人生充满生机，充满快乐：20岁的人，拥有了青春；30岁的人，拥有了才干；40岁的人，拥有了成熟；50岁的人，拥有了经验；60岁的人，拥有了轻松。

在生命的进程中，我们不能不用"减法"。人的生命只有一次，我们在岁末年初的时候，不能不提醒自己，算一算自己失去了什么，得到了什么，是"收获"大于"支出"，还是"支出"大于"收获"。在生命的进程中，我们也不能不用"加法"。因为人生不能假设，我们知道了儿时的天真，知道了年轻时的莽撞，积累了人生经验，知道了如何把握自己。

"减法"给我们带来了压力，使我们明白了人生苦短，岁月无情。"加法"给我们带来了希望，使我们增添了阅历，积累了财富。时光对每个人都是公平的，哪怕你经历再多的困难，也都是一种经历的积累。这种积累令我们更加聪明、理智。有了这种积累，新的一年里，我们的步伐就会更矫健，更加沉稳，更加自信。

5. 根据上文，30岁的人：

    A 失去了才干   B 生活轻松了

    C 有很多经验   D 还不够成熟

6. 文中的"支出"指：

    A 生命的加法　　　　　　　　B 每年赚的钱

    C 我们花出去的资金　　　　　D 生命中失去的东西

7. "加法"给我们带来什么？

    A 埋怨　　　　　　　　　　　B 后悔

    C 希望　　　　　　　　　　　D 压力

8. 上文主要说的是：

    A 生命的加减法　　　　　　　B 如何保持青春

    C 我们失去的东西　　　　　　D 遇到困难要勇于克服

1-4.

    一个男人在一个公司工作了25年。25年里，他每天用同样的方法做着同样的工作，每个月领着同样的薪水。一天，<u>愤愤不平</u>的男人决定要求老板给他加薪水。在和老板谈话时，他总结道，"我已经有了1/4世纪的经验。"

    "我亲爱的员工，"老板叹着气说道，"你没有1/4世纪的经验，但是在1/4世纪里，你用的都是同一种经验。"

    我们总是满足于某种经验，而且动不动就拿过去的成绩来夸耀自己。我们满足于一次的成功，而不是不断拓展自己的才干、增加经验。

    可是，人生不是一时的成功，人生的定义是在不断成长中收获成功。就像巨大的橡树，你看不到它的生长，但是播下种子的时候，树枝上长出新芽的时候，你就可以给它下定义，因为生长每天每刻都在看不见中进行着。我们的经验也是在不断的追求与创新中一天天丰富起来的。

    不要只生活在过去的经验里，要寻找一个能拓展你自己的方向。这样，又一个25年之后，你就可以说：我拥有1/4世纪的经验。

1. 第1段中的"愤愤不平"是什么意思？
   A 高兴   B 兴奋
   C 生气   D 后悔

2. 老板为什么没有给他加薪水？
   A 他太老了   B 他没有进步
   C 公司资金紧张   D 怕别的员工知道后不满意

3. 关于这个职员，我们可以知道什么？
   A 没有升职   B 老板对他不公平
   C 公司把他辞退了   D 每天的工作不一样

4. 这篇文章想要告诉我们什么？
   A 要听从老板的安排   B 勇于说出自己的意见
   C 人要不断积累新的经验   D 不要在一个公司工作太长时间

5-8.

  真诚的微笑透出的是宽容、是善意、是温柔、是爱意，更是自信和力量，微笑是一个了不起的表情，无论是你的客户，还是你的朋友，甚至是陌生人，只要看到你的微笑，都不会拒绝你，微笑给这个生硬的世界带来了妩媚和温柔，也给人的心灵带来了阳光和感动。

  有一位老太太年轻的时候就喜欢研究心理学，退休后，就和丈夫商量着开了一家心理咨询所。没想到，生意异常红火，每天来此的人络绎不绝。预约的号甚至排到了几个月之后，有人问她，她如此受欢迎的原因是什么。老太太说："其实很简单。"

  他们夫妇的主要工作就是让每一位上门的咨询者经常操练一门功课：寻找微笑的理由。比如，在你下班的时候，你的爱人给你倒了一杯水；比如，下雨的时候，你收到家人发来的让你注意安全的信息；比如，在平常的日子里，你收到了一封朋友发来的写满祝福和思念的电子邮件；比如，在电梯门将要关闭时，有人按住按钮等你赶到；比如，清洁工在离你几步远的地方停下扫帚，而没有让你奔跑着躲避灰尘……就是这样的生活细节，都可以作为微笑的理由，因为这是生活送给你的礼物。

那些按老太太<u>要求</u>去做的人发现，几乎每天都能轻而易举地找到十来个微笑的理由。时间长了，夫妻间的感情裂痕开始弥合，与上司或同事的紧张关系趋向缓和；日子过得不如意的人也会憧憬起明天新的太阳。总之，他们付出的微笑，都有了意想不到的收获。美丽的笑容，犹如桃花初绽，给人以温馨甜美的感觉。

5. 根据本文，我们可以知道这家咨询所：

    A 不太受欢迎   B 来咨询的人很多

    C 老板是一个年轻人   D 已经开了很长时间

6. 根据第2段，我们可以知道什么？

    A 多和朋友们联系   B 生活中要礼貌对人

    C 老太太的建议很有效   D 咨询所开设了很多课程

7. 在第4段中，老太太的"要求"是指什么？

    A 每天按时吃药   B 要搞好人际关系

    C 寻找快乐的理由   D 定期去大医院检查

8. 本文主要想要告诉我们什么？

    A 谦虚使人进步   B 做生意的秘诀

    C 微笑可以改变生活   D 老人一样可以活得精彩

03 지혜 이야기

독해 제3부분

이번 장에서 다룰 '지혜 이야기'에서는 난관에 봉착한 주인공이 지혜로운 방법으로 문제를 해결해나간다. 주인공이 어떤 지혜와 유머를 이용하여 문제를 원만히 풀어나가는지 기대하면서, 이야기의 전개와 반전에 주목해보자.

5끝 시크릿 백전백승

1 '지혜 이야기'에는 반전이 있다!

문제가 생기면 보통은 상식적인 방법으로 해결하지만, 지혜 이야기에는 주인공이 기지를 발휘하여 문제를 극적으로 해결하는 반전이 있어서, 앞부분과 뒷부분의 결과가 달라질 수 있다. 따라서 시간의 흐름에 따른 결과를 묻는 문제가 자주 출제되고, 중심 생각을 묻는 문제는 거의 출제되지 않는다.

[질문 형식]

예 **最后**的结果怎么样? **최종** 결과는 어떻게 되었는가?

两年以后，他变得怎么样? **2년 후에** 그는 어떻게 변했는가?

关于经理**小时候**买糖的故事，正确的是:
사장이 **어렸을 때** 사탕 사던 이야기에 대해 옳은 것은:

→ 시간의 흐름에 따른 변화를 파악한다.

2 단어에 대한 부담감을 줄여라!

공부는 효과적이고 쉽고 재미있어야 성취도가 높아진다. 지문에 나온 모든 단어를 다 외울 필요는 없다. 욕심과 부담감을 살짝 내려놓고, 내용 파악에 관건이 되는 동사·형용사 술어 등의 중요 단어 위주로 암기한다. 모르는 단어가 나오면 문맥을 살펴 대략적인 뜻을 유추할 수도 있다.

예 公司成立以来，事业**蒸蒸**。**但**受到**金融危机**的影响，今年却没赚什么钱。
회사 설립 이래, 사업이 [___]하였**지만**, [___]한 영향을 받아, 올해는 별로 돈을 벌지 못했다.

→ 蒸蒸: 뒤에 역접 접속사가 있으므로, 뒷부분과 반대되는 뜻임을 유추할 수 있다. 뒤 절에서 돈을 많이 벌지 못했다고 했으므로, 사업이 번창했다는 내용일 것이다.

→ 金融危机: 관형어는 중요한 내용이 아니면 뜻을 몰라도 전체 내용을 파악하는 데 거의 지장이 없다. '~한' 정도로만 해석하고 넘어가도 상관없다.

3 정독과 속독을 자유자재로 활용하라!

정독은 세부적인 내용을 꼼꼼히 살피는 것이고, 속독은 어려운 단어는 과감히 건너뛰면서 전체 내용을 빨리 파악하는 데 그 목적이 있다. 효과적인 독해 방법은 지문을 속독하다가 문제와 관련된 단어가 나오면 속도를 줄여 정독하고, 중요한 부분과 덜 중요한 부분을 구분해서 읽는 것이다.

4 밑줄과 네모를 활용하라!

제한된 시간에 많은 정보를 정확하게 파악하기 위해서는 밑줄 긋기나 네모하기가 아주 유용한 방법이다. 지문에서 자신이 필요한 부분을 눈에 띄게 체크해놓는 지혜를 발휘해보자.

내가 생각하는 HSK란? – HSK는 [   ]다.

- HSK는 무지개다. 여러 가지의 재미있는 문제 유형을 맛볼 수 있기 때문이다. – 김한울
- HSK는 화장이다. 처음 시작할 땐 힘든데, 하고 나면 성취감과 자신감이 생긴다. – 김도희
- HSK는 우리 선생님이다. 매우 빡세~ – 고소미
- HSK는 수능이다. 치열하게 준비해서 많은 이들과 경쟁해야 하는, 꼭 지나야 할 관문이기 때문이다. – 김지현

　　有两个好朋友在同一个城市打工，一个有身份证，一个没有。没身份证的人很担心被警察抓住。可是，偏偏这天他俩走在街上，迎面来了个警察。"快跑！"没身份证的人说："警察看见你跑肯定会以为你没有身份证呢，他肯定会去追你，这样我就有机会跑掉了。反正你有证件，他也不能把你怎么样。"于是这位有证儿的朋友就开始跑。警察飞快地追了上去。几分钟之内就抓住了他。"抓到了！"警察得意地说："我看你往哪儿跑。你肯定没有身份证，是非法居留打工的。身份证拿出来！""你凭什么说我没有证件？"那人于是掏出证件给警察看。警察不好意思了，问："对不起，我冤枉你了。不过我不明白你为什么一看见我就赶紧跑呢？""我的医生建议我经常跑步锻炼。""难道你没看见我在拼命追你吗？""我看见了，不过我以为你的医生也是给了你同样的建议呢！"

1.　这两个好朋友住在同一个城市是为了：
　　A 打工　　　　　　　　　　B 做生意
　　C 办身份证　　　　　　　　D 躲避警察

2.　没有身份证的人没被警察抓住，是因为：
　　A 警察很笨　　　　　　　　B 朋友很聪明
　　C 警察跑得慢　　　　　　　D 他想出了好办法

3.　有身份证的人是怎么向警察解释他跑的原因的？
　　A 怕警察　　　　　　　　　B 想赛跑
　　C 逗着玩儿　　　　　　　　D 医生建议他跑步

제목　불법 체류자의 재치　　**주제**　위기 상황에 닥쳤을 때 기지를 발휘해야 한다.

두 명의 사이 좋은 친구가 한 도시에서 일했는데, 한 명은 신분증이 있고, 한 명은 없었다. 신분증이 없는 친구는 경찰에 잡힐까 봐 매우 걱정했다. 그러나 그날은 하필이면 그들 둘이 길을 가는데, 경찰이 마주 걸어왔다. "도망 가!" 신분증이 없는 사람이 말했다. "경찰이 네가 뛰는 모습을 보면 분명히 너에게 신분증이 없다고 생각할 거야. 그는 너를 쫓아갈거고, 그러면 나는 도망갈 기회가 생겨. 어쨌거나 너는 신분증이 있으니까, 잡혀도 경찰이 너를 어쩌지는 못할 거야." 그래서 신분증이 있는 친구가 뛰기 시작했다. 경찰은 재빨리 그를 뒤쫓았고, 몇 분 만에 그를 붙잡고 말았다. "잡았다!" 경찰은 득의양양하게 말했다. "당신이 어디로 도망치는지 봅시다. 분명히 신분증이 없는 불법 체류 근로자겠죠. 신분증 꺼내봐요!" "도대체 무슨 근거로 내가 신분증이 없다고 말하는 겁니까?" 그는 신분증을 꺼내 경찰에게 보여줬다. 경찰은 멋쩍어져서 물었다. "미안합니다. 제가 잘못 짚었군요. 그런데 왜 저를 보자마자 그렇게 재빨리 도망을 갔는지 모르겠네요?" "의사 선생님이 저더러 자주 달리기를 해서 몸을 단련하라고 했거든요." "그럼 제가 당신을 필사적으로 쫓는 것을 보지 못했나요?" "봤지요. 하지만 저는 당신의 의사도 당신에게 같은 제안을 했는 줄 알았거든요!"

단어　打工 dǎgōng 통 일(아르바이트)하다 | ★ 身份证 shēnfènzhèng 명 신분증 | 担心 dānxīn 통 걱정하다, 염려하다 | 警察 jǐngchá 명 경찰 | ★ 抓住 zhuāzhù 통 손으로 잡다 | ★ 偏偏 piānpiān 분 하필이면 | ★ 迎面 yíngmiàn 명 맞은편 | 肯定 kěndìng 분 분명히 | 以为 yǐwéi 통 ~라고 (잘못) 여기다 | 机会 jīhuì 명 기회 | 反正 fǎnzhèng 분 아무튼 | 证件 zhèngjiàn 명 (학생증·신분증 등의) 증명서 | 于是 yúshì 접 그래서 | ★ 得意 déyì 형 득의양양하다 | ★ 非法居留 fēifǎ jūliú 불법 체류 | 凭 píng 전 ~에 근거하여, ~에 따라 | ★ 掏出 tāochū 통 끄집어내다 | ★ 冤枉 yuānwang 형 억울하다 | 赶紧 gǎnjǐn 분 서둘러 | 建议 jiànyì 통 제안하다 | 锻炼 duànliàn 통 단련하다 | 难道 nándào 분 설마 ~인가 | ★ 拼命 pīnmìng 통 필사적으로 하다 | 同样 tóngyàng 형 마찬가지다

1. 这两个好朋友住在同一个城市是为了：　이 두 친구가 같은 도시에 거주하는 것은:

   A 打工　　　　　　　　A 일을 하기 위해서
   B 做生意　　　　　　　B 장사를 하기 위해서
   C 办身份证　　　　　　C 신분증을 만들기 위해서
   D 躲避警察　　　　　　D 경찰을 피하기 위해서

해설　이 두 친구는 같은 도시에서 일을 한다고 했으므로, 답은 A가 된다. 계속 신분증(身份证)에 관한 내용이 나오기는 하지만, 신분증을 만들기(办身份证) 위해서 함께 있는 것은 아니므로, C는 답이 될 수 없다.

단어　生意 shēngyi 명 장사 | 躲避 duǒbì 통 회피하다

2. 没有身份证的人没被警察抓住，是因为：　신분증이 없는 사람이 경찰에게 잡히지 않은 이유는:

   A 警察很笨　　　　　　A 경찰이 너무 멍청해서
   B 朋友很聪明　　　　　B 친구가 매우 똑똑해서
   C 警察跑得慢　　　　　C 경찰이 느리게 달려서
   D 他想出了好办法　　　D 그가 좋은 방법을 생각해내서

 앞에 오는 경찰을 보고, 신분증이 없는 사람이 좋은 방법을 생각해냈다. 신분증이 있는 친구를 도망치게 하여 경찰이 그를 쫓아가게 한 후, 그 틈을 타서 자신이 도망치려는 아이디어였다. 아이디어를 낸 사람은 신분증이 없는 사람이었으므로, B는 답이 될 수 없다. 또한 두 주인공 친구가 똑똑한 것이지, 경찰이 멍청하다고까지 말할 수는 없으므로 A도 답이 아니다. 따라서 답은 D가 된다.

 办法 bànfǎ 몡 방법

3. 有身份证的人是怎么向警察解释他跑的原因的？	신분증이 있는 사람은 그가 달린 이유에 대해서 경찰에게 어떻게 설명했는가?
A 怕警察	A 경찰이 두려웠다
B 想赛跑	B 달리기 시합을 하고 싶었다
C 逗着玩儿	C 장난친 것이다
D 医生建议他跑步	D 의사가 달리라고 제안했다

 경찰이 자신을 보고 달린 이유를 묻자, 신분증이 있는 사람은 기지를 발휘하여 의사가 자주 달리기를 하여 체력을 단련하라고 했다며 위기를 모면하였다. 따라서 답은 D가 된다.

 解释 jiěshì 통 설명하다 | 逗 dòu 통 놀리다

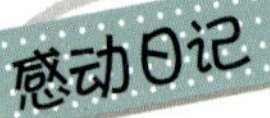

▶ 오늘 새롭게 알게 된 내용, 가장 중요한 핵심내용, 학습 소감과 각오 등을 적어보세요.

day 25

1-4.

　　某公司成立以来，事业蒸蒸。但受到金融危机的影响，今年却没赚什么钱。以前过年的时候，职员总能拿到两个月的奖金。可今年顶多只能给一个月的奖金。老板怕职员们伤心，努力地想办法。他突然想起小时候去买糖的事情。售货员总是抓一大把糖放在秤上，然后再一个一个地拿走，只有一个服务员，她每次都拿很少，然后再一个一个地往上加，虽然最后拿到的糖都是一样的，但是大家更喜欢后者。没过两天，公司突然传出要裁员的消息，职员都非常担心。但是，随后老板宣布：大家是一家人，少了谁都不行，决定不裁员了，只是没有奖金了。眼看除夕快到了，人人都做了过个穷年的打算。突然，老板召开紧急会议。职员都议论是不是又有什么变化呢？不一会，开会回来的人高兴地喊道："我们能拿到一个月的奖金啦！"大家听了这个消息都非常高兴，非常感谢老板。

1. 这个公司今年怎样？

　　A 挣的钱不多　　　　　　　　B 赚了一大笔钱

　　C 职员不喜欢这个公司　　　　D 准备发两个月的奖金

2. 关于经理小时候买糖的故事，正确的是：

　　A 小孩子都喜欢吃糖

　　B 不同的卖糖方式影响人们的心理

　　C 每个售货员都有自己的销售方式

　　D 方式不同，但糖果的数量没有变化

3. 这个公司的职员：

　　A 得不到奖金　　　　　　　　B 都被炒鱿鱼了

　　C 能得到一个月的奖金　　　　D 得不到这个月的工资

4. 关于经理的办法，正确的是：
   A 让工人都很难过　　　　　　B 增加了公司的收入
   C 使工人得到了安慰　　　　　D 使一部分人丢了工作

5-8.
　　有一天，一个穷人来找阿凡提，对他说："可敬的阿凡提，我想求您一件事情，不知道您肯不肯帮忙？""帮助人是光荣的事情，也是快乐的事情，你说吧。"阿凡提爽快地答应了。"唉！"穷人长长地叹了一口气说："昨天我只在巴依开的一家饭馆门口站了一小会儿，他就说我吃了他饭菜的香味，要我付饭钱。我当然不给，他就到卡子那儿告我，卡子决定今天判决，您能为我说几句公道话吗？""行！行！"阿凡提说完就陪着穷人去见卡子了。
　　巴依早就到了，正在和卡子高兴地交谈着。卡子一看见穷人，不由地喊了起来："你吃了巴依饭菜的香味，怎么敢不付钱！""慢一点，卡子。"阿凡提走上前去行了个礼说："我是他的弟弟，他没有钱，让我付给巴依。"说完，阿凡提走上前去，把钱袋举到巴依的耳朵旁边摇了几下，说："你听到钱袋里钱币响亮的声音了吗？""啊？听到了！听到了！"巴依回答道。阿凡提说："好，既然他吃了你饭菜的香味，那我付给你钱币的声音，我们的帐两清了！"
　　说完，阿凡提牵着穷人的手大摇大摆地走了。

5. 穷人为什么去找阿凡提？
   A 帮助阿凡提　　　　　　　　B 请阿凡提吃饭
   C 去和阿凡提聊天　　　　　　D 请阿凡提帮忙想办法

6. 巴依为什么要钱？
   A 穷人打了巴依　　　　　　　B 穷人买了巴依的饭店
   C 穷人吃了巴依家的饭　　　　D 穷人闻到了巴依家饭馆儿菜的香味

7．阿凡提找巴依干什么？

    A　帮穷人解决问题　　　　　　　B　和巴依一起吃饭

    C　想和巴依一起开饭店　　　　　D　问问巴依到底是怎么回事

8．最后的结果怎么样？

    A　巴依知道错了　　　　　　　　B　巴依不要钱了

    C　穷人的问题解决了　　　　　　D　阿凡提给巴依钱了

1-4.

　　他初入职场，新鲜、陌生。一天中午，他刚吃完饭，就迎头撞上老板。老板微笑着随口吩咐："你能不能帮我订一份盒饭，或者让王主任回来时帮我带一份？"这是老板给他的第一个任务，尽管有几分随意。他既紧张又兴奋，他给快餐店打电话，盒饭已经卖完了。王主任出去吃饭，没有带手机，他也一直联系不上。他紧张极了，不知道怎么办，红着脸告诉老板没有订到盒饭也没有联系到王主任。虽然没有受到老板的责难，但是他心里很失落。其实，只要变换一下方式，多动一点脑筋，灵活一点，问题都是可以解决的。这件事给了他深刻的教训。老板给出的只是一项要求，你如果只凭一项要求，就能够做好事情，解决问题，那便是真正的能力。

　　没过多久，他遇到了相似的情形。老板打电话要找李助理，是他接的电话。可是她不在，于是他说："她出去了，我马上让她联系您。"老板说："我找她有急事，不过换别人也行。"他马上说："这里有小张、小李，还有我，您需要找哪一位？"就是这样，老板的问题解决了。

　　他工作了两年，慢慢地变得和别人不同。别的同事接电话的时候常常说："没有"，"不清楚"，"不知道"。而现在这些话不再是他的常用语。他就这样一点一点变得不同。他总是比别人多做一点，哪怕只是多说几句话，但是他总能够及时地解决问题。有一天老板找他谈话，希望他<u>出任</u>客服部主管，因为他接电话的方式让老板相信他可以领导好一个客服部。他成功升职。

1. 老板给他的第一个任务是什么?
   A 帮老板买饭　　　　　　　　B 给王主任打电话
   C 叫王主任去买饭　　　　　　D 给快餐店打电话

2. 他的第一任务完成得怎么样?
   A 比较完美　　　　　　　　　B 不够灵活
   C 不够认真　　　　　　　　　D 完成得非常好

3. 两年以后,他变得怎么样?
   A 更懂得关心别人　　　　　　B 更善于处理问题
   C 更需要别人的帮助　　　　　D 给顾客添了更多的麻烦

4. 第3段画线词语"出任"的意思是:
   A 出差　　　　　　　　　　　B 任务
   C 承担　　　　　　　　　　　D 担任

5-8.

　　我家楼上住着一对中年夫妻,不知哪天他家买了一台钢琴,于是我家多了些声音,尤其在休息的时候,再美妙的钢琴声也只能是噪音。一直神经衰弱的太太,睡眠时间变得更少了。忍了两个月后,看着太太蜡黄的脸,我决意提醒提醒楼上的人。太太倒是先提醒我:"你上楼可以,但一定不要发火,最好能让你的幽默发挥点作用。"

　　那天晚上,电视正在现场直播一场足球赛,我就按响他们家的门铃。我知道楼上男主人是足球迷,便说是来一起看球赛。男主人非常高兴,一边看球,一边说自己喜欢的明星。我则谦虚地说:"看足球只是我的第三爱好,听钢琴才是我的第二爱好。"接下来,话题就转到钢琴上来了。我便壮着胆子说了几首钢琴名曲,最后特别强调:"只要听到钢琴的声音,不管球赛多么精彩,我也不会看。"男主人马上问道:"那你的第一爱好是什么?"我笑着说:"真不好意思,我的第一爱好是睡觉,所以,<u>当我在享受我的第一爱好时,第二爱好就</u>……"

　　"不必说了，不必说了，我知道你的意思啦，以后，我让她们弹琴时一定要关窗子，休息时间不要弹琴。"男主人的反应也挺机敏。

5. 为什么太太睡觉的时间越来越少了？

    A 楼上不安静　　　　　　　　B 不喜欢睡觉

    C 工作压力太大　　　　　　　D 因为跟丈夫吵架

6. "我"上楼的主要目的是什么？

    A 跟主人交朋友　　　　　　　B 跟主人学习弹钢琴

    C 请主人休息时别弹琴　　　　D 和主人一起看足球比赛

7. 第2段画线句子的意思是什么？

    A 当我休息的时候　　　　　　B 当我弹钢琴的时候

    C 当我看足球比赛的时候　　　D 当我和朋友聊天的时候

8. 根据上文，可以知道男主人：

    A 很坏　　　　　　　　　　　B 很友好

    C 喜欢踢足球　　　　　　　　D 钢琴弹得非常棒

04 감동과 깨달음을 주는 이야기

성공·인생 이야기와 마찬가지로, '감동과 깨달음을 주는 이야기'도 작가의 의도를 담고 있다. 지문 내용을 파악하는 것 이외에, 지문을 제대로 이해했다면 마음이 따뜻해지는 느낌도 받을 수 있을 것이다.

5끝 시크릿 백전백승

1 주제를 찾아내라!

글의 주제는 일반적으로 지문의 맨 처음이나 마지막에 나오는 경우가 많다. 지문에서 주제를 직접 제시하지 않고, 다 읽은 후에 스스로 귀납해야 하는 문제가 나오기도 한다.

[질문 형식]

예 最适合本文标题的是: 이 글의 제목으로 가장 적당한 것은:

这段文章主要讲的是: 이 글이 주로 말하고자 하는 것은:

这篇文章想告诉我们什么? 이 글은 우리에게 무엇을 알려주려고 하는가?

作者讲这个故事，最主要的目的是告诉我们什么?
작가가 이 이야기를 하는 가장 중요한 목적은 우리에게 무엇을 알려주려는 것인가?

2 소거법을 사용하라!

보기에서 옳은 것, 또는 옳지 않은 것을 찾아내는 문제는 가장 까다로운 유형에 속한다. 관련 내용이 지문 전체에 골고루 분포해있어서 정답이 한눈에 보이지 않기 때문이다. 이런 문제를 풀 때는 다음의 방법을 사용한다.

① 보기의 내용을 먼저 파악한다.

② 지문을 읽다가 보기에 나온 내용이 나오면 밑줄을 긋는다.

③ 일치 여부를 판단하여 보기 옆에 ○, ×로 표시한다.

④ 보기 4개의 내용을 기억하면서 지문을 해석하기가 힘들다면, 지문을 절반 정도 읽었을 때, 다시 한 번 보기를 확인해서 체크해놓는다.

3 독해가 만만해져야 한다!

독해를 싫어한다면, 가장 큰 이유는 지속적으로 독해 연습을 한 적이 없기 때문일 것이다. 하루에 2~3지문씩 일주일만 꾸준히 연습해도 '독해? 그까짓 거 별거 아니네!'라는 생각이 든다. '싸우면서 정 붙는다'는 말처럼, 꾸준히 연습해서 독해를 가장 만만하고, 가장 좋아하는 영역으로 만들어보자!

4 집중력을 길러라!

독해는 제1부분에서 4지문, 제2부분에서 10지문, 제3부분에서 5지문 정도를 연달아 풀어야 한다. 문제의 난이도는 높지 않지만, 오랜 시간 집중해서 긴 지문을 읽어야 하므로, 집중력이 떨어지면 아는 문제도 틀릴 수 있다. 쉽다고 자만하지 말고 반드시 시간을 관리하면서, 긴장감을 갖고 풀어야 한다.

내가 생각하는 HSK란? – HSK는   다.

- HSK는 수수께끼다. 하나를 풀면 또 다른 관문이 계속해서 기다리고 있다. – 곽희수
- HSK는 덫이다. 한 번 걸려들면 빠져나오려고 애쓸수록 더 꽉 조인다. – 최고운
- HSK는 붕어다. 3초 전에 본 단어도 3초 후면 까먹는다. – 허향미
- HSK는 추리소설이다. 점점 미궁 속으로 빠져들고 있다. ㅜㅜ – 고유영
- HSK는 작심삼일의 연속이다. 계속 다짐을 반복해야 이어나갈 수 있으니까. – 오효석

有两个神仙到人间游玩，天黑到一个富有的人家借宿。富人对他们并不友好，让他们住在冰冷的地下室。当他们躺下睡的时候，老神仙发现墙上有个洞，就顺手把它补好了。年轻的神仙问为什么？老神仙答道：有些事并不像它看上去那样。

第二晚，他们又到了一个贫穷农家借宿，农夫对他们很热情，把仅有的一点食物与他们分享，又让出自己的床给他们睡觉。但是第二天的早上，他们发现农夫在哭泣，原来，农夫的一头奶牛死了。

年轻的神仙非常气愤，质问老神仙为什么会让这种事情发生：第一个家庭什么都有，你却帮助他修补墙洞；第二个家庭如此贫穷，还愿意和我们分享他仅有的东西，而你却让他的奶牛死去。

老神仙答道：有些事并不像看上去的那样，当我们在地下室过夜的时候，我从墙洞里看到了墙里堆满了金条，因为主人被贪欲所迷惑，不愿意让别人分享这笔财富，所以我把墙洞填上了，让他无法找到。而今天本来死的应该是农夫的妻子，但是我用奶牛代替了她。所以，有些事并不像它看上去那样。

1. 关于那家富人，我们可以知道什么？

    A 有一头奶牛　　　　　　　　B 对人很不友好

    C 好好招待了神仙　　　　　　D 发现了墙里的黄金

2. 老神仙为什么把墙补上了？

    A 风太大　　　　　　　　　　B 为了感谢富人

    C 想向富人要钱　　　　　　　D 不想让富人发现黄金

3. 农夫为什么哭了？

    A 奶牛死了　　　　　　　　　B 房子没了

    C 没有食物了　　　　　　　　D 他知道他的妻子要死了

4. 上文主要想告诉我们什么？

    A 要帮助别人　　　　　　　　B 神仙的力量很大

    C 要热情地招待客人　　　　　D 眼见的不一定是真的

| 제목 | 두 신선이 인간 세상에서 겪은 이야기 | | 주제 | 우리가 눈으로 본 것이 전부가 아닐 수도 있다. |

두 신선이 인간 세상에 놀러 왔다가, 날이 어두워지자 한 부유한 사람의 집에 묵었다. 부자는 그들에게 친절하지도 않았고, 그들을 차가운 지하실에 묵게 했다. 그들이 누워서 잘 때, 늙은 신선은 벽에 구멍이 하나 있는 것을 발견하고, 본 김에 그 구멍을 메웠다. 젊은 신선이 왜냐고 물었더니, 늙은 신선은 대답했다. 어떤 일은 보이는 것과는 다르다고.

두 번째 밤, 그들은 한 가난한 농가에 묵었다. 농부는 그들에게 매우 친절하게 대하며, 겨우 조금 있던 음식을 그들과 나눠 먹었다. 또 자신의 침대를 그들이 자도록 내주었다. 그러나 둘째 날 아침에 그들은 농부가 울고 있는 것을 보았다. 알고 보니 농부의 젖소 한 마리가 죽은 것이다.

젊은 신선은 매우 화를 내며 늙은 신선에게 왜 이런 일이 발생하게 했는지 물었다. 첫 번째 집은 무엇이든 다 가졌는데 그 집 벽의 구멍마저 메워주고, 두 번째 집은 그렇게 가난하면서도 자신이 가진 얼마 안 되는 것을 우리와 나누려 했는데, 그의 젖소까지 죽게 했으니 말이다.

늙은 신선은 대답했다. "어떤 일은 보이는 것과 다르다네. 우리가 지하실에서 밤을 보낼 때, 나는 벽의 구멍 안으로 벽 속에 가득 쌓인 금괴를 보았다네. 집주인은 탐욕에 눈이 멀어 자신의 부를 다른 사람과 나누고 싶어하지 않았기 때문에 나는 그가 찾지 못하도록 그 구멍을 메운 것이네. 그리고 오늘 원래 죽는 것은 농부의 부인이었지만 나는 젖소로 그녀를 대신했지. 어떤 일은 보이는 것과는 다르다네."

단어　★ 神仙 shénxiān 몡 신선 | 人间 rénjiān 몡 인간 사회 | 游玩 yóuwán 동 놀다, 장난치다 | 富有 fùyǒu 혱 부유하다 | ★ 借宿 jièsù 동 남의 집에 잠시 묵다 | 富人 fùrén 몡 부자 | 友好 yǒuhǎo 혱 우호적이다 | ★ 冰冷 bīnglěng 혱 얼음같이 차다 | 地下室 dìxiàshì 몡 지하실 | 发现 fāxiàn 동 발견하다 | ★ 墙 qiáng 몡 벽 | 洞 dòng 몡 구멍 | 顺手 shùnshǒu 閈 손이 가는 대로, ~하는 김에 | 补 bǔ 동 보수하다 | ★ 贫穷 pínqióng 혱 가난하다 | 农家 nóngjiā 몡 농가 | 热情 rèqíng 혱 친절하다 | 分享 fēnxiǎng 동 함께 나누다 | ★ 哭泣 kūqì 동 (작은 소리로) 흐느껴 울다, 훌쩍훌쩍 울다 | 奶牛 nǎiniú 몡 젖소 | ★ 气愤 qìfèn 혱 화내다 | 质问 zhìwèn 동 추궁하다 | 修补 xiūbǔ 동 수리하다 | 墙洞 qiángdòng 몡 벽의 구멍 | 如此 rúcǐ 떼 이와 같다 | 过夜 guòyè 동 밤을 보내다 | ★ 堆满 duīmǎn 동 가득 쌓여 있다 | 金条 jīntiáo 몡 막대형 금괴 | ★ 贪欲 tānyù 몡 탐욕 | ★ 迷惑 míhuò 혱 미혹되다 | 财富 cáifù 몡 재산 | 填 tián 동 채우다, 막다, 메우다 | ★ 代替 dàitì 동 대체하다

1. 关于那家富人，我们可以知道什么?　　그 부자에 대해서 무엇을 알 수 있는가?

　　A 有一头奶牛　　　　　　　　　　　A 젖소 한 마리가 있다

　　B 对人很不友好　　　　　　　　　　B 남에게 매우 불친절하다

　　C 好好招待了神仙　　　　　　　　　C 신선을 잘 대접했다

　　D 发现了墙里的黄金　　　　　　　　D 벽 안의 황금을 발견했다

해설　두 신선이 인간 세계에 내려와 부잣집에서 하룻밤 묵게 되었는데, 부자는 그들에게 아주 차가운 지하실을 내주며 잘 대접해주지 않았다. 부자는 두 신선에게 우호적이지 않았으므로, 답은 B가 된다.

단어　招待 zhāodài 동 접대하다 | 黄金 huángjīn 몡 황금

2. 老神仙为什么把墙补上了?　늙은 신선은 왜 벽을 메웠는가?

　　A 风太大　　　　　　　　　A 바람이 너무 세서
　　B 为了感谢富人　　　　　B 부자에게 감사하려고
　　C 想向富人要钱　　　　　C 부자에게 돈을 달라고 하려고
　　D 不想让富人发现黄金　　D 부자가 황금을 찾지 못하게 하려고

해설 늙은 신선이 부잣집 벽의 뚫린 구멍을 막아준 이유를 맨 마지막 단락에서 설명하고 있다. 벽 속에는 금괴가 가득 쌓여 있었는데, 늙은 신선은 탐욕스럽고 베풀 줄 모르는 부자가 그것을 발견하지 못하도록 일부러 벽의 구멍을 메운 것이다. 따라서 답은 D가 된다.

3. 农夫为什么哭了?　농부는 왜 울었는가?

　　A 奶牛死了　　　　　　　A 젖소가 죽어서
　　B 房子没了　　　　　　　B 집이 없어져서
　　C 没有食物了　　　　　　C 먹을 것이 없어서
　　D 他知道他的妻子要死了　D 그의 부인이 죽는다는 것을 알아서

해설 가난한 농부는 다음 날 아침에 젖소가 죽어서 울고 있었으므로 답은 A가 된다. 부인이 죽을 운명이었다는 것은 늙은 신선만 알았으므로 D는 답이 될 수 없다.

단어 食物 shíwù 몡 음식물

4. 上文主要想告诉我们什么?　이 글이 이야기하고자 하는 것은 무엇인가?

　　A 要帮助别人　　　　　　A 다른 사람을 도와야 한다
　　B 神仙的力量很大　　　　B 신선의 힘은 매우 크다
　　C 要热情地招待客人　　　C 친절하게 손님을 대접해야 한다
　　D 眼见的不一定是真的　　D 눈에 보이는 것이 모두 진실은 아니다

해설 이야기의 주제는 글의 맨 앞이나 마지막에 나올 가능성이 높다. 우리는 눈에 보이는 것이 전부인 것처럼 믿지만, 내막을 알고 보면 실상은 그렇지 않을 수 있다는 늙은 신선의 설명에서 답이 D라는 것을 알 수 있다.

感动日记

▶ 오늘 새롭게 알게 된 내용, 가장 중요한 핵심내용, 학습 소감과 각오 등을 적어보세요.

1-4.

　　小王在春节收到一份新年礼物，他的哥哥送他一部新车做为礼物。有一天，小王从办公室出来的时候，看到一名男孩站在他的新车旁，露出羡慕的眼神。小男孩对小王说："叔叔，这是你的车吗?"小王回答道："是啊! 这是哥哥给我的春节礼物。"小男孩说："太好了，我希望……"小王认为他知道小男孩希望什么，可是没想到小男孩说："我希望也能当一个那样的哥哥。"小王被感动了，问小男孩想不想去兜风，小男孩高兴地答应了，可是过了一会，小男孩向小王说："能不能麻烦你把车开到我家前面?"小王笑了，认为小男孩想向邻居炫耀。可是他错了。到了小男孩的住处后，他进入屋内。不一会儿他回来了，并带着他因小儿麻痹而跛脚的弟弟。他指着那部车子说："看到了吗? 弟弟，这是他哥哥送他的春节礼物。将来有一天我也要送给你一部一样的车子。"小王走下车子，将小弟弟抱到车里，他的哥哥眼睛发亮，也跟着爬进座位，坐在他的旁边，于是三人便开始了一次令人难忘的旅旅。小王知道了给比获取更幸福。

1. 小男孩的愿望是什么?

 A 学会开车　　　　　　　　B 买一辆车

 C 坐车去兜风　　　　　　　D 送给弟弟新车

2. 小男孩为什么让小王送他回家?

 A 想让弟弟看看这辆车　　　B 太累了，不想走路回家

 C 因为第一次坐这么好的车　D 想让邻居看见，然后羡慕他

3. "兜风"是什么意思?

 A 开车　　　　　　　　　　B 开车出去玩

 C 把车洗干净　　　　　　　D 开车去看朋友

4. 这篇文章告诉我们什么？

    A "给"会更幸福　　　　　　　B 车是最好的礼物

    C 有一个哥哥很幸福　　　　　D 春节的时候应该送礼物

5-8.

一天，有个魏国人去楚国办事。楚国在魏国的南面，可这个魏国人不问青红皂白，让车夫赶着马车一路向北而行。

路上，有人问他的车要往哪儿去，他大声回答说："去楚国！"路人告诉魏人说："去楚国，应往南走。你这是往北走，方向不对呀！"那个魏人满不在乎地说："没关系，我的马跑得快着呢！"路人替他着急，一把拉住他的马车劝阻说："方向错了，你的马跑得再快，也到不了楚国呀！"那个魏人依然毫不醒悟地说："不要紧，我带的盘缠多着呢！"路人又极力劝阻说："路费再多有什么用，这根本不是去楚国的方向啊，不管你花多少钱也是白花啊！"魏国人答道："我的车夫善于赶车，怎么会到不了楚国呢？"路人实在没有办法，不得不松开了拉住车把子的手，眼睁睁看着那个盲目上路的魏国人向北而行……

那个魏国人，不听路人的指点、劝告，仗着自己的马快、钱多、车夫好等优越条件，朝着相反方向一意孤行，可想而知，最终一直未能到达目的地。

无论做什么事，都要看准方向，才能充分发挥自己的有利条件；如果方向错了，那么有利条件只会起着相反的作用。

5. 魏国人认为：

    A 楚国在南边　　　　　　　　B 路人不懂装懂

    C 自己带了足够的钱　　　　　D 车夫驾车驾得不好

6. 根据本文，下面正确的是：

    A 车夫记错了路　　　　　　　B 魏国人是个盲人

    C 魏国在楚国的北边　　　　　D 地球是圆的，所以方向不重要

7. 与第3段的画线部分意思相近的是:

A 只有一条路   B 不听取别人的话

C 一个人想去旅游   D 没有朋友，一个人非常孤单

8. 根据本文，如果方向错了:

A 也可以到达目的地   B 投入越大，损失越大

C 要及时调整人员结构   D 只要花时间就能解决所有的问题

1-4.

老赵是一个生意人，可是到了中年，事业上也没有什么起色，遇到了屡屡挫折，因此情绪十分低落，总是因为一点儿小事就大发脾气，抱怨别人欺骗了他。

终于有一天，他对爱人说："我对这个城市太失望了，我们离开这儿吧。"朋友们听说这件事情以后，都劝他好好儿考虑考虑，可是他已经下定了决心。

老赵和爱人搬到了一个新城市，希望有一个新的开始。新房子是一幢普通的公寓楼。老赵每天早出晚归，只关心自己的生意，对周围的邻居未曾在意。

一个周末的晚上，老赵和爱人正在看电视，突然停电了，房间里一片漆黑。因为刚刚搬家，家里根本没有蜡烛。老赵坐在沙发上开始抱怨。就在这时，门口传来了敲门的声音。老赵不耐烦地问："谁呀？"因为他在这个城市没有认识人，也不希望周末的时候被人打扰。他很不情愿地起身，费力地走到门口开了门。没想到门口站着一个小女孩，长得非常普通。她小声地对老赵说："叔叔，我住在你楼下，请问你家有没有蜡烛？"

"没有！"老赵非常生气地把门关上了。"真讨厌，我们刚搬来，就来借东西，以后可怎么生活啊！"对妻子抱怨道。

这个时候，又传了敲门声。老赵非常生气地去打开门，门口站着的还是那个小女孩，只是手里多了两根蜡烛。她说："奶奶让我拿两根蜡烛给你

们，因为你们是新搬来的，可能没有带蜡烛来。"老赵顿时愣住了，他被眼前发生的一幕惊呆了，好不容易才缓过神来。"谢谢你和你奶奶，上帝保佑你们！"

在那一瞬间，老赵一下子意识到了很多，他明白了自己失败的根源就在于对别人的冷漠与刻薄。生活中欺骗你的往往也许不是别人，而是你自己的双眼被冰冷的心灵所蒙蔽了。

这根蜡烛不但照亮了老赵的家，也照亮了他的心。

1. 老赵搬家的原因是：
   A 心情不好　　　　　　　　B 隔壁家太吵了
   C 邻居对他不够好　　　　　D 周围的环境不太好

2. 小姑娘是来做什么的?
   A 送蜡烛　　　　　　　　　B 来添麻烦
   C 转告奶奶的话　　　　　　D 跟老赵借蜡烛

3. 老赵为什么总是失败?
   A 缺乏自信心　　　　　　　B 不关心别人
   C 爱人不帮助他　　　　　　D 没有经营头脑

4. 最适合本文标题的是：
   A 虚心使人进步　　　　　　B 享受生活每一天
   C 点亮心中的蜡烛　　　　　D 搬家对心情的影响

5-8.

这天，村庄里来了一个陌生人。他告诉村里人，他将以每只100元的价格收购猴子。村庄附近的森林里有很多猴子出没，人们开始对他们大肆捕捉。收猴人收购了几千只猴子，当猴子的数量减少时，人们停止了捕捉。

这时，收猴人放出话来，每只猴子的收购价提高到200元，村里的人们又重新投入到捕猴的队伍中。

不久，猴子的数量更少了，人们再次停止捕猴，于是收猴人把每只猴子的收购价提高到250元，但这时森林里的猴子已经很少了，人们努力一天，也很难抓到一只猴子，大家渐渐都没了积极性。

后来，收猴人把收购价提高到每只500元。不过，他说自己必须先回城里处理一些事情，收购猴子的事由他的朋友来代理。

收猴人回城后，那个朋友指着已收购到的几千只猴子对人们说："我们来做一笔买卖，我以每只猴子350元的价钱卖给你们，等收猴人从城里回来，你们再以每只500元的价钱卖给他。"

村里的人们拿出所有的钱买下了猴子。但是后来，他们再也没见过收猴人和他的朋友，森林里又到处都是猴子的身影……

看了这则故事，你对某些股票是如何操作的，或许会有一个很好的认识吧！

5. 为什么收购人提高了猴子的价格？
    A 猴子越来越少了   B 猴子的销路很好
    C 鼓励村民多抓猴子   D 有很多人收购猴子

6. 根据上文，下列正确的是：
    A 村民们很会做买卖   B 收猴人挣了很多钱
    C 收猴人帮助村民们赚钱   D 猴子对人们来说很危险

7. 关于收猴人的朋友，下列正确的是：
    A 跟收猴人是同伙   B 鼓励大家多抓猴
    C 赔偿了村民们损失的钱   D 和村民们一起赚了收猴人的钱

8. 这篇文章主要想告诉我们什么？
    A 要保护猴子   B 股市里有风险
    C 做买卖需要头脑   D 相信自己的判断

05 설명문과 견해문

이번 장에서는 사물이나 사실을 설명하는 설명문과 자신의 주장이나 생각을 펼치는 견해문을 배워본다. 이러한 유형의 지문에서는 예를 들어 설명하거나, 여러 가지 근거를 제시하는 경우가 많다. 예를 들 때는 比如说, 어떠한 증거로 결론을 뒷받침할 때는 可见 등이 자주 사용되므로 꼭 기억해둔다.

5끝 시크릿 백전백승

S1 다양한 경우의 수가 등장한다!

설명문과 견해문에서는 시대별·지역별 특징을 나열하는 등, 다양한 예를 제시하거나, 第一, 第二, 第三 등을 사용하여 자신의 주장에 최소한 2개 이상의 이유를 들어 강조한다. 출제자는 이러한 내용을 의도적으로 섞어놓고 혼동을 유발시키므로, 중요 내용에 밑줄을 긋거나 네모로 표시하여, 보기와 하나하나 대조해봐야 한다.

S2 서론, 본론, 결론을 파악하라!

① **서론**: 화제를 제시하는 부분으로, 주제가 들어 있을 수 있다.

② **본론**: 본격적으로 예시나 논거를 들어 주제를 뒷받침한다.

   예 [예시] 比如(说), 比方(说), 譬如 pìrú 예컨대

      [논거] 第一 첫째로, 第二 둘째로, 第三 셋째로

         首先 우선, 其次 다음, 最后 끝으로

      [시대] 西汉 Xīhàn 서한, 魏晋南北 Wèi Jìn Nánběi 위진남북조, 唐代 Tángdài 당대,

         宋代 Sòngdài 송대, 明清 Míng Qīng 명·청대, 元代 Yuándài 원대

③ **결론**: 자신의 관점을 개괄하여 설명하고, 주제를 반복해서 드러낸다.

   예 所以 suǒyǐ 그래서, 可见 kějiàn ~임을 알 수 있다, 总之 zǒngzhī 요컨대,

      总而言之 zǒng'éryánzhī 결론적으로 말해서

3 힌트를 찾아라!

독해는 비슷한 모양의 수많은 한자 속에서 제시된 힌트와 일치하는 내용을 찾는 게임
이다. 문제에 제시된 힌트를 정확히 기억했다가 지문 속에서 찾아내야 한다. 최근에는
지문의 단어가 거의 변형되지 않고 정답으로 나오는 문제가 많이 출제되므로, 포기하
지 말고 끝까지 열심히 힌트를 찾는다.

4 제한된 시간을 효과적으로 활용하라!

시간 제약이 없다면 지문을 여러 번 꼼꼼히 읽고 문제를 풀 수 있지만, 시험은 제한된
시간 안에 얼마나 집중해서 정확하게 답을 고르느냐를 테스트하는 것이므로, 주어진
시간과 문제의 수를 파악하여 시간을 효과적으로 이용해야 한다.

5 틀린 문제는 원인을 분석하라!

무작정 문제만 푸는 것도, 열심히 채점해서 성적만 확인하는 것도 좋은 방법은 아니
다. 대부분 같은 실수를 반복하는 경우가 많으므로, 문제를 풀고 나면 반드시 오답노
트를 만들어 틀린 원인을 분석하고, 같은 실수를 반복하지 않도록 노력하자.

[자주 틀리는 유형]
어휘력 부족 / 해석 능력 부족 / 이해력 부족 / 세부 내용에 대한 기억력 부족 /
문제 파악 오류 / 출제자의 함정 / 착각 또는 실수 등

문제

世界上除了人会撒谎以外动物也会撒谎，而且还很巧妙。

动物学家研究发现，狐狸不仅狡猾而且缺乏母性，它常和子女们争食。当母狐狸发现食物时，为了得到更多的食物，它往往会发出一种虚假的警告信号，故意把小狐狸吓跑，然后大口大口地吃起来。

黑猩猩也常常欺骗同类。动物学家在研究黑猩猩的过程中，发现一只黑猩猩曾多次向其同伴示意，某处有香蕉。其同伴相信了，按照它的示意走去，那只撒谎的黑猩猩却朝真正有香蕉的地方跑。被骗的黑猩猩扑了个空，而撒谎的黑猩猩则饱餐一顿。当它返回原地见到受骗的同伴时，却装得若无其事，不露一点马脚。

有一条腿折了的狗，走起路来很艰难，它的主人对它特别照顾。但过了一些日子，狗的腿伤已经愈合，可那只狗好像摸透了主人的心思，仍伪装腿跛，走起路来一瘸一拐的，以博得主人的同情。主人果然被骗，对它加倍照顾。

动物撒慌，也是动物生存斗争的一种手段。

1. 根据上文，可以知道母狐狸：
    A 很有母性   B 本性很凶
    C 常常被小狐狸骗   D 有时会骗小狐狸

2. 见到被欺骗的同伴，黑猩猩的表现：
    A 表示高兴   B 觉得很痛快
    C 同情被骗的黑猩猩   D 假装什么都没发生过

3. 狗的腿伤已经愈合，为什么走起路来一瘸一拐？
    A 不想走路   B 根本没有痊愈
    C 希望主人继续照顾它   D 喜欢这种走路的方式

4. 上文主要想告诉我们：
    A 动物也会撒谎   B 信用非常重要
    C 只有人类会说假话   D 动物的行为很难理解

| 제목 | 동물의 거짓말 | 주제 | 생존을 위해 동물도 거짓말을 한다. |

이 세상에서 사람이 거짓말하는 것 외에 동물도 거짓말을 할 수 있다. 게다가 그것은 매우 교묘하기까지 하다.

동물학자의 연구에 따르면, 여우는 교활할 뿐만 아니라 모성애가 부족해, 종종 자기 새끼들과 먹이를 두고 싸운다고 한다. 어미 여우는 먹이를 발견했을 때, 더 많이 먹기 위해서 종종 가짜 경고 신호를 보내, 고의로 자기 새끼들을 놀라 도망가게 한 다음, 먹이를 먹기 시작한다.

침팬지도 자주 종족들을 속인다. 동물학자가 침팬지를 연구하는 과정에서 침팬지 한 마리가 동료에게 어딘가에 바나나가 있다고 계속해서 가리키는 것을 발견했다. 동료 침팬지가 그 말을 믿고 그가 말한 곳으로 가자, 거짓말을 한 침팬지는 진짜 바나나가 있는 곳으로 달려갔고, 속임을 당한 침팬지는 허탕을 치고, 거짓말을 한 침팬지는 배부르게 포식을 했다. (포식한) 침팬지가 원래 장소로 돌아와 속은 동료를 만났을 때는 오히려 아무 일도 없었다는 듯이 행동하며, 헛점을 보이지 않는다.

다리 한 쪽이 부러진 개가 있는데, 걷기가 어려워 주인이 특별히 보살펴주었다. 그러나 시간이 지나 개의 다리가 완쾌되어도, 그 개는 이미 주인의 마음을 꿰뚫어 본 듯이, 여전히 다리를 저는 척하며 절뚝절뚝 걸어 주인의 동정을 산다. 주인은 이에 속아 개를 더 잘 보살피는 것이다.

동물이 거짓말을 하는 것은 생존 투쟁의 한 수단이기도 하다.

단어 除了 chúle [전] ~을 제외하고 | ★ 撒谎 sāhuǎng [동] 거짓말을 하다 | ★ 巧妙 qiǎomiào [형] 교묘하다 | 研究 yánjiū [동] 연구하다 | ★ 狐狸 húli [명] 여우 | 不仅 bùjǐn [접] ~뿐만 아니라 | ★ 狡猾 jiǎohuá [형] 교활하다 | ★ 缺乏 quēfá [동] 결핍되다 | 母性 mǔxìng [명] 모성애 | 争食 zhēngshí [동] 먹을 것을 놓고 다투다 | ★ 虚假 xūjiǎ [형] 거짓의 | 警告 jǐnggào [동] 경고하다 | 故意 gùyì [부] 고의로 | ★ 黑猩猩 hēixīngxing [명] 침팬지 | ★ 欺骗 qīpiàn [동] 속이다 | 同伴 tóngbàn [명] 동료 | 示意 shìyì [동] 의사를 나타내다 | 某处 mǒuchù [명] 모처, 어느 곳 | 香蕉 xiāngjiāo [명] 바나나 | 按照 ànzhào [전] ~에 근거하여 | 骗 piàn [동] 속이다 | ★ 扑空 pūkōng [동] 헛걸음하다, 허탕치다 | 顿 dùn [양] 끼니, 차례 | 返回 fǎnhuí [동] 되돌아오다 | 原地 yuándì [명] 제자리 | ★ 若无其事 ruòwúqíshì [성어] 마치 아무 일도 없는 듯하다 | 露马脚 lòu mǎjiǎo 엉큼한 속셈이 드러나다 | ★ 腿折 tuǐshé 다리가 부러지다 | 艰难 jiānnán [형] 곤란하다 | 照顾 zhàogù [동] 보살피다 | ★ 愈合 yùhé [동] 아물다 | 摸透 mōtòu [명] (속마음을) 읽어내다, 꿰뚫어보다 | ★ 伪装 wěizhuāng [동] 위장하다, 숨기다 | ★ 腿跛 tuǐbǒ 다리를 절다 | ★ 一瘸一拐 yìqué yìguǎi 절뚝거리다 | 以 yǐ [접] ~하기 위해서(=为了), ~함으로써 | 博得 bódé [동] (동정을) 얻다 | 同情 tóngqíng [동] 동정하다 | 加倍 jiābèi [동] 배로 증가하다 | ★ 生存斗争 shēngcún dòuzhēng [명] 생존 경쟁 | ★ 手段 shǒuduàn [명] 수단, 방법

1. 根据上文，可以知道母狐狸：　　　　　이 글에서 어미 여우에 대해 알 수 있는 것은:

   A 很有母性　　　　A 모성애가 강하다

   B 本性很凶　　　　B 본성이 흉악하다

   C 常常被小狐狸骗　　C 자주 새끼 여우에게 속는다

   D 有时会骗小狐狸　　D 때로는 새끼 여우를 속인다

해설 여우는 교활하면서도 모성애가 부족한 동물이라고 했다. 여우는 먹이를 발견하면 거짓 경고 신호를 보내서 새끼 여우들을 속여 도망가게 한 후, 자신만 배불리 먹이를 먹는다고 했으므로 답은 D가 된다.

단어 本性 běnxìng [명] 본성 | 凶 xiōng [형] 사납다, 흉악하다

2. 见到被欺骗的同伴，黑猩猩：　　속은 동료를 만났을 때, 침팬지는:
　 A 表示高兴　　　　　　　　　 A 기뻐한다
　 B 觉得很痛快　　　　　　　　 B 통쾌해한다
　 C 同情被骗的黑猩猩　　　　　 C 속은 침팬지를 동정한다
　 D 假装什么都没发生过　　　　 D 아무 일도 없었던 것처럼 행동한다

해설 침팬지는 동료에게 바나나가 있는 곳을 거짓으로 알려주고, 동료가 잘못된 장소로 이동할 때, 자신은 정말 바나나가 있는 곳으로 가서 혼자 배를 채운다. 원래 장소로 돌아와 자신이 속인 동료를 만나면 속였다는 것을 내색하지 않고, 아무 일도 없었던 것처럼 행동한다고 했으므로, 답은 D가 된다.

단어 表示 biǎoshì 통 의미하다, 표하다 | 假装 jiǎzhuāng 통 가장하다

3. 狗的腿伤已经愈合，为什么走起路来一瘸　개의 다리가 완쾌되었는데 왜 절뚝거리는가?
　 一拐?
　 A 不想走路　　　　　　　　　 A 걷고 싶지 않아서
　 B 根本没有痊愈　　　　　　　 B 완쾌되지 않아서
　 C 希望主人继续照顾它　　　　 C 계속해서 주인의 보살핌을 받고 싶어서
　 D 喜欢这种走路的方式　　　　 D 이러한 걸음걸이를 좋아해서

해설 다리를 다치자 주인이 세심하게 배려하고 돌봐준다는 것을 알게 된 개는 상처가 다 나았음에도 불구하고 다리를 절뚝거리는 척한다. 개가 이렇게 행동하는 이유는 주인으로부터 아팠을 때의 보살핌과 관심을 계속 받고 싶어서이므로, 답은 C가 된다.

단어 痊愈 quányù 통 병이 낫다, 완쾌되다

4. 上文主要想告诉我们:　　　　　이 글이 말하고자 하는 것은:
　 A 动物也会撒谎　　　　　　　 A 동물도 거짓말을 할 줄 안다
　 B 信用非常重要　　　　　　　 B 신용은 대단히 중요하다
　 C 只有人类会说假话　　　　　 C 사람만 거짓말을 할 줄 안다
　 D 动物的行为很难理解　　　　 D 동물의 행동은 이해하기 어렵다

해설 일반적으로 주제는 지문의 맨 앞이나 뒤에 나온다. 이 글은 서두에서 '사람이 거짓말하는 것 외에 동물도 거짓말을 할 수 있다'라고 주제를 언급했으므로, 답은 A가 된다.

단어 信用 xìnyòng 명 신용 | 假话 jiǎhuà 명 거짓말 | 理解 lǐjiě 통 이해하다

day 29

1- 4.

　　有三个孩子在树林里玩耍，裤子都不小心被树枝挂破了。孩子看着破洞，脸上露出了不安的表情。面对这样的情形，三个母亲用不同的态度来处理这件事情。

　　第一个母亲一边骂孩子，一边打孩子，然后，用一根线绳像麻袋一样把那个破洞扎紧，整条裤腿显得皱皱巴巴。破洞是没有了，取而代之的那个结却像孩子撅起的小嘴，孩子受到了妈妈的警告："今后再也不准到树林里玩儿。"

　　第二个母亲不打也不骂，默默地把那个破洞一针一线缝补好，裤子上留下了针线的痕迹。

　　第三个母亲看到裤子上的破洞以后，安慰孩子："不要紧，小孩子都喜欢玩儿。妈妈小的时候比你还顽皮呢。"她让孩子脱下裤子，用漂亮的彩线在破洞上绣了一朵漂亮的小红花，孩子笑得好开心。

　　同样的问题，因为用了三种不同的解决办法，就导致了不同的结果：第一位母亲让孩子感到恐惧和失望，那皱巴巴的裤腿就如同母亲脸上写满的愤怒，孩子不得不活在母亲强制的意愿中；第二位母亲平平常常，孩子得到的是一个顺其自然的生活环境；第三位母亲是最优秀的教育家，她用裤子上的花朵启发了孩子美好的想象，她脸上灿若朝阳的微笑给了孩子更多的宽容，让孩子在成长的路上充满自信并富有创造力。在我们现实生活中，第一种母亲不少，第二种母亲不多，我们缺少的是第三种母亲的教育方法。

　　生活是一门常学常新的艺术，有时候父母一个简单的方法会影响到孩子的一生。那些会生活懂得生活的父母，从来不放弃任何一个给孩子希望的机会，宽容的笑脸是孩子一生努力进取的希望所在。

1. 小孩子发生了什么事？

　　A 腿受伤了　　　　　　　　B 遇到了动物

　　C 把裤子弄破了　　　　　　D 从树上掉下来了

2. 第二个妈妈的态度怎么样?

    A 很紧张　　　　　　　　　　B 很平静

    C 很生气　　　　　　　　　　D 很吃惊

3. 第三个妈妈的教育方式对孩子有什么影响?

    A 孩子更顽皮　　　　　　　　B 孩子充满自信

    C 孩子喜欢去树林玩儿　　　　D 孩子越来越听妈妈的话

4. 本文中,什么启发了孩子的想象力?

    A 妈妈的教训　　　　　　　　B 妈妈的微笑

    C 裤腿上的小红花　　　　　　D 跟朋友调皮地玩

5-8.

　　中国是世界上种茶最早、制茶最精、饮茶最多的国家,是茶的故乡。最初,茶只是被作为一种药材,而非饮品。后来,随着古人对茶性的深入研究,逐渐将茶从药材中分离出来,而成为一种清热解渴的饮料,并逐渐形成了中国的茶文化。

　　据史料记载,西汉时期已经有了饮茶的习俗。到了魏晋南北朝时期,饮茶的习俗已经成为上层人物中的一种时尚。唐代,可以说是中国茶文化的成熟时期。此时,饮茶的风气极为盛行。人们不仅讲究茶叶的产地和采制,还讲究饮茶的器具和方法,并且在饮茶的方法上日益翻新。宋代,茶的种植、贸易也依然有增无减,并且制茶技术也有了明显的进步。到了元代,饮茶已成为日常生活中极为平常的事。明清时期,日常生活中人们饮茶的习惯已经与现在无大差别。

　　中国很早以前就把茶种以及种茶的技术传播到了外国。唐代,茶叶传到了日本,后来出现了举世闻名的日本茶道。大约17世纪初,茶叶流传到西欧,也成为欧洲人民喜爱的饮料之一。

5. 茶叶最初被当做什么?

    A 香料   B 药材

    C 饮料   D 装饰品

6. 根据上文,下列哪项是正确的?

    A 唐代茶叶流传到日本   B 宋代饮茶已经很平常了

    C 西汉时期喝茶成为一种流行   D 元代饮茶的习惯和现代差不多

7. 唐代开始讲究什么?

    A 制茶时间   B 采茶季节

    C 茶叶的产地   D 提高茶的质量

8. 这篇文章主要内容是:

    A 制茶技术   B 茶的发展历史

    C 茶怎样用于医学   D 外国的茶文化与中国茶的关系

1-4.

    良好的沟通需要三个要素。

    第一个要素是一定要有一个明确的目标。只有大家有了明确的目标才叫沟通。如果大家来了但没有目标,那就不是沟通,是什么呢?是闲聊天。沟通就要有一个明确的目标,这是沟通最重要的基础。

    第二个要素是沟通之后,要形成一个共同的规则。沟通结束以后一定要形成一个双方或者多方都共同承认的一个规则,只有形成了这个规则才叫做完成了一次沟通。如果没有形成规则,那么这次不能称之为沟通。在实际的工作过程中,我们常见到大家一起沟通过了,但是最后没有形成一个明确的规则,大家就各自去工作了。由于对沟通的内容理解不同,又没有形成规则,最后反而让双方产生了矛盾。

    第三个要素是沟通信息、思想和情感。沟通的内容不仅仅是信息,还包括更加重要的思想和情感。信息是非常容易沟通的，而思想和情感是不太容易沟通的。在我们工作的过程中，很多障碍使思想和情感无法得到一个很好的沟通。事实上我们在沟通过程中，传递更多的是彼此之间的思想，而信息的内容并不是主要的内容。

1. 沟通最重要的基础是什么?
   A 有明确的目标　　　　　　　　B 工作类型一样
   C 大家都有时间　　　　　　　　D 有共同的兴趣爱好

2. 如果沟通之后没有形成共同的规则会怎么样?
   A 提高工作效率　　　　　　　　B 以后不好管理
   C 发展各自的想法　　　　　　　D 让双方产生新的矛盾

3. 根据上文，下列选项中正确的是:
   A 聊天也是沟通　　　　　　　　B 情感不容易沟通
   C 面对面才能进行沟通　　　　　D 有效的沟通不用形成规则

4. 这篇文章的主题是:
   A 不要浪费时间　　　　　　　　B 聊天比沟通更轻松
   C 什么是良好的沟通　　　　　　D 沟通的双方应互相谦让

5-8.
　　中国人常说有心栽花花不开，无心插柳柳成荫。可见，最好的东西，往往是偶然得来的。比如路过彩票投注站的时候，随便选了几组自己喜欢的号码，谁知这张彩票居然中奖了。

　　跟朋友出去拍照，挑选了很多漂亮的衣服，顺便又多带了一套，没想到照片洗出来以后，效果最好的不是精心搭配的那几件衣服，而是顺便带去的那一套。

　　跟朋友约好在百货商店门口见面，没想到路上没堵车，所以早到了，于是进百货商店随便逛逛，就在这短短的时间里你找到了已经找了好几个月的裙子。

你画了很多张画，眼看还有些颜料，就顺便再画一张，最满意的却是这一张。

有时候，拍照拍了一卷胶卷，最后的一两张胶片，本来不打算拍了，可是为免浪费，就随便拍了两张，谁知道胶片冲出来之后，效果最好的竟是最后拍的那两张。

今天晚上，朋友说要把一个男孩子介绍给你，你想可能又是空欢喜一场，所以想放弃，但反正有空，于是去看看。幸好你去了，他就是你要找的人。

不到最后一刻，千万别放弃。最后得到好东西，不是幸运。有时候，必须有前面的苦心经营，才有后面的偶然相遇。

5. 根据本文，偶然得来的：

    A 可能是最好的　　　　　　　B 是一种宝贵经验

    C 让我们浪费时间和精力　　　D 给我们带来更多的乐趣

6. 根据本文，等朋友的人：

    A 中奖了　　　　　　　　　　B 画了很多张画

    C 买到了合心意的裙子　　　　D 在百货商店买到了照相机

7. 女的为什么不想和朋友介绍的那个男孩子见面？

    A 工作太忙了　　　　　　　　B 人家看不上她

    C 男孩子长得不帅　　　　　　D 她认为也许不会成

8. 本文告诉我们：

    A 偶然有其必然　　　　　　　B 要学会享受生活

    C 偶然可能成为必然　　　　　D 等一等会有好的结果

第 一 部 分

第1-15题: 请选出正确答案。

1-4.

　　一位心理学家做了一个很有趣的实验, 他要求一群实验者在星期日晚上, 把 __1__ 7天所有可能的烦恼都写下来, 然后投入一个大型的"烦恼箱"。

　　7天后, 他打开箱子, 逐一与成员们核对每一项"烦恼", 结果发现, 其中有九成烦恼并未真正发生。

　　接着, 他又要求大家把剩下的字条重新放回纸箱中, 等又过7天以后, 再来寻找解决之道。结果发现, __2__ 。由此可见, 烦恼是自己找上门来的, 这就是 __3__ 的"自寻烦恼"。据统计, 一般人的忧虑有四成是对当下情况的担忧, 而92%的忧虑从未发生过, 剩下的8%则是你能够轻易 __4__ 的。

1. A 过去　　　　　B 未来　　　　　C 以后　　　　　D 以前

2. A 忍不住笑起来了　　　　　　B 那些纸条都不见了
   C 很感激那位心理学家　　　　D 那些烦恼也不再是烦恼了

3. A 所以　　　　　B 说明　　　　　C 所谓　　　　　D 肯定

4. A 了解　　　　　B 忘掉　　　　　C 达到　　　　　D 应付

5-8.

　　乘坐电梯时, 如果电梯突然停住了, 也没有其他人发现电梯坏了, 你应该怎么办? 首先不要 __5__ , 确定电梯是不是真的无法正常运行。然后, 立刻按红色的电梯门铃, 求救铃声一响, 就会有 __6__ 的救援人员来救你。同时, 也可以大声地呼救, 电梯外的人有可能会听到, 帮助你脱离困境。千万不要 __7__ 激动地用力拍打电梯门, 那样的话, 电梯很可能会不正常地上升或下降, __8__ 。

5. A 委屈　　　　B 慌张　　　　C 沉默　　　　D 犹豫

6. A 完美　　　　B 时髦　　　　C 成熟　　　　D 专业

7. A 情绪　　　　B 心理　　　　C 逻辑　　　　D 思想

8. A 改变危险的状况　　　　　　B 威胁到他人安全
   C 造成不必要的危险　　　　　D 知道引起人们的注意

9-12.

　　某少年认为自己最大的缺点是胆小，所以他去看心理医生。

　　医生听了他介绍的情况后，说："这怎么叫缺点呢，分明是个优点嘛。你只不过是非常　9　罢了，而这样的人总是最可靠，很少出乱子。"

　　少年有些疑惑："怎么勇敢倒成为缺点了？"

　　医生摇摇头，说："不，勇敢是一种优点，而胆小是另一种优点。胆小和勇敢，就好像白银和黄金，人们重视黄金，但并不是说要　10　白银。如果你是个战士，胆小　11　是缺点；但如果你是个司机，胆小则是优点。你与其为自己的胆小而担心，还不如利用这个特点，想办法增长自己的才能。到那时候，　12　也很困难了。"

9. A 周到　　　　B 谨慎　　　　C 沉默　　　　D 专心

10. A 承认　　　　B 确定　　　　C 否定　　　　D 珍惜

11. A 显然　　　　B 居然　　　　C 竟然　　　　D 依然

12. A 哪怕你非常勇敢　　　　　　B 没有人会笑话你
    C 只要你能坚持下去　　　　　D 即使你想做个胆小鬼

13-15.

　　有个楚国人乘船渡江，一不小心，把自己的剑掉进江里。他　13　在船上刻了一个记号，说："我的剑就是从这儿掉下去的。"船靠　14　后，这个人顺着船上的记号下水去找剑，但找了半天也没有找到。船已经走了很远，而剑却还在原来的地方，根据那个记号怎么能找回丢失的剑呢？这个故事告诉我们，世界上的　15　总是在不断地发展变化，人们想问题、办事情，都应当考虑到这种变化，适应这种变化。

13.　A 始终　　　　　B 陆续　　　　　C 未必　　　　　D 急忙

14.　A 弯　　　　　　B 岸　　　　　　C 田野　　　　　D 池子

15.　A 事物　　　　　B 商品　　　　　C 精力　　　　　D 业务

第 二 部 分

第16-25题：请选出与试题内容一致的一项。

16. 地震是一种自然现象，目前人类还不能阻止地震的发生。但是我们可以采取
有效措施，最大限度地减轻灾害损失。当遇到地震时切忌恐慌，我们要沉着
冷静，迅速采取正确行为。在高楼和人员密集的场所，原地躲避最现实。

    A 地震是自然原因造成的   B 地震发生时要迅速往外跑
    C 世界上天天都在发生地震   D 人类可以采取措施避免地震

17. 人遇到事情的时候要往好处想，也许事情的结果就会完全不同。在沙漠里，
两个人迷路了，他们都只剩下半瓶水。悲观者绝望地说："完了，只剩下半瓶
水了！"乐观者却高兴地说："有半瓶水就有希望！"结果，悲观者倒在了离水源
仅有百步的地方，乐观者凭着半瓶水，终于走出了沙漠。很多时候，仅仅是
换一种心情，换一种角度，便会从困境中走出来。

    A 梦想比现实更重要   B 悲观者还剩一瓶水
    C 他们看问题的角度不同   D 少数人掌握的才是真理

18. 一年夏天，曹操率领部队去讨伐另一个国家，天气非常热，士兵们渴得要
命，为了激励士气，聪明的曹操就对士兵们说："前面不远处有很大的一片梅
树林，梅子特别多，又甜又酸，到时我们吃个痛快。"士兵们听了，一个个
都流出口水来，不再说渴了，行军的速度也加快了。他们翻山越岭到了目的
地，却没有看到梅树林。

    A 士兵们看到梅树林   B 士兵们没有吃到梅子
    C 曹操一个人到了目的地   D 士兵们吃到梅子，所以不渴了

19. 如果在人们都要放弃的时候你再坚持一会儿，你就会赢得最后的成功。不论做什么事，如不坚持到底，半途而废，那么再简单的事也只能功亏一篑；相反，只要抱着锲而不舍、持之以恒的精神，再难办的事情也会迎刃而解。

    A 坚持就是胜利　　　　　　　　B 要三思而后行
    C 多听取别人的意见　　　　　　D 世上没有不可能的事情

20. 对孩子进行教育的时候，一定要培养孩子的好奇心。孩子对这个东西好奇，才会对它感兴趣，然后让兴趣成为孩子的老师。如果只是强迫孩子做不喜欢做的事情，时间长了，孩子就会对它感到厌烦，这样会影响孩子的正常发展。

    A 让孩子自由发展　　　　　　　B 保护孩子的好奇心
    C 父母是孩子最好的老师　　　　D 要对孩子从小进行严格教育

21. 要善于发现别人的见解的独到性，不要盲目地否定别人的意见。只有这样，才能多角度地看问题。如果截然相反的意见会使你大动肝火，这就表明，你的理智已失去了控制。假如你细心观察，你会发觉也许错误在你这一边。多听听别人的意见，也会让自己受益无穷。

    A 团结就是力量　　　　　　　　B 生气是不能解决问题的
    C 不要轻易否定别人的看法　　　D 不要自己做决定，要听别人的

22. 中国的茶文化历史悠久，喝茶的传统已经流传了几千年。对于中国人来说，喝茶就是养生，对于保持身体健康很有帮助。喝茶也是一门学问，不同的季节喝的茶也不一样。简单地说就是："春天喝花茶，夏天喝绿茶，秋天喝青茶，冬天喝红茶。"

    A 夏天应该多喝绿茶　　　　　　B 喝茶有减肥的效果
    C 茶和饮料的功能差不多　　　　D 尤其是孩子，应该多喝茶

23. 与以农业为主的乡村比起来，城市是后来兴起的。但自从城市出现以后，它就成为人类活动的中心，它大小不等，历史或长或短，有工业城市，也有旅游城市，风貌和特色各不相同。

    A 城市的历史悠久   B 农村开始重视旅游业

    C 城市是人类活动的中心   D 旅游城市的人口逐年增加

24. 昆明是云南的省会，是国家级历史文化名城。它是云南省唯一的特大城市，也是云南省政治、经济、文化的中心。昆明夏天不热，冬天不冷，气候宜人，具有典型的温带气候特点。城区平均温度在0到29℃之间，温度差异是全中国最小的。所以很多人都叫昆明为"春城"。

    A 云南冬天好冷   B 昆明四季如春

    C 昆明的省会是云南   D 云南四季没有温度差异

25. 这是一本十分有趣的书。书中有十二个胆小鬼的故事。这些故事让孩子明白一个道理：要想干成事情，首先就得学会克服学习、生活和工作中的困难。为了给孩子们的阅读带来更大的乐趣，书中还配有大量插图和汉语拼音。

    A 这本免费送光盘   B 作者非常害怕鬼

    C 书里只有12个人物   D 这些书的读者是孩子

第 三 部 分

第 26-45 题：请选出正确答案。

26-29.

　　一个星期五的下午，马上就要下班了。一位陌生人走进来问小王，哪儿能找到一位助手，来帮他整理一下资料，因为他手头有些工作必须当天完成。

　　小王问："请问你是谁？"他回答："我们办公室是在一个楼层，我知道你们这里有速记员。"小王告诉他，公司所有速记员都去看体育比赛了，如果晚来了5分钟，自己也会走。但小王却说，自己还是愿意留下帮他，因为看比赛，以后有的是机会，但是工作啊，必须当天完成。

　　那天工作做了很久，做完已经很晚了。那个人对小王表达了谢意，问小王应该付他多少钱。小王说，1000元。那个人说可以。小王忙说，他是开玩笑。但那个人还是给了他这些钱。

　　3个月之后，小王早已经把这件事忘掉了，那个人却又找到小王。原来那个人是律师，他很看重小王的工作能力，他请小王去他的公司工作，薪水比原来的地方高了很多。

　　因此，千万不要怕麻烦，因为机会总爱装成"麻烦"的样子。

26. 通过上文，我们可以知道小王：

　　A 经验丰富　　　　　　　　B 乐于助人

　　C 身体健康　　　　　　　　D 不爱工作

27. 下列哪一项是正确的？

　　A 小王是经理　　　　　　　B 律师很感谢小王

　　C 律师没有给小王钱　　　　D 那天工作很快就做完了

28. 过了3个月后，发生了什么事？

    A 小王当上了律师   B 小王不做速记员了

    C 小王被公司开除了   D 律师请小王去自己的公司工作

29. 这篇文章告诉我们：

    A 要多学知识   B 要主动帮助别人

    C 做事不要轻易放弃   D 机会偏爱不怕麻烦的人

30-33.

    地理老师把一幅世界河流分布图挂在黑板上，问："同学们，这幅示意图上的河流有什么特点呢？""都不是直线，而是弯弯的曲线。"同学们回答说。"为什么会是这样呢？"老师继续问。

    同学们七嘴八舌地议论开了，有的说，河流走弯路，拉长了河流的流程，河流也因此能拥有更大的流量，有的说，由于河流的流程拉长，河水对河床的冲击力也随之减弱，这就起到了保护河床的作用。

    "同学们，你们说的这些都对。"老师说，"但我看来，河流为什么不走直路而走弯路，最根本的原因就是，走弯路是自然界的一种常态，而走直路是一种非常态，因为河流在前进的过程中，会遇到各种各样的障碍，有些障碍是

无法逾越的，所以它只有取弯路，绕道而行，也正因为走弯路，让它避开了一道道障碍，最终抵达了遥远的大海。"

    说到这里，老师突然把话题一转，说："其实，人生也是如此，当你遇到坎坷、挫折时，也要把曲折的人生看作一种常态，不悲观失望，不长吁短叹，不停滞不前，把走弯路看成是前行的一种形式、另一条途径，这样你也可以像那些走弯路的河流一样，抵达遥远的人生大海。"

30. 地图上的河流都有什么特点？

    A 都是弯的   B 流量都很大

    C 流程都很长   D 都由东向西流

31. 同学们的回答：

    A 都有道理   B 都是错的

    C 书上没有的   D 让老师很意外

32. 第4段中画线句子是什么意思？

    A 人生很顺利   B 学会尊重别人

    C 坚持才能成功   D 人要学会绕道而行

33. 适合这篇文章的标题是：

    A 一幅世界地图   B 世界河流分布

    C 地理课上的收获   D 一位难忘的老师

34-37.

　　参加体育锻炼以及运动训练和比赛，到一定程度的时候，人体就会产生工作能力暂时降低的现象，这种现象称为运动性疲劳。对于参加运动的人来说，这是常有的现象。

　　没有疲劳就没有训练，疲劳是检查训练效果的一个标志。所以产生疲劳是训练的正常反应。疲劳的程度一般可以通过运动者的自我感觉和某些外部表现来判断。由于运动量不同，每个人情况不一样，产生的疲劳也有不同程度之分。一般将疲劳分成三个层次：轻度、中度和重度疲劳。运动后产生疲劳感是正常的。轻度疲劳可以在短时间内消除；中度疲劳通过采取一系列手段也很快能消除，不会影响身体；但如果重度疲劳不能及时消除，就会影响学习和生活，损伤身体。

　　因此，作为一名教练除了在思想上、生活上关心运动员之外，主要应把重点放在不同的训练阶段，把训练手段和恢复手段结合起来。尤其对运动员来讲，疲劳在很大程度上和心理因素有关。为此，要根据具体对象的具体情况采用各种不同的恢复手段，以加速恢复过程。恢复方法是多方面的。训练后洗个温水澡是最简单易行的消除疲劳方法。温水浴可促进全身的血液循环，调节血流，加强新陈代谢，有利于机体内营养物质的运输和疲劳物质的排除。还要多吃水果和蔬菜，多吃肉来缓解疲劳这种想法是错误的。

34. 运动性疲劳会有什么表现？

    A 很难恢复   B 不想吃饭

    C 出现心理问题   D 工作能力暂时降低

35. "疲劳"通过什么来判断？

    A 训练的结果   B 恢复的时间

    C 运动者的自我感觉   D 运动员的心理状况

36. 根据上文，下列哪项正确？

    A 训练后要洗冷水澡   B 缓解疲劳应多吃肉

    C 疲劳是正常的训练反应   D 运动性疲劳是很少发生的

37. 最适合这篇文章的标题是：

    A 运动和疲劳   B 怎样缓解压力

    C 如何训练运动员   D 运动的好处和坏处

38-40.

    乔恩被医生叫到了办公室。大夫通知他，他得的是不治之症，最多活到年底，还让他小心圣诞节的时候不要出事。他想，新年的太阳估计见不到了。他回到家，留着泪，拿出纸笔，开始写遗书。他忧虑恐惧地过了些日子，可是他发现自己总能在第二天清晨睁开眼睛。从前的每一天，他都认为自己活着是理所当然的，而现在，每个小时对他来说都是上帝的恩赐。于是，他不再忧虑恐惧，而是感恩地过每一天。他尽量让自己每天都过得快乐。他决定做自己以前想做但根本没去做的一些事、那些让他觉得开心和兴奋的事。渐渐地，他放弃了药物治疗，也不去医院了，困了就睡，渴了就喝，饿了就吃，完全只听自己身体的调配。他锻炼身体，出去散步，欣赏花草，关注单纯的生活，努力发现生活的美好，不去和任何人斤斤计较。他称自己的做法是"自然疗法"。就这样，他一直轻松地活到了现在。

38. 乔恩知道自己很快就会离开这个世界，他的心情很：

A 遗憾   B 沉重

C 安慰   D 不安

39. 乔恩放弃了医院的治疗，开始：

A 等死   B 自我治疗

C 大吃大喝   D 尽情享受

40. 乔恩现在觉得每活一个小时，都是：

A 忧虑   B 恐惧

C 受罪   D 上帝的恩赐

41-45.

中国人对成功、失败、快乐、悲伤，有比较概念化的统一模式。换句话说，中国人活着就是为了争口气，是为了一种体面，因为在别人面前必须有可以炫耀的东西。比如说，孩子小的时候，爸妈会对他说："孩儿啊，你要好好念书，长大考个好大学，给你爸你妈争口气。"运动员参加国际比赛，领导也会握着他的手说："祖国和人民期待着你为中国人争光！"对西方人来说，人生是自己的人生，跟别人没有多大关系，应该帮助别人，但没必要为谁而活。他们更看重体现个人特性和自我价值的平和人生。在西方，无论你从事什么职业都无高低贵贱之分，干事业强调的是事业本身的兴趣和幸福愉快。而西方人自己的人生价值的实现，成功与否，跟别人都没有任何关系，他们也不需要通过他人的肯定来获得自己心理的满足和回报。淡泊的人生在西方人看来是一种享受，守住一份简朴，不愿意显山露水，越来越被西方人认为是一种难得的人生境界。

41. 根据上文，中国人活着不是为了：

    A 有面子　　　　　　　　　B 争口气

    C 向别人炫耀　　　　　　　D 快乐和享受

42. 西方人做工作，凭的是：

    A 兴趣　　　　　　　　　　B 自由

    C 劳动　　　　　　　　　　D 工作的高低贵贱

43. 中国人看待成功和失败：

    A 模式统一　　　　　　　　B 别人说了不算

    C 没有统一标准　　　　　　D 没有固定概念

44. 西方人追求的人生要体现：

    A 富裕　　　　　　　　　　B 他人的成就

    C 兴趣和愉快　　　　　　　D 个性和自我价值

45. 西方人认为最高的人生境界是：

    A 简朴淡泊　　　　　　　　B 游山玩水

    C 富有大方　　　　　　　　D 无关他人

제1부분

1day	1 C	2 B	3 C	4 A	5 B	6 B	7 C	8 A
2day	1 A	2 B	3 D	4 B	5 A	6 D	7 C	
3day	1 A	2 D	3 B	4 B	5 A	6 D	7 C	8 D
4day	1 A	2 C	3 B	4 C	5 B	6 D	7 D	8 B
5day	1 A	2 D	3 B	4 D	5 B	6 C	7 D	8 B
6day	1 C	2 A	3 A	4 D	5 D	6 B	7 A	
7day	1 D	2 C	3 C	4 A	5 B	6 B	7 C	
8day	1 C	2 A	3 C	4 D	5 A	6 B	7 C	8 B
9day	1 A	2 B	3 B	4 C	5 B	6 D	7 B	
10day	1 B	2 D	3 A	4 B	5 A	6 C	7 D	

제2부분

11day	1 D	2 D	3 B	4 A
12day	1 D	2 D	3 A	4 C
13day	1 B	2 D	3 D	4 A
14day	1 D	2 B	3 B	4 C
15day	1 C	2 A	3 C	4 A
16day	1 B	2 B	3 D	4 A
17day	1 B	2 B	3 B	4 A
18day	1 C	2 D	3 D	4 A
19day	1 A	2 A	3 C	4 A
20day	1 C	2 B	3 C	4 A

제3부분

21day	1 D	2 C	3 A	4 C	5 D	6 B	7 A	8 C
22day	1 B	2 B	3 C	4 B	5 C	6 C	7 D	8 A
23day	1 D	2 C	3 C	4 D	5 D	6 D	7 C	8 A
24day	1 C	2 B	3 A	4 C	5 B	6 C	7 C	8 C
25day	1 A	2 B	3 C	4 C	5 D	6 D	7 A	8 C
26day	1 A	2 B	3 B	4 D	5 A	6 C	7 A	8 B
27day	1 D	2 A	3 B	4 A	5 C	6 C	7 B	8 B
28day	1 A	2 A	3 B	4 C	5 C	6 B	7 A	8 B
29day	1 C	2 B	3 B	4 C	5 B	6 A	7 C	8 B
30day	1 A	2 D	3 B	4 C	5 A	6 C	7 D	8 A

실전 모의고사

제1부분

1 B	2 D	3 C	4 D	5 B	6 D
7 A	8 C	9 B	10 C	11 A	12 D
13 D	14 B	15 A			

제2부분

16 A	17 C	18 B	19 A	20 B	21 C
22 A	23 C	24 B	25 D		

제3부분

26 B	27 B	28 D	29 D	30 A	31 A
32 D	33 C	34 D	35 C	36 C	37 A
38 B	39 B	40 D	41 D	42 A	43 A
44 D	45 A				

新 HSK 한 권이면 끝

5급

독해

해설편

1 day　p.24~25

[01–04]

제목　우리가 꾸는 꿈의 의미	주제　꿈은 현재 당신의 긴장된 상황을 반영한다.
做梦是人体一种正常的、必不可少的生理和心理现象。可是人做的梦又有什么意义呢？科学家们＿＿1＿＿了千百年还没找到答案。平时我们做的梦＿＿2＿＿着一定的意义。例如：你喜欢某人，平时不能相见，甚至连说话的机会都没有，但是在梦中却能经常相见。再有，＿＿3＿＿，其中多半都是梦见题很难，做不出来，而时间又紧，眼看就要到了，这说明你正＿＿4＿＿挑战，或者可能做不好。	꿈을 꾸는 것은 인체의 정상적이며, 없어서는 안 될 생리적·심리적 현상이다. 그러나 사람이 꾸는 꿈에는 또 어떤 의미가 있을까? 과학자들은 수천 수백 년 동안 깊이 생각했으나 아직 답을 찾지 못했다. 평소에 우리가 꾸는 꿈은 특정한 의미를 포함하고 있다. 예를 들어, 당신이 어떤 사람을 좋아하는데 평소에 만날 수 없고, 심지어 말할 기회조차도 없지만, 꿈에서는 오히려 자주 만날 수 있다. 또, 때때로 우리는 시험 보는 꿈을 꾸기도 하는데, 그중 대부분은 문제가 매우 어려워, 풀지 못하고, 게다가 시간도 너무 촉박해서, 곧 끝나버리려고 한다. 이는 당신이 도전에 직면해 있거나, 혹은 잘해내지 못할 수도 있다는 것을 말한다.

단어　做梦 zuòmèng 图 꿈을 꾸다 ｜★ 必不可少 bìbùkěshǎo 성어 없어서는 안 되다, 꼭 필요하다 ｜★ 生理 shēnglǐ 图 생리 ｜ 心理 xīnlǐ 图 심리 ｜ 现象 xiànxiàng 图 현상 ｜ 意义 yìyì 图 의의 ｜ 科学家 kēxuéjiā 图 과학자 ｜ 答案 dá'àn 图 답안 ｜ 平时 píngshí 图 평상시 ｜★ 例如 lìrú 图 예를 들다 ｜ 相见 xiāngjiàn 图 서로 만나다 ｜ 甚至 shènzhì 图 심지어, ~까지도 ｜ 经常 jīngcháng 图 평소 ｜ 多半 duōbàn 图 대부분 ｜ 梦见 mèngjiàn 图 꿈에 보다, 꿈꾸다 ｜ 紧 jǐn 图 촉박하다 ｜ 眼看 yǎnkàn 图 곧, 바로 ｜★ 挑战 tiǎozhàn 图 도전

01

A　梦想	B　观察	A　몽상하다	B　관찰하다
C　思考	D　幻想	C　깊이 생각하다	D　공상하다

시크릿　可是**人做的梦又有什么意义呢？ 科学家们**＿＿＿＿了千百年还没找到答案。

해설
품사 찾기　주어 科学家们(과학자들) 뒤, 동태조사 了 앞에 있는 빈칸은 동사 자리다.

짝꿍 찾기　동사의 힌트 1순위는 목적어다. 문맥상 빈칸의 실질적 목적어는 人做的梦又有什么意义(사람이 꾸는 꿈에는 또 어떤 의미가 있을까)가 된다. 힌트 2순위는 주어로 科学家们(과학자들)이 된다.

정답 찾기　과학자들은 사람들이 꾸는 꿈에 어떤 의미가 있는지, 구체적인 답안을 찾고자 수천 수백 년 동안 무언가를 했다고 했다. 보기 중 思考(깊이 생각하다)는 '어떤 문제를 해결하거나, 결정을 내리기 위해 깊이 생각·사유함'을 의미하므로 의미상 가장 적합하다. 따라서 C가 답이 된다.

Tip　观察(관찰하다)는 어떤 사물의 모습이나 현상을 발견하기 위해 '看(보다) + 思考(깊이 생각하다) + 研究(연구하다)'의 의미를 포함하고 있지만, 思考(깊이 생각하다)보다는 看(보다)의 의미가 더 강하므로 답이 될 수 없다.

단어　梦想 mèngxiǎng 图 몽상하다 ｜ 观察 guānchá 图 관찰하다 ｜ 思考 sīkǎo 图 깊이 생각하다 ｜ 幻想 huànxiǎng 图 공상하다

<table>
<tr><td>02</td><td>A 包围
C 保持</td><td>B 包含
D 采取</td><td>A 포위하다
C 유지하다</td><td>B 포함하다
D 채택하다</td></tr>
</table>

시크릿 平时我们做的梦_____着一定的意义。

해설

품사 찾기 주어(我们做的梦) 뒤에서 동태조사 着와 목적어 意义(의미)를 이끌고 있으므로, 빈칸은 동사 자리다.

짝꿍 찾기 동사의 힌트 1순위는 목적어다.

정답 찾기 包含(포함하다)은 意义(의의), 意思(의미) 등의 추상적인 목적어를 갖는 동사로, 의미상 적합하다. 따라서 답은 B가 된다.

Tip 保持는 '원래 상태를 유지하다'라는 뜻으로, 추상적인 목적어와 구체적인 목적어에 모두 쓰인다.
예 保持安静(조용함을 유지하다), 保持干净(깨끗함을 유지하다), 保持联系(연락을 유지하다), 保持传统(전통을 유지하다)
采取는 '어떤 것을 채택하여 실행하다'의 뜻으로, 대부분 추상적인 목적어와 호응한다.
예 采取政策(정책을 취하다), 采取措施(조치를 취하다), 采取手段(수단을 취하다), 采取态度(태도를 취하다)

단어 包围 bāowéi 통 포위하다 | 包含 bāohán 통 포함하다 | 保持 bǎochí 통 유지하다 | 采取 cǎiqǔ 통 채택하다, 취하다

<table>
<tr><td>03</td><td>A 考试结束后
B 要升职的时候
C 有时候我们会梦见参加考试
D 如果会梦见和朋友去郊区旅游</td><td>A 시험이 끝난 후
B 승진하려고 할 때
C 때때로 우리는 시험 보는 꿈을 꿀 수 있다
D 만약 친구와 교외로 여행을 가는 꿈을 꾼다면</td></tr>
</table>

시크릿 再有, _____, 其中多半都是梦见题很难，做不出来，而时间又紧，

해설

품사 찾기 빈칸 앞뒤에 쉼표(,)가 있는 것으로 보아, 하나의 절이 들어가야 한다.

짝꿍 찾기 빈칸에 적절한 말을 선택하려면, 앞뒤 절의 내용을 살펴봐야 한다.

정답 찾기 뒤 절의 내용은 문제가 어려워 풀지 못하는데, 게다가 시간도 촉박하다는 상황 묘사이므로, 시험 보는 꿈을 꾼다는 내용인 C가 답이 된다.

단어 升职 shēngzhí 명 승진 | 参加 cānjiā 통 참가하다 | 郊区 jiāoqū 명 변두리, 교외

<table>
<tr><td>04</td><td>A 面临
C 参考</td><td>B 接受
D 承担</td><td>A 직면하다
C 참고하다</td><td>B 받아들이다
D 담당하다</td></tr>
</table>

시크릿 这说明你正_____挑战，或者可能做不好。

해설

품사 찾기 '你(주어) + 正(부사) + 술어 + 挑战(목적어)'의 어순으로 빈칸은 목적어를 이끌 수 있는 동사 자리다.

짝꿍 찾기 동사의 힌트 1순위는 목적어 挑战(도전)이다.

정답 찾기 동사 面临은 '어떤 문제나 상황에 직면해 있음'을 뜻하며 危机(위기), 考验(시험), 问题(문제), 挑战(도전) 등의 추상적인 목적어와 호응하므로, 답은 A가 된다.

Tip 接受는 '어떤 것에 대해 거절하지 않고 받아들인다'는 뜻으로, 일반적으로 邀请(초청), 教训(교훈), 批评(비평), 意见(의견), 条件(조건) 등과 같은 추상적인 목적어와 호응한다. 参考는 '학습이나 연구를 위해 관련 자료를 참고한다'는 뜻이다. 承担은 '책임이나 비용 등을 부담·담당하다'의 뜻으로, 责任(책임), 任务(임무), 义务(의무), 费用(비용), 损失(손실) 등의 목적어와 호응하여 쓰인다.

단어 面临 miànlín 통 직면하다 | 接受 jiēshòu 통 받아들이다 | 参考 cānkǎo 통 참고하다 | 承担 chéngdān 통 담당하다, 맡다

제목	치열한 경쟁 속에서 기회를 얻고 승리할 수 있는 비결

주제	아는 척하기보다는 모르는 것을 솔직히 인정하고, 끊임없이 노력하는 것이 성공의 비결이다.

工作中那种不懂装懂的人，喜欢说："这些工作真无聊。"但他们内心的真正感觉是："我做不好任何工作。"他们希望年纪轻轻就功成名就，但是他们又不喜欢学习、求助或 __5__ 意见，因为这样会被人认为他们不行， __6__ 。

脱掉不懂装懂、放弃学习的"外套"，因为学习的心态已经成为一个人能够在这个竞争激烈的社会中得以生存和发展的最基本的心态。21世纪是一个知识爆炸的时代，知识和技能成为一个人生存的 __7__ 条件。没有知识技能你将无法生存，而知识和技能的获得就是要靠不断地学习、充电，再学习、再充电。多 __8__ 一种知识或是一门技术，在众多的竞争对手面前就多了一份取胜的机会。

일에 있어서 알지도 못하면서 아는 척하는 사람은, "이런 일은 정말 무료해."라고 말하길 좋아한다. 하지만 그들 속마음의 진심은 "나는 어떠한 일도 잘할 수 없어."이다. 그들은 젊었을 때 성공해서 유명해지고 싶어하지만, 또 공부하는 것, 도움을 청하거나 의견을 <u>구하는</u> 것을 싫어한다. 왜냐하면 이렇게 하면 다른 사람들이 그들을 무능하다고 여길 것 같아서다. <u>그래서 그들은 어쩔 수 없이 아는 척한다.</u>

몰라도 아는 척하고, 배움을 포기하는 '허울'을 벗어버려야 한다. 왜냐하면 배우는 심리상태는 한 사람이 치열한 경쟁 사회 속에서 생존하고 발전할 수 있는 가장 기본적인 심리상태이기 때문이다. 21세기는 지식 폭증의 시대다. 지식과 기능은 한 사람이 생존하는데 <u>필요조건</u>이 되었다. 지식과 기능이 없다면 당신은 생존할 수 없을 것이다. 또한 지식과 기능의 획득은 끊임없는 학습과 충전, 재학습과 재충전에 달려 있다. 지식이나 기술을 많이 <u>장악하면</u>, 수많은 경쟁상대 앞에서 승리할 기회가 많아진다.

단어 工作 gōngzuò 몡 일, 업무 | ★ 不懂装懂 bùdǒng zhuāngdǒng (모르면서) 아는 척하다 | 无聊 wúliáo 혱 무료하다, 재미없다 | 内心 nèixīn 몡 속마음 | 真正 zhēnzhèng 혱 진정한 | 感觉 gǎnjué 몡 느낌 | 任何 rènhé 때 어떠한 | 希望 xīwàng 통 희망하다 | ★ 功成名就 gōngchéng míngjiù 솅어 공을 세워 이름을 떨치다 | ★ 求助 qiúzhù 통 도움을 청하다 | 意见 yìjiàn 몡 의견, 견해 | 脱掉 tuōdiào 통 벗어버리다 | ★ 放弃 fàngqì 통 포기하다 | ★ 外套 wàitào 몡 허울, 외투 | 心态 xīntài 몡 심리상태 | 竞争 jìngzhēng 통 경쟁하다 | ★ 激烈 jīliè 혱 치열하다 | 得以 déyǐ 통 ~할 수 있다 | 生存 shēngcún 통 생존하다 | 基本 jīběn 혱 기본의 | 知识 zhīshi 몡 지식 | ★ 爆炸 bàozhà 통 폭증하다, 폭발하다 | 技能 jìnéng 몡 기능 | 条件 tiáojiàn 몡 조건 | 获得 huòdé 통 획득하다, 얻다 | 靠 kào 통 ~에 달려 있다, 의지하다 | ★ 充电 chōngdiàn 통 충전하다 | 技术 jìshù 몡 기술 | 众多 zhòngduō 혱 아주 많다 | 对手 duìshǒu 몡 상대, 적수 | ★ 取胜 qǔshèng 통 승리하다

05

A 提供	B 征求
C 整理	D 发表

A 제공하다	B 구하다
C 정리하다	D 발표하다

시크릿 但是他们又不喜欢学习、求助或______意见，

해설 **품사 찾기** 빈칸 뒤에 목적어 意见(의견)이 있으므로 빈칸은 동사 자리다.

짝꿍 찾기 동사의 힌트 1순위는 목적어 意见(의견)이 된다.

정답 찾기 '의견을 구하다'라는 뜻의 동사는 征求로, 답은 B가 된다. 작가는 일하는 과정에서 不懂装懂的人(알지도 못하면서 아는 척하는 사람)은 일찍 성공하려는 마음만 있고, 공부하고, 도움을 청하거나 의견을 구하는 것을 싫어한다고 비평하고 있다.

Tip 提供(제공하다)은 어떠한 것을 필요로 하는 사람에게 물자, 자료, 의견, 생각 등을 제공하여 사용하거나 참고하게 해줌을 의미한다.

예 提供宿舍(숙소를 제공하다), 提供服务(서비스를 제공하다), 提供材料(자료를 제공하다)

整理(정리하다)는 재료, 환경, 일상생활, 작업 등을 질서 있게 정리함을 의미한다.

예 整理房间(방을 정리하다), 整理笔记(필기를 정리하다), 整理文件(서류를 정리하다)

发表(발표하다)는 공개적으로 자신의 의견을 사람들에게 알림을 의미한다.

예 发表文章(글을 발표하다), 发表论文(논문을 발표하다)

단어 提供 tígōng 통 제공하다 | 征求 zhēngqiú 통 (의견을) 구하다 | 整理 zhěnglǐ 통 정리하다 | 发表 fābiǎo 통 발표하다

06

A 于是他们辞职了
B 所以他们只好装懂
C 所以他们向长辈学习
D 于是他们就拼命地学习

A 그래서 그들은 그만둔다
B 그래서 그들은 어쩔 수 없이 아는 척한다
C 그래서 그들은 선배에게 배운다
D 그래서 그들은 목숨 걸고 공부한다

시크릿 因为这样会被人认为他们不行，_____。脱掉**不懂装懂**、…

해설
품사 찾기 빈칸 앞뒤에 쉼표(,)와 마침표(。)가 있는 것으로 보아 절이 들어가야 함을 알 수 있다.
짝꿍 찾기 절의 힌트는 앞뒤 절에 제시되어 있다. 하지만 경우에 따라서는 전체 문장의 의미를 파악해야 한다.
정답 찾기 작가는 배우려 하지 않고 다른 사람의 도움도 구하지 않는 사람들은, 다른 사람들이 그들을 무능하다고 여길까봐 모르면서도 아는 척한다고 했다. 따라서 답은 B가 된다. 지문에 不懂装懂(알지도 못하면서 아는 척하다)이 두 번이나 언급되었기 때문에 비교적 쉽게 답을 고를 수 있는 문제다.

단어 于是 yúshì 졉 그래서 | 辞职 cízhí 동 그만두다 | 所以 suǒyǐ 졉 그래서 | 长辈 zhǎngbèi 명 선배, 연장자 | 拼命 pīnmìng 동 목숨을 걸다. 기를 쓰다

07

A 选择   B 无聊
C 必要   D 优势

A 선택하다   B 무료하다
C 필요하다   D 우세

시크릿 21世纪是一个知识爆炸的时代，知识和技能成为一个人生存的_____条件。

해설
품사 찾기 구조조사 的 이하 부분은 명사 자리다. 따라서 条件(조건)을 꾸며줄 수 있는 동사, 형용사, 명사 등이 올 수 있다.
짝꿍 찾기 명사 앞에서 꾸며주는 역할을 하는 관형어의 힌트는 뒤에 있는 명사 条件(조건)이다.
정답 찾기 21세기는 지식과 정보가 넘쳐나는 시대이므로, 지식과 기능은 사람들이 생존하기 위해 꼭 갖춰야 하는 조건이 되었다. 必要(필요하다)와 条件(조건)은 이미 하나의 단어처럼 연결되어 사용되기 때문에, 구조조사 的의 도움 없이도 결합할 수 있다. 따라서 빈칸에 들어갈 적당한 말은 '필요조건'으로, C가 답이 된다.

단어 选择 xuǎnzé 동 선택하다 | 必要 bìyào 형 필요하다 | 优势 yōushì 명 우세

08

A 掌握   B 模仿
C 复制   D 调整

A 장악하다   B 모방하다
C 복제하다   D 조정하다

시크릿 多_____一种**知识**或是一门**技术**，

해설
품사 찾기 뒤에 목적어 知识(지식)와 技术(기술)가 있으므로, 빈칸은 동사 자리다.
짝꿍 찾기 동사의 힌트 1순위는 목적어다. 知识(지식)와 技术(기술)에 적합한 동사가 필요하다.
정답 찾기 보기에 나열된 단어들이 조금 난이도가 있지만, 문맥만 이해했다면 답은 쉽게 찾을 수 있는 문제다. 수많은 경쟁상대 앞에서 승리하려면 지식이나 기술을 자신의 것으로 만들어야 하기 때문에 '사물에 대해 충분히 이해하여, 그것을 활용할 수 있다'는 의미의 掌握(장악하다)가 나와야 하므로, 답은 A가 된다. 일반적으로 掌握는 语法(어법), 外语(외국어), 技术(기술) 등의 목적어와 호응하여 쓰인다.

단어 掌握 zhǎngwò 동 장악하다. 숙달하다 | 模仿 mófǎng 동 모방하다 | 复制 fùzhì 동 복제하다 | 调整 tiáozhěng 동 조정하다

[01~03]

제목 현대인의 생활	주제 너무 바쁘게 목표만 향해 달리지 말고, 잠시 멈춰 서서 현재의 삶도 즐길 줄 알아야 한다.
人们每天面对紧张的生活和匆忙的工作，都没有时间坐下来__1__生活。童年时的理想和少年时的梦想不知什么时候已经__2__，只剩下生活的压力。总是看着远处的山峰，不断地向前跑，不如停下来，欣赏一下沿途的__3__。	사람들은 매일 긴장된 생활과 매우 바쁜 업무에 임하느라, 앉아서 생활을 즐길 시간이 전혀 없다. 어린 시절의 이상과 소년기의 꿈은 언제 사라졌는지 알 수 없고, 남은 것이라고는 생활의 스트레스뿐이다. 항상 먼 곳의 산봉우리를 바라보며, 끊임없이 앞을 향해 달리는 것은, 멈춰서 길가의 풍경을 감상하는 것만 못하다.

단어 ★ 面对 miànduì 통 직면하다 | 紧张 jǐnzhāng 형 긴장해 있다 | ★ 匆忙 cōngmáng 형 매우 바쁘다 | 童年 tóngnián 명 유년 시절 | 理想 lǐxiǎng 명 이상 | ★ 剩下 shèngxià 통 남다, 남기다 | 压力 yālì 명 스트레스 | ★ 山峰 shānfēng 명 산봉우리 | 不断 búduàn 통 끊임없다 | 不如 bùrú 통 ~만 못하다 | 欣赏 xīnshǎng 통 감상하다 | ★ 沿途 yántú 명 길가

01

A 享受	B 舒适	A 즐기다	B 편하다
C 高兴	D 忙碌	C 기쁘다	D 바쁘다

시크릿 都没有时间坐下来______生活。

해설 **품사 찾기** 여러 개의 동사와 목적어가 있는 연동문으로, 빈칸은 동사 자리다.

没有　　时间　　坐下来 ______ 生活
동사1　　목적어1　　동사2　　동사3 목적어2

짝꿍 찾기 동사의 힌트 1순위는 목적어로, 生活(생활)와 어울리는 동사를 찾아야 한다.

정답 찾기 享受는 '물질이나 정신적으로 만족을 얻어 누리다, 즐기다'의 의미로, 목적어 生活(생활), 权利(권리), 幸福(행복), 待遇(대우) 등과 호응하여 쓰인다. 따라서 답은 A가 된다.

Tip 동사와 형용사의 가장 큰 차이점은 목적어를 가질 수 있느냐 없느냐다. 舒适(편안하다), 高兴(기쁘다), 忙碌(바쁘다)는 모두 형용사로, 목적어를 가질 수 없다.

단어 享受 xiǎngshòu 통 즐기다, 누리다 | 舒适 shūshì 형 편하다 | 高兴 gāoxìng 형 기쁘다 | 忙碌 mánglù 형 바쁘다

02

A 实现	B 消失	A 실현하다	B 사라지다
C 停止	D 丰富	C 멈추다	D 풍부하다

시크릿 童年时的**理想**和少年时的**梦想**不知什么时候已经______，只剩下生活的压力。

해설 **품사 찾기** 시간을 나타내는 부사 已经 뒤에는 동사가 나와야 한다.

짝꿍 찾기 동사의 힌트 1순위는 목적어인데, 목적어가 없으므로 2순위 주어를 봐야 한다. 주어는 관형어 뒤에 있는 理想(이상)과 梦想(꿈)이다.

정답 찾기 빈칸 앞에는 꿈과 이상이라는 긍정의 어휘가 있고, 빈칸 뒤에는 단지 스트레스만 남았다는 부정의 내용이 있으므로, 빈칸 앞 절과 뒤 절은 서로 상반되는 내용임을 추측할 수 있다. 빈칸 뒤 절의 동사 剩下(남다)와 대비되는 의미를 찾아야하므로 답은 B의 消失(사라지다)가 된다.

Tip 实现(실현하다)은 梦想(꿈)과 호응할 수 있지만, 문맥상 꿈을 이룬 것이 아니므로, 답이 될 수 없다.

단어 实现 shíxiàn 통 실현하다 | 消失 xiāoshī 통 사라지다 | 停止 tíngzhǐ 통 멈추다 | 丰富 fēngfù 형 풍부하다

<table>
<tr><td rowspan="2">**03**</td><td>A 和睦</td><td>B 角落</td><td>A 화목하다</td><td>B 모퉁이</td></tr>
<tr><td>C 气候</td><td>D 风景</td><td>C 기후</td><td>D 풍경</td></tr>
</table>

시크릿 总是看着远处的山峰，…，不如停下来，欣赏一下沿途的_____。

해설

품사 찾기 구조조사 的 이하 부분은 명사가 올 수 있으므로 빈칸은 명사 자리다.

짝꿍 찾기 목적어(명사)의 힌트 1순위는 동사다.

정답 찾기 힌트 동사 欣赏은 '예술 작품이나 아름다운 사물을 감상하다'의 의미로 音乐(음악), 作品(작품), 美女(미녀), 雪景(설경), 风景(풍경) 등의 목적어와 호응하므로, 답은 D가 된다. 또한 이 문장에서 'A 不如 B'는 'A는 B만 못하다'는 뜻이다. 따라서 빈칸 앞 절의 看着远处的山峰(먼 곳의 산봉우리를 바라본다)은 欣赏风景(풍경을 감상하다)만 못하다는 의미로 서로 대구를 이룬다.

Tip 작가는 우리가 원하는 목표, 이루기 어려운 아득한 꿈을 远处的山峰(먼 곳의 산봉우리)으로, 지금 현재 우리의 삶에서의 소소한 기쁨을 沿途的风景(길가의 풍경)으로 비유했다. 힘든 목표를 향해 너무 스트레스 받으면서 살기보다는 삶의 소소한 즐거움을 즐기면서 살자는 의미다.

단어 和睦 hémù 📖 화목하다 | 角落 jiǎoluò 📖 모퉁이, 구석 | 气候 qìhòu 📖 기후 | 风景 fēngjǐng 📖 풍경

[04-07]

<table>
<tr><td>**제목** 晏子(안자)의 지혜</td><td>**주제** 존경을 받으려면 먼저 남을 존중해야 한다.</td></tr>
<tr><td>

春秋末期，齐国大夫晏子出使楚国，楚王想乘机侮辱晏子，__4__楚国的威风。晏子身材矮小，楚国的大臣就在城门旁边特意开了一个小门，然后命人把城门关上。晏子到了楚国，看到前面的__5__，马上就明白了楚王的意图。他对__6__的人说："只有出使狗国的人，才从狗洞中进去。今天我出使的是楚国，应该不是从此门中入城吧，你们先去问问楚王吧。"楚王听了下人的劝告，__7__，把晏子迎接进去。

</td><td>

춘추 말기에, 제나라의 대부 안자가 외교사절로 초나라에 가게 되었다. 초나라 왕은 기회를 틈타 안자를 모욕하여, 초나라의 위엄을 과시하고 싶었다. 안자는 몸이 왜소해서, 초나라의 대신은 성문 옆에 특별히 작은 문을 하나 열어놓은 후, 성문을 닫도록 명령을 내렸다. 안자가 초나라에 왔을 때, 눈앞의 장면을 보고 바로 초나라 왕의 의도를 알게 되었다. 그는 자신을 접대하는 사람에게 "개나라에 외교사절로 가는 사람만이 비로소 개구멍으로 들어가는 것이지요. 오늘 내가 외교사절로 방문하는 나라는 초나라니, 이 문으로 들어가지 말아야 할 듯하오. 당신들은 먼저 가서 초나라 왕에게 물어보시오."라고 말했다. 초나라 왕은 부하의 충언을 듣고, 어쩔 수 없이 성문을 열라고 명령하고, 안자를 맞아 들였다.

</td></tr>
</table>

단어 ★ 末期 mòqī 📖 말기 | 大夫 dàfū 📖 대부 | 出使 chūshǐ 📖 외교 사절로 외국에 가다 | ★ 乘机 chéngjī 📖 기회를 틈타 | ★ 侮辱 wǔrǔ 📖 모욕하다 | ★ 威风 wēifēng 📖 위엄 | 身材 shēncái 📖 몸매 | ★ 矮小 ǎixiǎo 📖 왜소하다 | 城门 chéngmén 📖 성문 | 旁边 pángbiān 📖 옆 | ★ 特意 tèyì 📖 특별히 | 明白 míngbai 📖 알다, 이해하다 | ★ 意图 yìtú 📖 의도 | 洞 dòng 📖 구멍 | 应该 yīnggāi 📖 마땅히 ~해야 한다 | 下人 xiàrén 📖 부하, 하인 | 劝告 quàngào 📖 권고, 충언 | ★ 迎接 yíngjiē 📖 맞이하다

<table>
<tr><td rowspan="2">**04**</td><td>A 表达</td><td>B 显示</td><td>A 나타내다</td><td>B 과시하다</td></tr>
<tr><td>C 发表</td><td>D 显得</td><td>C 발표하다</td><td>D 드러나다</td></tr>
</table>

시크릿 楚王想乘机侮辱晏子，_____楚国的威风。

해설

품사 찾기 뒤에 '楚国的(관형어) + 威风(목적어)'를 끌고 나왔으므로, 빈칸은 동사 자리다.

짝꿍 찾기 동사의 힌트 1순위는 목적어다.

정답 찾기 동사 显示는 '明显(분명하다) + 表示(나타내다)'의 복합어로, '분명하게 드러내 보이다, 과시하다'의 의미를 나타낸다. 명사 목적어로는 威风(위엄), 威力(위력), 才能(재능) 등과 호응하여 쓰이므로 답은 B가 된다.

 显得(드러나다)는 显示와 모양이 비슷해 보이지만 그 쓰임은 크게 다르다. 显得는 동사지만 뒤에 명사 대신 형용사를 목적어로 이끌고 나온다. 显得와 호응하는 형용사 목적어로는 高(크다), 紧张(긴장해 있다), 漂亮(예쁘다), 疲劳(피곤하다), 拥挤(붐비다) 등이 있다. 表达는 '생각이나 감정을 나타내다'라는 뜻으로 威风(위엄)과는 어울리지 않는다.

단어 表达 biǎodá 图 나타내다 | 显示 xiǎnshì 图 과시하다 | 发表 fābiǎo 图 발표하다

05

| A 情景 | B 景色 | A 장면 | B 풍경 |
| C 情况 | D 奇迹 | C 상황 | D 기적 |

시크릿 楚国的大臣就在城门旁边特意开了一个小门，… 晏子到了楚国，看到 前面的______，

해설 **품사 찾기** 구조조사 的 이하 부분은 명사 자리다.

짝꿍 찾기 목적어(명사)의 힌트 1순위는 동사 看到(보았다), 2순위는 관형어 前面的(눈앞의)이다.

정답 찾기 齐国(제나라)의 대부인 晏子(안자)는 초나라 대신이 일부러 성곽 문을 닫고, 옆쪽에 조그만 문을 열어둔 것을 보았다. 어떤 장소에서 일어난 상황이나 광경을 나타내는 단어는 情景(장면)이므로, A가 답이 된다.

Tip 景色(풍경)는 情景(장면)과 달리 경치, 풍경만을 의미하므로 답이 될 수 없다. 情况과 情景은 둘 다 '상황'을 의미하지만, 情况은 눈에 보이지 않는 추상적인 상황을 의미하고, 情景은 눈앞에 펼쳐진 시각적인 상황을 더욱 강조한다.

	当时的…	过去的…	…会话	农村的…	了解…	身体…
情景 장면, 광경	○	○	○	×	×	×
情况 상황	○	○	×	○	○	○

단어 情景 qíngjǐng 图 장면, 광경 | 景色 jǐngsè 图 풍경 | 情况 qíngkuàng 图 상황 | 奇迹 qíjì 图 기적

06

| A 服务 | B 批准 | A 봉사하다 | B 허가하다 |
| C 咨询 | D 接待 | C 자문하다 | D 접대하다 |

시크릿 他对______的人说：

해설 **품사 찾기** '对(전치사) + 수식어 的 + 人(명사)'의 어순으로, 빈칸에는 人(사람)을 수식하는 관형어가 필요하다. 제시된 보기가 모두 동사이므로, 문맥상 적합한 어휘를 찾는다.

짝꿍 찾기 관형어의 힌트는 뒤에 있는 명사 人(사람)이 된다.

정답 찾기 빈칸 앞에 전치사 对가 있으므로, 빈칸은 晏子(안자)가 말한 대상을 나타낸다. 晏子는 자신의 말을 왕에게 전하라고 했으므로, 말한 대상은 초나라 신하로서 자신을 접대하러 온 사람일 것이다. 따라서 답은 D의 接待(접대하다)가 된다.

단어 服务 fúwù 图 봉사하다 | 批准 pīzhǔn 图 허가하다 | 咨询 zīxún 图 자문하다 | 接待 jiēdài 图 접대하다

07

A 非常生气	A 매우 화를 내고
B 考虑了很久	B 오랫동안 생각하고
C 只好命令打开城门	C 어쩔 수 없이 성문을 열라고 명령하고
D 觉得晏子是个很聪明的人	D 안자는 매우 똑똑한 사람이라고 생각하고

시크릿 楚王听了下人的劝告，______，把晏子迎接进去。

| 해설 | 품사 찾기 | 빈칸 앞뒤에 모두 쉼표(,)가 있으므로, 하나의 절이 들어가야 함을 알 수 있다. |

해설
품사 찾기 빈칸 앞뒤에 모두 쉼표(,)가 있으므로, 하나의 절이 들어가야 함을 알 수 있다.
짝꿍 찾기 절의 힌트는 앞뒤 문맥을 파악해야 한다.
정답 찾기 초나라 왕은 초나라의 위엄을 과시하기 위해 성곽 문을 닫고, 성문 옆의 작은 문만 열어놓았다. 그러나 안자가 기지를 발휘해 왕에게 반문하니, 여기에는 그에 대한 왕의 반응이 나와야 한다. 뒤 절 把晏子迎接进去(안자를 맞아들였다)의 내용으로 보아, 문맥상 C가 답이 될 수 있다.

Tip 내용의 흐름은 '왕은 신하의 충언을 듣고 → 어쩔 수 없이 성문을 열어 → 안자를 맞이하였다'의 순서가 된다.

단어 考虑 kǎolǜ 图 생각하다, 고려하다 | 只好 zhǐhǎo 图 어쩔 수 없이 | 命令 mìnglìng 图 명령하다 | 聪明 cōngming 图 총명하다

3 day　p.31~32

[01-04]

| 제목 | 행복을 찾는 고양이 |

一只小猫问它的妈妈："妈妈，幸福在哪里？" 猫妈妈回答说："幸福就在你的尾巴上啊！" 于是这只小猫每天就　1　着它的尾巴跑，可总是抓不着，它生气地去问妈妈："为什么我总是抓不住幸福呢？" 猫妈妈笑着回答它说："只要你一直不停地往前走，　2　！"

每天一早醒来，感觉空气是清新的，太阳是明亮的，身体是舒服的，全新的一天开始了。每天躺下的时候，感觉一天的生活总体是快乐的，希望明天早上　3　开眼睛的时候，还能继续保持这种明朗的　4　。难道不幸福吗？

| 주제 | 행복은 사소한 것에서부터 시작된다. |

새끼 고양이 한 마리가 어미 고양이에게 물었다. "엄마, 행복은 어디에 있어요?" 어미 고양이는 대답했다. "행복은 바로 너의 꼬리 위에 있단다." 그래서 이 새끼 고양이는 매일 자신의 꼬리를 뒤쫓으며 달렸지만, 번번이 잡지 못했다. 새끼 고양이는 엄마에게 화를 내며 물었다. "왜 나는 항상 행복을 잡을 수 없는 거죠?" 어미 고양이는 웃으며 대답했다. "네가 계속 앞만 보고 간다면, 행복은 항상 너의 뒤에 있단다!"

매일 아침 일어나면, 공기가 상쾌하고, 태양이 밝으며, 몸이 편안하고, 새로운 하루가 시작되었다고 느껴지고, 매일 잠자리에 누울 때 하루의 생활이 모두 즐거웠다고 생각하며, 내일 아침에 눈을 뜰 때도 이런 쾌활한 기분이 계속 유지될 수 있기를 바란다면, 행복한 것이 아니겠는가?

단어 ★ 小猫 xiǎomāo 图 새끼 고양이 | 幸福 xìngfú 图 행복 | ★ 尾巴 wěiba 图 (동물의) 꼬리 | 于是 yúshì 图 그래서 | ★ 抓 zhuā 图 쥐다, 잡다 | 只要 zhǐyào 图 ～하기만 하면 | ★ 醒 xǐng 图 잠에서 깨다 | ★ 清新 qīngxīn 图 신선하다 | 明亮 míngliàng 图 밝다, 환하다 | 舒服 shūfu 图 편안하다 | 躺 tǎng 图 눕다 | 总体 zǒngtǐ 图 전체 | 希望 xīwàng 图 희망하다 | 继续 jìxù 图 계속하다 | 保持 bǎochí 图 유지하다 | ★ 明朗 mínglǎng 图 쾌활하다, 명랑하다 | 难道 nándào 图 설마 ～인가

01

| A 追 | B 摸 | A 뒤쫓다 | B 만지다 |
| C 碰 | D 打 | C 부딪히다 | D 때리다 |

시크릿 "幸福就在你的尾巴上啊！" 于是这只小猫每天就＿＿＿着它的尾巴跑，

해설
품사 찾기 '동사 + 着(동태조사)'의 어순으로, 동태조사 着가 있으므로, 빈칸은 동사 자리다.
짝꿍 찾기 동사의 힌트는 목적어 尾巴(꼬리)다.
정답 찾기 행복을 찾던 새끼 고양이는 행복이 꼬리 위에 있다는 어미 고양이의 말을 들은 날부터 행복을 잡으려 했을 것이므로, 매일 자신의 꼬리를 쫓아다녔을 것이다. 따라서 답은 A의 追(뒤쫓다)가 된다.

Tip 摸는 '만지다'라는 뜻으로 손으로 어루만지거나 쓰다듬는 것을 말하고, 碰은 '부딪히다'라는 뜻으로 우연히 만나거나 부딪혔을 때 쓰이기 때문에 문맥에 맞지 않다.

단어 追 zhuī 图 뒤쫓다 | 摸 mō 图 만지다 | 碰 pèng 图 부딪히다 | 打 dǎ 图 때리다

<table>
<tr><td>02</td><td>
A 你就会很开心
B 你就会越走越远
C 就可以抓到很多鱼
D 幸福就一直跟在你的后面
</td><td>
A 너는 매우 기쁠 것이란다
B 너는 갈수록 멀어질 것이란다
C 매우 많은 물고기를 잡을 수 있단다
D 행복은 항상 너의 뒤에 있단다
</td></tr>
</table>

시크릿 "只要你一直不停地往前走，＿＿＿！"

해설
품사 찾기 빈칸 앞뒤에 쉼표(,)와 느낌표(!)가 있으므로 절이 들어가야 함을 알 수 있다.

짝꿍 찾기 절의 힌트는 앞뒤의 문맥을 파악해야 한다.

정답 찾기 계속 자신의 꼬리만을 뒤쫓으면서 왜 행복을 잡을 수 없냐는 새끼 고양이의 질문에 어미 고양이는 행복을 찾을 수 있는 이치를 알려줬을 것이다. 즉 계속 앞을 향해 간다면, 행복은 언제나 뒤에 따라오는 것이니, 굳이 잡으려 하지 않아도 된다는 내용이 가장 적절하므로, 답은 D가 된다.

단어 开心 kāixīn 혱 기쁘다, 즐겁다

<table>
<tr><td>03</td><td>
A 闭　　　　B 睁
C 翻　　　　D 写
</td><td>
A 감다　　　　B 뜨다
C 뒤집다　　　D 쓰다
</td></tr>
</table>

시크릿 希望明天早上＿＿＿开眼睛的时候，

해설
품사 찾기 '동사 + 开(결과보어) + 眼睛(목적어)'의 어순으로, 빈칸은 동사 자리다.

짝꿍 찾기 동사의 힌트 1순위는 목적어 眼睛(눈)이고, 2순위는 결과보어 开(열다)다.

정답 찾기 목적어 眼睛(눈)과 어울리는 동사로는 闭(감다)와 睁(뜨다)이 있는데, 결과보어가 开(열다)이므로 답은 B가 된다.

단어 闭 bì 동 감다, 닫다 | 睁 zhēng 동 뜨다 | 翻 fān 동 뒤집다 | 写 xiě 동 쓰다

<table>
<tr><td>04</td><td>
A 情景　　　　B 情绪
C 优势　　　　D 事实
</td><td>
A 장면　　　　B 기분
C 우세　　　　D 사실
</td></tr>
</table>

시크릿 还能继续保持这种明朗的＿＿＿。难道不幸福吗?

해설
품사 찾기 '这(지시대사) + 种(양사) + 明朗的(관형어) + 명사'의 어순이다. 구조조사 的 이하 부분은 명사 자리다.

짝꿍 찾기 명사 목적어의 힌트는 동사 保持(유지하다)이며, 앞뒤의 문맥도 살펴야 한다.

정답 찾기 매일 아침 새로운 하루가 시작됨을 느끼고, 자기 전에 하루가 즐거웠다고 생각하는 등, 매일 아침 눈을 떴을 때 유지하기를 바라는 것은 기쁜 마음이어야 한다. 따라서 '어떤 상태가 원래 상태를 그대로 유지하다'의 뜻인 保持와 호응할 수 있으면서, 심리상태를 의미하는 B의 情绪(기분)가 답이 된다.

단어 情景 qíngjǐng 명 장면, 광경 | 情绪 qíngxù 명 기분, 정서 | 优势 yōushì 명 우세 | 事实 shìshí 명 사실

| 제목 | 우공이산(고사성어) | 주제 | 포기하지 않고 끝까지 하는 자는 무엇이든지 이루어낼 수 있다. |

古时候，有一个叫愚公的老人，他家门前有两座山，__5__，出入非常不方便。突然有一天，他说："我们把门前的两座山移走，怎么样呢？"愚公的儿子和孙子一听，都表示__6__。可是愚公的妻子反对这个计划，她觉得这是不可能完成的。第二天，愚公和家人拿着工具开始移山，他的邻居听说后也都来帮忙。

有一个叫智叟的老人听说这件事后，__7__他太傻，对他说："你看看你，快要九十岁了，走路都摇摇晃晃，怎么移山呢？"愚公说："即使我死了，还有我的儿子。儿子死了，还有孙子，孙子又生孩子，孩子又生儿子。只要一直坚持做，就有可能__8__。"

옛날에 우공이라 불리는 노인이 있었다. 그의 집 앞에는 두 개의 산이 있었는데, 길을 가로막아서, 드나들기가 매우 불편했다. 어느 날 갑자기, 우공은 "우리 문 앞의 두 산을 옮기는 게 어떻겠니?"라고 말했다. 우공의 아들과 손자는 듣자마자 모두 찬성했다. 그러나 우공의 부인은 이 계획을 반대했다. 그녀는 이 일은 완성할 수 없다고 생각했다. 둘째 날, 우공과 가족들은 도구를 들고 산을 옮기기 시작했다. 그의 이웃도 이를 듣고 모두 도우러 왔다.

지수라 불리는 노인이 이 일을 들은 후, 우공이 매우 어리석다고 비웃으며, 그에게 "이보게. 곧 90세야. 걷는 것도 휘청휘청하면서 어떻게 산을 옮기나?"라고 말했다. 우공은 "설령 내가 죽는다 하더라도 내 아들이 있네. 내 아들이 죽으면 손자가 있고, 손자는 또 아이를 낳고, 아이는 또 아들을 낳으니, 계속해서 해나가기만 한다면, 혹시 성공하지 않겠는가."라고 말했다.

단어 古 gǔ 몡 고대, 옛날 | ★ 愚公 Yúgōng 고유 우공 | 方便 fāngbiàn 혱 편리하다 | ★ 突然 tūrán 뷔 갑자기 | 座 zuò 양 (산, 건축물 등) 비교적 크거나 고정된 물체를 세는 단위 | ★ 移走 yízǒu 동 옮겨가다 | 表示 biǎoshì 동 나타내다 | 妻子 qīzi 몡 아내 | 反对 fǎnduì 동 반대하다 | 计划 jìhuà 몡 계획 | 工具 gōngjù 몡 도구, 연장 | 邻居 línjū 몡 이웃, 이웃사람 | ★ 傻 shǎ 혱 어리석다, 둔하다 | ★ 摇摇晃晃 yáoyáohuànghuàng 혱 휘청휘청하다, 흔들흔들 움직이다 | 即使 jíshǐ 젭 설령 ~하더라도 | ★ 孙子 sūnzi 몡 손자 | 坚持 jiānchí 동 견지하다

05

A 挡住了路	A 길을 가로막아서
B 十分矛盾	B 매우 갈등되서
C 因为无法推辞	C 왜냐하면 거절할 수 없어서
D 犹豫了很长时间	D 오랫동안 주저해서

시크릿 他家门前有两座山，______，出入非常不方便。

해설
품사 찾기 앞뒤에 쉼표(,)가 있는 것으로 보아, 빈칸에는 절이 들어가야 한다.
짝꿍 찾기 절의 힌트는 앞뒤의 문맥을 파악해야 한다.
정답 찾기 빈칸 앞은 우공의 집 앞에 두 개의 산이 있다는 내용이고, 뒤는 출입이 불편하다는 내용이다. 두 개의 산으로 인해, 출입이 불편한 것으로 보아, 그 두 개의 산이 우공의 집 앞길을 가로막고 있음을 추측할 수 있다. 따라서 A가 답이 된다.

단어 挡住 dǎngzhù 동 막다 | 矛盾 máodùn 혱 모순되다, 갈등되다 | 推辞 tuīcí 동 거절하다 | 犹豫 yóuyù 혱 주저하다, 망설이다

06

| A 感动 | B 陌生 | A 감동하다 | B 생소하다 |
| C 反对 | D 赞成 | C 반대하다 | D 찬성하다 |

시크릿 愚公的儿子和孙子一听，都表示______。可是愚公的妻子反对这个计划，

해설
품사 찾기 '表示(동사) + 목적어'의 어순으로, 빈칸은 목적어 자리다.
짝꿍 찾기 목적어의 힌트는 동사 表示(나타내다)다.

정답 찾기   빈칸 뒤 절에 역접의 접속사 可是(그러나)가 있는 것으로 보아, 앞 절과 뒤 절은 서로 반대되는 내용이어야 한다. 뒤 절에 反对(반대하다)가 나왔으므로, 앞 절에는 대비를 이루는 赞成(찬성하다)이 나와야 한다. 따라서 D가 답이 된다.

Tip   동사 表示(표시하다)는 表示欢迎(환영을 표시하다), 表示感谢(감사를 표하다), 表示歉意(사죄의 뜻을 표하다), 表示同意(동의를 표시하다) 등과 같이 생각, 감정, 태도를 나타내는 단어와 자주 호응한다.

단어   感动 gǎndòng 图 감동하다 | 陌生 mòshēng 图 생소하다 | 反对 fǎnduì 图 반대하다 | 赞成 zànchéng 图 찬성하다

07

| A 确定 | B 考虑 | A 확정하다 | B 고려하다 |
| C 笑话 | D 相信 | C 비웃다 | D 믿다 |

시크릿   有一个叫智叟的老人听说这件事后，＿＿＿＿他太傻，

해설

품사 찾기   빈칸 뒤에 있는 주술구 목적어 他太傻(그는 매우 어리석다)를 이끌 수 있는 동사를 찾아야 한다.

짝꿍 찾기   동사의 힌트 1순위는 목적어이다. '그는 매우 어리석다'는 부정적인 의미로 그에 적합한 동사를 선택해야 한다.

정답 찾기   笑话는 명사로 '재미있는 이야기, 우스갯소리, 농담'이라는 뜻 외에, '비웃다'라는 부정적 의미의 동사도 있다. 지수라는 노인은 우공이 산을 옮긴다는 얘기를 듣고 그를 어리석다며 비웃은 것으로, 답은 C가 된다.

단어   确定 quèdìng 图 확정하다 | 考虑 kǎolǜ 图 고려하다 | 笑话 xiàohua 图 비웃다 | 相信 xiāngxìn 图 믿다

08

| A 收获 | B 努力 | A 수확하다 | B 노력하다 |
| C 到达 | D 成功 | C 도달하다 | D 성공하다 |

시크릿   只要一直坚持做，就有可能＿＿＿＿。

해설

품사 찾기   '可能(부사) + 술어'의 어순으로, 빈칸은 술어 자리다.

짝꿍 찾기   술어는 전체 문맥을 통해서 답을 찾아야 한다.

정답 찾기   앞 절의 접속사 只要(~하기만 하면)는 조건을 나타내므로, 문맥상 적합한 결과를 찾아야 한다. 90세가 다 된 노인이 어떻게 산을 옮기겠느냐는 질문에, 우공은 포기하지 않고 대대로 계속해서 노력한다는 조건을 제시하고 있으므로, 이에 따른 결과로는 산을 옮기는 일을 성공할 수 있다는 내용이 나와야 한다. 따라서 D가 답이 된다.

Tip   收获는 '어떤 것을 얻고 획득하다'라는 取得의 의미를 가지고 있고, 到达는 '어떤 장소에 도착하다'라는 의미다.

단어   收获 shōuhuò 图 수확하다 | 努力 nǔlì 图 노력하다 | 到达 dàodá 图 도달하다 | 成功 chénggōng 图 성공하다

[01-04]

| 제목 | 화가 고개지의 유년시절 |

| 주제 | 고개지는 본 적 없는 돌아가신 어머니의 모습을 그리기 위해 꾸준히 연습을 하여, 결국 성공했다. |

顾恺之，是中国东晋时期非常著名的画家。他很小的时候，母亲就＿1＿了。稍长大一点，便每天缠着父亲追问母亲的样子，父亲不厌其详地给他讲了母亲的样貌和日常的衣着。他把这一切都牢牢地记在心中。

八岁那年，他忽然向父亲要笔墨，说要给母亲画像。父亲说，"你连母亲的模样都没见过，怎么画呢？"他回答说："＿2＿，一天不像画两天，两天不像画三天，一定要到画像了为止。"于是他每天都在画，不分白天和黑夜。画好了就给父亲看，看了以后就按照父亲的意见修正。逐渐地，父亲惊喜地发现，母亲的像居然有几分＿3＿了，只是眼睛还是不太像。于是，他又用心地去琢磨，一年过去了，两年过去了，终于有一天，他把再次画成的母亲像给父亲看，父亲竟然看＿4＿了，说："像，太像了，眼睛特别像呀。"

고개지는 중국 동진 시기의 매우 유명한 화가다. 그가 아주 어렸을 적에, 어머니는 세상을 떠났다. 좀 더 자란 후에, 그는 매일 아버지를 보채며 어머니의 모습을 캐물었다. 아버지는 조금도 귀찮아하지 않고 그에게 어머니의 모습과 평상시 옷차림을 설명해주었다. 그는 이 모든 것들을 가슴속에 깊이 새겼다.

여덟 살이 되던 해에, 그는 갑자기 아버지에게 붓과 먹을 달라며, 어머니의 초상화를 그리겠다고 했다. 아버지는 "어머니의 모습을 본 적도 없는데, 어떻게 그리느냐"고 말하자, 그는 "저는 아버지께서 말씀하신 대로 그릴 거예요. 하루 그려서 안 닮았으면 이틀, 이틀 그려서 안 닮았으면 사흘, 반드시 닮을 때까지 그릴 거예요."라고 대답했다. 그래서 그는 주야를 가리지 않고, 매일 그림을 그렸다. 그림을 그린 후에는 아버지에게 보여줬고, 보여준 다음에는 아버지의 의견에 따라 고쳤다. 점점, 아버지는 놀랍게도 어머니의 초상화가 다소 비슷한 것을 발견했다. 단지 눈은 여전히 별로 닮지 않았다. 그래서, 그는 다시 심혈을 기울여 생각했고, 일 년이 지나고 이 년이 지나 마침내 어느 날, 그는 다시 그린 어머니의 초상화를 아버지에게 보여줬다. 아버지는 놀라 멍하니 바라보며, "닮았어, 정말 닮았어. 특히 눈이 닮았구나."라고 말했다.

단어 ★ 东晋 Dōngjìn 몡 동진 | 时期 shíqī 몡 시기 | 著名 zhùmíng 囹 유명하다 | 稍 shāo 뷘 조금, 약간 | ★ 缠着 chánzhe 동 보채다, 매달리다 | 追问 zhuīwèn 동 캐묻다, 추궁하다 | 不厌其详 búyàn qíxiáng 성어 상세히 하는 것을 꺼리지 않다 | ★ 样貌 yàngmào 몡 생김새, 모습 | 衣着 yīzhuó 몡 복장 | ★ 牢牢 láoláo 囹 견고하다 | 忽然 hūrán 뷘 갑자기 | ★ 笔墨 bǐmò 몡 붓과 먹 | 画像 huàxiàng 동 초상화를 그리다 | 模样 múyàng 몡 모양 | 为止 wéizhǐ 동 ~를 끝으로 하다 | 于是 yúshì 젭 그래서 | ★ 按照 ànzhào 젠 ~에 따라 | 意见 yìjiàn 몡 견해 | 修正 xiūzhèng 동 수정하다 | ★ 逐渐 zhújiàn 뷘 점점 | 惊喜 jīngxǐ 동 놀라며 기뻐하다 | 居然 jūrán 뷘 뜻밖에 | 用心 yòngxīn 동 심혈을 기울이다 | ★ 琢磨 zuómo 동 깊이 생각하다 | 终于 zhōngyú 뷘 마침내 | 竟然 jìngrán 뷘 뜻밖에도

01

| A 去世 | B 存在 |
| C 耽误 | D 上班 |

| A 세상을 떠나다 | B 존재하다 |
| C 지체하다 | D 출근하다 |

시크릿 他很小的时候，母亲就＿＿＿了。稍长大一点，便每天**缠着父亲追问母亲的样子**，

해설
품사 찾기 '母亲(주어) + 就(부사) + 술어'의 어순으로 빈칸은 술어 자리다.
짝꿍 찾기 술어의 힌트는 목적어와 주어지만, 힌트가 부족하면 앞뒤 문맥을 살피는 것이 가장 좋다.
정답 찾기 빈칸 뒤 절에 고개지가 조금 자란 후, 아버지에게 어머니의 모습을 물었다는 내용으로 보아, 어렸을 때 어머니께서 돌아가셨다는 것을 알 수 있다. 따라서 답은 A가 된다.

Tip 死了(죽었다), 去了(떠났다), 去世(돌아가시다), 逝世(서거하다) 등과 같이 돌아가셨다는 표현에도 여러 가지가 있으니 암기해두어야 한다. 耽误는 '시간을 지체하거나 시기를 놓쳐 일을 그르치다'라는 뜻으로, 耽误时间(시간을 지체하다), 耽误学习(학습을 그르치다), 耽误工作(일을 그르치다)로 표현한다.

단어 去世 qùshì 동 세상을 떠나다 | 存在 cúnzài 동 존재하다 | 耽误 dānwu 동 지체하다, 그르치다 | 上班 shàngbān 동 출근하다

<table>
<tr><td>02</td><td>

A 我请画家来画
B 我相信您的实力
C 我就按照您说的画
D 我已经画了很长时间了

</td><td>

A 저는 화가를 모셔다가 그릴 거예요
B 저는 아버지의 실력을 믿어요
C 저는 아버지께서 말씀하신 대로 그릴 거예요
D 저는 이미 오랫동안 그림을 그렸어요

</td></tr>
</table>

시크릿 "你连母亲的模样都没见过，怎么画呢?"他回答说:"______, …一定要到画像了为止。"

해설

품사 찾기 빈칸이 쌍점(:)과 쉼표(,) 사이에 있으므로, 하나의 절이 들어가야 한다.

짝꿍 찾기 절의 힌트는 앞뒤 문맥을 파악해야 한다.

정답 찾기 顾恺之(고개지)는 어린 나이에 어머니를 잃어 어머니의 모습을 기억하지 못한다. 어머니를 본 적도 없이 어떻게 그리겠냐는 물음에 대한 대답으로, 닮을 때까지 며칠이고 그리겠다는 뒤의 말과 뜻이 통해야 한다. 따라서 A와 B는 답이 될 수 없고, 아버지께서 말씀하신 대로 그리려고 한다는 C가 답이 된다.

Tip 주인공이 8살 때의 상황이므로, D처럼 오랫동안 엄마의 모습을 그렸다는 애기는 내용에 부합하지 않는다 .

단어 实力 shílì 몡 실력 | 按照 ànzhào 젠 ～에 따라 | 已经 yǐjing 뷔 이미

<table>
<tr><td>03</td><td>

A 几乎　　　　B 相似
C 可靠　　　　D 巧妙

</td><td>

A 거의　　　　B 비슷하다
C 믿을 만하다　　D 교묘하다

</td></tr>
</table>

시크릿 母亲的像居然有几分______了，只是眼睛还是不太像。

해설

품사 찾기 几分은 '다소, 좀'이라는 정도를 나타내는 말로, 빈칸에는 형용사가 나와야 한다.

짝꿍 찾기 형용사 술어 자리로, 술어의 힌트는 주어지만, 힌트가 부족하면 앞뒤 문맥까지도 살펴봐야 한다.

정답 찾기 빈칸 뒤 절에 역접을 나타내는 접속사 只是가 나오는 것으로 보아, 앞 절과 뒤 절은 반대되는 내용이 나와야 한다. 뒤 절에 不太像(별로 닮지 않았다)이라고 했으므로 앞 절은 반대되는 의미로 아이가 그린 그림과 엄마의 모습이 닮았다는 내용이 나와야 한다. 따라서 B가 답이 된다.

Tip 빈칸에는 형용사가 들어가야 하므로, 부사 几乎(거의)는 자동 제거된다. 可靠는 '믿을 만하다, 믿음직스럽다'라는 뜻으로, 보통 사람을 평가하는 데 많이 쓰인다. 예를 들면, 可靠的人(믿을 만한 사람), 这个人不太可靠(이 사람은 그다지 믿을 만하지 않다)라고 표현한다. 巧妙는 '방법이나 기술 등이 재치있고 약삭빠르다'라는 뜻으로 方法很巧妙(방법이 매우 교묘하다), 技术很巧妙(기술이 매우 교묘하다), 用了巧妙的心理战术(교묘한 심리전술을 쓰다) 등으로 쓰인다.

단어 几乎 jīhū 뷔 거의 | 相似 xiāngsì 혱 비슷하다, 닮다 | 可靠 kěkào 혱 믿을 만하다 | 巧妙 qiǎomiào 혱 교묘하다

<table>
<tr><td>04</td><td>

A 晕　　　　B 吓
C 呆　　　　D 住

</td><td>

A 어지럽다　　B 놀라다
C 멍하다　　　D 멈추다

</td></tr>
</table>

시크릿 父亲竟然看______了，说:"像，太像了，眼睛特别像呀。"

해설

품사 찾기 '父亲(주어) + 竟然(부사) + 看(술어) + 结果补语 + 了(동태조사)'의 어순이다. 빈칸은 결과보어가 될 수 있는 동사나 형용사 자리다.

짝꿍 찾기 결과보어 힌트 1순위는 동사고, 그 다음으로 문맥을 살펴야 한다.

정답 찾기 엄마를 한 번도 본적이 없는 아이가, 자신이 해준 설명만 듣고 끊임없는 연습을 거쳐 엄마와 흡사한 그림을 그린 것을 본 아버지의 반응을 나타내야 한다. 부사 竟然(뜻밖에)을 보고 아버지는 너무 감탄해서 바라보는 모습인 것을 유추할 수 있다. 따라서 C의 呆(멍하다, 어리둥절하다)가 답이 된다.

Tip 吓는 '놀라다'의 뜻으로, 看의 결과보어로는 쓰이지 않으므로 제거된다. 住는 '고정'의 뜻을 가지며, 看住는 '뚫어지게 보다'라는 뜻이다.

단어 晕 yūn 혱 어지럽다 | 吓 xià 통 놀라다 | 呆 dāi 혱 멍하다 | 住 zhù 통 멈추다

[05-08]

<table>
<tr><td>

제목   현명한 고양이

　　我家有只猫，名字叫薇拉。它__5__守着那棵大树，期待着树上的小鸟有一天掉下来成为它的美食，可是它整整等了一个春天也毫无结果。它又老又胖，从不捕捉老鼠，按时吃我给它的猫食，长得像一只虚胖的企鹅。"别__6__了，小鸟不会从树上掉下来的，你面对__7__吧。"薇拉不理我的建议，一直守在树下。过了一段时间，我发现薇拉不在树下了，院子里多了死老鼠的尸体。原来，最近薇拉一直守在老鼠洞前面，洞里的老鼠们最后都死在薇拉的爪下。原来我的薇拉有很高的捕鼠技术，它其实很能干呢。它真是我聪明的宠物，它教会了我长大的智慧：__8__。

</td><td>

주제   자신이 할 수 있는 일을 정확하게 파악하고 노력할 때 성과를 얻을 수 있다.

　　우리 집에는 벨라라고 불리는 고양이가 있다. 벨라는 하루 종일 큰 나무를 지키면서, 나무 위의 작은 새가 어느 날 떨어져 자신의 맛있는 먹이가 되어주기만을 기대하고 있었다. 하지만, 봄 한 철 내내 기다려도 아무런 결과가 없었다. 벨라는 늙고 살이 쪄, 쥐를 잡지도 않았고, 시간 맞춰서 내가 주는 먹이만 먹다 보니, 뒤룩뒤룩 살찐 펭귄 같아졌다. "힘들이지 마! 새가 나무에서 떨어지는 일은 없을 거야. 현실을 제대로 바라봐야지!" 벨라는 내 제안에 아랑곳하지 않고, 계속해서 나무를 지켰다. 어느 정도 시간이 흐르고, 나는 벨라가 나무 아래에 없는 것을 발견했다. 뜰에는 죽은 쥐의 시체가 많아졌다. 알고 보니, 요즘 벨라는 계속 쥐 구멍 앞을 지키고 있었고, 구멍 안의 쥐들은 결국 모두 벨라의 발톱 아래 죽어갔다. 원래 벨라는 쥐 잡는 기술이 매우 뛰어났고, 사실은 매우 재능이 있었던 것이다. 벨라는 정말 똑똑한 애완동물이며, 나에게 성장하는 지혜를 가르쳐주었다. 자신의 위치를 어떻게 정할지 알아야, 비로소 마음먹은 대로 될 수 있다.

</td></tr>
</table>

단어 猫 māo 몡 고양이 | ★ 薇拉 Wēilā 몡 벨라(고양이 이름) | 守 shǒu 통 지키다 | 棵 kē 앵 그루(나무를 세는 양사) | 大树 dàshù 몡 큰 나무 | ★ 期待 qīdài 통 기대하다 | 掉 diào 통 떨어지다 | 美食 měishí 몡 맛있는 음식 | 整整 zhěngzhěng 뷔 꼬박 | ★ 毫无 háowú 조금도 ~ 없다 | ★ 捕捉 bǔzhuō 통 잡다 | 老鼠 lǎoshǔ 몡 쥐 | 按时 ànshí 뷔 제때에 | ★ 虚胖 xūpàng 톙 뒤룩뒤룩 살이 찌다 | ★ 企鹅 qǐ'é 몡 펭귄 | 面对 miànduì 통 대면하다. 직시하다 | ★ 不理 bùlǐ 통 아랑곳하지 않다 | 建议 jiànyì 몡 제안 | 院子 yuànzi 몡 마당. 정원 | ★ 尸体 shītǐ 몡 시체 | 最近 zuìjìn 몡 최근 | 洞 dòng 몡 구멍. 동굴 | ★ 爪 zhǎo 몡 (동물) 발톱 | 技术 jìshù 몡 기술 | 其实 qíshí 뷔 사실 | 能干 nénggàn 톙 유능하다 | ★ 宠物 chǒngwù 몡 애완동물 | ★ 智慧 zhìhuì 몡 지혜

05

A 整整	B 整天	A 꼬박	**B 하루 종일**
C 半天	D 全体	C 한참	D 전체

시크릿 它_____守着那棵大树，期待着树上的小鸟有一天掉下来成为它的美食，

해설

품사 찾기 '它(주어) + 부사어 + 守(동사) + 着(동태조사)'의 어순으로, 빈칸은 부사어 자리다.

짝꿍 찾기 부사어는 문맥을 통해 유추해야 하며, 경우에 따라 보기를 파악하면 힌트를 찾을 수 있다.

정답 찾기 보기에 시간사가 주로 제시되어 있고, 고양이가 나무 위의 새가 떨어져 자신의 먹이가 되어주기를 기다린다는 내용이 빈칸 뒤에 나와 있다. 하지만 살아 있는 새가 나무에서 떨어질 가능성은 매우 적기 때문에 많은 시간을 소비해야 하므로, 하루 종일을 나타내는 B가 답이 된다.

Tip 整整은 整天과 모양이 비슷하다. 하지만 整整은 부사로서 '넘지도 모자라지도 않고 딱 어떤 수량에 이르렀다'는 뜻으로 뒤에 수량을 끌고 나와 整整一个月(꼬박 한 달), 整整一个星期(꼬박 일주일), 整整等了一个春天(꼬박 봄 한 철을 기다리다)의 형태로 쓰인다. 半天은 '하루의 반'이라는 뜻과 작가가 주관적으로 느끼는 '한참'이라는 뜻이 있다. 全体는 '정해진 범위의 전체'를 의미하지만, 일반적으로 사람을 나타내어 全体职员(직원 전체), 全体留学生(유학생 전체) 등으로 사용된다.

단어 整整 zhěngzhěng 뷔 꼬박 | 整天 zhěngtiān 몡 하루 종일 | 半天 bàntiān 몡 한참 | 全体 quántǐ 몡 전체

<table>
<tr><td rowspan="2">**06**</td><td>A 麻烦</td><td>B 烦心</td><td>A 귀찮게 하다</td><td>B 마음을 쓰다</td></tr>
<tr><td>C 破费</td><td>D 费事</td><td>C 소비하다</td><td>D 힘이 들다</td></tr>
</table>

시크릿 别＿＿了，小鸟不会从树上掉下来的，

해설
품사 찾기 别는 어떤 행동을 하지 말라고 금지하는 뜻의 부사로, 뒤에는 동사가 나와야 한다.
짝꿍 찾기 동사의 힌트는 목적어와 주어인데, 둘 다 없으므로 앞뒤 문맥을 파악해야 한다.
정답 찾기 빈칸 뒤 절에 새가 나무에서 떨어질 수는 없다는 내용과, 빈칸 앞에 '~하지 마라'의 别가 제시되어 있다. 주인이 고양이 벨라가 아무런 결과를 얻지 못하면서 새가 나무에서 떨어지길 기다리는 것을 말리는 상황임을 알 수 있다. 别费事는 '(성과가 나지 않는 일에) 힘들이지 마라, 시간 들이지 마라'의 의미로 답은 D가 된다.

Tip 别麻烦은 '귀찮게 하지 마라', 别烦心은 '마음 쓰지 마라', 别破费는 '돈을 쓰지 마라'의 뜻으로 문맥에 적합하지 않다.

단어 麻烦 máfan 동 귀찮게 하다 | 烦心 fánxīn 동 마음을 쓰다 | 破费 pòfèi 동 소비하다, (금전이나 시간을) 쓰다 | 费事 fèishì 동 힘이 들다

<table>
<tr><td rowspan="2">**07**</td><td>A 现在</td><td>B 自己</td><td>A 현재</td><td>B 자기</td></tr>
<tr><td>C 自身</td><td>D 现实</td><td>C 자신</td><td>D 현실</td></tr>
</table>

시크릿 小鸟不会从树上掉下来的，你面对＿＿＿吧。

해설
품사 찾기 '你(주어) + 面对(술어) + 목적어'의 어순으로, 빈칸은 목적어 자리다.
짝꿍 찾기 목적어의 힌트는 동사 面对(대면하다)다.
정답 찾기 살아 있는 새가 나무에서 떨어질 가능성은 매우 적으므로, 문맥상 현실을 직시하라는 뜻이 되어야 한다. 동사 面对는 '대면하다, 당면하다'의 뜻으로, 现实(현실), 挑战(도전) 등과 같은 추상적인 목적어와 호응할 수 있다. 따라서 답은 D가 된다.

단어 现在 xiànzài 명 현재 | 自己 zìjǐ 대 자기, 스스로 | 自身 zìshēn 명 자신, 자기 | 现实 xiànshí 명 현실

<table>
<tr><td rowspan="4">**08**</td><td>A 傻等着什么事也干不成</td><td>A 미련하게 기다리기만 해서는 어떤 일도 해낼 수 없다</td></tr>
<tr><td>B 知道自己如何定位，才能心随所愿</td><td>B 자신의 위치를 어떻게 정할지 알아야, 비로소 마음먹은 대로 될 수 있다</td></tr>
<tr><td>C 天上不会掉馅饼，树上也不会掉下来小鸟</td><td>C 하늘에서 떡이 떨어질 수 없고, 나무에서 새가 떨어질 리도 없다</td></tr>
<tr><td>D 知道自己是什么东西，才能安心做好自己的事</td><td>D 자신이 어떤 사람인지 알아야, 비로소 안심하고 자신의 일을 해낼 수 있다</td></tr>
</table>

시크릿 它教会了我长大的智慧：＿＿＿。

해설
품사 찾기 빈칸 앞에 쌍점(:)이 있으므로 빈칸에는 하나의 절이 나와야 한다.
짝꿍 찾기 절의 힌트는 앞뒤 문맥을 파악하는 것이다.
정답 찾기 나무 아래를 오랫동안 지키고 있어도 먹잇감을 얻지 못하던 고양이가 알고보니 마음만 먹으면 쥐를 아주 잘 잡는 고양이였다. 지문 마지막에는 자신이 어디에서 무엇을 해야 하는지 객관적으로 평가하고 행동하면, 자신이 원하는 것을 얻을 수 있다는 주제 내용이 들어가야 한다. 따라서 B가 답이 된다.

Tip A와 C는 작가가 고양이에게 알려주려던 지혜였지, 고양이에게서 얻은 지혜가 아니므로 답이 될 수 없다.

단어 傻 shǎ 형 미련하다 | 定位 dìngwèi 동 위치를 정하다 | 心随所愿 xīnsuísuǒyuàn 마음먹은 대로 되다 | 馅饼 xiànbǐng 명 소를 넣은 떡 | 安心 ānxīn 형 마음 놓다, 안심하다

[01-04]

제목	개를 대할 때 주의사항

주제	개를 대할 때는 개의 습성을 잘 이해하고 행동해야 한다.

有的人喜欢猫的温顺，有的人喜欢狗的忠诚。但是在___1___狗的时候要注意，不要轻易靠近它们，也不要随便去摸它们的头，___2___主人就在身边。走路的时候，迎面过来一只狗的话，不要一直直视它，它会把这一动作看作是___3___。因此，如果有一只狗向你跑过来，___4___，也许它只是想要闻闻陌生人的味道。

어떤 사람은 고양이의 온순함을 좋아하고, 어떤 사람은 개의 충성심을 좋아한다. 그러나 개에게 접촉할 때는 주의해야 한다. 함부로 개들에게 다가가서는 안 되고, 마음대로 가서 머리를 만져서도 안 된다. 설령 주인이 옆에 있다고 해도 말이다. 길을 걸을 때 정면으로 개 한 마리가 다가온다면, 개를 계속 똑바로 바라보지 말아야 한다. 개는 이 동작을 싸움을 거는 것으로 생각할 수 있다. 그래서 만약에 개가 당신에게 달려온다면, 당신은 차분하게 그 자리에 서 있어야 한다. 어쩌면 개는 단지 낯선 사람의 냄새를 맡고 싶어하는 것일지도 모르기 때문이다.

단어 ★温顺 wēnshùn 톙 온순하다 | ★忠诚 zhōngchéng 톙 충성하다 | 时候 shíhou 몡 때 | 注意 zhùyì 동 주의하다 | 轻易 qīngyì 뷔 함부로 | 靠近 kàojìn 동 다가가다, 가까이 가다 | 随便 suíbiàn 뷔 마음대로 | ★摸 mō 동 만지다 | ★迎面 yíngmiàn 몡 정면, 맞은편 | 直视 zhíshì 동 똑바로 쳐다보다 | 因此 yīncǐ 접 그래서 | 如果 rúguǒ 접 만약 | 也许 yěxǔ 뷔 어쩌면 | ★闻 wén 동 냄새 맡다 | ★陌生人 mòshēngrén 몡 낯선 사람 | 味道 wèidao 몡 맛, 냄새

01

A 接触	B 抛弃	A 접촉하다	B 포기하다
C 区分	D 改正	C 구분하다	D 개정하다

시크릿 但是在______狗的时候要注意，不要轻易靠近它们，也不要随便去摸它们的头，

해설
품사 찾기 뒤에 목적어가 있으므로, 빈칸은 동사 자리다.
짝꿍 찾기 동사의 힌트는 목적어 狗(개)이며, 뒤 절의 내용도 파악해야 한다.
정답 찾기 빈칸 뒤 절에는 개를 대할 때 조심해야 하는 행동들이 나온다. 靠近(다가가다), 摸头(머리를 만지다) 등의 행위를 포괄적으로 설명할 수 있는 단어는 接触(접촉하다)로, 답은 A가 된다.

단어 接触 jiēchù 동 접촉하다, 닿다 | 抛弃 pāoqì 동 포기하다, 버리다 | 区分 qūfēn 동 구분하다 | 改正 gǎizhèng 동 개정하다

02

A 所以	B 虽然	A 그래서	B 비록
C 要是	D 哪怕	C 만약	D 설령

시크릿 不要轻易靠近它们，也不要随便去摸它们的头，______主人就在身边。

해설
품사 찾기 빈칸 뒤에 주어 主人(주인)이 있고, 앞에 쉼표(,)가 있는 것으로 보아 빈칸은 접속사 자리다.
짝꿍 찾기 접속사는 경우에 따라서 앞뒤 절이 바뀌어 나오기도 하므로, 전체 문맥을 살펴야 한다.
예 哪怕他不去，我也要去。 설령 그가 가지 않는다 하더라도, 나는 갈 거야.
我一定要去，哪怕他不去。 나는 반드시 가야 해, 설령 그가 가지 않는다 하더라도.
정답 찾기 접속사를 고르는 문제에서는 사실인지 가설인지, 순접인지 역접인지를 반드시 판단해야 한다. 주어진 문장은 발생하지 않은 가설을 언급한 내용이므로, 사실을 말하는 접속사 虽然은 제거된다. 보통 주인이 있으면 개에게 다가가거나 만지는 것이 가능하다고 생각하지만, 앞 절에서 부정을 나타내고 있으므로, 역접을 의미하는 접속사가 필요하다. 따라서 가설에 따른 역접을 나타내는 D의 哪怕(설령)가 답이 된다.

단어 所以 suǒyǐ 접 그래서 | 虽然 suīrán 접 비록 | 要是 yàoshi 접 만약 | 哪怕 nǎpà 접 설령

<table>
<tr><td rowspan="2">**03**</td><td>A 亲密</td><td>B 挑战</td><td>A 친밀하다</td><td>B 싸움을 걸다</td></tr>
<tr><td>C 信任</td><td>D 轻视</td><td>C 신임하다</td><td>D 경시하다</td></tr>
</table>

시크릿 不要一直直视它，它会把这一动作看作是______。

해설

품사 찾기 동사 是 이하 부분에는 목적어가 필요하다.

짝꿍 찾기 동사 是는 특별한 힌트 역할을 할 수 없으므로, 전체 문맥을 살펴야 한다.

정답 찾기 빈칸 앞 절에서 개를 계속해서 주시하지 말라고 권고하고 있다. 부사 不要는 '~하지 마라'라는 의미로 금지를 나타내기 때문에 빈칸에는 개가 위험하게 여길 수 있는 행동이 나와야 한다. 제시된 보기 중 挑战이 '싸움을 걸다'라는 의미로 가장 적합하다. 따라서 답은 B가 된다.

단어 亲密 qīnmì 刨 친밀하다 | 挑战 tiǎozhàn 통 싸움을 걸다 | 信任 xìnrèn 통 신임하다 | 轻视 qīngshì 통 경시하다

<table>
<tr><td rowspan="4">**04**</td><td>A 就叫警察帮忙</td><td>A 바로 경찰에게 도움을 청한다</td></tr>
<tr><td>B 不管你跑得有多快</td><td>B 당신이 얼마나 빨리 뛰든 상관없다</td></tr>
<tr><td>C 马上跑到安全的地方</td><td>C 바로 안전한 곳으로 뛰어간다</td></tr>
<tr><td>D 你要安静地站在那儿</td><td>D 당신은 차분하게 그 자리에 서 있어야 한다</td></tr>
</table>

시크릿 如果有一只狗向你跑过来，______，也许它只是想要闻闻陌生人的味道。

해설

품사 찾기 빈칸 앞뒤에 쉼표(,)가 있으므로, 빈칸에는 하나의 절이 필요하다.

짝꿍 찾기 절의 힌트는 앞뒤 문맥을 파악해야 알 수 있다.

정답 찾기 만약 개가 다가오거나 달려든다면, 상식적으로 피하거나 도망을 간다는 내용의 C를 선택하기 쉽다. 하지만, 빈칸 뒤 절에 개가 당신에게 다가온 것은 단지 낯선 사람의 냄새를 맡고 싶어하는 것일지도 모른다고 말했으므로 상식적인 행동과 반대되는 행동이 나와야 한다. 따라서 가장 적합한 행동은 차분하게 그 자리에 가만히 서 있으라는 내용인 D가 답이 된다.

단어 警察 jǐngchá 명 경찰 | 马上 mǎshàng 부 곧 | 安静 ānjìng 톙 차분하다, 조용하다

[05-08]

<table>
<tr><td>**제목** 힘든 시절을 함께 해준 나의 남편</td><td>**주제** 서로 평생을 함께하기 위해서는 사랑과 추억이 있어야 한다.</td></tr>
<tr><td>

后来，这个人就成了我的丈夫，他__5__我走过无数风雨。那__6__艰苦的日子里，他给予我的关爱永远在我脑海里挥之不去。__7__他在不在我身边，我都会想起他在冬日里给我的第一个拥抱。我的这个男人，在饥寒交迫的日子里，细心地抚慰了一个女孩子孤独寂寞的心。我想，每个爱过的女人，如果她希望和一个男人天长地久，那背后一定有着一次感人的记忆，而这个男人__8__这个女人期待，也一定是因为他给女人宽厚温暖的爱。

</td><td>

훗날, 이 사람은 나의 남편이 되었고, 그는 나와 함께 수많은 시련을 겪었다. 그 힘들었던 나날들 동안, 그가 나에게 준 관심과 사랑은 영원히 내 머릿속에서 잊혀지지 않을 것이다. 그가 내 곁에 있든 없든 관계없이, 나는 그가 겨울에 나에게 처음 해주었던 포옹을 떠올릴 것이다. 나의 이 남자는, 춥고 배고픈 시절에 한 소녀의 외롭고 쓸쓸한 마음을 세심하게 위로해주었다. 사랑을 해본 적이 있는 여자가, 만일 한 남자와 평생을 함께하고자 한다면, 그 뒤에는 분명히 감동적인 기억이 있을 거라고 생각한다. 그리고 그 남자에게 이러한 여자가 기대할 만한 가치가 있는 것도 분명히 남자가 여자에게 너그럽고 따뜻한 사랑을 주기 때문일 것이다.

</td></tr>
</table>

단어 ★ 无数 wúshù 톙 무수하다, 매우 많다 | 风雨 fēngyǔ 명 비바람, 시련 | ★ 艰苦 jiānkǔ 톙 고생스럽다 | 给予 jǐyǔ 통 주다 | 关爱 guān'ài 통 관심을 가지고 아끼다 | 永远 yǒngyuǎn 부 영원히 | ★ 脑海 nǎohǎi 명 머리, 뇌리 | ★ 挥之不去 huīzhī búqù 지울래야 지워지지 않다 | 拥抱 yōngbào 통 포옹하다 | ★ 饥寒交迫 jīhán jiāopò 성어 굶주림과 추위가 동시에 닥치다 | 细心 xìxīn 톙 세심하다 | ★ 抚慰 fǔwèi 통 위로하다 | 孤独 gūdú 톙 고독하다 | ★ 寂寞 jìmò 톙 외롭다 | 天长地久 tiāncháng dìjiǔ 성어 하늘과 땅처럼 영원하다, 영원이 변치 않다 | 背后 bèihòu 명 배후 | 感人 gǎnrén 톙 감동적이다 | 记忆 jìyì 명 기억 | ★ 期待 qīdài 통 기대하다, 바라다 | ★ 宽厚 kuānhòu 톙 너그럽다, 관대하다 | ★ 温暖 wēnnuǎn 톙 따뜻하다

| A 跟 | B 陪 | A ~와 | B (~와) 함께하다 |
| C 随 | D 引 | C (~를) 따르다 | D 이끌다 |

시크릿 这个人就成了我的丈夫，他_____我走过无数风雨。

해설
품사 찾기 주어 他(그)와 또 다른 명사 我(나) 사이에는 동사나 전치사가 필요하다.
짝꿍 찾기 빈칸 뒤에 있는 走过无数风雨(수많은 시련을 겪었다)의 문맥을 파악해야 한다.
정답 찾기 빈칸 앞 절에 이 사람은 나의 남편이 되었다는 것으로 보아, 주어 他(그)는 我(나)의 남편으로, 문맥 상 수많은 시련을 함께 겪으며 옆에서 지켜주고 도와줬다는 의미가 되어야 한다. 전치사 跟은 '함께 ~을 하다'라는 뜻이지만, 陪는 '짝이 되어 동행해준다'는 뜻과 协助(거들어주다, 도와주다)의 의미를 포함하고 있으므로, 陪가 더 적합하다. 따라서 답은 B가 된다.

단어 跟 gēn 전 ~와 | 陪 péi 동 함께하다, 동반하다 | 随 suí 동 따르다 | 引 yǐn 동 이끌다

| A 条 | B 个 | A (한) 줄기 | B (한) 개 |
| C 段 | D 是 | C (한)동안 | D ~이다 |

시크릿 那_____艰苦的日子里，

해설
품사 찾기 '那(지시대사) + 양사 + 艰苦的(관형어) + 日子(명사)'의 어순으로 빈칸은 양사 자리다.
짝꿍 찾기 양사는 뒤의 명사에 의해서 결정된다. 즉 빈칸의 힌트는 명사 日子(날)가 된다.
정답 찾기 양사 段(동안)은 시간적인 거리와 공간적인 거리에 쓰이며, 말·문장·과정을 셀 때도 쓰일 수 있다. 따라서 시간을 나타내는 日子(날)를 셀 수 있는 양사로 C가 답이 된다. 个(개)는 개체양사로 가장 보편적으로 쓰이나, 사람이나 사물 등에 쓰이므로 답이 될 수 없다.
예 一段日子(세월), 一段时间(일정한 시간)
一段路(한 구간의 길), 一段距离(일정한 거리)
一段文章(글 한 단락), 一段话(몇 마디 말), 一段新闻(뉴스 단락)

Tip 条는 길고 가느다랗고 구부릴 수 있는 것을 셀 때 쓰이며, 유형·무형의 것을 나타내는 데 모두 사용할 수 있다.
예 一条裤子(바지 한 개), 一条围巾(목도리 한 개), 一条鱼(물고기 한 마리)
一条心(하나의 마음), 一条新闻(한 가지 뉴스)

단어 条 tiáo 양 줄기, 가닥, 개(길고 가늘고 구부릴 수 있는 것을 세는 양사) | 个 gè 양 개, 명(일반 개체를 세는 양사) | 段 duàn 양 동안, 구간, 단(시간이나 공간의 일정한 거리를 세는 양사) | 是 shì 동 ~이다

| A 尽管 | B 尽量 | A 비록 ~일지라도 | B 가능한 한 |
| C 不但 | D 不管 | C ~뿐만 아니라 | D ~에 관계없이 |

시크릿 _____他在不在我身边，我都会想起他在冬日里给我的第一个拥抱。

해설
품사 찾기 빈칸으로 시작하며, 뒤에 주어 他(그)가 있으므로, 빈칸에는 접속사가 필요하다.
짝꿍 찾기 뒤 절에 호응하는 접속부사 都(모두)가 힌트다.
정답 찾기 보기 중에 都와 호응하는 접속사는 不管밖에 없다. 不管은 다음과 같은 아주 중요한 특징을 가지고 있다.

不管 + ⎡ 정반의문문(去不去)
        ⎢ 선택의문문(你去还是他去)
        ⎢ 의문대사 의문문(谁去)
        ⎣ 2가지 이상의 경우(男女)   + 都 + 변하지 않는 결론

빈칸 뒤 절에 정반의문문 형태의 在不在(있거나 없거나)가 있으므로, D가 답이 된다.

Tip 尽管은 不管과 비슷해 보이지만 전혀 다른 뜻으로, 虽然(비록 ~일지라도)의 동의어다.

단어 尽管 jǐnguǎn 접 비록 ~일지라도 | 尽量 jǐnliàng 부 가능한 한 | 不但 búdàn 접 ~뿐만 아니라 | 不管 bùguǎn 접 ~에 관계없이

<table>
<tr><td>08</td><td>A 价值
C 保证</td><td>B 值得
D 希望</td><td>A 가치
C 보증하다</td><td>B ~할 만한 가치가 있다
D 희망하다</td></tr>
</table>

시크릿 而这个男人＿＿＿＿这个女人期待，也一定是因为他给女人宽厚温暖的爱。

해설

품사 찾기 '男人(주어) + 술어 + 这个女人期待(목적어)'의 어순으로, 빈칸은 동사 자리다.

짝꿍 찾기 동사의 힌트는 목적어 这个女人期待(이 여자가 기대하는)가 된다.

정답 찾기 빈칸의 뒤 절에 남자가 여자에게 너그럽고 따뜻한 사랑을 주기 때문이라는 이유가 나오고, 앞에는 남자가 여자의 기대를 어떻게 만드는지 나와야 하므로, 빈칸에는 '~할 만한 가치가 있다'의 뜻을 가진 值得가 가장 적합하다. 따라서 답은 B가 된다.

Tip 价值는 '가치'라는 뜻의 명사여서 빈칸에 들어갈 수 없다. 保证(보증하다)은 책임지고 할 수 있는 상황에 대해 쓰이며 质量(품질), 时间(시간), 生产(생산) 등과 호응하여 쓰인다. 希望(희망하다)은 어떤 일을 이루거나 얻고자, 마음속으로 생각하고 바라는 경우에 쓰인다.

단어 价值 jiàzhí 囘 가치 | 值得 zhíde 통 ~할 만한 가치가 있다 | 保证 bǎozhèng 통 보증하다 | 希望 xīwàng 통 희망하다

6 day p.41

[01-04]

제목	메이란팡의 홍보 전략

주제	궁금증을 자아내는 티저(Teaser) 광고는 매우 효과적이었다.

上世纪30年代，梅兰芳先生初到上海，虽然他唱功绝顶，但要在大上海一下子出名也难。为了 1 梅兰芳，当时替梅兰芳筹划的这个戏班子就想在报纸上打广告，但是这个广告怎么登，才能引起人们的注意呢?

经过一番筹划，他们决定在报纸上只印三个字——梅兰芳，之后什么都不说，广告就这样登出去了。第一天就开始有人议论:" 2 ?"第二天的报纸上还是不小的版面三个大字——梅兰芳。这下子议论的人就更多了，连登了几天之后，上海市街头巷尾就都在议论了:"您知道梅兰芳吗?"由于这个特殊的广告特别引人注目，梅兰芳这个名字很快就传遍了当时的上海。

可当时上海的市民并不知道梅兰芳，因为 3 ，都在互相打听，就这样，梅兰芳的名声越来越响。连登了一周之后，一天，报纸上登出了一个详细的广告:"梅兰芳——京剧演员，今晚在上海某某戏院登台献艺。欢迎观看。"这广告一出，票 4 卖光了。大家都想去看看梅兰芳唱得究竟怎么样，看看梅兰芳先生的功底。从此，梅先生一唱走红，知名度提高了。

1930년대 메이란팡 선생은 처음 상하이에 왔다. 비록 그의 노래 솜씨는 최고지만, 넓은 상하이에서 단번에 유명해지기는 어려웠다. 메이란팡을 홍보하기 위해서, 당시에 메이란팡을 대신해서 기획하던 극단은 신문에 광고를 내기로 했다. 하지만 광고를 어떻게 기재하면, 비로소 사람들의 주의를 끌 수 있을까?

한바탕 계획을 세운 후, 그들은 신문에 '메이란팡' 세 글자만 인쇄하고, 그 후 어떠한 것도 말하지 않았다. 광고는 이렇게 내보내졌다. 첫날부터 몇몇 사람이 "메이란팡이 누구지?" 하고 논의하기 시작했다. 둘째 날의 신문에도 역시 작지 않은 지면에 '메이란팡'이라는 커다란 세 글자만 있었다. 이번에는 논의하는 사람이 더 많아졌다. 광고 게재 며칠 후까지, 상하이 시의 거리와 골목에 모두 "메이란팡이 누군지 알아요?"라는 논의들이 돌았다. 이 특수한 광고는 사람들의 시선을 끌었고, 메이란팡의 이름은 매우 빨리 당시의 상하이에 퍼져 나갔다.

당시 상하이 시민은 결코 메이란팡을 알지 못했고, 궁금하기 때문에 서로에게 물어봤다. 이렇게 메이란팡의 명성은 나날이 높아져갔다. 광고 게재 1주일 후, 어느 날 신문에 자세한 광고 하나가 실렸다. "메이란팡. 경극 배우. 오늘 저녁 상하이 모 극장에서 공연을 선보입니다. 관람하러 오시기를 환영합니다." 이 광고가 나가자마자, 표는 즉시 매진되었다. 모두 메이란팡이 도대체 어떻게 노래 하는지 보러 가고 싶어했고, 메이란팡 선생의 실력을 보고 싶어했다. 이후 메이 선생의 노래는 인기를 끌었고, 인지도가 높아졌다.

단어 ★ 世纪 shìjì 몡 세기 | 年代 niándài 몡 시대 | 虽然 suīrán 젭 비록 ~하지만 | ★ 唱功 chànggōng 몡 노래 솜씨 | ★ 绝顶 juédǐng 몡 최고봉 | 出名 chūmíng 동 유명하다 | ★ 筹划 chóuhuà 동 기획하다, 계획하다 | ★ 戏班子 xìbānzi (중국 전통극) 극단 | 广告 guǎnggào 몡 광고, 선전 | 决定 juédìng 동 결정하다 | 登 dēng 동 게재하다, 실리다 | ★ 议论 yìlùn 동 논의하다, 의논하다 | ★ 版面 bǎnmiàn 몡 지면 | ★ 街头巷尾 jiētóu xiàngwěi 셩어 거리와 골목 | 特殊 tèshū 혱 특수하다 | 引人注目 yǐnrén zhùmù 셩어 사람들의 이목을 끌다 | 传遍 chuánbiàn 동 두루 퍼지다 | 打听 dǎting 동 물어보다 | 详细 xiángxì 혱 상세하다 | 京剧 jīngjù 몡 경극 | 演员 yǎnyuán 몡 배우, 연기자 | ★ 戏院 xìyuàn 몡 극장 | ★ 献艺 xiànyì 동 재주를 보여주다 | 究竟 jiūjìng 븬 도대체 | ★ 功底 gōngdǐ 몡 기초 | ★ 走红 zǒuhóng 동 인기가 있다 | 知名度 zhīmíngdù 몡 지명도

01

A 影响	B 传播	A 영향을 주다	B 전파하다
C 宣传	D 广告	C 홍보하다	D 광고

시크릿 为了_____梅兰芳，…**想在报纸上打广告，**

해설 **품사 찾기** 梅兰芳(메이란팡)이라는 사람 목적어가 있으므로, 빈칸에는 동사가 필요하다.

짝꿍 찾기 동사의 힌트는 목적어지만 사람 이름이 나와 있으므로, 앞뒤 문맥을 파악해야 한다.

정답 찾기 메이란팡은 노래 솜씨가 최고지만, 상하이에서 단번에 유명해지기는 어려웠다. 빈칸 뒤 절에 신문에 광고를 내려 한다는 것으로 보아 메이란팡을 홍보하기 위한 것을 알 수 있다. 宣传(홍보하다)은 어떤 것을 사람들이 알도록 널리 알리는 행위를 말하므로, C가 답이 된다.

Tip 传播(전파하다)는 知识(지식), 疾病(질병), 信息(정보) 등을 단지 광범위하게 퍼뜨리는 것을 말하므로, 답이 될 수 없다. 广告(광고)는 선전의 한 방식으로 간행물, 신문, 텔레비전, 라디오, 인터넷 등의 매개를 통하여 진행되는 일련의 활동을 말한다.

단어 影响 yǐngxiǎng 동 영향을 주다 | 传播 chuánbō 동 전파하다 | 宣传 xuānchuán 동 홍보하다, 선전하다 | 广告 guǎnggào 몡 광고

02

A 这梅兰芳是谁啊	A 메이란팡이 누구지
B 为什么选择梅兰芳	B 왜 메이란팡을 선택했지
C 梅兰芳真的在上海	C 메이란팡이 정말 상하이에 있나
D 演出的地方在哪儿啊	D 공연 장소가 어디지

시크릿 第一天就开始有人议论："_____?"

해설 **품사 찾기** 빈칸이 쌍점(:) 뒤에 있으므로, 빈칸에는 하나의 절이 필요하다.

짝꿍 찾기 절의 힌트는 앞뒤 문맥을 파악해야 알 수 있다.

정답 찾기 메이란팡이라는 이름 이외에 아무런 정보도 없는 신문 광고를 보고 사람들이 논의를 시작한 것은 그 사람에 대해 궁금하기 때문이다. 즉 극단은 특수한 홍보로 '이 사람이 도대체 누구지?'라는 궁금증을 자아내게 한 것이다. 사람들은 아직 메이란팡이라는 이름만 알기 때문에 공연 장소에 대해서 궁금해했을 수는 없으므로 D는 답이 될 수 없다. 따라서 답은 A가 된다.

Tip 티저 캠페인(Teaser Campaign)이 최근 유행하고 있다. 원래 광고하려는 것의 정체를 숨겨놓고, 완전한 내용을 전하지 않는 광고를 말하는데, 사람들의 호기심을 자극하기 위한 광고 전략 중의 하나다.

단어 演出 yǎnchū 몡 공연

<table>
<tr><td rowspan="2">**03**</td><td>A 好奇</td><td>B 批评</td><td>A 궁금하다</td><td>B 비판하다</td></tr>
<tr><td>C 委屈</td><td>D 安慰</td><td>C 억울하다</td><td>D 위로하다</td></tr>
</table>

시크릿　因为＿＿＿＿, 都在互相打听,

해설
품사 찾기　빈칸 뒤에 쉼표(,)가 있고 앞에 접속사가 있다. 제시된 보기가 모두 형용사나 동사인 것으로 보아, 빈칸에는 술어가 필요하다.

짝꿍 찾기　앞뒤 문맥을 파악하여 의미가 적합한 술어를 찾아야 한다.

정답 찾기　因为(~ 때문에)는 어떤 동작이나 행위의 원인을 나타낸다. 뒤 절에 있는 打听은 问(묻다)의 의미를 가지고 있으며 질문은 어떤 알고 싶은 일이 있을 경우 하는 것이므로, A가 답이 된다.

단어　好奇 hàoqí 혱 궁금하다 | 批评 pīpíng 통 비판하다 | 委屈 wěiqu 통 억울하다 | 安慰 ānwèi 통 위로하다

<table>
<tr><td rowspan="2">**04**</td><td>A 随时</td><td>B 没有</td><td>A 수시로</td><td>B 않다</td></tr>
<tr><td>C 很难</td><td>D 立即</td><td>C 매우 어렵다</td><td>D 즉시</td></tr>
</table>

시크릿　这广告一出, 票＿＿＿＿卖光了。大家都想去看看梅兰芳唱得究竟怎么样,

해설
품사 찾기　주어 票(표) 뒤, 술어 卖(팔다) 앞에는 부사가 필요하다.

짝꿍 찾기　빈칸 앞 절에 一가 접속사 역할을 하고 있으므로, 一와 호응하는 就가 있어야 한다.

정답 찾기　힌트는 제대로 찾았지만, 보기에 就가 없으므로, 就와 동의어로 쓸 수 있는 부사를 찾으면 된다. 立即는 '곧, 바로'라는 의미가 있으므로 D가 답이 된다.

Tip　호응하는 접속사가 없을 경우에는 대체할 수 있는 접속사를 선택해야 한다. '不但…, 而且…'에서 不但은 不仅, 不只로, 而且는 还, 也, 更으로 바뀌어 나올 수 있고, '虽然…, 但是…'에서 虽然은 尽管으로, 但是는 可是, 不过, 其实 등으로 바뀌어 나올 수 있음을 기억해야 한다.

단어　随时 suíshí 児 수시로 | 没有 méiyǒu 児 ~ 않다 | 难 nán 혱 어렵다 | 立即 lìjí 児 즉시, 곧

[05-07]

<table>
<tr><td>**제목**　차를 따라 잡는 개</td><td>**주제**　자신은 무의미한 목표를 향해 달리고 있지 않은지 되돌아보자.</td></tr>
<tr><td>

　有一个农夫, 他养了一条狗。那条狗每天趴在马路旁, ＿5＿有车经过, 它就会兴奋地跳起来跟着车跑, 好像在和汽车比赛谁跑得快。旁边的人对农夫说: "你的狗跑得真快, 再过一段时间就真的能追上汽车, 跑得跟汽车一样快了。"农夫看着他的狗说: "＿6＿? 它也只是一只狗。"

　其实, 生活中人们有的时候也会犯同样的＿7＿, 一直努力地去争取, 但是争取的目标只是一些没有意义的东西。

</td><td>

　한 농부가 있었는데, 그는 개 한 마리를 길렀다. 그 개는 매일 큰길 옆에 엎드려 있다가, 일단 어떤 차가 지나가면, 바로 흥분하며 뛰어가 차를 쫓아가곤 했다. 마치 자동차와 누가 빠른지 경주라도 하는 것 같았다. 옆에 있던 사람이 농부에게 "당신 개는 정말 빠르군요. 시간이 조금 지나면 정말 자동차를 따라잡을 수 있겠는데요. 정말 자동차만큼 빨리 달리는군요." 라고 말했다. 농부는 그의 개를 보면서 "따라잡아봤자 무슨 소용이 있나요? 그래봐야 한 마리 개일 뿐인데."라고 말했다.

　사실 삶 속에서 사람들도 때때로 같은 잘못을 범한다. 줄곧 노력하여 쟁취하지만, 쟁취한 목표가 단지 무의미한 것들일 때가 있다.

</td></tr>
</table>

단어　★ 农夫 nóngfū 명 농부 | 养 yǎng 통 기르다 | ★ 趴 pā 통 엎드리다 | 马路 mǎlù 명 큰길 | 经过 jīngguò 통 지나다 | ★ 兴奋 xīngfèn 혱 흥분하다 | 汽车 qìchē 명 자동차 | 比赛 bǐsài 명 경기 | ★ 追 zhuī 통 쫓아가다, 뒤따르다 | 其实 qíshí 児 사실 | 时候 shíhou 명 때 | ★ 犯 fàn 통 범하다 | 努力 nǔlì 통 노력하다 | ★ 争取 zhēngqǔ 통 쟁취하다 | 目标 mùbiāo 명 목표 | ★ 意义 yìyì 명 의의

<table>
<tr><td>05</td><td>A 哪怕
C 不管</td><td>B 即使
D 一旦</td><td>A 설령
C ~에 관계없이</td><td>B 설령 ~하더라도
D 일단</td></tr>
</table>

시크릿　＿＿＿有车经过，它就会兴奋地跳起来跟着车跑，

해설
- **품사 찾기**　뒤에 주어 有车(어떤 차)가 있으므로 빈칸에는 접속사가 필요하다.
- **짝꿍 찾기**　뒤 절에 있는 부사 就와 호응하는 접속사를 찾아야 한다.
- **정답 찾기**　주어진 4개의 보기 모두 앞 절에 나오는 접속사들이다. 다만 哪怕와 即使는 가정을 제시하는 접속사이며 그 쓰임과 의미가 똑같으므로, 어느 하나만 답이 될 수 없으니 자동 제거된다. 不管은 '~에 관계없이'라는 의미의 조건을 제시하는 접속사이며, 부사 都와 호응하여 쓰이므로, 답이 될 수 없다. 정해지지 않은 불특정한 어떤 시간에 아직 일어나지 않은 상황을 가정하며 就와 호응할 수 있는 접속사는 一旦(일단)이다. 따라서 D가 답이 된다.

단어　哪怕 nǎpà 쩝 설령 | 即使 jíshǐ 쩝 설령 ~하더라도 | 不管 bùguǎn 쩝 ~에 관계없이 | 一旦 yídàn 뮌 일단

<table>
<tr><td>06</td><td>A 有了麻烦怎么办
B 追上又有什么用呢
C 累病了是谁的责任
D 你喜欢这样的狗吗</td><td>A 골칫거리가 생기면 어쩌죠
B 따라잡아봤자 무슨 소용이 있나요
C 힘들어서 병이 나면 누구의 책임인가요
D 당신은 이런 개를 좋아하나요</td></tr>
</table>

시크릿　农夫看着他的狗说："＿＿＿？它也只是一只狗。"

해설
- **품사 찾기**　빈칸이 쌍점(:) 뒤에 있고 물음표가 있으므로, 빈칸에는 하나의 절이 필요하다.
- **짝꿍 찾기**　절의 힌트는 앞뒤 문맥을 파악하는 것이다.
- **정답 찾기**　달리는 차를 쫓아가는 개의 속도가 정말 빠르다는 칭찬을 들은 주인이, 아무리 잘 달려봤자 한 마리 개일 뿐이라고 대답하는 것으로 보아 문맥상 빈칸에는 따라잡아봤자 아무 소용이 없다는 의미의 B가 답이 된다. 즉 주인은 개의 행동이 부질없는 짓이라고 생각하고 있다.

단어　麻烦 máfan 멩 골칫거리, 말썽 | 责任 zérèn 멩 책임

<table>
<tr><td>07</td><td>A 错误
C 影响</td><td>B 情绪
D 信任</td><td>A 잘못
C 영향</td><td>B 정서
D 신임</td></tr>
</table>

시크릿　生活中人们有的时候也会犯同样的＿＿＿，

해설
- **품사 찾기**　구조조사 的 이하 부분은 명사 자리다.
- **짝꿍 찾기**　목적어의 힌트는 동사 犯(범하다)이 된다.
- **정답 찾기**　개가 열심히 달리기해봤자 소용없는 것처럼, 우리도 때로는 뚜렷하지 않은 목표나 무의미한 것을 향해 달리는 똑같은 실수를 할 수 있다는 작가의 생각을 마지막 단락에서 나타내고 있다. 주어진 보기 중 동사 犯과 어울리는 명사는 错误(잘못) 밖에 없으므로 A가 답이 된다.

Tip　犯은 '범하다, 재발하다'의 의미로 주로 잘못된 일이나 좋지 못한 일에 쓰인다. 犯罪(죄를 저지르다), 犯病(병이 재발하다), 犯错误(실수를 범하다), 犯脾气(성질 부리다) 등의 표현이 있다.

단어　错误 cuòwù 멩 잘못, 실수 | 情绪 qíngxù 멩 정서, 기분 | 影响 yǐngxiǎng 멩 영향 | 信任 xìnrèn 멩 신임

[01-03]

| 제목 | 벌거벗은 임금님 | 주제 | 거짓과 독선 그리고 권력이 잘못된 시각을 낳는다. |

许多年前，有一位皇帝，为了穿得漂亮，不惜把所有的钱花掉。有一天，来了一个骗子，自称是裁缝，说他带来的衣服不仅色彩和图案分外漂亮，而且缝出来的衣服还有一种奇怪的特性：任何不称职的人或者愚蠢的人，都看不见这衣服。皇帝马上穿着这衣服开始游行了。站在街上和窗子里的人都说："皇帝的新装真是漂亮! 这件衣服真　1　他的身材!"谁也不　2　让人知道自己什么也看不见，因为这样就会显出自己不称职，或是太愚蠢。皇帝所有的衣服从来也没有　3　过这样的称赞。

수년 전, 한 임금이 화려하게 입기 위해, 모든 돈을 아끼지 않고 써버렸다. 하루는 한 사기꾼이 찾아와, 자신을 재봉사라고 하고, 그가 가져온 옷은 색채와 도안이 매우 아름다울 뿐만 아니라, 바느질한 옷에 매우 기이한 특징이 있다고 말했다. 어떠한 직분에 어울리지 않는 사람이거나 멍청한 사람은 모두 이 옷을 보지 못한다는 것이다. 황제는 곧바로 그 옷을 입고 행차를 하였다. 거리에 서 있던 사람들과 창을 내다보던 사람들 모두 "황제의 새 옷이 체격에 정말 아름답군요! 옷이 체격에 정말 잘 어울리십니다!"라고 말했다. 그 누구도 자신이 아무것도 보지 못한 사실을 들키길 바라지 않았다. 그랬다가는 자신이 직분에 어울리지 않거나, 매우 멍청하다는 것이 드러나기 때문이다. 황제가 가지고 있는 모든 옷이 이제까지 이런 칭찬을 얻은 적이 없었다.

단어 ★ 皇帝 huángdì 명 황제, 임금 | 不惜 bùxī 동 아끼지 않다 | ★ 骗子 piànzi 명 사기꾼 | 自称 zìchēng 동 스스로 일컫다, 자칭하다 | ★ 裁缝 cáiféng 명 재봉사 | 不仅 bùjǐn 접 ~뿐만 아니라 | 色彩 sècǎi 명 색채 | ★ 图案 tú'àn 명 도안 | 分外 fènwài 부 유달리 | 而且 érqiě 접 게다가 | 奇怪 qíguài 형 이상하다, 기이하다 | 特性 tèxìng 명 특성 | 任何 rènhé 대 어떠한 | ★ 称职 chènzhí 동 직무에 적합하다 | ★ 愚蠢 yúchǔn 형 어리석다 | 游行 yóuxíng 동 행진하다 | 街上 jiēshang 명 길가 | 窗子 chuāngzi 명 창문 | ★ 新装 xīnzhuāng 명 새 옷 | 身材 shēncái 명 몸매, 체격 | 显出 xiǎnchū 동 드러나다, 나타나다 | ★ 称赞 chēngzàn 동 칭찬하다

01

| A 不合 | B 合适 | A 맞지 않다 | B 적합하다 |
| C 表现 | D 适合 | C 표현하다 | D 어울리다 |

시크릿 "皇帝的新装真是漂亮! 这件衣服真＿＿＿＿他的身材!"

해설 **품사 찾기** 빈칸 뒤에 목적어 身材가 있으므로, 빈칸은 동사 자리다.

짝꿍 찾기 동사의 힌트는 목적어 身材(체격)가 된다.

정답 찾기 빈칸 앞 절에는 황제의 옷이 아름답다고 칭찬하고 있으므로, 부정적 단어 不合(맞지 않다)는 자동 제거된다. 合适는 '알맞다, 적합하다'라는 뜻이지만 형용사여서 목적어를 이끌 수 없으므로 답이 될 수 없다. '어울리다'라는 뜻이 있으면서 목적어를 이끌 수 있는 동사는 适合이므로, 답은 D가 된다.

Tip 合适 VS 适合

유의어	공통점(의미)	차이점(품사)	비교
合适	적합하다	형용사	전치사 对로 명사를 이끌며, 목적어를 끌고 나올 수 없다. 정도부사 很, 非常 등의 수식을 받는다. 예 这件衣服对你很合适。 이 옷은 너한테 잘 맞는다.
适合		동사	목적어를 끌고 나올 수 있다. 예 这件衣服适合你。 이 옷은 너한테 어울린다. 适合你的身材 너의 체격에 어울린다

단어 不合 bùhé 동 맞지 않다 | 合适 héshì 형 적합하다, 적당하다 | 表现 biǎoxiàn 동 표현하다 | 适合 shìhé 동 어울리다, 적합하다

02

A 愿望	B 想着
C 愿意	D 可以

A 바람	B 생각하고 있다
C ~하길 바라다	D ~할 수 있다

시크릿 谁也不_____让人知道自己什么也看不见,

해설

품사 찾기 '不(부사) + 조동사 + 让(술어)'의 어순으로, 빈칸은 조동사 자리다.

짝꿍 찾기 조동사는 술어 앞에서 능력, 바람, 허가 등을 나타내며 술어를 돕기 때문에, 앞뒤 문맥을 통해 적합한 조동사를 찾아야 한다.

정답 찾기 지문 앞부분에서 재봉사는 자신이 가져온 옷이 멍청하거나 직분에 어울리지 않는 사람에게는 보이지 않는다고 하였다. 일반적으로 누구나 자신의 부족한 점을 알리고 싶어하지 않으므로, 어느 누구도 그 옷이 보이지 않는다는 사실을 다른 사람이 알기를 원치 않았을 것이다. 따라서 답은 C가 된다. 조동사 可以는 '~할 수 있다'의 의미로 가능을 나타내며, 부정은 이때 不能으로 쓴다. 愿望(바람)은 명사여서 답이 될 수 없다.

Tip 愿望 VS 愿意

유의어	공통점(의미)	차이점(품사)	비교
愿望	바람	명사	명사는 문장에서 주어나 목적어가 된다. 예 你的愿望会实现的。너의 소망은 이루어질 것이다. (주어) 我有三个愿望。나는 세 가지 소원이 있다. (목적어)
愿意	~하길 바라다	조동사	조동사는 동사를 끌고 나온다. (愿意 + 去 / 学 / 说) 예 我愿意和你在一起。나는 너와 함께 있고 싶다.

단어 愿望 yuànwàng 명 바람, 소망 | 想着 xiǎngzhe 동 생각하고 있다, 염두에 두다 | 愿意 yuànyi 조동 ~하길 바라다 | 可以 kěyǐ 조동 ~할 수 있다

03

A 取得	B 收到
C 获得	D 得失

A 취득하다	B 받다
C 얻다	D 득실

시크릿 皇帝所有的衣服从来也没有_____过这样的称赞。

해설

품사 찾기 '没有(부사) + 술어 + 过(보어) + 这样的(관형어) + 称赞(목적어)'의 어순이므로, 빈칸에는 목적어를 이끌 수 있는 동사가 필요하다.

짝꿍 찾기 동사의 힌트는 목적어 称赞(칭찬하다)이 된다.

정답 찾기 得失는 '얻은 것과 잃은 것(득실)'이라는 뜻의 명사이므로 자동 제거된다. 收到는 礼物(선물), 信(편지), 文件(서류) 등과 같은 구체적인 물건을 받았다는 뜻이므로 적절치 않다. 称赞(칭찬하다)은 다른 사람으로부터 들을 수 있는 것으로, 다른 사람의 평가와 인정으로 얻을 수 있는 것을 목적어로 취하는 동사 获得(얻다)가 적당하다. 따라서 C가 답이 된다. 取得는 스스로 노력해서 얻을 수 있는 것을 목적어로 취하므로 답이 될 수 없다.

Tip 取得 VS 获得

유의어	공통점(의미)	차이점(호응 대상)	비교
取得	얻다 획득하다	본인의 노력으로 얻은 것	예 成功(성공), 好成绩(좋은 성적), 学位(학위) 등
获得		본인 노력 외 다른 사람의 평가와 인정으로 얻은 것	예 成功(성공), 好成绩(좋은 성적), 学位(학위), 好评(호평), 大奖(상금), 称赞(칭찬), 同意(동의) 등

단어 取得 qǔdé 동 취득하다 | 收到 shōudào 동 받다 | 获得 huòdé 동 획득하다, 얻다 | 得失 déshī 명 득실, 얻은 것과 잃은 것

[04-07]

<table>
<tr><td>

제목　침묵은 정말 금인가?

　　"沉默是金"一直被人们认为是一句名言警句，告诉人们在一些情况下要保持沉默，如果说话不__4__，就很有可能"祸从口出"，让别人误会自己，对自己有不好的影响。沉默也被人们看作是一种__5__的表现，尊为处世哲学。但是在现代社会，竞争非常激烈，如果你不表达自己的看法，只是一味沉默，那么你就不能__6__机遇，那你就很难发展。因此，__7__，该说的时候就说，不该说的时候就不要说。

</td><td>

주제　침묵도 중요하지만, 필요할 때는 자신의 의견을 표현해야 한다.

　　'침묵은 금이다'라는 말은 줄곧 사람들에게 명언이자 경구로 여겨져, 사람들이 어떤 상황에서는 침묵을 지켜야 함을 알려준다. 만약 말하는 것이 신중하지 못하면, '화근은 입으로부터 비롯되어' 다른 사람에게 자신을 오해하게 해서, 자신에게 안 좋은 영향이 있을 수 있기 때문이다. 침묵은 또한 사람들에게 한 가지 지혜의 표현으로 여겨져 처세 철학으로 존중받고 있다. 그러나 현대사회에서는 경쟁이 매우 치열하여, 만약 당신이 자신의 생각을 표현하지 않고, 단지 무턱대고 침묵한다면, 당신은 기회를 잡을 수 없어, 발전하기 힘들다. 그러므로 침묵이 반드시 금인 것은 아니다. 말을 해야 할 때는 말을 하고, 말하지 말아야 할 때는 말을 해서는 안 된다.

</td></tr>
</table>

단어　★ 沉默 chénmò 통 침묵하다 | 认为 rènwéi 통 여기다 | 名言 míngyán 명 명언 | ★ 警句 jǐngjù 명 경구 | 情况 qíngkuàng 명 상황 | 保持 bǎochí 통 유지하다 | ★ 祸从口出 huòcóngkǒuchū 성어 화는 입에서 나온다 | 误会 wùhuì 통 오해하다 | 影响 yǐngxiǎng 명 영향 | 表现 biǎoxiàn 명 표현 | ★ 尊 zūn 통 존중하다 | ★ 处世哲学 chǔshì zhéxué 명 처세 철학 | 竞争 jìngzhēng 명 경쟁 | ★ 激烈 jīliè 형 치열하다, 격렬하다 | 看法 kànfǎ 명 견해 | 一味 yíwèi 부 무턱대고 | ★ 机遇 jīyù 명 기회

04

| A 谨慎 | B 修饰 | A 신중하다 | B 꾸미다 |
| C 调整 | D 配合 | C 조정하다 | D 어울리다 |

시크릿　如果说话不_____ … 让别人误会自己，对自己有不好的影响。

해설　**품사 찾기**　부정부사 不 이하 부분은 술어 자리로, 동사나 형용사가 필요하다.
　짝꿍 찾기　술어의 힌트 목적어가 없으므로, 뒤 절 문맥과 접속사를 힌트로 답을 찾아야 한다.
　정답 찾기　빈칸 앞의 접속사 如果는 부사 就와 같이 쓰여 '如果…, 就…(만약 ~라면, 곧 ~이다)'의 형식으로 앞 절에 가정을, 뒤 절에 결과를 제시한다. 다른 사람에게 오해를 받고, 자신에게도 안 좋은 영향을 미치는 것은 말을 신중하고 조심스럽게 하지 않았을 경우에 생길 수 있는 결과이므로, 문맥상 谨慎 (신중하다)이 들어가야 한다. 따라서 답은 A가 된다.

단어　谨慎 jǐnshèn 형 신중하다 | 修饰 xiūshì 통 꾸미다 | 调整 tiáozhěng 통 조정하다 | 配合 pèihe 형 어울리다, 적합하다

05

| A 轻松 | B 智慧 | A 편안하다 | B 지혜 |
| C 荣誉 | D 片面 | C 명예 | D 단편적이다 |

시크릿　沉默也被人们看作是一种_____的表现，尊为处世哲学。

해설　**품사 찾기**　'一(수사) + 种(양사) + 수식어 的 + 表现(명사)'의 어순이다. 빈칸은 수식어 자리로, 명사, 동사, 형용사 등 다양한 품사가 나올 수 있다.
　짝꿍 찾기　앞뒤 문맥을 파악해야 한다.
　정답 찾기　처세 철학은 사람들과 사귀며 세상을 살아가는 방법이나 수단을 말하며, 예전부터 침묵이 처세 철학으로 존중받는다고 했으므로, 침묵의 방법을 알고 있는 사람을 지혜롭다고 생각할 수 있다. 따라서 B가 답이 된다.

Tip　빈칸에는 수식어가 들어가야 하는데, 沉默(침묵)가 편안한 표현, 명예의 표현, 단편적인 표현이라는 말은 문맥상 통하지 않으므로, 모두 답이 될 수 없다.

단어　轻松 qīngsōng 형 편안하다 | 智慧 zhìhuì 명 지혜 | 荣誉 róngyù 명 명예 | 片面 piànmiàn 형 단편적이다

<table>
<tr><td rowspan="2">06</td><td>A 掌握</td><td>B 把握</td><td>A 장악하다</td><td>B 잡다</td></tr>
<tr><td>C 碰到</td><td>D 遇见</td><td>C 마주치다</td><td>D 우연히 만나다</td></tr>
</table>

시크릿 那么你就不能＿＿＿机遇，那你就很难发展。

해설

품사 찾기 '能(조동사) + 술어 + 机遇(목적어)'의 어순으로, 빈칸은 목적어를 이끌 수 있는 동사 자리다.

짝꿍 찾기 동사의 힌트는 목적어 机遇(기회)가 된다.

정답 찾기 碰到, 遇见은 '우연히 만나다'라는 뜻으로 机遇(기회)와 호응할 수 있다. 하지만, 지문에서 경쟁이 심한 현대사회에서 자신의 의견을 말하지 않고 침묵하면 기회조차 만날 수 없다는 것이 아니라, 기회를 잡지 못하여 발전하기 힘들다는 뜻이므로 B 把握(= 抓住)가 답이 된다. 掌握는 어떤 것을 이해하여 자신이 활용할 수 있게 만드는 것을 뜻하므로 답이 될 수 없다.

Tip 把握 VS 掌握

把握는 '잡다, 쥐다'의 뜻으로 구체적인 목적어 方向盘(핸들), 武器(무기)와 추상적인 목적어 命运(운명), 主权(주권), 机遇(기회) 등과 모두 호응한다. 또한, 명사적 용법으로 '성공 가능성, 확신, 자신감'이라는 뜻으로도 쓰여 有(있다), 没有(없다)와 호응할 수 있다. 掌握는 지식, 기술, 외국어 등 어떤 분야를 충분히 이해하여 활용할 수 있는 능력이 있음을 나타낸다.

	没有	机遇	外语	知识	技术
把握 잡다	○	○	×	×	×
掌握 장악하다	×	×	○	○	○

단어 掌握 zhǎngwò 동 장악하다 | 把握 bǎwò 동 잡다 | 碰到 pèngdào 동 마주치다 | 遇见 yùjiàn 동 우연히 만나다

<table>
<tr><td rowspan="4">07</td><td>A 谦虚使人进步</td><td>A 겸손은 사람을 발전시킨다</td></tr>
<tr><td>B 一定不要骄傲</td><td>B 반드시 교만해서는 안 된다</td></tr>
<tr><td>C 沉默不一定是金</td><td>C 침묵이 반드시 금인 것은 아니다</td></tr>
<tr><td>D 奇迹一定会发生的</td><td>D 기적은 반드시 생긴다</td></tr>
</table>

시크릿 因此，＿＿＿，该说的时候就说，不该说的时候就不要说。

해설

품사 찾기 빈칸 앞뒤에 쉼표(,)가 있으므로, 빈칸에는 절이 들어가야 한다.

짝꿍 찾기 절의 힌트는 앞뒤 문맥을 파악해야 알 수 있다.

정답 찾기 접속사 因此(그러므로)는 앞 절의 원인에 따른 결과를 제시한다. 빈칸 앞부분에서 경쟁사회인 현대사회에서는 자신의 주장을 표현하지 않으면 기회를 잡을 수 없고 발전하기 힘들다는 내용을 언급하고 있다. 따라서 처음 시작 부분에서 제시된 '침묵은 금'이 꼭 옳지만은 않다는 내용이 와야 하므로 C가 답이 된다.

Tip 不一定은 '반드시 ~한 것은 아니다'라는 뜻이다.

단어 谦虚 qiānxū 형 겸손하다 | 骄傲 jiāo'ào 형 교만하다, 오만하다 | 奇迹 qíjì 명 기적

[01-04]

제목	고위직 여성의 옷차림

> 　在美国华尔街工作的女士，上班的装束很有___1___。太性感的服装肯定不行，可能会对周围的同事___2___心理影响。特别是高级职位的女性___3___如此。如果穿得太性感，不管她们的工作能力如何，都会被视为不称职。一般来说，夏天对女性装束的挑战最大，凡是穿得有些透露的，全都应该避免，___4___。当一位女士被提拔后，服饰方面就要比一般女同事更谨慎、更精挑细选。

주제	고위직 여성일수록 옷차림에 신경을 써야 한다.

> 　미국 월 스트리트에서 근무하는 여성은 출근 복장에 <u>학식</u>(노하우)을 많이 갖춘다. 지나치게 섹시한 복장은 주변 동료들에게 심리적인 영향을 초래할 수 있어서 틀림없이 안 된다. 특히 고위직의 여성일수록 <u>더욱</u> 그렇다. 만일 지나치게 섹시하게 입는다면, 그녀들의 업무 능력이 어떻든지 간에, 직분에 어울리지 않는다고 여겨진다. 일반적으로, 여름은 여성들의 옷차림에 대한 도전이 가장 크다. 조금이라도 드러나는 모든 옷은 남자 동료들의 불순한 생각이 야기되지 않도록, 당연히 피해야만 한다. 여성이 고위직으로 발탁된 후에는, 옷차림에 있어서 일반 여직원들보다 더 신중하고 세심하게 골라야 한다.

단어　★华尔街 Huá'ěrjiē 명 월 스트리트(Wall street) | 女士 nǚshì 명 여사 | ★装束 zhuāngshù 명 옷차림새 | 性感 xìnggǎn 형 섹시하다 | 服装 fúzhuāng 명 복장 | 周围 zhōuwéi 명 주위 | 影响 yǐngxiǎng 명 영향 | 特别 tèbié 부 특히, 유달리 | ★高级 gāojí 형 고급의 | 职位 zhíwèi 명 직위 | 如此 rúcǐ 대 이와 같다 | 如果 rúguǒ 접 만약 | 不管 bùguǎn 접 ~하든지 간에 | 如何 rúhé 대 어떠한가 | ★视为 shìwéi 동 여기다 | ★不称职 bú chènzhí 형 직분에 어울리지 않다 | 挑战 tiǎozhàn 명 도전 | 凡是 fánshì 부 모든 | ★透露 tòulù 동 내비치다, 드러나다 | ★避免 bìmiǎn 동 피하다 | 提拔 tíbá 동 발탁되다, 등용하다 | ★服饰 fúshì 명 옷과 장신구 | ★谨慎 jǐnshèn 형 신중하다 | ★精挑细选 jīngtiāo xìxuǎn 세심하게 고르다

01

A 知识	B 修养	A 지식	B 수양
C 学问	D 学习	C 학식	D 학습하다

시크릿　在美国华尔街工作的女士，上班的装束**很有**______。

해설
품사 찾기　동사 有(있다) 뒤에 있으므로, 빈칸은 목적어 자리다.

짝꿍 찾기　목적어의 힌트는 동사지만, 有의 경우에는 전체 문맥을 파악해야 한다.

정답 찾기　보통 일반명사를 목적어로 가지면 '有很多 + 명사' 형태로 쓰여, 有很多书(책이 많다), 有很多朋友(친구가 많다) 등으로 표현된다. 그러나 추상적인 목적어는 정도부사를 앞으로 끌어내 '很有 + 명사' 형태로 很有知识(지식이 많다), 很有经验(경험이 많다), 很有研究(연구를 많이 하다), 很有学问(학식이 많다) 등으로 쓸 수 있다. 따라서 빈칸에는 추상명사가 나와야 하는데 제시된 보기 중 동사 D를 제외하면, 명사 A, B, C가 남는다. 어떤 분야에 체계적인 지식이나 도리, 이치를 알고 있다는 표현은 很有学问이라고 하므로, C가 답이 된다.

Tip　知识 VS 学问

	공통점(의미)	비교
知识	지식 (추상명사)	어떤 분야에 관한 객관적 인식이나 이해를 말한다. 科学(과학), 文化(문화), 社会(사회), 语言(언어)
学问		개인이 어떤 분야에 관해 경험을 통하여 쌓은 방법이나 지식을 말한다. 喝茶(차를 마시다), 买东西(물건을 사다), 送礼(선물을 보내다), 教育孩子(아이를 가르치다), 打电话(전화를 하다), 起名字(이름을 짓다)

단어　知识 zhīshi 명 지식 | 修养 xiūyǎng 명 수양 | 学问 xuéwen 명 학식, 지식 | 学习 xuéxí 동 학습하다

02

A 造成	B 创造	A 초래하다	B 창조하다
C 生产	D 引起	C 생산하다	D 일으키다

시크릿 太性感的服装肯定不行，可能会对周围的同事_____心理影响。

해설

품사 찾기 '对(전치사) + 周围(수식어) 的 + 同事(명사) + 술어 + 心理影响(목적어)'의 어순으로, 빈칸은 동사 자리다.

짝꿍 찾기 동사의 힌트는 목적어 心理影响(심리적인 영향)이 된다.

정답 찾기 빈칸 앞 절에 너무 섹시한 복장은 안 된다는 부정적인 내용이 나오며, 이 때문에 주변 동료에게 심리적인 영향이 있을 수 있다는 말이다. 이렇게 부정적인 영향이 생긴다고 할 때에는 동사 造成(초래하다)이 쓰인다. 따라서 A가 답이 된다.

Tip 造成 VS 引起

유의어	공통점(의미)	차이점	비교
造成	초래하다 야기하다	부정적	좋지 않은 사태나 상황에 쓰인다. **예** 造成严重损失(심각한 손실을 야기하다) 造成环境污染(환경오염을 만들다) 造成交通事故(교통사고를 발생시키다) 造成后果(결과를 초래하다)
引起		부정적 중립적	어떤 현상, 활동, 주의에 쓰인다. **예** 引起反感(반감을 일으키다), 引起关注(관심을 끌다) 引起反响(반향을 일으키다), 引起反应(반응을 일으키다)

단어 造成 zàochéng 통 초래하다 | 创造 chuàngzào 통 창조하다 | 生产 shēngchǎn 통 생산하다 | 引起 yǐnqǐ 통 일으키다, 야기하다

03

A 特殊	B 特别	A 특수하다	B 특히
C 尤其	D 其实	C 더욱	D 사실

시크릿 特别是高级职位的女性_____如此。

해설

품사 찾기 어떤 말을 대신하여 사용하는 대사 如此(이와 같다, 이러하다) 앞에 부사가 나와야 한다.

짝꿍 찾기 부사의 힌트는 전체 문맥을 파악하는 것이다.

정답 찾기 중국인들은 같은 단어의 반복 사용을 꺼리는 경향이 있다. 문장 앞에 이미 特别(특히)가 나와 있으므로, B는 답으로서의 가능성이 적다. 전체 직원이라는 큰 범주에서 고위직 여성만을 따로 떼어내어 언급할 때는 尤其(더욱)라는 부사를 써야 한다. 따라서 C가 답이 된다.

예 他喜欢运动，尤其是踢足球。 그는 운동을 좋아하는데, 특히 축구하기를 좋아한다.
大家一定要参加，尤其是你。 모두 참석해야 하는데, 특히 너는 꼭 참석해야 한다.

Tip 如此의 다양한 쓰임
예 原来如此 알고 보니 이런 거구나
希望如此 그렇게 되길 바란다
尤其如此 더욱 그러하다
不过如此 단지 이 정도에 불과하다

단어 特殊 tèshū 형 특수하다 | 特别 tèbié 부 특히 | 尤其 yóuqí 부 더욱, 특히 | 其实 qíshí 부 사실

A 免去男同事不安心工作
B 可能让男同事坐卧不安
C 不免引起男同事的非分之想
D 免得引起男同事的非分之想

A 남자 동료들이 일하기가 불안하지 않도록
B 어쩌면 남자 동료들을 좌불안석하게 할 수 있으므로
C 남자 동료들이 불순한 생각을 할 수밖에 없도록
D 남자 동료들의 불순한 생각이 야기되지 않도록

시크릿 凡是穿得有些透露的，全都应该避免，_____ 。

해설
품사 찾기 빈칸 앞에 쉼표(,)가 있고, 마침표(。)로 끝나므로 빈칸에는 하나의 절이 필요하다.
짝꿍 찾기 절의 힌트는 앞뒤 문맥을 파악해야 한다.
정답 찾기 빈칸 앞 절에 드러나는 옷을 삼가야 한다는 내용이 나오므로, 뒤 절에는 이렇게 하는 이유가 좋지 않은 결과를 면하기 위한 것이라는 내용의 문장이 나와야 한다. 따라서 답은 D가 된다. 여성들의 옷차림이 남자 동료들에게 불안감을 주는 것은 아니므로 A나 B는 답이 될 수 없다.

Tip 非分之想(불순한 생각)의 해석이 어려웠을 수 있지만, 문맥의 흐름을 따라가다 보면 어떤 내용이 나올 것인지 짐작할 수 있다. 최대한 자신의 센스를 발휘하면서 문제를 풀도록 하자.
不免 + 남자들의 불순한 생각 → 불순한 생각을 면할 수 없도록 (나쁜 내용)
免得 + 남자들의 불순한 생각 → 불순한 생각을 면하도록 (좋은 내용)

단어 坐卧不安 zuòwò bù'ān 성에 앉아도 불안하고 누워도 불안하다 | 不免 bùmiǎn 부 면할 수 없다, ～할 수밖에 없다 | 引起 yǐnqǐ 동 야기하다, 일으키다 | 非分之想 fēifènzhīxiǎng 분수(도리)에 맞지 않는 생각 | 免得 miǎnde 접 ～하지 않도록

[05-08]

제목 생활에서 가장 큰 행복이란?

주제 사소한 배려와 관심은 우리를 행복하게 만들며, 더 큰 사랑으로 되돌아온다.

　　生活中最大的幸福是坚信有人爱我们。关爱是世界的一抹温暖亮色，付出一点儿关爱，收获无限关爱，生活就会 _5_ 阳光。只要 _6_ 留心，真诚地为他人着想，_7_ 地行动，即使是疲倦时的一杯茶，寒冷时的一件衣，也能给人送去关爱的信息。送人玫瑰，手有余香。人人互相关爱就是这么 _8_ 的一件事。

　　생활에서 가장 큰 행복은 바로 누군가가 우리를 사랑한다고 굳게 믿는 것이다. 관심을 가지고 아끼는 것은 세상에서 한 줄기의 따뜻하고 환한 색이다. 조금만 관심과 사랑을 베풀면, 무한한 관심과 사랑을 얻고, 생활은 곧 따뜻한 햇빛으로 가득 찰 것이다. 각 방면에 신경 써주고, 진심으로 다른 사람을 생각하며, 적극적으로 행동한다면, 설사 그것이 피곤할 때의 차 한 잔, 추울 때 옷 한 벌일지라도, 다른 사람에게 관심과 사랑의 메시지를 전할 수 있다. 다른 사람에게 장미를 선물하면, 손에는 향기가 남는 법이다. 사람들이 서로 관심을 가지고 아끼는 것은 이처럼 간단한 일이다.

단어 幸福 xìngfú 명 행복 | ★ 坚信 jiānxìn 동 굳게 믿다 | 关爱 guān'ài 동 관심을 갖고 아끼다 | 抹 mǒ 양 줄기, 가닥(구름, 노을 등을 세는 양사) | ★ 温暖 wēnnuǎn 형 따뜻하다 | 亮色 liàngsè 명 환한 색 | 付出 fùchū 동 주다, 지급하다 | 收获 shōuhuò 동 수확하다 | ★ 无限 wúxiàn 형 끝이 없다 | 阳光 yángguāng 명 햇빛 | 留心 liúxīn 동 신경 쓰다, 주의를 기울이다 | ★ 真诚 zhēnchéng 형 진실하다 | 着想 zhuóxiǎng 동 생각하다 | 行动 xíngdòng 동 행동하다 | 即使 jíshǐ 접 설사 ～할지라도 | ★ 疲倦 píjuàn 형 피곤하다 | ★ 寒冷 hánlěng 형 춥다 | ★ 玫瑰 méigui 명 장미 | 余 yú 동 남다 | 互相 hùxiāng 부 서로

05

A 充满
B 充实
C 产生
D 出现

A 가득 차다
B 충실하다
C 생기다
D 나타나다

시크릿 生活就会 _____ 阳光。

해설

품사 찾기 '会(조동사) + 술어 + 阳光(목적어)'의 어순으로, 빈칸은 동사 자리다.

짝꿍 찾기 동사의 힌트는 목적어 阳光(햇빛)이다.

정답 찾기 조금만 사랑을 베풀면 큰 사랑으로 다시 되돌아오게 되고, 우리의 인생은 阳光(햇빛)으로 가득해진다는 의미다. 充实(충실하다)는 부족한 부분을 채운다는 의미지만, 문맥의 흐름상 생활에 햇빛이 부족한 것이 아니므로 답이 될 수 없다. 따라서 구체적인 명사뿐 아니라 추상적인 명사도 끌고 나올 수 있는 A의 充满(가득 차다)이 답이 된다.

Tip 充满 VS 充实

유의어	공통점(첫 음절)	차이점(둘째 음절)	비교
充满	充	满	사람, 물건, 햇빛 등이 도처에 가득히 있음을 나타낸다. 예 充满笑声(웃음소리가 가득 차다), 充满信心(자신감이 가득 차다), 充满阳光(햇살이 가득 차다), 充满友好的气氛(우호적인 분위기로 가득 차다)
充实		实	내용, 인원, 물자가 아주 풍족한 상태를 말하거나, 부족한 부분을 보강하여 채움을 나타낸다. 예 文章内容充实(글의 내용이 풍부하다), 生活很充实(생활이 매우 풍부하다), 充实自己(자신을 충실하게 하다), 充实新知识(새로운 지식을 보강하다), 充实销售部门(영업부를 보강하다)

단어 充满 chōngmǎn 통 가득 차다 | 充实 chōngshí 형 충실하다 통 보강하다 | 产生 chǎnshēng 통 생기다 | 出现 chūxiàn 통 나타나다

06

A 到处	B 处处	A 곳곳	B 각 방면에
C 四处	D 处所	C 사방	D 장소

시크릿 只要______留心, 真诚地为他人着想,

해설

품사 찾기 빈칸 뒤에 동사 留心(신경 쓰다)이 있으므로, 빈칸은 부사어 자리다.

짝꿍 찾기 부사어의 힌트는 동사 留心(신경 쓰다)이다.

정답 찾기 제시된 보기는 모두 장소의 의미가 있다. 处处(각 방면)는 구체적인 장소 이외에 '각 방면, 각 분야'라는 추상적인 뜻도 있으므로 B가 답이 된다. 到处(곳곳), 四处(사방), 处所(장소)는 구체적인 장소만을 가리키므로, 留心(신경 쓰다)을 수식할 수 없다.

Tip 到处 VS 处处

유의어	공통점(의미)	차이점	비교
到处	곳곳에	구체적인 장소	예 我想陪他到处看看。 나는 그를 데리고 곳곳을 구경 하고 싶다. 这样的男人到处都有。 이런 남자는 곳곳에 다 있다.
处处		구체적인 장소 추상적인 장소	예 9月的北京处处是鲜花。 9월 베이징 도처는 신선한 꽃이다. (장소) 老师处处关心我们。 선생님은 각 방면으로 우리에게 관심 가져주신다. (방면) 他处处严格要求自己。 그는 각 방면에 엄격해지기를 스스로에게 요구한다. (방면)

단어 到处 dàochù 명 곳곳, 도처 | 处处 chùchù 명 각 방면 | 四处 sìchù 명 사방 | 处所 chùsuǒ 명 장소

07	A 赶快	B 匆忙	A 서둘러	B 분주하다
	C 积极	D 着急	C 적극적이다	D 조급해하다

시크릿 真诚地为他人着想，_____地行动…也能给人送去关爱的信息。

해설
품사 찾기 '부사어 地 + 行动(술어)'의 어순으로, 빈칸에 동사나 형용사가 나올 수 있다.
짝꿍 찾기 부사어의 힌트는 전체 문맥의 흐름을 파악해야 한다.
정답 찾기 다른 사람에게 관심을 가지고 아끼는 마음을 전하기 위해서는 적극적이고 열성적으로 행동해야 하므로 답은 C가 된다.

단어 赶快 gǎnkuài 🖫 서둘러 | 匆忙 cōngmáng 🖩 분주하다 | 积极 jījí 🖩 적극적이다 | 着急 zháojí 🖫 조급해하다

08	A 大方	B 简单	A 대범하다	B 간단하다
	C 单调	D 朴素	C 단조롭다	D 소박하다

시크릿 人人互相关爱就是这么_____的一件事。

해설
품사 찾기 '这么(대사) + 수식어 的 + 一(수사) + 件(양사) + 事(명사)'의 어순이다. 빈칸은 수식어 자리로, 명사, 동사, 형용사 등 다양한 품사가 나올 수 있다.
예 '这么 + 동사'는 동작의 방식을 나타냄: 这么写(이렇게 쓰다)
'这么 + 형용사'는 정도가 높음을 나타냄: 这么贵(매우 비싸다)
짝꿍 찾기 전체적인 문맥을 파악해야 한다.
정답 찾기 피곤할 때의 차 한 잔, 추울 때의 옷 한 벌일지라도, 사람에게 관심을 가지고 아끼는 메시지를 전할 수 있다고 했다. 즉, 서로 관심을 가지고 아끼는 것은 이처럼 쉽고 간단하다는 것이 작가가 전하고자 하는 중심 생각이다. 따라서 답은 B가 된다.

Tip 大方은 '돈이나 물질 방면에서 인색하지 않다'라는 뜻이고, 单调는 '모양, 색깔, 소리, 생활, 업무가 변화없이 중복되고 간단함'을 나타낸다. 朴素는 '색깔이나 스타일이 화려하지 않고 검소함'을 의미한다.

단어 大方 dàfang 🖩 대범하다 | 简单 jiǎndān 🖩 간단하다 | 单调 dāndiào 🖩 단조롭다 | 朴素 pǔsù 🖩 소박하다, 수수하다

9 day p.58

[01-03]

제목 외지에 자녀를 둔 부모의 가장 큰 소망	**주제** 외지에 자녀를 둔 외로운 부모의 가장 큰 바람은 자녀와 자주 얘기하는 시간을 갖는 것이다.
年纪轻轻就在外地打工的人为数不少，他们不能经常回家，只有过年的时候能回__1__和亲人团聚。__2__为了改善这种情况，很多子女趁节假日把父母接来，和自己过一段日子。孩子们为了学习或者工作都在外地，父母退休在家也很孤单和__3__，他们最大的心愿就是能常和子女聊聊天、说说话。	젊은 나이에 외지에서 일하는 사람이 적지 않다. 그들은 자주 집에 갈 수 없고, 단지 설을 쇨 때만 고향에 가서, 친척과 한자리에 모일 수 있다. 현재 이러한 상황을 개선하기 위해서, 많은 자녀는 명절이나 휴가 기간에 부모님을 모셔와서 함께 시간을 보내기도 한다. 아이들이 공부나 일 때문에 모두 외지에 있어, 부모들은 퇴직하고 집에 있어도 매우 고독하고 쓸쓸해한다. 그들의 제일 큰 바람은 바로 자녀와 자주 수다 떨고, 이야기하는 것이다.

단어 年纪 niánjì 🖩 나이 | ★ 外地 wàidì 🖩 외지, 타지 | 打工 dǎgōng 🖫 아르바이트하다 | ★ 为数 wéishù 🖫 수량으로 헤아려보면 ~하다 | 过年 guònián 🖫 설을 쇠다 | 亲人 qīnrén 🖩 친척 | ★ 团聚 tuánjù 🖫 한자리에 모이다 | ★ 改善 gǎishàn 🖫 개선하다 | ★ 趁 chèn 🖢 이용하여, ~을 틈타서 | 节假日 jiéjiàrì 🖩 명절과 휴일 | 一段 yíduàn 한 부분, 한동안 | 退休 tuìxiū 🖫 퇴직하다 | ★ 孤单 gūdān 🖩 고독하다, 외롭다 | ★ 心愿 xīnyuàn 🖩 바람, 소망 | 聊天 liáotiān 🖫 수다 떨다

01

A 家乡	B 公司	A 고향	B 회사
C 学校	D 国外	C 학교	D 해외

시크릿 他们不能经常回家，只有过年的时候能回＿＿＿＿和亲人团聚。

해설
품사 찾기 '能(조동사) + 回(동사) + 목적어'의 어순으로, 빈칸은 목적어 자리다.
짝꿍 찾기 목적어의 힌트는 동사 回(돌아가다)이고, 앞 절의 回家(집에 가다)도 힌트가 된다.
정답 찾기 빈칸 앞 절의 집에 돌아간다는 말과 뒷 절의 친척과 모인다는 내용으로 보아, 동사 回(돌아가다)의 목적어는 家乡(고향)이 적합하다. 따라서 A가 답이 된다.

Tip 어떤 목적으로 어떤 장소에 간다고 할 때는 동사 去를 쓰지만, 집, 고향, 고국으로 돌아간다고 할 때는 반드시 回를 써서, 回老家(고향에 가다 = 回家乡 = 回故乡), 回家(집에 가다), 回国(귀국하다)라고 말한다. 또한 원래 있던 곳으로 돌아간다는 의미로 回学校(학교로 돌아가다), 回公司(회사로 돌아가다)로도 쓰인다

단어 家乡 jiāxiāng 몡 고향 | 公司 gōngsī 몡 회사 | 学校 xuéxiào 몡 학교 | 国外 guówài 몡 해외

02

A 最初	B 目前	A 처음	B 현재
C 曾经	D 未来	C 일찍이	D 미래

시크릿 ＿＿＿＿为了改善这种情况，很多子女趁节假日把父母接来，和自己过一段日子。

해설
품사 찾기 보기에 시간과 관련된 명사와 부사가 있는 것으로 보아, 빈칸은 시간사 자리다.
짝꿍 찾기 전체 문맥을 살펴 시제를 파악해야 한다.
정답 찾기 빈칸 뒤에 있는 이러한 상황이라는 것은 예전에는 설을 쉴 때만 고향에 가서 부모님을 뵙고, 친척과 모일 수 있었다는 것이다. 이것을 개선하기 위해 많은 자녀들이 휴가 기간에 부모님을 도시로 오시게 하여 함께 지낸다는 내용이 뒤 절에 나오므로, 빈칸에는 현재의 상황을 나타내는 시간사가 들어가야 한다. 따라서 답은 B가 된다.

Tip 现在(현재)를 나타내는 표현으로는 目前, 目下, 眼前, 眼下 등이 있다.

단어 最初 zuìchū 몡 처음 | 目前 mùqián 몡 현재 | 曾经 céngjīng 뵈 일찍이 | 未来 wèilái 몡 미래

03

A 轻松	B 寂寞	A 편안하다	B 쓸쓸하다
C 健康	D 丰富	C 건강하다	D 풍부하다

시크릿 父母退休在家也很孤单和＿＿＿＿，

해설
품사 찾기 빈칸은 정도부사 很의 수식을 받는 술어 자리로, 형용사가 필요하다.
짝꿍 찾기 和는 명사와 명사를 연결하기도 하지만, 술어로 쓰인 동사나 형용사를 이어줄 때 쓰이기도 한다. 힌트는 병렬되어 있는 孤单(고독하다)이 된다.
정답 찾기 빈칸 앞에서 고향에 계시는 부모님이 퇴직하고 집에 있어도 매우 고독하다고 했으므로, 병렬을 이루며 孤单을 보완해주는 寂寞(쓸쓸하다)가 문맥상 가장 적합하다. 따라서 B가 답이 된다.

Tip 和(~와, ~과)의 병렬 관계
명사 和 명사: 有产量和质量问题 (생산량과 품질 문제가 있다)
동사 和 동사: 还要调查和了解 (조사와 이해가 더 필요하다)
형용사 和 형용사: 景色雄伟和壮丽 (풍경이 웅장하고 아름답다)

단어 轻松 qīngsōng 톙 편안하다 | 寂寞 jìmò 톙 쓸쓸하다 | 健康 jiànkāng 톙 건강하다 | 丰富 fēngfù 톙 풍부하다

[04-07]

<table>
<tr><td>

제목　　**차 안에서 좌석 잡는 것과 인생의 공통점**

　　人生就像坐公车一样。我们已经知道了起点和终点，可是每个人的行程不一定相同。有的行程长，有的行程短。有的人很从容，可以___4___窗外的景色。有的人很窘迫，总处于拥挤之中。如果你想舒适地到达终点，___5___。

　　有的人很___6___，一上车就有座。有的人却很倒霉，即使车里所有的人都坐下了，他还站着。有时远处的座位不断空出来，只有自己身边的座位没有任何动静。当他决定换一个位置，去别处等待，没想到刚才那个座位的人正好起身离开了。有的人用了种种的方式，经历了长长的___7___，终于可以坐下，但这时他已经到站了。

</td><td>

주제　　누구나 인생을 살아가지만, 그 여정은 다 다르다.

　　인생은 마치 버스를 타는 것과 같다. 우리는 이미 출발점과 도착점을 알고 있지만, 모든 사람의 여정이 반드시 같은 것은 아니다. 어떤 여정은 길고, 어떤 여정은 짧다. 어떤 사람은 매우 여유롭게, 창밖의 경치를 감상할 수 있고, 어떤 사람은 매우 난감하게, 늘 혼잡한 곳에 있게 된다. 만약 당신이 편안하게 종점까지 가고 싶다면, 좌석은 필수적이다.

　　어떤 사람은 매우 운이 좋아서, 차에 타자마자 자리가 있다. 어떤 사람은 오히려 매우 운이 없어서, 설령 차 안의 모든 사람이 앉더라도, 그는 여전히 서 있는다. 간혹 멀리 있는 자리는 계속 생기는데, 유독 자기 주위의 자리만 아무런 기미도 보이지 않을 때가 있다. 그가 자리를 옮기기로 결심하고 다른 곳으로 가서 기다리면, 생각지도 못하게 방금 그 자리의 사람이 일어나서 간다. 어떤 사람은 여러 가지 방법으로, 오랜 기다림을 겪고 마침내 앉게 되지만, 이때는 이미 정류장에 다 왔을 때다.

</td></tr>
</table>

단어　★ 起点 qǐdiǎn 몡 출발점 | ★ 终点 zhōngdiǎn 몡 종착점 | 行程 xíngchéng 몡 여정 | 从容 cóngróng 톙 여유 있다 | ★ 窘迫 jiǒngpò 톙 난감하다, 궁핍하다 | 处于 chǔyú 동 ～에 있다, 처하다 | ★ 拥挤 yōngjǐ 톙 붐비다, 혼잡하다 | 舒适 shūshì 톙 편하다, 쾌적하다 | ★ 倒霉 dǎoméi 톙 재수 없다 | 即使 jíshǐ 젭 설령 ～하더라도 | ★ 座位 zuòwèi 몡 자리, 좌석 | 不断 búduàn 뷔 부단히, 끊임없이 | 任何 rènhé 떼 어떠한 | ★ 动静 dòngjing 몡 동정, 인기척 | 位置 wèizhi 몡 위치 | 等待 děngdài 동 기다리다 | 经历 jīnglì 동 겪다 | 终于 zhōngyú 뷔 마침내

04

| A 拍下 | B 追求 | A 촬영하다 | B 추구하다 |
| C 欣赏 | D 想象 | **C 감상하다** | D 상상하다 |

시크릿　有的人很从容，可以______窗外的**景色**。

해설　**품사 찾기**　'可以(조동사) + 술어 + 窗外(수식어) 的 + 景色(목적어)'의 어순으로, 빈칸에는 목적어를 이끌 수 있는 동사가 필요하다.

　　　짝꿍 찾기　동사의 힌트는 목적어 景色(경치)다.

　　　정답 찾기　인생을 버스 탄 것에 비유한 내용으로, 빈칸 뒤에 있는 경치와 호응할 수 있는 동사는 欣赏(감상하다)이다. 즉, 어떤 이는 차 안에서 여유 있게 풍경을 감상한다(欣赏)는 내용이다. 拍下(사진을 찍다)의 경우, 사진기를 가지고 있다는 언급이 없었고, 차를 타고 지나가면서 보이는 경치이므로 답이 될 수 없다. 따라서 답은 C가 된다.

단어　拍下 pāixià 동 촬영하다 | 追求 zhuīqiú 동 추구하다 | 欣赏 xīnshǎng 동 감상하다 | 想象 xiǎngxiàng 동 상상하다

A 需要好的心情	A 좋은 기분이 필요하다
B 座位必不可少	B 좌석은 필수적이다
C 应该自己开车	C 자신이 차를 운전해야 한다
D 要忘记不高兴的事情	D 기쁘지 않은 일은 잊어야 한다

시크릿 如果你想舒适地到达终点，______。

해설
품사 찾기 빈칸 앞에 쉼표(,)가 있고 마침표(。)로 끝나므로, 빈칸에는 하나의 절이 필요하다.

짝꿍 찾기 절의 힌트는 앞뒤 문맥을 잘 파악해야 한다.

정답 찾기 편안하게 종착역까지 간다는 조건에 대한 결과를 찾으면 된다. 버스에서 편안하게 가는 방법은 좌석에 앉아서 가는 것으로, 답은 B가 된다. C처럼 본인이 운전해서 가는 것도 한 방법이겠지만, 이미 버스를 타고 있으니 답이 될 수 없다.

단어 需要 xūyào 동 필요하다 | 必不可少 bìbùkěshǎo 성어 필수적이다 | 忘记 wàngjì 동 잊어버리다

A 不安	B 兴奋	A 불안하다	B 신난다
C 热情	D 幸运	C 열정적이다	D 운이 좋다

시크릿 有的人很______，一上车就有座。有的人却很倒霉，

해설
품사 찾기 정도부사 很 뒤에는 형용사가 필요하다.

짝꿍 찾기 형용사 술어 힌트는 뒤 절의 문맥을 파악해야 한다.

정답 찾기 서로 상반된 상황을 나열하여 보여주는 문장에서는 有的人(어떤 사람)이 쓰인다. 빈칸 앞뒤로 有的人이 두 번 나오는 것으로 보아, 뒤 절에 나오는 倒霉의 반의어를 선택하면 된다. 倒霉는 '재수 없다'는 의미로 이와 상반된 D가 답이 된다.

有的人很 幸运 , … 有的人很 倒霉

반의어 관계

단어 不安 bù'ān 형 불안하다 | 兴奋 xīngfèn 형 신나다 | 热情 rèqíng 형 열정적이다 | 幸运 xìngyùn 형 운이 좋다

A 期待	B 等待	A 기대하다	B 기다리다
C 休息	D 交谈	C 휴식하다	D 이야기를 나누다

시크릿 有的人用了种种的方式，经历了长长的______，终于可以坐下，

해설
품사 찾기 관형어 长长的의 수식을 받는 피수식어가 나와야 한다. 구조조사 的와 연결되는 피수식어로는 대부분 명사가 나오지만, 경우에 따라서는 동사가 나올 수도 있다.

짝꿍 찾기 빈칸에 들어갈 말의 힌트는 동사 经历(겪다)다.

정답 찾기 빈칸 앞부분에서 사람들은 자리에 앉기 위해 여러 가지 방법을 쓴다는 내용이 나오므로 문맥상 오랜 기다림을 겪고 나서야 자리에 앉을 수 있다는 내용이 적당하다. 따라서 답은 B가 된다. 期待(기대하다)에도 等待(기다리다)의 의미가 있지만, 期待는 추상적인 목적어만 이끌 수 있으므로 답이 될 수 없다.

단어 期待 qīdài 동 기대하다 | 等待 děngdài 동 기다리다 | 休息 xiūxi 동 휴식하다 | 交谈 jiāotán 동 이야기를 나누다

[01~03]

| 제목 | 젊은 시절의 좌절 | 주제 | 젊은 시절 좌절을 이겨낸 경험은 사람을 더 단단하고 강하게 만든다. |

有一个年轻人毕业以后，找到了一个不错的公司。他为自己设计了一个美好的未来，对__1__充满信心。可是受到金融危机的影响，这家公司倒闭了。他伤心极了，觉得自己是这个世界上最不幸、最__2__的人。公司的经理是个中年人，他拍着年轻人的肩说："小伙子，你很幸运。""幸运?"年轻人反问道。"对，很幸运!"经理又重复了一遍，他解释道："青年时期遇到挫折是好事，因为你可以学会如何变得__3__。年轻就是资本，你现在重新开始也不晚。"

한 젊은이가 졸업한 후에 좋은 직장을 찾았다. 그는 자신을 위해 아름다운 미래를 설계했고, 앞날에 대한 자신감으로 가득 찼다. 그러나 금융위기의 영향을 받아 회사는 파산하고 말았다. 그는 크게 상심하며, 자신이 세상에서 제일 불행하고, 제일 운이 없는 사람이라고 생각했다. 회사의 사장은 중년이었는데 그는 젊은이의 어깨를 두드리며 "젊은이, 자네는 정말 운이 좋네."라고 말했다. "운이 좋다고요?" 젊은이는 반문했다. "맞아. 정말 운이 좋아!" 사장은 다시 한 번 말했다. 그는 "청년 시기에 좌절을 맛보는 것은 좋은 일이야. 왜냐하면 자네는 어떻게 강해지는지 배울 수 있거든. 젊음이 바로 자본일세. 자네는 지금 다시 시작해도 늦지 않아."라고 설명해주었다.

단어 毕业 bìyè 통 졸업하다 | 公司 gōngsī 명 회사 | ★设计 shèjì 설계하다 | 未来 wèilái 명 미래 | ★充满 chōngmǎn 통 가득 차다 | 信心 xìnxīn 명 자신감 | ★金融 jīnróng 명 금융 | ★危机 wēijī 명 위기 | 影响 yǐngxiǎng 명 영향 | ★倒闭 dǎobì 통 도산하다, 망하다 | 伤心 shāngxīn 통 상심하다 | 经理 jīnglǐ 명 사장, 책임자 | ★拍 pāi 통 치다 | ★肩 jiān 명 어깨 | 幸运 xìngyùn 형 운이 좋다 | 重复 chóngfù 통 반복하다 | ★解释 jiěshì 통 해석하다, 해설하다 | 时期 shíqī 명 시기 | 遇到 yùdào 통 만나다 | ★挫折 cuòzhé 명 좌절 | ★资本 zīběn 명 자본, 밑천

01

| A 记忆 | B 前途 | A 기억 | B 앞날 |
| C 命运 | D 将来 | C 운명 | D 장래 |

시크릿 他为自己设计了一个美好的未来，对______充满信心。

해설

품사 찾기 '对(전치사) + 명사 + 充满(술어) + 信心(목적어)'의 어순으로, 빈칸에는 명사가 필요하다.

짝꿍 찾기 명사의 힌트는 充满信心(자신감으로 가득 찼다)이지만, 전체 문맥도 살펴야 한다.

정답 찾기 빈칸 앞 절에서 그는 아름다운 미래를 설계했다고 한 것으로 보아 자신감으로 가득 찬 것은 앞으로의 상황에 대한 것이다. 前途(앞날)는 사업이나 일을 하는 데 있어서 '앞날, 비전, 미래의 상황이나 형편'을 의미하므로, 답은 B가 된다. 즉 그는 졸업하자마자 좋은 직장을 구했기 때문에 이제 자신의 앞날(미래)이 밝을 것으로 생각한 것이다.

Tip 未来(미래)와 将来(장래)는 동의어로, 앞 절에 未来라는 단어가 언급되었으니, 또 다시 똑같은 의미인 将来가 언급될 가능성은 적다.

단어 记忆 jìyì 명 기억 | 前途 qiántú 명 앞날 | 命运 mìngyùn 명 운명 | 将来 jiānglái 명 장래

02

| A 善良 | B 好运 | A 착하다 | B 행운 |
| C 糟糕 | D 倒霉 | C 엉망이다 | D 운이 없다 |

시크릿 觉得自己是这个世界上最不幸、最______的人。

해설

품사 찾기 정도부사 最 뒤에는 형용사가 필요하다.

짝꿍 찾기 빈칸 앞을 보면 모점(、)을 사용하여 병렬을 나타내고 있으므로, 最不幸(제일 불행하다)이 힌트가 된다.

정답 찾기 그는 직장이 파산하자 자신은 되는 일이 없다고 비판하고 있다. 앞에 언급된 最不幸(가장 불행하다)과 의미가 유사한 D의 倒霉(운이 없다)가 답이 된다.

Tip 糟糕는 '엉망이다, 형편없다'라는 뜻으로, 여기서는 상황의 열악함보다 사람의 불운함을 말해야 하기 때문에 답이 될 수 없다.

단어 善良 shànliáng 혱 착하다 | 好运 hǎoyùn 몡 행운 | 糟糕 zāogāo 혱 엉망이다, 야단나다 | 倒霉 dǎoméi 혱 운이 없다

03

A 坚强	B 成熟	A 강하다	B 성숙하다
C 明显	D 熟练	C 분명하다	D 능숙하다

시크릿 青年时期遇到挫折是好事，因为你可以学会如何变得______。

해설

품사 찾기 구조조사 得 이하 부분에는 동사나 형용사가 나와 정도보어 역할을 할 수 있다.

짝꿍 찾기 앞뒤 문맥을 파악하여 가장 적합한 말을 찾아야 한다.

정답 찾기 회사의 사장은 젊었을 때 좌절을 해보는 것은 스스로 무엇인가를 배울 수 있기 때문에 도움이 된다고 격려해주었다. 좌절을 겪으면서 배울 수 있는 것은 보기 중 坚强(강해지다)이 가장 적합하므로 답은 A가 된다. 坚强은 성격이나 의지가 강하여 어떤 일이 생겨도 흔들리지 않음을 의미하며, '굳세다'라는 의미 이외에도 '강해지게 하다'라는 사역의 의미가 있다.

Tip 熟练은 '기술이나 동작이 훈련과 연습(연습)을 통해서 능숙해졌음'을 의미하며, 技术熟练的工人(기술이 능숙한 노동자)이나 动作熟练了(동작이 능숙해졌다) 등으로 쓰일 수 있다.

단어 坚强 jiānqiáng 혱 강하다, 굳세다 | 成熟 chéngshú 혱 성숙하다 | 明显 míngxiǎn 혱 분명하다 | 熟练 shúliàn 혱 능숙하다

[04-07]

제목 이름을 기억하는 것의 중요성

주제 상대방의 이름을 불러주는 것은 매우 중요하다.

名字对一个人来说非常重要，所以，在我们交际的过程中，记住别人的名字就变得更加重要。一位名人曾经说过："不论在任何语言之中，一个人的名字是最甜蜜、最重要的声音。"善于记住别人的姓名是一种礼貌，也是一种感情__4__，在人际交往中会起到意想不到的效果。在一个陌生的场合，你轻松而__5__地叫出了对方的名字，对方一定会感到惊讶和感动——在对方的眼里，你只是面熟而已，也许他已经记不起你们在什么地方见过面了，但是你居然叫出了他的名字，这无疑告诉了对方："你的名字对我很重要。"这样一来，你和对方的距离很快就拉近了。

想要记住对方的名字，就要进行有意__6__，养成准确记住名字的习惯。这样，记住别人的名字在给别人带去惊喜的同时，也会给自己的事业带来__7__的收获。

이름은 한 사람에게 있어서 굉장히 중요하다. 그래서 우리가 교제하는 과정 중에, 다른 사람의 이름을 기억하는 것이 더욱 중요해진다. 한 유명인사가 "어떠한 언어에서든지, 한 사람의 이름은 제일 달콤하며 제일 중요한 소리다."라고 말했다. 다른 사람의 이름을 잘 기억하는 것은 일종의 예의며, 또한 감정 투자로, 사람과의 교제 중에 생각지도 못한 효과를 이끌어낼 수 있다. 낯선 장소에서, 당신이 가볍고 친근하게 상대방의 이름을 부르면, 상대방은 분명 놀라면서도 감동할 것이다. 상대방의 눈에 당신은 단지 낯익을뿐, 어쩌면 그는 이미 당신들이 어디에서 만났었는지 기억하지 못할지도 모른다. 그러나 당신이 의외로 그의 이름을 불러주면, 이는 상대방에게 "나에게 당신의 이름은 매우 중요합니다"라고 확실하게 말해주는 것이다. 이렇게 되면, 당신과 상대방의 거리는 매우 빨리 가까워질 것이다.

상대방의 이름을 기억하고 싶다면, 의식적으로 양성하여 이름을 정확하게 기억하는 습관을 길러야 한다. 이렇게 다른 사람의 이름을 기억하는 것은 다른 사람에게 놀라움과 기쁨을 가져다주는 동시에, 자신의 사업에 의외의 수확을 가져올 수 있다.

 名字 míngzi 몡 이름 | 重要 zhòngyào 혱 중요하다 | 所以 suǒyǐ 젭 그래서 | ★ 交际 jiāojì 똉 교제하다 | 过程 guòchéng 몡 과정 | 记住 jìzhu 똉 확실히 기억해두다 | 更加 gèngjiā 뷘 더욱, 한층 | 曾经 céngjīng 뷘 일찍이 | 不论 búlùn 젭 ~하든지 간에 | 任何 rènhé 떼 어떠한 | 语言 yǔyán 몡 언어 | ★ 甜蜜 tiánmì 혱 달콤하다 | ★ 善于 shànyú 똉 ~을 잘하다 | 礼貌 lǐmào 몡 예의 | ★ 人际 rénjì 몡 사람과 사람 사이 | 交往 jiāowǎng 똉 교제하다 | ★ 意想不到 yìxiǎngbúdào 셩에 예상치 못하다 | 效果 xiàoguǒ 몡 효과 | ★ 陌生 mòshēng 혱 낯설다 | ★ 场合 chǎnghé 몡 장소 | 轻松 qīngsōng 혱 가볍다, 부담 없다 | 惊讶 jīngyà 혱 놀랍고 의아하다 | ★ 面熟 miànshú 혱 낯익다 | 而已 éryǐ 조 ~뿐이다 | 居然 jūrán 뷘 뜻밖에 | ★ 无疑 wúyí 혱 확실하다, 의심할 바 없다 | 告诉 gàosu 똉 말하다, 알리다 | ★ 距离 jùlí 몡 거리 | 拉近 lājìn 똉 가까이 끌어당기다 | 有意 yǒuyì 뷘 고의로, 일부러 | ★ 准确 zhǔnquè 혱 확실하다 | 习惯 xíguàn 몡 버릇, 습관 | ★ 惊喜 jīngxǐ 똉 놀라면서 기뻐하다 | 收获 shōuhuò 몡 수확

04

| A 计算 | B 投资 | A 계산 | B 투자 |
| C 基础 | D 世界 | C 기초 | D 세계 |

시크릿 善于记住别人的姓名是一种礼貌，也是一种感情______，

해설 **품사 찾기** '一(수사) + 种(양사) + 感情(명사)' 어순의 관형어가 있다. 빈칸에는 명사 感情(감정)과 긴밀하게 연결될 수 있는 명사가 필요하다.

짝꿍 찾기 感情(감정)과 긴밀하게 연결되어 하나의 단어처럼 쓸 수 있는 명사를 찾아야 한다.

정답 찾기 빈칸 앞 절에서 사람의 이름을 잘 기억하는 것은 일종의 예라고 말했다. 어떤 사람의 이름을 외우는 것은 쉽지 않은 일이므로, 일종의 감정 투자(感情投资)라고 비유하여 말할 수 있다. 따라서 답은 B가 된다.

단어 计算 jìsuàn 몡 계산 | 投资 tóuzī 몡 투자 | 基础 jīchǔ 몡 기초 | 世界 shìjiè 몡 세계

05

| A 亲切 | B 后悔 | A 친근하다 | B 후회하다 |
| C 安慰 | D 不安 | C 위로하다 | D 불안하다 |

시크릿 在一个陌生的场合，你轻松而______地叫出了对方的名字，对方一定会感到惊讶和感动…

해설 **품사 찾기** '부사어 地 + 叫(술어) + 出了(보어)'의 어순으로, 빈칸에는 부사어가 될 수 있는 동사나 형용사가 필요하다.

짝꿍 찾기 힌트는 접속사 而로, 역접이나 순접을 나타내기도 하지만, 두 개의 형용사 중간에 놓여 상호 보충을 나타내준다.

정답 찾기 빈칸 앞에 있는 轻松(가볍다)을 상호 보충할 수 있는 단어는 보기 중 亲切(친근하다)다. 문맥상 낯선 장소에서 상대방의 이름을 부담스럽지 않게 편안한(轻松) 어투로, 친근하게(亲切) 불러주면 상대방이 감동하게 된다는 의미로, A가 답이 된다.

Tip 접속사 而의 상호 보충관계
형식: 형용사 而 형용사
예 严肃而认真 엄숙하고도 진지하다
文章简练而生动 글이 간결하면서도 생동감 있다

단어 亲切 qīnqiè 혱 친근하다 | 后悔 hòuhuǐ 똉 후회하다 | 安慰 ānwèi 똉 위로하다 | 不安 bù'ān 혱 불안하다

| A 握手 | B 热心 | A 악수하다 | B 열성적하다 |
| C 培养 | D 重视 | C 양성하다 | D 중시하다 |

시크릿 想要记住对方的名字，就要进行有意_____，养成准确记住名字的习惯。

해설

품사 찾기 '要(조동사) + 进行(동사) + 有意(부사) + 목적어'의 어순이다. 목적어는 일반적으로 명사지만, 동사 进行(진행하다)은 동사(구)를 목적어로 취할 수 있는 특징을 가지고 있으므로, 빈칸에는 동사가 필요하다.

짝꿍 찾기 힌트는 뒤 절의 养成…习惯(~하는 습관을 기르다)이다.

정답 찾기 상대방의 이름을 외우려면 의도적인 무언가가 필요한데, 빈칸 뒷부분에서 그것은 이름을 정확하게 기억하는 습관을 들이는 것이라고 부연설명을 하고 있다. C의 培养(양성하다)은 어떤 목적을 이루기 위하여 장기간 동안 교육과 훈련을 하는 것을 의미하여 가장 적합한 답이 된다. 培养과 养成은 모두 '양성하다, 기르다'의 의미가 있다.

단어 握手 wòshǒu 통 악수하다 | 热心 rèxīn 통 열성적하다 | 培养 péiyǎng 통 양성하다 | 重视 zhòngshì 통 중시하다

| A 智慧 | B 丰富 | A 지혜 | B 풍부하다 |
| C 计划 | D 意外 | C 계획하다 | D 의외다 |

시크릿 记住别人的名字在给别人带去惊喜的同时，也会给自己的事业带来_____的收获。

해설

품사 찾기 '수식어 的 + 收获(명사)'의 어순으로, 빈칸에는 명사, 동사, 형용사 등이 나올 수 있다.

짝꿍 찾기 빈칸 앞 절의 惊喜(놀라면서 기뻐하다)가 힌트다.

정답 찾기 우리가 한두 번 만난 사람의 이름을 기억해주면, 상대방에게 놀라움과 기쁨(惊喜)을 가져다주면서, 우리 자신 또한 의외의 수확(意外的收获)을 얻을 수 있다는 내용이 되어야 가장 자연스럽다. 따라서 답은 D가 된다.

단어 智慧 zhìhuì 명 지혜 | 丰富 fēngfù 형 풍부하다 | 计划 jìhuà 통 계획하다 | 意外 yìwài 형 의외다, 예상외다

11 day　p.65~66

제목　한 의사의 음주 폐해 증명 실험

주제　사람은 각자 자신에게 유리하게 해석한다.

01

　　一个医生为了说明饮酒的坏处，把两条小虫分别放在一个装着酒的瓶子和一个装着水的瓶子里。放在酒里的那条小虫很快就死了，而放在水里的那条还在挣扎。医生对周围的人说：“你们看，这就是饮酒的结果。”这时，人群中有一个酒鬼大声喊道：“这就对了，喝酒人的肚子里就不会长这种虫子啦！”

A　酒鬼决定戒酒了
B　在水里的那条小虫死了
C　喝酒可以防止肚子里长虫子
D　医生想要告诉人们饮酒的害处

　　한 의사가 음주의 해로운 점을 설명하기 위해, 두 마리 작은 벌레를 각각 술이 담긴 병과 물이 담긴 병 안에 넣었다. 술에 넣은 벌레는 매우 빨리 죽었지만, 물에 넣은 벌레는 여전히 몸부림치고 있었다. 의사는 주변 사람들에게 “보십시오. 이것이 바로 음주의 결과입니다.”라고 말했다. 이때, 사람들 중 한 술주정뱅이가 큰소리로 외쳤다. “맞아요. 그러니까 술 마시는 사람 뱃속에는 이런 벌레가 생길 수 없죠!”

A　술주정뱅이는 금주를 결심했다
B　물속에 있는 벌레는 죽었다
C　술을 마시면 뱃속에 벌레가 생기는 것을 막을 수 있다
D　의사는 사람들에게 음주의 해로운 점을 말해 주려고 했다

해설　의사가 사람들에게 두 마리의 벌레로 실험하여 음주가 해롭다는 결과를 보여주자, 한 술주정뱅이가 엉뚱한 소리를 하는 내용이다. 보기 D는 지문의 시작내용으로 답이 될 수 있다.

A- 술주정뱅이는 실험 결과를 보고 술을 마시는 사람의 뱃속에는 벌레가 생길 수 없다고 말했으므로, 금주를 결심했다고 볼 수 없다.

B- 벌레가 죽은 병은 술병이었고, 물병 안의 벌레는 몸부림치고 있었다.

C- 술 마시는 사람의 뱃속에 벌레가 생기지 않는다는 말은, 술주정뱅이의 자의적인 해석이므로 신빙성이 없다.

단어　医生 yīshēng 몡 의사 | 为了 wèile 젠 ~를 위하여 | 说明 shuōmíng 동 설명하다 | 饮酒 yǐnjiǔ 동 술을 마시다 | ★ 坏处 huàichu 몡 해로운 점 | ★ 分别 fēnbié 뮈 각각 | ★ 装 zhuāng 동 담다 | 瓶子 píngzi 몡 병 | ★ 挣扎 zhēngzhá 동 몸부림치다 | 周围 zhōuwéi 몡 주변, 주위 | 结果 jiéguǒ 몡 결과 | ★ 人群 rénqún 몡 사람들, 군중 | ★ 酒鬼 jiǔguǐ 몡 술주정뱅이 | 喊 hǎn 동 외치다 | 喝酒 hējiǔ 동 술을 마시다 | ★ 肚子 dùzi 몡 배 | 决定 juédìng 동 결정하다 | ★ 戒 jiè 동 끊다 | ★ 防止 fángzhǐ 동 방지하다 | 告诉 gàosu 동 알리다, 말하다 | ★ 害处 hàichu 몡 해로운 점

제목　똑똑한 돼지

주제　자신의 꾀에 빠진 주인

02

　　一个男人养了一头猪，觉得养烦了，就想把它给扔了。但是这头猪每次都认得回家的路，扔了很多次都没有成功。有一天，这个男人又开车把猪带了出去。当晚打电话给他的妻子问：“猪回来了吗？”妻子回答：“回来了。”男人非常气愤，大声嚷道：“快让它接电话，我迷路了！”

　　한 남자가 돼지 한 마리를 기르다가, 기르기 귀찮다고 생각해서 버리려고 했다. 하지만 이 돼지는 매번 집으로 돌아오는 길을 알아서, 여러 번 버렸지만 모두 성공하지 못했다. 하루는, 남자가 또 차를 몰고 돼지를 데리고 나갔다. 그날 저녁 그는 부인에게 전화를 걸어 “돼지가 집으로 돌아왔소?”라고 물었다. 부인은 “돌아왔어요.”라고 대답했다. 남자는 너무 화가 나서, 크게 소리쳤다. “빨리 돼지한테 전화 받으라고 해. 내가 길을 잃었어!”

A 男人很喜欢那头猪	A 남자는 그 돼지를 매우 좋아한다
B 那头猪后来迷路了	B 그 돼지는 나중에 길을 잃었다
C 男人成功地把猪扔了	C 남자는 성공적으로 돼지를 버렸다
D 男人开车出去后迷路了	D 남자는 차를 몰고 나간 후 길을 잃었다

[해설] 한 남자가 키우던 돼지를 귀찮아서 버리려고 몇 번을 시도하다 실패하자, 차를 몰고 멀리까지 가서 돼지를 버렸는데, 돼지는 집으로 돌아오고 오히려 자신은 길을 잃었다는 내용이다. 따라서 답은 D가 된다.
A- 남자는 돼지 키우는 것을 귀찮아했다.
B- 돼지는 집을 찾아왔고 남자가 길을 잃었다.
C- 돼지가 집을 찾아왔으므로 남자는 실패했다.

[단어] 养 yǎng 통 기르다 | ★ 猪 zhū 명 돼지 | 觉得 juéde 통 ~라고 생각하다 | ★ 烦 fán 형 귀찮다 | ★ 扔 rēng 통 버리다 | 但是 dànshì 접 그러나 | 认得 rènde 통 알다. 인식하다 | 成功 chénggōng 통 성공하다 | 打电话 dǎ diànhuà 전화를 걸다 | 妻子 qīzi 명 아내 | 回答 huídá 통 대답하다 | ★ 气愤 qìfèn 분노하다 | 大声 dàshēng 명 큰 소리 | ★ 嚷 rǎng 통 고함을 치다 | 接 jiē 통 받다 | ★ 迷路 mílù 통 길을 잃다 | 后来 hòulái 명 나중. 훗날

03

[제목] 아들의 귀여운 고자질

[주제] 버스 안에서 예쁜 여자가 아빠에게 말을 건 이유

　　这天，爸爸去学校接儿子放学，父子俩乘着公交车回家。进了门，儿子飞奔到妈妈面前说道："妈妈，今天在车上，有美女姐姐跟爸爸搭讪了。"妈妈一惊，气呼呼地问道："那女人说了什么？"边说边瞪着爸爸。爸爸不知道发生了什么事，心里十分紧张，两人都把目光转向了儿子。儿子笑着说："美女姐姐对爸爸说，<u>'离我远点'</u>。"

어느 날, 아빠는 아들을 데리러 학교에 갔고, 부자는 버스를 타고 집으로 돌아왔다. 집에 들어오고, 아들은 엄마 앞으로 나는 듯이 달려가 말했다. "엄마, 오늘 차 안에서, 어떤 예쁜 누나가 아빠한테 말을 걸었어요." 엄마는 놀라서, 씩씩대며 "그 여자가 뭐라고 하던?"이라고 물어보면서 아빠를 부릅뜨고 노려봤다. 아빠는 무슨 일인지도 모르고, 마음속으로 매우 긴장했다. 두 사람은 모두 시선을 아들에게 돌렸다. 아들은 웃으며 <u>"예쁜 누나가 아빠한테 '좀 떨어져주세요'라고 말하던데요."</u>하고 말했다.

A 美女很喜欢爸爸	A 예쁜 여자는 아빠를 매우 좋아한다
B 美女不想让爸爸靠近她	B 예쁜 여자는 아빠가 그녀에게 가까이 오는 것을 원치 않았다
C 妈妈很高兴有人和爸爸搭讪	C 엄마는 어떤 사람이 아빠에게 말을 걸어줘서 매우 기뻤다
D 爸爸在街上碰见了一个美女	D 아빠는 거리에서 예쁜 여자를 만났다

[해설] 예쁜 여자가 아빠에게 말을 건 목적은 "저에게서 좀 떨어져주세요."라는 말을 전하기 위해서였다. 예쁜 여자는 아빠가 자신의 옆에 가까이 있는 것이 싫었던 것이다. 따라서 답은 B가 된다.
A- 예쁜 여자는 아빠가 자신에게 가까이 있는 것을 싫어했다.
C- 엄마는 버스에서 어떤 예쁜 여자가 아빠에게 말을 걸었다는 말을 듣고 화가 났다.
D- 아빠는 예쁜 여자를 버스에서 만났다.

[단어] 接 jiē 통 마중하다 | 儿子 érzi 명 아들 | ★ 放学 fàngxué 통 하교하다 | ★ 乘 chéng 통 타다 | 公交车 gōngjiāochē 명 버스 | ★ 飞奔 fēibēn 통 나는 듯이 달리다 | ★ 搭讪 dāshàn 통 일부러 말을 꺼내다 | 惊 jīng 통 놀라다 | ★ 气呼呼 qìhūhū 형 (화가 나서) 씩씩거리다 | 问道 wèndào 통 묻다 | ★ 瞪 dèng 통 눈을 부릅뜨고 노려보다 | 发生 fāshēng 통 발생하다 | 心里 xīnli 명 마음속 | 十分 shífēn 囯 매우 | 紧张 jǐnzhāng 형 긴장해 있다 | ★ 目光 mùguāng 명 시선. 눈길 | ★ 转向 zhuǎnxiàng 통 ~로 향하다 | ★ 靠近 kàojìn 통 가까이 가다 | 高兴 gāoxìng 형 기쁘다 | 街 jiē 명 거리 | ★ 碰见 pèngjiàn 통 마주치다

04

一个小伙子和一个姑娘相识几天后，这个小伙子就向姑娘求婚了。姑娘问他："我们才认识3天，你对我能有多少了解？"小伙子急忙说："了解，了解，我早就了解你了。"姑娘又问："怎么可能？我们以前又不认识。"小伙子回答说："我在银行工作已经3年了，你父亲有多少存款，我是很清楚的。"

A 姑娘的父亲很有钱
B 小伙子很喜欢这个姑娘
C 小伙子对姑娘非常了解
D 姑娘的父亲是银行的老板

한 남자와 여자가 서로 알게 된 지 며칠 만에, 이 남자가 여자에게 청혼했다. 여자는 그에게 "우리가 안 지 겨우 3일밖에 되지 않았는데, 당신이 저에 대해서 얼마나 알 수 있죠?"라고 물었다. 남자는 급히 "알죠, 알죠. 일찍부터 당신에 대해 알고 있었어요."라고 말했다. 여자가 "어떻게 가능하죠? 우리는 이전에 알지도 못했는데요."라고 다시 물었다. 남자는 "제가 은행에서 일한 지 이미 3년인데, 당신 아버지께서 예금을 얼마나 하셨는지, 저는 매우 정확히 알고 있습니다."라고 대답했다.

A 여자의 아버지는 돈이 매우 많다
B 남자는 이 여자를 매우 좋아한다
C 남자는 여자를 매우 잘 안다
D 여자의 아버지는 은행장이다

해설 남자가 여자를 만난 지 며칠 안 되서 바로 청혼하자 여자는 남자에게 자신을 얼만큼 아는지 물었다. 남자는 여자에게 여자의 아버지께서 예금한 돈이 얼마인지 정확히 알기 때문에 여자를 잘 알고 있다고 말했으므로, A가 답으로 가장 적합하다.
B- 남자는 여자를 좋아한 것이 아니라 여자의 아버지가 부자라서 좋았던 것이다.
C- 남자가 잘 알고 있는 것은 여자 아버지의 재산이다.
D- 은행에서 일하는 것은 남자이며, 여자 아버지의 직업은 언급되지 않았다.

단어 ★ 小伙子 xiǎohuǒzi 몡 젊은이 | ★ 姑娘 gūniang 몡 아가씨 | 相识 xiāngshí 통 서로 알다 | ★ 求婚 qiúhūn 통 청혼하다 | 认识 rènshi 통 알다 | 了解 liǎojiě 통 알다. 이해하다 | 急忙 jímáng 뷘 급히 | 以前 yǐqián 몡 이전 | 回答 huídá 통 대답하다 | 银行 yínháng 몡 은행 | 父亲 fùqīn 몡 아버지 | ★ 存款 cúnkuǎn 통 저축하다 | 清楚 qīngchu 톙 분명하다 | 非常 fēicháng 뷘 매우. 아주 | ★ 老板 lǎobǎn 몡 사장

12 day p.66~67

01

星期天，我请新女朋友吃烤鸭。由于我出门的时候太着急了，竟然忘了带钱包。认真想了想，实在没有别的办法，不得不向女友开口。因为不知道怎么开口才好，所以脸红了。我吞吞吐吐地说："我……"没想到这时发生了一件意想不到的事情。她竟然理解错了，也红着脸说："我也爱你。"

A 女朋友很大方
B 他觉得自己运气好
C 女朋友很喜欢开玩笑
D 女朋友误会他的意思了

일요일에 나는 새 여자친구에게 오리구이를 사주기로 했다. 집을 나올 때 너무 조급했던 나머지, 뜻밖에도 지갑 챙겨오는 것을 깜박하고 말았다. 곰곰이 생각했지만, 정말 별다른 방법이 없어, 어쩔 수 없이 여자친구에게 말해야 했고, 어떻게 말을 꺼내야 좋을지 몰라 얼굴이 빨개졌다. 나는 떠듬거리며 "나……"라고 말을 꺼냈고, 이때 예상치 못한 일이 생겼다. 그녀가 뜻밖에도 잘못 이해하고, 역시 얼굴이 빨개져서 "나도 널 사랑해"라고 말한 것이다.

A 여자친구는 매우 호탕하다
B 그는 자신이 운이 좋다고 생각한다
C 여자친구는 농담을 매우 좋아한다
D 여자친구는 그의 뜻을 오해했다

02

제목 똑똑해지는 약

주제 세상에 똑똑해지는 약은 없다.

病人问道:"大夫, 你能给我一些可以变得聪明的药吗?"医生开了一些药, 要他下个星期再来。一星期后, 病人又来问:"大夫, 我觉得自己没有变得比较聪明。"医生又开了同样的药, 要他下星期再来。病人果然又依约而来了, 他这次说:"我知道自己没有变得聪明, 我只是想问问大夫, 你给我的药是不是一般的糖?"医生答道:"你总算变得聪明些了。"

A 每次的药都不一样

B 病人比以前更聪明了

C 大夫给病人的药很有效

D 大夫给的药只是一般的糖

환자가 물었다. "의사 선생님, 저에게 똑똑해지는 약 좀 주실 수 있나요?" 의사는 약을 조금 지어주면서 다음 주에 다시 오라고 말했다. 1주일 후, 환자가 다시 와서 물었다. "선생님, 제가 생각하기에는 전혀 똑똑해진 것 같지 않은데요." 의사는 또 똑같은 약을 지어주고, 그에게 다음 주에 다시 오라고 하였다. 환자는 역시 약속대로 다시 왔다. 그는 이번엔 "제가 똑똑해지지 않은 것 알아요. 저는 단지 의사 선생님께 물어보고 싶어요. 선생님께서 주신 약은 일반 사탕 아닌가요?"라고 말했다. 의사는 "드디어 조금 똑똑해지셨군요."라고 대답했다.

A 매번 약이 모두 달랐다

B 환자는 이전보다 훨씬 똑똑해졌다

C 의사가 환자에게 준 약은 매우 효과가 있다

D 의사가 준 약은 단지 일반 사탕이다

해설 환자가 의사에게 똑똑해지는 약을 처방해달라고 한 것 자체가 똑똑하지 못한 행동이었다. 마지막에 환자가 자기에게 처방해준 약이 사탕이 아니냐고 물었을 때 의사는 환자에게 조금 똑똑해졌다고 이야기했으므로, D가 답이라는 것을 알 수 있다.

A- 의사는 매번 환자에게 같은 약을 주었다.

B- 환자가 약을 먹고 똑똑해질 수 없다는 것을 깨닫는 데 시간이 걸린 것이지 실제로 이전보다 똑똑해진 것은 아니다.

C- 의사가 환자에게 처방해준 약은 일반 사탕으로 효과가 없었다.

단어 病人 bìngrén 명 환자 | ★ 问道 wèndào 동 묻다 | 大夫 dàifu 명 의사 | 变 biàn 동 변하다 | 聪明 cōngming 휑 똑똑하다, 총명하다 | 药 yào 명 약 | 觉得 juéde 동 ~라고 생각하다 | 自己 zìjǐ 대 자신 | 比较 bǐjiào 분 비교적 | 同样 tóngyàng 휑 같다 | ★ 果然 guǒrán 분 과연, 역시 | ★ 依 yī 전 ~에 따라 | 只是 zhǐshì 분 단지 | 一般 yìbān 휑 일반적이다 | ★ 糖 táng 명 설탕 | 答道 dádào 동 대답하다 | ★ 总算 zǒngsuàn 분 드디어, 마침내 | 以前 yǐqián 명 이전 | ★ 有效 yǒuxiào 휑 효과가 있다

03

在我读小学的时候，有一次，老师问我们一个问题："各位同学，有谁知道长度的单位是什么啊？"这时候，班上最最乖巧的一个同学举手要求回答，说："老师，是'米'!"老师说："不错不错，请坐下。可是，有谁还知道有什么呢？"这时候，平时学习最最落后的同学也举手，老师有点激动，决定给他一个机会，他回答说："老师，还有'菜'!"

A　"菜"不是问题的答案
B　最最乖巧的同学回答错了
C　最最落后的同学回答对了
D　老师对落后同学的回答很满意

초등학교를 다니던 시절, 한번은 선생님께서 우리에게 "여러분, 길이의 단위가 뭔지 아는 사람?"하고 질문하셨다. 이때, 반에서 가장 영리한 학생 한 명이 대답하려고 손을 들고, "선생님, 답은 '미터'예요!"라고 말했다. 선생님은 "맞아요, 맞아요. 자 이제 앉으세요. 그런데 또 무엇이 있는지 아는 사람?"이라고 말씀하셨다. 이때, 평소에 학업이 가장 뒤떨어지는 학생도 손을 들었다. 선생님은 조금 감격스러워, 그에게 기회를 주기로 했다. 그는 "선생님, '반찬'도 있어요!"라고 대답했다.

A　'반찬'은 문제의 답이 아니다
B　가장 영리한 학생은 대답이 틀렸다
C　가장 뒤떨어지는 학생은 대답이 맞았다
D　선생님은 뒤떨어지는 학생의 대답에 매우 만족했다

해설　길이의 단위를 묻는 선생님의 질문에 영리한 학생이 미터(米)라고 대답했다. 공부를 가장 못하는 학생은 영리한 친구의 대답을 쌀(米)로 착각하여, 또 다른 답을 묻는 선생님의 질문에 반찬(菜)이라는 엉뚱한 대답을 한 것이다. 따라서 답은 A가 된다.

B- 가장 영리한 학생은 미터(米)라고 대답하여 틀리지 않았다.

C- 반찬(菜)은 길이의 단위가 아니므로 틀렸다.

D- 선생님은 성적이 안 좋은 학생이 대답하기 위해 손을 들었을 때 감격했을 뿐이다.

Tip　중국어에서 미터(米)와 쌀(米)은 한자와 발음이 같다.
길이의 단위: 厘米(límǐ): 센티미터(cm), 米(mǐ): 미터(m), 公里(gōnglǐ): 킬로미터(km)

단어　读 dú 통 학교에 다니다 | 小学 xiǎoxué 명 초등학교 | 问题 wèntí 명 문제 | 各位 gèwèi 대 여러분 | ★ 长度 chángdù 명 길이 | ★ 单位 dānwèi 명 단위 | ★ 乖巧 guāiqiǎo 형 영리하다 | 同学 tóngxué 명 학우, 동창 | 举手 jǔshǒu 통 손을 들다 | 要求 yāoqiú 통 요구하다 | 回答 huídá 통 대답하다 | 米 mǐ 양 미터 | 不错 búcuò 형 맞다 | 平时 píngshí 명 평소 | ★ 落后 luòhòu 형 뒤떨어지다 | ★ 激动 jīdòng 통 감격하다, 흥분하다 | 决定 juédìng 통 결정하다 | 机会 jīhuì 명 기회 | ★ 答案 dá'àn 명 답 | 错 cuò 형 틀리다 | 满意 mǎnyì 통 만족하다

04

百货商店的电子秤，可以读出称体重人的体重。一个胖女士从百货商店回来，向朋友抱怨："我最不喜欢自动报体重的电子秤！"朋友听了以后非常好奇，问她为什么。难道因为别人也能听到电子秤的声音吗？胖女士愤怒地说："不是! 今天我站在电子秤上，它就说每次只限一人! 每次只限一人!"

A　女人想减肥
B　女人要买电子秤
C　电子秤是百货公司的
D　电子秤用一次就出了故障

한 백화점의 디지털 체중계는 체중을 재는 사람의 몸무게를 읽어줄 수 있었다. 한 뚱뚱한 여자가 백화점에서 돌아와서는 친구에게 투덜거리며 말했다. "난 정말이지 자동으로 몸무게를 알려주는 디지털 체중계가 제일 싫어!" 친구는 듣고 나서 매우 궁금하여, 그녀에게 이유를 물었다. 혹시 다른 사람들도 디지털 체중계의 소리를 들을 수 있어서인가? 뚱뚱한 여자는 분노하며 말했다. "그게 아니야! 오늘 그 체중계에 올라섰는데, 그 기계가 한 명씩만 올라오세요! 한 명씩만 올라오세요! 하잖아."

A　여자는 다이어트를 하고 싶어한다
B　여자는 디지털 체중계를 사려고 한다
C　디지털 체중계는 백화점 것이다
D　디지털 체중계는 한 번 사용하고 고장 났다

 지문 앞부분에 百货商店的电子秤(백화점의 디지털 체중계)이 있으므로 답은 C가 된다. 여자가 화가 난 상황만 이해하고 체중계가 고장 난 것으로 생각해서 D를 답이라고 혼동할 수도 있지만, 체중계는 고장 난 것이 아니라 여자의 과체중을 여러 명이 올라간 것으로 인식한 것이므로 답이 될 수 없다.

A- 여자가 매우 뚱뚱한 것을 짐작할 수는 있으나 다이어트를 하고 싶어하는지에 대한 언급은 없다.

B- 여자는 단지 디지털 체중계로 몸무게를 측정했을 뿐이다.

D- 체중계는 고장난 것이 아니라, 여자의 몸무게가 너무 무거워서 인식하지 못한 것이다.

단어 百货商店 bǎihuò shāngdiàn 명 백화점 | ★ 电子秤 diànzǐchèng 명 디지털 체중계 | 可以 kěyǐ 조동 ~할 수 있다 | 读 dú 동 읽다 | 称 chēng 동 (무게를) 측정하다, 재다 | ★ 体重 tǐzhòng 명 체중, 몸무게 | 胖 pàng 형 뚱뚱하다 | 女士 nǚshì 명 여사, 숙녀 | ★ 抱怨 bàoyuàn 동 투덜거리다, 원망하다 | 自动 zìdòng 형 자동의 | 报 bào 동 말해주다, 알리다 | ★ 好奇 hàoqí 형 궁금하다 | ★ 难道 nándào 부 설마 ~란 말인가 | 因为 yīnwèi 전 ~ 때문에 | 声音 shēngyīn 명 소리 | ★ 愤怒 fènnù 형 분노하다 | 站 zhàn 동 서다 | ★ 限 xiàn 동 제한하다 | 减肥 jiǎnféi 동 살을 빼다, 다이어트하다 | ★ 故障 gùzhàng 명 고장

13 day　p.71~72

01

<table>
<tr><td>제목　채소와 과일의 권장 섭취량</td><td>주제　채소와 과일을 매일 섭취해야 한다.</td></tr>
</table>

蔬菜和水果都含有维生素。虽然它们的营养成分和健康效果相似，但是两者并不完全相同。因此，营养学推荐"每餐有蔬菜，每天有水果"，建议成年人每天吃300到500克左右的蔬菜和200到400克左右的水果。

A 水果有更高的营养价值
B 每天都应该吃水果和蔬菜
C 蔬菜和水果一起吃更有营养
D 蔬菜和水果中的维生素相同

채소와 과일은 모두 비타민을 함유하고 있다. 비록 그것들의 영양성분과 건강 효과는 비슷하지만, 그 두 가지가 완전히 같지는 않다. 그러므로 영양학에서는 '채소는 하루 세 끼, 과일은 매일 먹기'를 추천하며, 성인은 매일 300~500그램 정도의 채소와 200~400그램 정도의 과일을 먹기를 권장한다.

A 과일이 더 높은 영양가치를 가지고 있다
B 매일 과일과 채소를 먹어야 한다
C 채소와 과일은 함께 먹으면 더 영양가가 있다
D 채소와 과일의 비타민은 서로 같다

해설 지문에서 채소와 과일의 성분이 비슷하지만, 두 가지가 완전히 같은 것은 아니므로 채소와 과일 모두 매일 먹어야 한다고 말하고 있다. 따라서 답은 B가 된다.

C- 두 가지를 함께 먹으면 좋다는 내용은 언급되지 않았다.

D- 채소와 과일의 영양성분과 건강 효과는 비슷하지만, 완전히 일치하지는 않는다.

▶ 접속사 힌트

虽然… 但是…(비록 ~일지라도, 그러나~)는 접속사로 但是 이하 부분이 핵심 내용이 된다. 뒤에 쓰인 因此(그러므로, 따라서) 또한 보통 뒷부분에 결과가 나온다.

▶ 상식 바로잡기

과일과 채소 모두 같은 비타민을 함유하고 있지는 않기 때문에, 둘 중 하나만 먹어도 되겠지라는 생각은 잘못된 것이다.

단어 ★ 蔬菜 shūcài 명 야채 | 水果 shuǐguǒ 명 과일 | ★ 含有 hányǒu 동 함유하다 | ★ 维生素 wéishēngsù 명 비타민 | 虽然 suīrán 접 비록 ~일지라도 | 营养 yíngyǎng 명 영양 | ★ 成分 chéngfèn 명 성분 | 健康 jiànkāng 명 건강 | 效果 xiàoguǒ 명 효과 | ★ 相似 xiāngsì 형 비슷하다 | 但是 dànshì 접 그러나 | 完全 wánquán 부 완전히 | 相同 xiāngtóng 형 서로 같다 | 因此 yīncǐ 접 그러므로, 그래서 | ★ 推荐 tuījiàn 동 추천하다 | 餐 cān 명 끼니 | ★ 建议 jiànyì 동 건의하다 | 成年人 chéngniánrén 명 성인 | 克 kè 양 그램 | 左右 zuǒyòu 명 정도, 가량 | ★ 价值 jiàzhí 명 가치 | 应该 yīnggāi 조동 마땅히 ~해야 한다

제목	육류에 대한 오해

说到健康食品，大家通常都会想到蔬菜、水果，而把肉类看做健康的敌人。其实，很多肉类对人体健康有很重要的作用。至今，很多国家并没有规定什么才是健康食品。因此，现在市场上所谓的健康食品其实没有统一的标准。

A 饮食要规律
B 肉类不是健康食品
C 只吃蔬菜对身体好
D 健康食品没有统一标准

주제	건강식품에 대한 통일된 기준이 없다.

건강식품을 말하면, 사람들은 보통 채소, 과일을 떠올리고, 육류를 건강의 적이라고 생각할 것이다. 사실 매우 많은 육류는 인체 건강에 매우 중요한 역할을 한다. 지금까지 여러 국가에 무엇이 건강식품인지의 규정이 없다. 그래서 현재 시장에서 건강식품이라고 하는 것은, 사실상 통일된 기준이 없다.

A 음식에는 규칙이 필요하다
B 육류는 건강식품이 아니다
C 채소만 먹어야 건강에 좋다
D 건강식품은 통일된 기준이 없다

해설 육류가 몸에 해롭다는 것은 잘못된 생각이라는 내용을 시작으로, 지문 마지막 부분에서 현재 여러 나라에 건강식품에 대한 규정이 없어, 통일된 기준도 없다고 했다. 따라서 D가 답이 된다.

B- 육류는 인체 건강에 매우 중요한 역할을 한다고 했으므로, 건강식품이 아니라고 할 수 없다.

C- 사람들은 채소와 과일이 건강식품이라고 생각하지만, 채소만 먹어야 건강에 좋은 것은 아니다.

▶ 접속사 힌트

其实(사실)는 앞의 내용을 보충하거나 수정해주는 역할을 하며, 因此(그래서)는 뒷부분에서 결과를 말한다.

▶ 상식 바로잡기

육류는 건강에 중요한 역할을 하기 때문에 육류가 건강을 해친다고 단정 지어서는 안 된다.

단어 健康 jiànkāng 圏 건강 | 食品 shípǐn 圏 식품 | ★ 通常 tōngcháng 圏 보통의, 일반적인 | 蔬菜 shūcài 圏 야채 | 水果 shuǐguǒ 圏 과일 | 肉类 ròulèi 圏 육류 | ★ 敌人 dírén 圏 적 | 其实 qíshí 囝 사실 | 重要 zhòngyào 圏 중요하다 | ★ 作用 zuòyòng 圏 역할, 작용 | ★ 至今 zhìjīn 囝 지금까지 | 国家 guójiā 圏 국가 | 规定 guīdìng 圏 규정 | 因此 yīncǐ 젭 그래서 | 市场 shìchǎng 圏 시장 | ★ 所谓 suǒwèi 圏 ~라는 것은 | 统一 tǒngyī 圏 통일된 | ★ 标准 biāozhǔn 圏 기준 | 饮食 yǐnshí 圏 음식 | ★ 规律 guīlǜ 圏 규칙, 법칙

제목	상어의 진실

鲨鱼，被一些人认为是海洋中最凶猛的动物。其实鲨鱼并不像电影和电视中说的那么可怕。世界上约有380种鲨鱼。约有30种会主动攻击人，其中有7种可能会致人死亡，还有23种因为体型和习性的关系，具有危险性。可见，只有其中很少的一部分，对人类有害，比如我们熟知的"大白鲨"。

A 人类对鲨鱼很了解
B 攻击人的鲨鱼有27种
C 鲨鱼不是最凶猛的动物
D 鲨鱼没有人想象的那么可怕

주제	모든 상어가 다 위험한 것은 아니다.

상어는 일부 사람들에 의하여 바다에서 제일 사나운 동물이라고 여겨진다. 사실 상어는 결코 영화와 텔레비전에서 말하는 것처럼 그렇게 무섭지 않다. 세상에는 약 380종의 상어가 있다. 약 30종이 사람을 공격하며, 그중 7종은 사람을 사망에까지 이르게 할 수 있고, 23종은 그 체형과 습성의 관계 때문에 위험성을 가지고 있다. 그중의 매우 적은 일부분만이 인류에게 해롭다는 것을 알 수 있는데, 예를 들면 우리에게 익숙한 '백상아리'가 그렇다.

A 인류는 상어에 대해 잘 알고 있다
B 사람을 공격하는 상어는 27종이 있다
C 상어는 제일 사나운 동물이 아니다
D 상어는 사람들이 상상하는 것처럼 그렇게 무섭지 않다

 지문은 사람들에 의하여 상어가 바다에서 제일 사나운 동물이라고 여겨지지만, 일부 상어들만이 위험하다는 사실을 알려주고 있다. 其实(사실) 뒷부분에서 상어는 TV나 영화에서 말하는 것만큼 무섭지 않다고 했고, 마지막에 사람들에게 해로운 것은 매우 적은 일부분일 뿐이라고 했으므로 답은 D가 된다.

B- 약 30종의 상어가 사람을 공격한다.

C- 모든 상어가 다 위험한 것은 아니라고 했지, 제일 사나운 동물이 아니라는 내용은 없다.

▶ 접속사 힌트

其实(사실)는 앞의 내용을 보충하거나 수정하며, 역접의 뉘앙스를 가지고 있다. 可见은 '~을 알 수 있다'는 뜻으로 결론을 제시할 때 사용한다.

▶ 상식 바로잡기

전체 10%도 안 되는 상어만이 공격성을 가지고 있으므로, 모든 상어가 다 위협적인 것은 아니다.

단어 ★ 鲨鱼 shāyú 몡 상어 | 认为 rènwéi 통 ~라고 여기다 | ★ 海洋 hǎiyáng 몡 바다 | ★ 凶猛 xiōngměng 혱 사납다 | 动物 dòngwù 몡 동물 | 其实 qíshí 閈 사실 | 可怕 kěpà 혱 무섭다 | 主动 zhǔdòng 혱 주동적이다 | ★ 攻击 gōngjī 통 공격하다 | 可能 kěnéng 조통 ~할 수 있다 | ★ 致 zhì ~에 이르다 | 死亡 sǐwáng 통 사망하다 | 因为 yīnwèi 젠 ~ 때문에 | ★ 体型 tǐxíng 몡 체형 | 习性 xíxìng 몡 습성 | 关系 guānxi 몡 관계 | 具有 jùyǒu 통 가지고 있다 | ★ 危险性 wēixiǎnxìng 몡 위험성 | 可见 kějiàn 젭 ~을 알 수 있다 | 人类 rénlèi 몡 인류 | 有害 yǒuhài 통 해롭다 | 比如 bǐrú 젭 예를 들어 | ★ 熟知 shúzhī 통 익히 알다 | 了解 liǎojiě 통 알다. 이해하다 | 想象 xiǎngxiàng 통 상상하다

04

<table>
<tr><td>**제목** 세계인들이 즐겨 찾는 토마토</td><td>**주제** 독이 있다고 생각했던 토마토가 지금은 가장 보편적인 채소가 되었다.</td></tr>
</table>

[以前]，人们把西红柿当作有毒的果子，只用来观赏，无人敢食。[直到18世纪]，人们知道了它的价值。西红柿作为蔬菜和水果被人们食用，可以生吃，熟用。现在西红柿是全世界栽培最为普遍的果菜之一。中国也是西红柿的种植大国。

A 西红柿吃法多样
B 以前西红柿是有毒的
C 种植西红柿的国家逐年减少
D 18世纪前就开始吃西红柿了

[과거에] 사람들은 토마토를 독이 있는 과일이라고 생각하고, 관상용으로만 사용할 뿐, 감히 먹는 사람은 없었다. [18세기가 되어서야], 사람들은 토마토의 가치를 알게 되었다. 토마토는 채소와 과일로 여겨져 사람들이 먹었으며, 생으로 먹거나, 익혀서 먹을 수 있었다. 현재 토마토는 전 세계에서 제일 보편적으로 재배되는 과일 채소중의 하나다. 중국 역시 토마토 재배 대국이다.

A 토마토는 먹는 방법이 다양하다
B 과거에 토마토에는 독이 있었다
C 토마토를 재배하는 국가는 해마다 줄어든다
D 18세기 이전에 토마토를 먹기 시작했다

해설 토마토는 채소와 과일의 용도로 쓰이고, 날것 그대로 먹기도 하고(生吃), 익혀서 먹기도 한다(熟用)고 했으므로 다양한 방법으로 토마토를 먹을 수 있다는 것을 알 수 있다. 따라서 답은 A가 된다. 자칫 실수로 D를 선택할 수 있지만, 토마토는 18세기에 이르러서야(直到18世纪) 그 가치를 알고 먹기 시작했으므로, 답이 될 수 없다.

B- 과거에 사람들이 토마토에 독이 있다고 여겼을 뿐, 실제로 독이 있었던 것은 아니다.

C- 현재 토마토는 전 세계에서 재배되는 가장 보편적인 과일 채소이므로 재배량이 줄어든다고 볼 수 없다.

D- 토마토는 18세기부터 먹기 시작했다.

▶ 상식 바로잡기

토마토에 독이 있다는 것은 잘못된 생각이다.

단어 ★ 西红柿 xīhóngshì 몡 토마토 | 当作 dàngzuò 통 ~으로 여기다 | ★ 毒 dú 몡 독 | 果子 guǒzi 몡 과일 | ★ 观赏 guānshǎng 통 감상하다 | 敢 gǎn 조통 감히 ~하다 | 知道 zhīdào 통 알다 | ★ 价值 jiàzhí 몡 가치 | 作为 zuòwéi 통 ~로 여기다 | 蔬菜 shūcài 몡 채소 | 水果 shuǐguǒ 몡 과일 | 食用 shíyòng 통 먹다. 식용하다 | 熟 shú 혱 익다 | ★ 栽培 zāipéi 통 재배하다 | 最为 zuìwéi 閈 제일, 가장 | 普遍 pǔbiàn 혱 보편적이다 | 果菜 guǒcài 몡 과일과 채소 | ★ 种植 zhòngzhí 통 재배하다 | ★ 多样 duōyàng 혱 다양하다 | 国家 guójiā 몡 국가 | ★ 逐年 zhúnián 閈 해마다 | 减少 jiǎnshǎo 통 감소하다 | 开始 kāishǐ 통 시작하다

01

| 제목 | 사람들의 거울에 대한 반응 조사 | 주제 | 남자와 여자 중 남자가 자신의 이미지에 더 관심을 둔다. |

有一家报社做了一个调查，他们把一面镜子放在街边，想要观察路过的人对它的反应。有1602个男人路过镜子，60%都会照照镜子，整理一下头发或衣服，而且看看周围有没有人在看他们。有1050个女人经过镜子，但只有20%的女人会停下来照镜子。

A 女人更喜欢照镜子
B 男人更喜欢免费的东西
C 报社要为自己的报纸做宣传
D 男人比女人更重视自己的形象

어느 신문사에서 거울을 길가에 두고, 지나가는 사람들의 거울에 대한 반응을 관찰하려고 조사를 했다. 총 1602명의 남자들이 거울을 지나쳤는데, 그중 60%가 거울을 보고 머리와 옷을 정리했으며, 게다가 주위에 그들을 보는 사람이 있는지 살펴보기까지 했다. 총 1050명의 여자들은 거울을 지나쳤지만, 단지 20%의 여자들만 멈춰서 거울을 보았다.

A 여자들이 거울 보는 것을 더욱 좋아한다
B 남자들이 공짜 물건을 더욱 좋아한다
C 신문사는 자신의 신문을 위해 홍보하려고 한다
D 남자들이 여자들보다 자신의 이미지를 더욱 중요시한다

해설 거리에 거울을 놓고 지나가는 사람들의 행동을 관찰한 실험에서, 여자보다 더 많은 수의 남자가 거울을 보면서 머리와 옷차림을 정리했다는 실험 결과가 나왔다. 따라서 남자가 여자보다 자신의 외모를 더 중시한다는 것을 의미하므로, 답은 D가 된다.

A- 실험 결과 여자들보다 더 많은 남자가 거울을 봤다.
B- 공짜와 관련된 내용은 언급하고 있지 않다.
C- 신문사는 단지 사람들의 반응을 조사하려 했다.

▶ 상식 바로잡기
여자가 남자보다 외모에 더 관심을 갖는다는 것은 잘못된 생각이다.

단어 ★ 报社 bàoshè 몡 신문사 | 调查 diàochá 통 조사하다 | 放 fàng 통 놓다 | ★ 观察 guānchá 통 관찰하다 | ★ 反应 fǎnyìng 몡 반응 | ★ 照镜子 zhào jìngzi 거울을 보다 | 整理 zhěnglǐ 통 정리하다 | 头发 tóufa 몡 머리카락 | 衣服 yīfu 몡 옷 | 而且 érqiě 젭 게다가 | ★ 周围 zhōuwéi 몡 주위 | 经过 jīngguò 통 지나다 | 停 tíng 통 멈추다 | 喜欢 xǐhuan 통 좋아하다 | ★ 免费 miǎnfèi 통 무료로 하다 | 自己 zìjǐ 떼 자신 | 报纸 bàozhǐ 몡 신문 | ★ 宣传 xuānchuán 통 홍보하다, 선전하다 | 重视 zhòngshì 통 중시하다 | ★ 形象 xíngxiàng 몡 이미지, 인상

02

| 제목 | 중국 전통가옥 사합원 | 주제 | 사합원은 베이징의 전통적인 민가 형식이다. |

四合院是北京传统民居形式，辽代时已初成规模，经金、元，至明、清，逐渐完善，最终成为北京最有特点的居住形式。"四"指东、西、南、北四面，"合"即四面房屋围在一起，形成一个"口"字形。经过数百年的营建，北京四合院从平面布局到内部结构、细部装修都形成了京师特有的京味风格。

A 从元代开始有四合院的
B 四合院是传统的建筑形式
C "四"是指经历了四个朝代
D 四合院有东、西、南、北四个门

사합원은 베이징의 전통적인 민가 형식으로서, 요나라 시대에 이미 규모를 처음 형성하였고, 금, 원대를 거쳐 명, 청대에 이르러 점점 다듬어져, 마침내 베이징의 가장 특징적인 거주 형식이 되었다. '사'는 동, 서, 남, 북의 네 면을 가리키며, '합'은 네 면의 가옥이 둘러싸, '입 구(口)'자 모양을 형성한 것을 말한다. 수백 년간의 건축을 거쳐, 베이징 사합원은 평면 배치에서부터 내부 구조, 세부 인테리어까지 모두 수도 특유의 베이징 풍격을 형성하였다.

A 원나라 시대부터 사합원이 있었다
B 사합원은 전통적인 건축 형식이다
C '사(四)'는 네 개의 왕조를 거쳤음을 의미한다
D 사합원은 동, 서, 남, 북, 네 개의 문이 있다

단어 传统 chuántǒng 휑 전통적이다 | 民居 mínjū 휑 민가 | 形式 xíngshì 휑 형식 | ★ 规模 guīmó 휑 규모 | ★ 逐渐 zhújiàn 휑 점점, 점차 | 完善 wánshàn 휑 완벽하게 하다 | 最终 zuìzhōng 휑 마지막, 최후 | 成为 chéngwéi 휑 ~이 되다 | ★ 特点 tèdiǎn 휑 특징 | 居住 jūzhù 휑 거주하다 | 指 zhǐ 휑 가리키다 | 房屋 fángwū 휑 집 | 围 wéi 휑 둘러싸다 | ★ 字形 zìxíng 휑 자형, 글자 형태 | 经过 jīngguò 휑 거치다, 지나다 | ★ 营建 yíngjiàn 휑 건축하다, 세우다 | 平面 píngmiàn 휑 평면 | 布局 bùjú 휑 배치 | 内部 nèibù 휑 내부 | ★ 结构 jiégòu 휑 구조 | ★ 细部 xìbù 휑 세부 | 装修 zhuāngxiū 휑 인테리어 | ★ 京师 jīngshī 휑 수도 | 特有 tèyǒu 휑 특유하다 | ★ 京味 jīngwèi 휑 베이징 특색 | 风格 fēnggé 휑 풍격 | 开始 kāishǐ 휑 시작하다 | ★ 建筑 jiànzhù 휑 건축 | ★ 经历 jīnglì 휑 경험하다, 겪다

03

제목	'동도주'의 유래

"东道主"原来是指"东边道路上的主人"。以前郑国在秦国的东边，经常招待来自秦国的客人，因此郑国自称"东道主"。后来用来泛指招待迎接客人的主人，或者请客的主人。现在在各种活动或者体育赛事也会经常看到这个词语，意思是举办活动的一方。

A 以前郑国是秦国的敌人
B "东道主"多用来指主人
C "东道主"就是秦国的客人
D 体育赛事中一般没有东道主

주제	'동도주'는 원래 동쪽 길 위의 주인이라는 뜻이다.

'동도주'는 원래 '동쪽 길 위의 주인'이라는 뜻이다. 예전에 정나라는 진나라의 동쪽에 있었는데, 자주 진나라에서 오는 손님을 접대했고, 그래서 정나라 스스로 '동도주'라고 칭했다. 훗날에는 일반적으로 손님을 맞이하여 접대하는 주인, 혹은 손님을 초대하는 주인을 두루 가리키는 말로 사용되었다. 현재는 각종 행사나 스포츠 경기에서도 이 단어를 자주 볼 수 있으며, 뜻은 행사를 개최하는 측을 가리킨다.

A 예전에 정나라는 진나라의 적이었다
B '동도주'는 주인을 가리키는 말로 많이 쓴다
C '동도주'는 진나라의 손님이다
D 스포츠 경기 중에는 보통 동도주가 없다

단어 原来 yuánlái 흼 원래 | ★ 指 zhǐ 휑 가리키다 | 道路 dàolù 휑 길 | 主人 zhǔrén 휑 주인 | 以前 yǐqián 휑 예전, 이전 | ★ 招待 zhāodài 휑 접대하다 | 来自 láizì 휑 ~로부터 오다 | 客人 kèrén 휑 손님 | 因此 yīncǐ 흼 그래서 | ★ 自称 zìchēng 휑 자칭하다 | 后来 hòulái 휑 훗날, 나중 | ★ 泛指 fànzhǐ 휑 일반적으로 ~을 가리키다 | ★ 迎接 yíngjiē 휑 맞이하다, 영접하다 | 或者 huòzhě 흼 혹은, 아니면 | 请客 qǐngkè 휑 초대하다 | 活动 huódòng 휑 행사 | 体育 tǐyù 휑 체육 | 赛事 sàishì 휑 경기 | 词语 cíyǔ 휑 단어 | 意思 yìsi 휑 의미 | 举办 jǔbàn 휑 개최하다 | 方 fāng 휑 측, 쪽 | ★ 敌人 dírén 휑 적 | 一般 yìbān 휑 일반적이다

04

在多元化的汉语中，"宇"代表上下四方，即所有的空间，"宙"代表古往今来，即所有的时间，所以"宇宙"这个词有"所有的时间和空间"的意思。人们对于宇宙还有很多不知道的地方，但是科技的发展，让人们对宇宙的了解越来越多。

A "宙"是指所有的空间
B 宇宙让人们难以去了解
C 宇宙还有很多未解之谜
D 科学家应该发明更多探索宇宙的东西

다원화된 중국어 중에서, '우'는 상하 사방, 즉 모든 공간을 대표하고, '주'는 옛날부터 지금까지, 즉 모든 시간을 대표한다. 그래서 '우주'라는 단어는 '모든 시간과 공간'의 뜻이 있다. 사람들은 우주에 대해서 아직 모르는 부분이 매우 많지만, 과학기술의 발전은 사람들이 우주에 대해 점점 더 많이 알게 해준다.

A '주'는 모든 공간을 가리킨다
B 우주는 사람들이 이해하기 어렵다
C 우주에는 아직 풀리지 않은 수수께끼가 매우 많다
D 과학자들은 우주를 탐색할 수 있는 것을 더 많이 발명해야 한다

해설   과학기술의 발달로 우주에 대해 점점 더 많이 알게 된다고 했으므로, B는 답이 아니다. 그러나 우주에 대해 아직도 모르는 부분이 많은 것은 사실이므로 답은 C가 된다.
A- 宙(주)는 모든 시간을 가리키고, 宇(우)가 모든 공간을 가리킨다.
B- 과학기술의 발전은 사람들이 우주에 대해 더 많이 알게 해준다고 했으므로, 이해하기 어려운 것은 아니다.
D- 과학자와 관련된 내용은 언급하지 않았다.

▶ 어휘 바꿔치기
不知道的地方 모르는 부분 = D 未解之谜 풀리지 않은 수수께끼

단어   ★ 多元化 duōyuánhuà 동 다원화하다 | 代表 dàibiǎo 동 대표하다 | 所有 suǒyǒu 형 모든 | 空间 kōngjiān 명 공간 | ★ 古往今来 gǔwǎng jīnlái 성어 옛날부터 지금까지 | 时间 shíjiān 명 시간 | 所以 suǒyǐ 접 그래서 | ★ 宇宙 yǔzhòu 명 우주 | 意思 yìsi 명 의미 | 知道 zhīdào 동 알다 | 地方 dìfang 명 부분 | 但是 dànshì 접 그러나 | ★ 科技 kējì 명 과학기술 | 发展 fāzhǎn 동 발전하다 | ★ 越来越 yuèláiyuè 점점 ~해지다 | 指 zhǐ 동 가리키다 | ★ 难以 nányǐ 부 ~하기 어렵다 | 了解 liǎojiě 동 알다, 이해하다 | 解 jiě 동 풀다, 이해하다 | ★ 谜 mí 명 수수께끼 | 科学家 kēxuéjiā 명 과학자 | 应该 yīnggāi 조동 마땅히 ~해야 한다 | 发明 fāmíng 동 발명하다 | ★ 探索 tànsuǒ 동 탐색하다

15 day p.78~79

01

研究表明，人的左右大脑的分工是十分明确的。左半脑侧重语言、逻辑推理、数学等，因此在处理语言方面，左半脑占优势；右半脑则侧重事物形象、记忆音调、空间识别等，所以在音乐美术方面，右半脑更发达一些。因此，人的左右脑的分工是有专门性的。

A 右半脑负责语言部分
B 左右脑的作用是差不多的
C 数学好的人左半脑非常发达
D 左半脑发达的人很容易记住人的样子

연구에서 사람의 좌우 대뇌의 분업은 매우 명확하다고 밝혀진다. 좌뇌는 언어, 논리 추리, 수학 등의 영역에 치중되어 있다. 그래서 언어를 처리하는 부분에서는 좌뇌가 우위를 차지한다. 우뇌는 오히려 사물의 형상, 음조의 기억, 공간식별 등에 치중되어 있다. 그래서 음악, 미술 부분에서는 우뇌가 조금 더 발달되어 있다. 그러므로 사람의 좌뇌와 우뇌의 분업은 전문성을 가지고 있다.

A 우뇌는 언어 부분을 책임진다
B 좌뇌와 우뇌의 역할은 비슷하다
C 수학을 잘하는 사람은 좌뇌가 매우 발달하였다
D 좌뇌가 발달한 사람은 사람의 모습을 매우 쉽게 기억한다

해설 이 지문은 좌뇌와 우뇌의 기능에 대해 설명하고 있다. 좌뇌가 언어, 논리 추리, 수학 영역에 치중되어 있다고 했으므로, 수학을 잘하는 사람의 좌뇌는 매우 발달했다는 것을 알 수 있다. 따라서 답은 C가 된다.

	좌뇌(左半腦)	우뇌(右半腦)
발달 영역	언어, 논리 추리, 수학	사물의 형상, 음조의 기억, 공간식별

A- 언어를 책임지는 뇌는 좌뇌다.

B- 좌뇌와 우뇌가 담당하는 역할은 확실하게 구분되어 있다.

D- 人的样子(사람의 모습)는 지문에서 事物形象(사물의 형상)에 해당하므로, 우뇌가 발달한 사람이 사람의 모습을 쉽게 기억한다.

단어 研究 yánjiū 图 연구하다 | ★ 表明 biǎomíng 图 표명하다, 분명하게 밝히다 | 大脑 dànǎo 圀 대뇌 | 分工 fēngōng 图 분업하다 | 十分 shífēn 囝 매우 | ★ 明确 míngquè 图 명확하다 | 侧重 cèzhòng 图 치중하다 | ★ 逻辑 luójí 圀 논리 | ★ 推理 tuīlǐ 图 추리하다 | ★ 数学 shùxué 圀 수학 | 因此 yīncǐ 젭 그래서 | 处理 chǔlǐ 图 처리하다 | 语言 yǔyán 圀 언어 | ★ 占 zhàn 图 차지하다, 점령하다 | ★ 优势 yōushì 圀 우세 | 事物 shìwù 圀 사물 | 形象 xíngxiàng 圀 형상 | 记忆 jìyì 图 기억하다 | ★ 音调 yīndiào 圀 음조 | 空间 kōngjiān 圀 공간 | ★ 识别 shíbié 图 식별하다 | 音乐 yīnyuè 圀 음악 | 美术 měishù 圀 미술 | 专门 zhuānmén 图 전문적이다 | ★ 负责 fùzé 图 책임지다 | 部分 bùfen 圀 부분 | ★ 作用 zuòyòng 圀 역할 | 差不多 chàbuduō 图 비슷하다 | 非常 fēicháng 囝 매우, 아주 | 发达 fādá 图 발달하다 | 容易 róngyì 图 쉽다 | 记住 jìzhu 图 기억하다 | 样子 yàngzi 圀 모습

제목 중국 전통 회화의 종류와 특징

주제 중국 전통 회화 형식의 그림을 중국화라고 한다.

02

中国传统绘画形式是用毛笔蘸水、墨、彩在纸上作画，这种画种被称为"国画"。国画可分为人物画、山水画、花鸟画三种。人物画所表现的是人类社会，人与人的关系；山水画所表现的是人与自然的关系，将人与自然融为一体；花鸟画则是表现大自然的各种生命，与人和谐相处。

A 中国画关注自然
B 山水画都是国画
C 花鸟画表现人类社会
D 山水画表现人与社会的关系

중국 전통 회화의 형식은 붓에 물, 먹 그리고 색을 묻혀서 종이에 그림을 그리는 것이다. 이러한 종류의 그림을 '중국화'라고 한다. 중국화는 인물화, 산수화, 화조화 세 가지 종류로 나눌 수 있다. 인물화가 표현하는 것은 인류사회, 사람과 사람의 관계. 산수화가 표현하는 것은 사람과 자연의 관계로, 사람과 자연을 하나로 융합한다. 화조화는 대자연의 각종 생명이 인간과 조화롭게 함께 지내는 것을 표현한다.

A 중국화는 자연에 관심을 가진다
B 산수화는 모두 중국화다
C 화조화는 인류사회를 표현한다
D 산수화는 사람과 사회의 관계를 표현한다

해설 이 지문은 중국의 전통 회화인 '중국화'에 대해 설명하고 있다. 중국화는 인물화, 산수화, 화조화 세 가지로 분류되는데, 대부분 자연을 소재로 삼고, 사람조차도 자연과 하나로 융화한다고 했으므로, 답은 A가 된다.

	인물화	산수화	화조화
그림 소재	인류사회 사람&사람의 관계	자연과의 혼연일체 사람&자연의 관계	대자연의 모습 사람&자연의 조화

B- 중국화는 붓과 먹물을 사용하여 종이에 그리는 것을 의미하므로, 모든 산수화를 중국화라고 할 수는 없다.

C- 화조화는 자연과 사람의 조화를 표현하고, 인류사회를 표현하는 것은 인물화다.

D- 산수화는 사람과 자연의 관계를 표현한다.

단어 ★ 传统 chuántǒng 图 전통적이다 | 绘画 huìhuà 圀 회화 | 形式 xíngshì 圀 형식 | 毛笔 máobǐ 圀 붓 | ★ 蘸 zhàn 图 묻히다, 찍다 | 墨 mò 圀 먹 | ★ 彩 cǎi 圀 색 | 作画 zuòhuà 图 그림을 그리다 | 国画 guóhuà 圀 중국화 | 分为 fēnwéi 图 나누다 | 人物画 rénwùhuà 圀 인물화 | 山水画 shānshuǐhuà 圀 산수화 | 花鸟画 huāniǎohuà 圀 화조화 | 表现 biǎoxiàn 图 표현하다 | 人类 rénlèi 圀 인류 | 社会 shèhuì 圀 사회 | 关系 guānxi 圀 관계 | 自然 zìrán 圀 자연 | ★ 融 róng 图 융합하다, 화합하다 | 一体 yìtǐ 圀 일체, 한 덩어리 | 生命 shēngmìng 圀 생명 | ★ 和谐 héxié 图 조화롭다 | ★ 相处 xiāngchǔ 图 함께 지내다 | 中国画 Zhōngguóhuà 圀 중국화 | ★ 关注 guānzhù 图 관심을 가지다

03

美国著名心理学家研究发现：穿着打扮，尤其是衣服可以改善人的情绪。他认为，称心的衣着可松弛神经，给人一种舒适的感受。所以在情绪不佳时应该注意四"不"：不穿易皱的麻质衣服，不穿硬质衣料衣服，不要穿过分紧身的衣服，不要打领带。

A 衣着跟心情关系不大
B 硬质衣料衣服对皮肤不好
C 心情不好别穿紧身的衣服
D 选择穿衣服对健康的影响很大

미국의 유명한 심리학자는 연구를 통해 입고 치장하는 것, 특히 옷이 사람의 기분을 좋게 할 수 있다는 것을 발견했다. 그는 마음에 드는 옷차림은 신경을 이완시켜 주며, 사람에게 편안한 느낌을 줄 수 있다고 생각한다. 그래서 기분이 좋지 않을 때는 반드시 네 가지의 '않는다'에 주의해야 한다. 쉽게 주름이 지는 마 성질의 옷을 입지 않는다. 빳빳한 옷감의 옷을 입지 않는다. 과도하게 꽉 끼는 옷을 입지 않는다. 넥타이를 매지 않는다.

A 옷차림과 기분의 관계는 크지 않다
B 빳빳한 옷감의 옷은 피부에 좋지 않다
C 기분이 좋지 않을 때는 꽉 끼는 옷을 입지 않는다
D 입을 옷을 선택하는 것은 건강에 큰 영향을 미친다.

해설 지문에서는 옷이 사람의 기분에 미치는 영향에 대해 언급하고, 기분이 좋지 않을 때 피해야 할 옷을 4가지로 구분하여 설명하고 있다. 따라서 C는 지문에서 언급한 기분이 좋지 않을 때 피해야 할 복장중 한가지여서 답이 된다.

기분 안 좋을 때 피해야 할 4가지옷	쉽게 구겨지는 옷	몸에 꽉 끼는 옷
	빳빳한 소재의 옷	넥타이

A- 옷은 사람의 기분에 영향을 끼친다.
B- 빳빳한 옷감의 옷을 입지 말라고는 했으나 피부에 좋지 않다하지는 않았다.
D- 옷과 사람의 기분에 관해 설명하고 있으며, 건강에 관해서는 언급하지 않았다.

단어 ★ 著名 zhùmíng 휑 유명하다 | 心理学家 xīnlǐ xuéjiā 똉 심리학자 | 研究 yánjiū 동 연구하다 | 发现 fāxiàn 동 발견하다 | ★ 穿着 chuānzhuó 똉 옷차림 | ★ 打扮 dǎbàn 동 치장하다 | 尤其 yóuqí 튀 특히 | ★ 改善 gǎishàn 동 개선하다 | 情绪 qíngxù 똉 기분. 감정 | 认为 rènwéi 동 ~라고 여기다 | ★ 称心 chènxīn 동 마음에 들다 | ★ 松弛 sōngchí 휑 느슨하게 하다 | 神经 shénjīng 똉 신경 | ★ 舒适 shūshì 휑 적합하다 | 感受 gǎnshòu 동 느끼다 | ★ 不佳 bùjiā 휑 좋지 않다 | 应该 yīnggāi 조동 마땅히 ~해야 한다 | 注意 zhùyì 동 주의하다 | 穿 chuān 동 입다 | 易 yì 휑 쉽다 | ★ 皱 zhòu 동 주름지다 | 麻 má 똉 마 | 质 zhì 똉 성질, 재질 | ★ 硬 yìng 휑 빳빳하다 | 衣料 yīliào 똉 옷감 | 过分 guòfèn 휑 지나치다 | 紧 jǐn 휑 꽉 끼다 | ★ 领带 lǐngdài 똉 넥타이 | 心情 xīnqíng 똉 기분 | 关系 guānxi 똉 관계 | ★ 皮肤 pífū 똉 피부 | 选择 xuǎnzé 동 선택하다 | 健康 jiànkāng 똉 건강 | ★ 影响 yǐngxiǎng 똉 동 영향(을 끼치다)

04

山西省位于黄河中游，黄土高原的东部，是中华民族文明的发祥地之一，历史悠久，源远流长，素有"中国古代艺术博物馆"、"文献之邦"的美称，保留全国70%的古代建筑，旅游界因此说："十年中国看深圳，百年中国看上海，千年中国看西安，五千年中国看山西。"

A 山西旅游资源丰富
B 山西省位于黄河中下游
C 山西近十年的变化很大
D 中华民族的发祥地只有山西

산시성은 황허강 중류, 황토 고원의 동부에 있으며, 중화민족 문명의 발상지 중 하나다. 역사가 유구하고, 아득히 멀고 오래되어, '중국 고대 예술박물관', '문헌의 나라'라는 아름다운 이름을 가지고 있다. 전국 70%의 고대 건축물을 보존하여, 여행계에서는 이 때문에 "십 년의 중국은 선전을 보고, 백 년의 중국은 상하이를, 천 년의 중국은 시안을, 오천 년의 중국은 산시를 보라"고 말한다.

A 산시의 여행 자원은 풍부하다
B 산시성은 황허 강 중하류에 있다
C 산시는 10년간의 변화가 매우 크다
D 중화민족의 발상지는 산시밖에 없다

 이 지문은 중국의 山西省(산시성)을 소개하는 것으로서, 산시성의 위치와 오래된 역사 등의 여러 가지 특징 때문에 여행계에서 산시성은 오천 년 살아 숨쉬는 중국의 역사를 느낄 수 있다고 했다. 즉, 산시성은 여행 자원이 풍부하다는 것을 알 수 있으므로, A가 답이 된다.

	십 년의 중국	백 년의 중국	천 년의 중국	오천 년의 중국
지역	선전(深圳)	상하이(上海)	시안(西安)	산시(山西)

B- 山西省(산시성)은 황허 강의 중하류가 아니고, 중류에 위치해 있다.

C- 山西(산시)의 최근 변화에 대해서는 언급하지 않았다.

D- 山西省(산시성)은 중화민족 문명의 발상지 중 하나라고 했으므로, 山西(산시)만이 발상지라고 할 수는 없다. 문제를 풀 때, 只有와 같은 관형어를 조심해야 한다.

단어　★ 位于 wèiyú 통 ~에 위치하다 | 中游 zhōngyóu 명 중류 | ★ 黄土高原 huángtǔ gāoyuán 명 황토 고원 | 中华民族 Zhōnghuá mínzú 명 중화민족 | 文明 wénmíng 명 문명 | ★ 发祥地 fāxiángdì 명 발상지 | 之一 zhī yī 명 ~ 중의 하나 | 历史 lìshǐ 명 역사 | ★ 悠久 yōujiǔ 형 유구하다 | ★ 源远流长 yuányuǎn liúcháng 성어 아득히 멀고 오래다 | ★ 素有 sùyǒu 통 원래부터 있다 | 古代 gǔdài 명 고대 | 艺术 yìshù 명 예술 | 博物馆 bówùguǎn 명 박물관 | ★ 文献 wénxiàn 명 문헌 | ★ 邦 bāng 명 나라, 국가 | ★ 美称 měichēng 명 아름다운 이름 | 保留 bǎoliú 통 보존하다 | 全国 quánguó 명 전국 | 建筑 jiànzhù 통 건축하다 | 旅游 lǚyóu 통 여행하다 | 界 jiè 명 계, 분야 | ★ 资源 zīyuán 명 자원 | 丰富 fēngfù 형 풍부하다 | 变化 biànhuà 명 변화

16 day
p. 79~80

01

제목　중국의 젓가락 사용법

中国人使用筷子已经有几千年的历史了，使用的过程中形成了较多的礼仪。用餐过程中，如果说话，不要用筷子随便晃动，也不要用筷子敲打碗、盘子以及桌面，更不能用筷子指点别人。在用餐中途因故需暂时离开时，要把筷子轻轻放在桌子上或餐碟边，不能插在饭碗里，而且尽量不要发出响声。

A　筷子不能放在桌面
B　说话时敲筷子不礼貌
C　有礼貌的人才能用筷子
D　可以用筷子一边敲碗一边唱歌

주제　젓가락 사용 시 지켜야 할 예절이 많다.

중국인의 젓가락 사용은 이미 수천 년의 역사를 지니고 있으며, 사용 과정 중에서 비교적 많은 예절이 생겨났다. 식사 중에 말을 한다면, 젓가락을 마음대로 휘둘러서는 안 된다. 또한 젓가락으로 그릇, 쟁반 및 식탁을 두드려서는 안 되며, 젓가락으로 다른 사람을 가리키는 것은 더더욱 안 된다. 식사 도중 사정이 있어서 잠시 식탁을 떠날 때에는, 젓가락을 식탁 위나 접시 옆에 가만히 두어야지, 밥그릇에 꽂아두어서는 안 되고, 또한 최대한 소리를 내지 않도록 해야 한다.

A　젓가락은 식탁에 놓을 수 없다
B　말을 할 때 젓가락을 두드리는 것은 예의 바르지 못하다
C　예의 바른 사람만 젓가락을 사용할 수 있다
D　젓가락으로 그릇을 두드리면서 노래를 불러도 된다

해설　이 지문은 중국에서 젓가락을 사용하여 식사할 때 지켜야 할 예절에 대한 내용으로, 식사 중에 말을 할 때 젓가락을 마음대로 휘두르거나 그릇 및 식탁을 두드려서는 안 된다고 했다. 따라서 답은 B가 된다. 그 외에 식사 도중 잠시 자리를 비울 때 젓가락을 어떻게 처리해야 하는지 등에 대해서도 설명하고 있다.

	식사 도중 말을 할 때	식사 도중 자리를 비울 때
젓가락 사용 시 주의사항	마음대로 휘두르면 안 된다. 그릇 및 식탁을 두드리면 안 된다. 다른 사람을 가리키면 안 된다.	그릇에 젓가락을 꽂아두면 안 된다. 최대한 소리를 내지 말아야 한다.

A- 식사 도중 잠시 자리를 비울 때에는 젓가락을 식탁 위에 놓아야 한다.
C- 젓가락 사용 시 예절이 필요하다는 것이지 예의 바른 사람만 젓가락을 사용할 수 있다는 것은 아니다.
D- 젓가락으로 그릇을 두드리면 안 된다.

단어 使用 shǐyòng 통 사용하다 | 筷子 kuàizi 명 젓가락 | 历史 lìshǐ 명 역사 | 过程 guòchéng 명 과정 | ★ 形成 xíngchéng 통 형성하다 | 礼仪 lǐyí 명 예의 | 用餐 yòngcān 통 식사하다 | 随便 suíbiàn 뒤 마음대로, 함부로 | ★ 晃动 huàngdòng 흔들다, 요동하다 | ★ 敲 qiāo 통 두드리다, 치다 | ★ 碗 wǎn 명 그릇 | 盘子 pánzi 명 접시, 쟁반 | 以及 yǐjí 접 및, 그리고 | 桌面 zhuōmiàn 명 탁상 | 指点 zhǐdiǎn 통 가리키다 | 中途 zhōngtú 명 도중 | ★ 因故 yīngù 사정으로 인하다 | ★ 暂时 zànshí 명 잠시 | 离开 líkāi 통 떠나다 | 轻轻 qīngqīng 형 가볍다, 조용하다 | 放 fàng 통 놓다 | ★ 碟 dié 명 접시 | ★ 插 chā 통 꽂다, 끼우다 | 尽量 jǐnliàng 뒤 가능한 한 | 发出 fāchū 통 (소리 등을) 내다 | ★ 响声 xiǎngshēng 명 소리 | 说话 shuōhuà 통 말하다 | ★ 礼貌 lǐmào 명 예의 | 唱歌 chànggē 통 노래를 부르다

<table>
<tr><td>**제목** 모란의 특징</td><td>**주제** 모란꽃은 부귀와 행운, 그리고 번영의 상징이다.</td></tr>
</table>

02

　　牡丹是中国特有的木本名贵花卉，花大色艳、雍容华贵、富丽端庄、芳香浓郁，而且品种繁多，素有"花中之王"的美称，长期以来被人们当做富贵吉祥、繁荣兴旺的象征。牡丹喜凉，不耐湿热，喜欢疏松、肥沃、排水良好的中性土壤或砂土壤。

A 牡丹的品种非常少
B 牡丹不喜欢湿热环境
C 酸性土壤适宜种植牡丹
D 牡丹是贫穷、艰苦的象征

　　모란은 중국의 고유한 목본 식물의 진귀한 화초로, 꽃이 크고 색이 아름답고, 온화하고 점잖으며 귀한 티를 자아내며 화려하면서도 단아하고, 향기가 짙다. 게다가 그 품종도 매우 다양하여 '꽃 중의 왕'이라는 아름다운 이름을 가지고 있으며, 오랫동안 사람들에게 부귀와 행운, 번영과 번창의 상징으로 여겨졌다. 모란은 추위에 잘 견디며, 습하고 무더운 것에 약하다. 푸석푸석하고, 비옥하며, 배수가 잘되는 중성 토양이나 모래토양에서 잘 자란다.

A 모란의 품종은 매우 적다
B 모란은 습하고 더운 환경을 싫어한다
C 산성 토양은 모란을 재배하기에 적합하다
D 모란은 가난, 고생의 상징이다

해설 지문에서 모란의 모습과 상징하는 의미, 그리고 자라는 데 필요한 환경 등을 설명하고 있다. 모란은 추위에 잘 견디며, 습하고 무더운 것에 약하다고 하였으므로 답은 B가 된다.

모란꽃의 특징	꽃 크기	꽃 색깔	꽃 향기
	크다	색이 아름답다	향이 진하다
	품종	상징	장점 & 약점
	다양하다	부귀, 행운, 번영, 번창	추위에 강하다 & 습하고 무더운 것에 약하다

A- 牡丹(모란)의 품종은 매우 많다.
C- 牡丹(모란)은 산성 토양이 아닌 중성 토양이나 모래토양에서 잘 자란다.
D- 牡丹(모란)은 부귀, 행운, 번영과 번창의 상징으로 여겨진다.

▶ 어휘 바꿔치기
　　不耐 견디지 못한다 = B 不喜欢 좋아하지 않는다

단어 牡丹 mǔdan 명 모란 | 特有 tèyǒu 형 특유하다, 고유하다 | 木本 mùběn 명 목본(식물의 속성을 나타냄) | ★ 名贵 míngguì 유명하고 진귀하다 | 花卉 huāhuì 명 꽃, 화훼 | ★ 艳 yàn 형 (색채가) 아름답다 | ★ 雍容华贵 yōngróng huáguì 성 온화하고 점잖으며 귀한 티가 나다 | 富丽 fùlì 형 웅장하고 화려하다 | ★ 端庄 duānzhuāng 형 단정하고 장중하다 | 芳香 fāngxiāng 명 향기 | ★ 浓郁 nóngyù 형 (향기가) 짙다 | 而且 érqiě 접 게다가 | 品种 pǐnzhǒng 명 품종 | ★ 繁多 fánduō 형 많다 | 素有 sùyǒu 통 원래부터 있다 | 美称 měichēng 명 아름다운 이름 | 富贵 fùguì 형 부귀하다 | ★ 吉祥 jíxiáng 형 길하다 | 繁荣 fánróng 형 번영하다 | ★ 兴旺 xīngwàng 형 번창하다 | ★ 象征 xiàngzhēng 명 상징 | 凉 liáng 형 차갑다, 서늘하다 | 不耐 búnài 통 견디지 못하다 | 湿热 shīrè 형 습하고 무덥다 | ★ 疏松 shūsōng 형 (토양이) 푸석푸석하다 | 肥沃 féiwò 형 비옥하다 | ★ 排水 páishuǐ 통 배수하다 | 良好 liánghǎo 형 양호하다 | 中性 zhōngxìng 명 중성 | ★ 土壤 tǔrǎng 명 토양 | 或 huò 접 혹은 | 砂 shā 명 모래 | 非常 fēicháng 뒤 매우, 아주 | 环境 huánjìng 명 환경 | ★ 酸性 suānxìng 명 산성 | ★ 适宜 shìyí 형 적합하다 | 种植 zhòngzhí 통 재배하다 | ★ 贫穷 pínqióng 형 가난하다 | ★ 艰苦 jiānkǔ 형 고생스럽다

03

老舍茶馆，始建于1988年，现有营业面积2600多平方米，一共三层，是集书茶馆、餐茶馆、茶艺馆于一体的多功能综合性大茶馆。在这古香古色、京味十足的环境里，可以欣赏到表演，包括相声、京剧等在内的优秀民族艺术的精彩演出。同时可以品尝各类名茶、宫廷细点、北京传统风味小吃和京味佳肴。

A 茶馆的面积不大

B 老舍茶馆是免费的

C 看表演的人越来越少

D 人们可以品尝到小吃

라오서 찻집은 1988년에 착공되어, 현재 영업 면적은 2600여 m²다. 모두 3층이고, 집서차관, 찬차관, 차예관으로 하나가 된 다기능 종합 찻집이다. 고풍스럽고, 베이징의 색채가 만연한 환경에서, 만담과 경극 등을 포함한 우수한 민족예술의 멋진 공연을 관람할 수 있다. 동시에 여러 종류의 차와 궁중 과자, 베이징 전통 향토 간식과 베이징 특색의 훌륭한 음식을 맛볼 수 있다.

A 찻집의 면적은 크지 않다

B 라오서 찻집은 무료다

C 공연을 보는 사람이 점차 적어지고 있다

D 사람들은 간식을 맛볼 수 있다

해설 이 지문은 라오서 찻집에 대해 소개하는 글로 이 찻집의 규모와 그곳에서 즐길 수 있는 공연과 먹을 것에 대해 설명하고 있다. 지문 마지막 부분에 라오서 찻집에서는 차 이외에 다양한 간식을 맛볼 수 있다는 내용이 언급되었으므로, 답은 D가 된다.

라오서 찻집의 특징	설립	면적	층수
	1988년	2600m² 이상	총 3층
	종류	공연	음식
	집서차관, 찬차관, 차예관	만담, 경극 등을 포함한 민족예술	차, 궁중 과자, 향토 간식과 음식

A- 라오서 찻집의 면적은 2600여 m²이며, 총 3층이라고 했으므로 규모가 큰 편임을 알 수 있다.

B- 라오서 찻집에서 여러 가지를 즐길 수는 있지만, 그것이 무료라는 말은 언급되지 않았다.

C- 라오서 찻집에서 공연을 관람할 수 있다는 설명만 있을 뿐 그 공연을 보는 사람 수에 대한 설명은 없다.

Tip 라오서 찻집(老舍茶馆)은 중국의 문학가 라오서(老舍)의 이름을 본떠 1988년 개업하였고, 총 870평으로 찻집, 식당, 차예관 등을 겸한 종합 공간이다. 베이징의 맛을 제대로 느낄 수 있는 이곳에서는 경극, 잡기, 마술, 변검 등 다채로운 공연을 볼 수 있다. 또 여러 가지 유명한 차를 음미하며, 베이징 전통 먹거리와 궁중 딤섬도 맛볼 수 있다.

단어 茶馆 cháguǎn 몡 찻집 | 建 jiàn 됭 건축하다 | 营业 yíngyè 됭 영업하다 | 面积 miànjī 몡 면적 | 平方米 píngfāngmǐ 꺙 제곱미터(m²) | 一共 yígòng 뷔 모두 | 一体 yìtǐ 일체, 한 덩어리 | ★多功能 duōgōngnéng 몡 다기능 | 综合 zōnghé 됭 종합하다 | 京味 jīngwèi 베이징의 특색 | 十足 shízú 톙 충분하다 | ★环境 huánjìng 몡 환경 | 欣赏 xīnshǎng 됭 감상하다 | ★表演 biǎoyǎn 몡 공연 | 包括 bāokuò 됭 포함하다 | 相声 xiàngsheng 몡 만담 | 京剧 jīngjù 몡 경극 | ★优秀 yōuxiù 톙 우수하다 | 民族 mínzú 몡 민족 | 艺术 yìshù 몡 예술 | ★精彩 jīngcǎi 톙 근사하다, 훌륭하다 | 演出 yǎnchū 됭 공연하다 | 同时 tóngshí 뷔 동시에 | ★品尝 pǐncháng 됭 맛보다 | ★宫廷 gōngtíng 몡 궁정 | ★细点 xìdiǎn 몡 정교하게 만든 과자 | 传统 chuántǒng 톙 전통적이다 | ★风味小吃 fēngwèi xiǎochī 몡 향토 음식 | ★佳肴 jiāyáo 몡 훌륭한 요리 | ★免费 miǎnfèi 됭 무료로 하다 | 越来越 yuèláiyuè 점점 ~해지다 | 小吃 xiǎochī 몡 간식

04

甲骨文是现代汉字的早期形式，甲骨文大约产生于商周之际，是目前发现的中国最为古老的文字，它记录了公元前3000多年前的中国祖先活动，但由于甲骨文是比较成熟的文字，所以专家们认为，中国文字产生的年代应该要更久远一些。

갑골문은 현대 한자의 초기 형식이며, 대략 상, 주 시대 즈음에 나타난 것으로, 현재 발견된 중국의 가장 오래된 문자다. 갑골문은 기원전 3000여 년 전 중국 선조의 활동을 기록했다. 그러나 갑골문은 비교적 완전한 문자이기 때문에, 전문가들은 중국의 문자가 생겨난 연대는 조금 더 오래 전일 것이라고 생각한다.

A 中国人创造了甲骨文	A 중국인은 갑골문을 창조했다
B 甲骨文出现3000年了	B 갑골문이 나타난 지 3000년이 되었다
C 甲骨文不是真正的文字	C 갑골문은 진정한 문자가 아니다
D 商周之前已经出现甲骨文了	D 상, 주 이전에 갑골문은 이미 나타났다

해설 이 지문은 갑골문이 생겨난 배경에 대해 설명하고 있다. 갑골문은 상, 주 시대 즈음에 나타난 것으로, 현재 발견된 중국의 가장 오래된 문자라고 했으므로 중국인이 창조했다는 것을 알 수 있다. 따라서 답은 A가 된다.

갑골문의 특징	출현	기록	형식
	상, 주 시대 즈음	3000년 전의 선조 활동	현대 한자의 초기 형식

B- 갑골문에 기원전 3000년 전의 일이 기록된 것이지, 나타난 지 3000년 된 것은 아니다.

C- 갑골문은 비교적 완전한 문자라고 했으므로, 진정한 문자가 아니라고 할 수 없다.

D- 갑골문은 상, 주 시대 즈음에 생겨났다. 之际(그 즈음)와 之前(그 이전)의 차이를 확실히 구별해야 한다.

단어 ★ 甲骨文 jiǎgǔwén 圀 갑골문 | 现代 xiàndài 圀 현대 | 汉字 Hànzì 圀 한자 | 早期 zǎoqī 圀 초기 | 形式 xíngshì 圀 형식 | 大约 dàyuē 凰 대략 | 产生 chǎnshēng 髙 나타나다, 생기다 | ★ 之际 zhījì 圀 때, 즈음 | ★ 目前 mùqián 圀 현재 | 发现 fāxiàn 髙 발견하다 | 古老 gǔlǎo 휑 오래되다 | 文字 wénzì 圀 문자 | 记录 jìlù 髙 기록하다 | ★ 公元前 gōngyuánqián 기원전 | ★ 祖先 zǔxiān 圀 선조 | 活动 huódòng 圀 활동 | 由于 yóuyú 圙 ~ 때문에 | 比较 bǐjiào 凰 비교적 | ★ 成熟 chéngshú 휑 성숙하다 | 专家 zhuānjiā 圀 전문가 | 认为 rènwéi 髙 ~라고 여기다 | 年代 niándài 圀 시대 | 应该 yīnggāi 조동 마땅히 ~할 것이다 | ★ 久远 jiǔyuǎn (시간이) 오래다 | ★ 创造 chuàngzào 髙 창조하다 | 出现 chūxiàn 髙 나타나다 | 真正 zhēnzhèng 휑 진정한 | 之前 zhīqián 圀 ~ 이전

17 day

p.86~87

제목 리리가 휴가를 거절한 2가지 이유

주제 리리는 자신이 휴가를 떠난 후에 일어날 상황에 대비하여 휴가를 거절하였다.

01

　李丽在《南京日报》工作五年了。由于她平时努力工作，所以她的工作成绩得到了大家的认可。有一天，主编对她说："这五年你辛苦了，为了奖励你，杂志社决定给你放三个月的假。"可是没想到李丽拒绝了。主编怎么也想不明白，李丽解释说："我拒绝您的好意主要有两方面的考虑。如果我不写文章了，《南京日报》的销量可能下降，也可能不受任何影响。前者对您不好，而后者对我不好。"

리리는 〈난징일보〉에서 5년간 근무했다. 그녀는 평소에 열심히 일했기 때문에, 그녀의 업무 성과는 모두의 인정을 받았다. 어느 날, 편집장이 그녀에게 말했다. "5년간 고생 많았네, 자네를 표창하고자, 잡지사는 자네에게 3개월의 휴가를 주기로 했네." 그러나 예상 외로 리리는 거절했다. 편집장은 아무리 생각해도 이해가 되지 않았다. 리리는 "제가 편집장님의 호의를 거절한 것은 두 가지 생각이 있어서예요. 만약에 제가 글을 쓰지 않는다면, 아마 〈난징일보〉의 판매량이 줄어들거나, 어쩌면 아무런 영향을 받지 않겠지요. 전자라면 편집장님한테 좋지 않을 것이고, 후자라면 저에게 좋지 않겠죠."라고 설명했다.

A 李丽想换工作	A 리리는 직업을 바꾸고 싶어한다
B 同事们肯定了她的工作	B 동료들은 그녀의 업무를 인정했다
C 主编不欣赏她的工作能力	C 편집장은 그녀의 업무 능력을 마음에 들어하지 않는다
D 主编觉得李丽的文章一般	D 편집장은 리리의 글이 보통이라고 생각한다

 〈난징일보〉에서 일하는 '리리'라는 사람에 대한 이야기로, 리리는 평소에 일을 열심히 했기 때문에 그녀의 업무 능력에 대해 모두 인정하고 있다. 따라서 답은 B가 된다.

A- 리리가 휴가 후의 상황에 대비하여 휴가를 거절한 것으로 보아 직업을 바꿀 생각은 없음을 알 수 있다.

C- 편집장은 그녀의 업무 능력을 인정하였기 때문에 휴가를 주려고 했다.

D- 편집장이 리리의 업무 능력을 인정한 것으로 보아 리리의 글을 보통으로 생각하는 것은 아니다.

▶ 접속사 힌트

由于… 所以… (~ 때문에, 그래서 ~하다)는 원인과 결과를 나타내는데, 경우에 따라서 원인 부분과 결과 부분이 모두 중요한 내용이 될 수 있다.

▶ 어휘 바꿔치기

认可 승인하다 = B 肯定 인정하다

 由于 yóuyú 접 ~ 때문에 | 平时 píngshí 명 평소 | 努力 nǔlì 동 노력하다 | 所以 suǒyǐ 접 그래서 | 成绩 chéngjì 명 성과, 성적 | ★ 认可 rènkě 동 승인하다, 인정하다 | ★ 主编 zhǔbiān 명 편집장 | 辛苦 xīnkǔ 동 고생하다 | 为了 wèile 전 ~를 위해서 | ★ 奖励 jiǎnglì 동 표창하다, 장려하다 | 杂志 zázhì 명 잡지 | 决定 juédìng 동 결정하다 | 假 jià 명 휴가 | 可是 kěshì 접 그러나 | ★ 拒绝 jùjué 동 거절하다 | 明白 míngbai 동 알다, 이해하다 | ★ 解释 jiěshì 동 설명하다 | 主要 zhǔyào 형 주요한 | 方面 fāngmiàn 명 방면, 부분 | 考虑 kǎolǜ 동 생각하다, 고려하다 | 文章 wénzhāng 명 문장 | ★ 销量 xiāoliàng 명 판매량 | ★ 下降 xiàjiàng 동 줄어들다 | ★ 任何 rènhé 대 어떠한 | 影响 yǐngxiǎng 명 영향 | 换 huàn 동 바꾸다 | 同事 tóngshì 명 동료 | ★ 肯定 kěndìng 동 인정하다 | 欣赏 xīnshǎng 동 마음에 들다, 좋아하다 | 能力 nénglì 명 능력 | 觉得 juéde 동 ~라고 생각하다 | 一般 yìbān 형 일반적이다

02

| 제목 | 우울한 사람과 유쾌한 사람의 차이 |

科学家们曾经做过一次实验，他们让接受实验者观看一些图片。看完一遍之后，科学家们在图片中放进了一些新的图片。研究发现，心情忧郁的人对已经看过的熟悉的图片表示好感，而心情舒畅的人对新的图片更感兴趣。可见，后者更喜欢接受一些新鲜的东西。

A 心情舒畅的人记忆力更好
B 心情好的人更容易接受新事物
C 心情忧郁的人喜欢暗色调的图片
D 接受实验的人看到的是不一样的图片

| 주제 | 유쾌한 사람은 새로운 것을 더욱 좋아한다. |

과학자들이 실험 대상자들에게 몇장의 사진을 보게 하는 실험을 한 적이 있다. 사진을 한 번 보고 난 후, 과학자들은 사진에 몇 장의 새로운 사진을 넣었다. 연구에서 정서적으로 우울한 사람은 이미 봤던 익숙한 사진에 호감을 보였지만, 정서적으로 유쾌한 사람은 새로운 사진에 더욱 흥미를 보인 것을 발견했다. 정서적으로 유쾌한 사람은 새로운 사물을 받아들이는 것을 더 좋아한다는 것을 알 수 있다.

A 정서적으로 유쾌한 사람은 기억력이 더 좋다
B 기분이 좋은 사람은 새로운 사물을 더 쉽게 받아들인다
C 정서적으로 우울한 사람은 어두운 색조의 사진을 좋아한다
D 실험 대상자들이 본 것은 다른 사진이다

 지문에서는 정서적으로 유쾌한 사람과 우울한 사람은 새로운 사물에 반응하는 것이 다르다는 것을 알려준다. 유쾌한 사람들은 우울한 사람들과 반대로 새로운 것을 받아들이는 것을 좋아한다는 연구 결과를 말해주고 있으므로, 답은 B가 된다.

A- 기억력에 관한 내용은 언급되지 않았다.

C- 정서적으로 우울한 사람은 익숙한 사진에 호감을 보였다.

D- 실험 대상자들이 본 사진이 같은지 다른지는 언급되지 않았다.

▶ 접속사 힌트

而(그렇지만)은 역접을 나타내며, 而 이하 부분에 중요한 내용이 나올 수 있다. 可见은 '~을 알 수 있다'는 의미로 결론을 나타내는 접속사다.

▶ 어휘 바꿔치기

心情舒畅的人 정서적으로 유쾌한 사람 / 喜欢接受 받아들이는 것을 좋아한다

= B 心情好的人 기분이 좋은 사람 / 容易接受 쉽게 받아들인다

단어 科学家 kēxuéjiā 圕 과학자 | 曾经 céngjīng 剧 일찍이 | 实验 shíyàn 圕 실험 | 接受 jiēshòu 匽 받다 | ★ 观看 guānkàn 匽 보다 | 图片 túpiàn 圕 사진, 그림 | 研究 yánjiū 匽 연구하다 | 发现 fāxiàn 匽 발견하다 | 心情 xīnqíng 圕 기분, 정서 | ★ 忧郁 yōuyù 圉 우울하다 | 熟悉 shúxī 圉 익숙하다 | 表示 biǎoshì 匽 나타내다, 표시하다 | 好感 hǎogǎn 圕 호감 | ★ 舒畅 shūchàng 圉 유쾌하다 | 感兴趣 gǎn xìngqù 흥미를 느끼다 | ★ 可见 kějiàn 圈 ~을 알 수 있다 | ★ 新鲜 xīnxiān 圉 신선하다 | 记忆力 jìyìlì 圕 기억력 | 容易 róngyì 圉 쉽다 | 事物 shìwù 圕 사물 | 暗 àn 圉 어둡다 | ★ 色调 sèdiào 圕 색조

<table>
<tr><td colspan="2">

제목   **싸움의 법칙**

03

      俗话说：“打得赢就打，打不赢就跑”，如果你可以“打得赢”当然是最好了。但是如果“打不赢”，那“跑”是非常明智的。“打”不是没有意义的，只有通过“打”，才能知道自己的实力，了解自己的不足。之后通过不断努力弥补自己的不足，再“打”就会“打赢”。

A “打不赢就跑”是软弱的表现
B “打过”才能知道自己的能力
C “打不赢”也要打才是有勇气的
D 这句俗语在现实生活中是不适用的

</td><td colspan="2">

주제   **싸워봐야 자신의 실력을 알 수 있다.**

      속담에 '싸워서 이길 수 있으면 싸우고, 싸워서 이길 수 없으면 도망가라'라는 말이 있다. 만약 당신이 '싸워서 이길 수 있다면' 당연히 제일 좋다. 그러나 만약 '싸워서 이길 수 없다면' '도망가는 것'은 매우 현명한 것이다. '싸우는 것'이 의미가 없는 것은 아니다. '싸움'을 통해야만, 비로소 자신의 실력을 알고, 자신의 부족함을 알 수 있다. 이후에 끊임없는 노력을 통해 자신의 부족한 점을 채우고, 다시 '싸운다면' '이길 수 있게' 될 것이다.

A '싸워서 이길 수 없다면 도망가라'는 연약함의 표현이다

B '싸워봐야' 비로소 자신의 능력을 알 수 있다

C '싸워서 이길 수 없어'도 싸워야 비로소 용기 있는 것이다

D 이 속담은 현실 생활에는 적합하지 않다

</td></tr>
</table>

해설 지문의 내용은 '싸움'에 대한 설명으로, 속담을 예를 들어 싸워서 이길 수 없으면 도망가는 것이 제일 좋은 방법이라고 말하고 있다. 하지만 싸워봐야 자신의 실력을 알고 자신의 부족한 점을 알 수 있다고 지문 뒷부분에서 언급하고 있으므로, 답은 B가 된다. 싸움을 통해 자신을 개선할 수 있는 부분을 알 수 있다는 것이지 용기가 있다는 것은 아니므로 C는 답이 될 수 없다.

A- '싸워서 이길 수 없다면 도망가라'는 매우 현명한 것이라고 설명했다.

▶ 접속사 힌트

   只有…才…(~해야만, 비로소 ~할 수 있다)는 유일한 조건을 강조한다.

▶ 어휘 바꿔치기

   实力 실력 = B 能力 능력

단어 ★ 俗话 súhuà 圕 속담 | ★ 赢 yíng 匽 이기다 | 跑 pǎo 匽 달리다, 도망가다 | 如果 rúguǒ 圈 만약 | 当然 dāngrán 剧 당연히 | 但是 dànshì 圈 그러나 | 非常 fēicháng 剧 매우, 아주 | ★ 明智 míngzhì 圉 현명하다 | 意义 yìyì 圕 의미 | 只有 zhǐyǒu 圈 ~해야만 ~하다 | 通过 tōngguò 圐 ~를 통해 | 知道 zhīdào 匽 알다 | 实力 shílì 圕 실력 | 了解 liǎojiě 匽 알다, 이해하다 | 不足 bùzú 圉 부족하다 | ★ 不断 búduàn 剧 끊임없이 | 努力 nǔlì 圕 노력 | ★ 弥补 míbǔ 匽 보충하다 | ★ 软弱 ruǎnruò 圉 연약하다 | 表现 biǎoxiàn 圕 표현 | 能力 nénglì 圕 능력 | ★ 勇气 yǒngqì 圕 용기 | ★ 俗语 súyǔ 圕 속담 | 现实 xiànshí 圕 현실 | 适用 shìyòng 匽 적합하다

04

在自己居住的房间里摆放几盆植物，可以美化家庭环境、陶冶情操、丰富业余生活。家庭居室摆放植物<u>要</u>根据人的性格、爱好、情趣、职业、年龄以及审美观念等方面来选择。如女孩的卧室可在床头柜上摆放红豆或海棠花。家庭摆放植物<u>还要</u>和房间里的摆设以及<u>墙壁的颜色相协调</u>，让它们起到相互衬托的作用。

A 植物应与居室风格一致
B 植物在居室中可以随意摆放
C 居室中摆放植物可以带来好运
D 植物应该放在比较温暖的地方

자신이 사는 방 안에 몇 개의 식물을 놓아두면, 집안 환경을 아름답게 하고, 정서를 함양하며, 여가생활을 풍부하게 할 수 있다. 방에 둘 식물은 사람의 성격, 취미, 취향, 직업, 나이 및 심미관 등의 방면을 고려하여 선택<u>해야 한다</u>. 만약 여자아이의 침실이라면 침대 머릿장 위에 홍두나 해당화를 놓아둘 수 있다. 집안에 둘 식물은 또한 방안의 진열 및 <u>벽의 색깔과 서로 어울려야 하며</u>, 이것들이 서로 돋보이는 작용을 할 수 있도록 해야 한다.

A 식물은 방의 스타일과 일치해야 한다
B 식물은 방에 아무데나 두어도 된다
C 방에 식물을 두면 행운을 가져올 수 있다
D 식물은 비교적 따뜻한 곳에 두어야 한다

해설 지문에서는 집안에 식물을 놓을 때 고려해야 할 여러 가지 사항들에 대해 설명하고 있다. 먼저 그 식물을 기를 사람의 성격, 취미, 나이 등을 고려해야 하며, 또한 집안의 진열이나 벽의 색깔이 화분과 서로 잘 어울려야 한다고 했으므로, 방의 스타일과 일치해야 한다는 A가 답이 된다.

B- 방안에 화분을 놓을 때는 여러 가지를 고려해야 한다.

C, D- 지문에서 언급되지 않았다.

▶ 접속사 힌트

　'要 A, 还要 B'는 'A도 해야 하고, 또한 B도 해야 한다'는 의미로 뒤 절이 더 강조된다.

▶ 어휘 바꿔치기

　摆设以及墙壁的颜色 진열 및 벽의 색 / 协调 어울리다

　= A 居室风格 방의 스타일 / 一致 일치하다

단어 居住 jūzhù 통 거주하다｜房间 fángjiān 명 방｜★ 摆放 bǎifàng 통 진열하다｜盆 pén 양 개, 대야(화분 등의 수량을 세는 데 쓰임)｜★ 植物 zhíwù 명 식물｜美化 měihuà 통 아름답게 하다｜家庭 jiātíng 명 가정｜环境 huánjìng 명 환경｜陶冶 táoyě 통 도야하다, 수양하다｜★ 情操 qíngcāo 명 정서, 정조｜丰富 fēngfù 형 풍부하다｜业余 yèyú 명 여가｜居室 jūshì 명 방｜根据 gēnjù 전 ~에 따라서｜性格 xìnggé 명 성격｜爱好 àihào 명 취미｜★ 情趣 qíngqù 명 취향｜职业 zhíyè 명 직업｜年龄 niánlíng 명 나이｜以及 yǐjí 접 및, 그리고｜★ 审美 shěnměi 형 심미적｜观念 guānniàn 명 관념｜选择 xuǎnzé 통 선택하다｜卧室 wòshì 명 침실｜★ 床头柜 chuángtóuguì 명 침대 머릿장｜红豆 hóngdòu 명 (열대 식물의 하나인) 홍두｜★ 海棠花 hǎitánghuā 명 해당화｜摆设 bǎishè 통 진열하다｜★ 墙壁 qiángbì 명 벽｜颜色 yánsè 명 색깔｜★ 协调 xiétiáo 형 어울리다｜相互 xiānghù 부 서로｜★ 衬托 chèntuō 통 돋보이게 하다｜作用 zuòyòng 명 작용｜★ 风格 fēnggé 명 스타일｜一致 yízhì 형 일치하다｜随意 suíyì 부 마음대로｜好运 hǎoyùn 명 행운｜应该 yīnggāi 조동 마땅히 ~해야 한다｜★ 温暖 wēnnuǎn 형 따뜻하다｜地方 dìfang 명 장소

01

제목	핑계 대신 방법을 찾아라

优秀员工奉行这样的理念：不找借口找办法，方法总比问题多。这是一种充满自信的理念，也是一种更具建设性、创造性的理念。世界上没有解决不了的问题，只有不能解决问题的人。任何问题只要被发现了，就能被解决。

A　发现问题很重要
B　生活中要常常借口
C　总会有解决问题的办法
D　优秀员工常会提出许多问题

주제	문제에는 언제나 해결 방법이 있다.

우수한 직원은 다음과 같은 이념을 신봉한다. 핑계를 찾지 말고 방법을 찾아라, 방법은 언제나 문제보다 많다. 이는 자신감으로 가득한 이념이며, 또한 더욱 적극성과 창조성을 갖춘 이념이다. 세상에 해결하지 못할 문제는 없다. 단지 문제를 해결하지 못하는 사람만 있을 뿐이다. 어떤 문제든지 발견만 된다면, 곧 해결될 수 있다.

A　문제를 발견하는 것은 매우 중요하다
B　생활에서 자주 핑계를 대야 한다
C　문제를 해결할 방법은 언제나 있다
D　우수한 직원은 자주 많은 문제를 제기한다

해설　우수한 직원은 핑계 대신 방법을 찾아야 한다고 믿는다고 했다. 즉 어떠한 문제라도 발견만 된다면 해결 방법은 언제나 있다는 내용으로, 답은 C가 된다.

A- 문제를 발견하는 것보다, 그것을 해결할 방법을 찾는 것이 더 중요하다.
B- 핑계 대신 방법을 찾으라고 했다.
D- 우수한 직원은 문제가 제기되면 그것을 해결할 방법을 찾는다.

▶ 접속사 힌트
只要… 就…(~하기만 하면 바로 ~한다)는 조건에 따른 결과를 나타내며, 그 결과에 도달하기가 어렵지 않다는 뜻이다.

단어　★ 优秀 yōuxiù 형 우수하다 | 员工 yuángōng 명 직원, 종업원 | 奉行 fèngxíng 동 받들어 시행하다, 신봉하다 | 理念 lǐniàn 명 이념 | ★ 借口 jièkǒu 명 동 핑계(를 대다) | ★ 方法 fāngfǎ 명 방법 | 问题 wèntí 명 문제 | 充满 chōngmǎn 동 가득 차다 | 自信 zìxìn 명 자신 | ★ 建设性 jiànshèxìng 명 적극성 | 创造性 chuàngzàoxìng 명 창조성 | 解决 jiějué 동 해결하다 | 任何 rènhé 대 어떠한 | ★ 只要 zhǐyào 접 ~하기만 하면 | 发现 fāxiàn 동 발견하다 | 重要 zhòngyào 형 중요하다 | 提出 tíchū 동 제기하다 | ★ 许多 xǔduō 형 매우 많다

02

제목	화목란 소개

花木兰是中国古代的女英雄，以代父从军击败北方入侵民族闻名天下，唐代追封为"孝烈将军"。其事迹被多种样式的文艺作品所表现，尤其是电影、电视剧多次重拍，甚至影响波及美国和全世界。花木兰其人其事仅限于北朝民歌《木兰辞》中，关于她的出生年月和故乡，纵观南北朝、隋唐诸史并无记载。

A　《木兰辞》是唐朝民歌
B　历史上根本没有花木兰
C　花木兰陪着父亲去了军队
D　花木兰的故事被拍成了电影

주제	화목란은 중국 고대의 여자 영웅이다.

화목란은 중국 고대의 여자 영웅으로, 아버지를 대신해 군대에 들어가 북방 침입민족을 격파하고 그 이름을 천하에 떨쳐, 당대에 '효열장군'으로 추봉되었다. 그 사적은 여러 형식의 문예작품으로 표현되었고, 특히 영화, 드라마는 여러 번 촬영되었으며, 심지어 미국과 전 세계에도 영향을 미쳤다. 화목란에 대한 이야기는 단지 북조의 민가 〈목란사〉에 한정되어, 그녀의 출생 연월과 고향에 대해서는 남북조, 수, 당의 여러 사서를 통틀어 기록되어 있지 않다.

A　〈목란사〉는 당조 민가다
B　역사적으로 화목란은 원래 없었다
C　화목란은 아버지를 모시고 군대에 갔다
D　화목란의 이야기는 영화로 촬영되었다

 이 지문은 花木兰(화목란)이라는 중국 고대의 여자 영웅에 대해 소개하는 내용이다. 아버지를 대신해 군대에 들어가 업적을 남겨 '효열장군'으로 추봉된 화목란의 이야기는 다양한 문예작품으로 소개되었을 뿐 아니라, 영화, 드라마로도 여러 차례 제작되어 미국과 전 세계에까지 영향을 끼쳤다고 했으므로, 답은 D가 된다.

A- 〈목란사〉는 북조의 민가다.

B- 화목란에 대한 기록은 북조의 민가 〈목란사〉에만 있다고 하였으므로, 역사 속 인물이 아니라고 단정할 수는 없다.

C- 화목란은 아버지를 대신해서 군대에 갔다.

단어 古代 gǔdài 명 고대 | ★ 英雄 yīngxióng 명 영웅 | 从军 cóngjūn 동 군대에 들어가다 | ★ 击败 jībài 동 격파하다, 패배시키다 | ★ 入侵 rùqīn 동 침입하다 | 民族 mínzú 명 민족 | 闻名 wénmíng 동 널리 알려져 있다, 유명하다 | 天下 tiānxià 명 천하, 온 세상 | ★ 追封 zhuīfēng 동 추봉하다(사후에 관직을 내리는 것) | 孝 xiào 동 효도하다 | ★ 烈 liè 형 굳세다 | 将军 jiāngjūn 명 장군 | ★ 事迹 shìjì 명 사적 | 样式 yàngshì 명 형식 | 文艺 wényì 명 문예 | 作品 zuòpǐn 명 작품 | 表现 biǎoxiàn 동 표현하다 | 尤其 yóuqí 부 특히 | 电影 diànyǐng 명 영화 | 电视剧 diànshìjù 명 드라마 | 重拍 chóngpāi 동 다시 찍다 | 甚至 shènzhì 부 심지어, ~까지도 | 影响 yǐngxiǎng 동 영향을 끼치다 | ★ 波及 bōjí 동 미치다, 파급하다 | ★ 限于 xiànyú 동 ~에 한하다, 한정되다 | ★ 民歌 míngē 명 민가 | 纵观 zòngguān 동 전면적으로 관찰하다, 종관하다 | 记载 jìzǎi 동 기록하다 | 历史 lìshǐ 명 역사 | 根本 gēnběn 부 본래, 원래 | 陪 péi 동 동반하다 | 父亲 fùqīn 명 아버지 | ★ 军队 jūnduì 명 군대 | 故事 gùshi 명 이야기 | ★ 拍 pāi 동 촬영하다

<table>
<tr><td>제목</td><td>고요한 겨울</td><td>주제</td><td>겨울은 고요하지만, 모든 동식물은 다음 해의 봄을 계획하고 있다.</td></tr>
</table>

03

冬天是一年中最寒冷的季节，很多植物没有了绿叶，一些动物会选择休眠，许多鸟儿飞到较为温暖的地方过冬。这个世界仿佛一下子安静下来了，然而，这所有的一切都是在为明年做打算。

A 冬天的节日非常多
B 整个冬天都要工作
C 冬天是一年中最长的季节
D 冬天是为来年做准备的季节

겨울은 일 년 중에서 가장 추운 계절이다. 수많은 식물은 푸른 잎이 사라지고, 일부 동물들은 동면을 선택할 것이며, 많은 새는 비교적 따뜻한 지역으로 날아가 겨울을 보낸다. 세상은 마치 갑자기 고요해지는 것만 같다. 그렇지만 이 모든 것들은 모두 내년을 위해 계획하는 것이다.

A 겨울에는 기념일이 매우 많다
B 겨우내 일을 해야 한다
C 겨울은 일 년 중 제일 긴 계절이다
D 겨울은 다음 해를 위해 준비하는 계절이다

 일 년 중 가장 추운 겨울에 대한 내용이다. 겨울이 되면 식물들은 앙상한 가지만 남고, 동물들은 동면을 하고, 새들은 따뜻한 지역으로 날아간다. 겉으로 보기에는 겨울이 매우 고요해지는 것 같지만, 이 모든 것들이 내년을 계획하는 것이라고 마지막 부분에 언급하고 있으므로, 답은 D가 된다.

A- 기념일에 대한 내용은 언급되지 않았다.

B- 겨울에 수많은 동식물이 휴식기에 들어간다.

C- 겨울은 가장 추운 계절이지, 긴 계절이라는 언급은 없었다.

▶ 접속사 힌트

然而(그렇지만)은 但(그러나)과 마찬가지로 역접의 의미를 나타내는 접속사이므로, 然而 이하 부분에 핵심 내용이 나온다.

▶ 어휘 바꿔치기

打算 계획하다 = D 准备 준비하다

단어 冬天 dōngtiān 명 겨울 | 寒冷 hánlěng 형 춥다 | 植物 zhíwù 명 식물 | 绿叶 lùyè 명 푸른 잎 | 动物 dòngwù 명 동물 | ★ 选择 xuǎnzé 동 선택하다 | ★ 休眠 xiūmián 동 동면하다 | 许多 xǔduō 형 매우 많다 | 鸟(儿) niǎo(r) 명 새 | 温暖 wēnnuǎn 형 따뜻하다 | 地方 dìfang 명 장소 | ★ 仿佛 fǎngfú 부 마치 ~인 것 같다 | 一下子 yíxiàzi 부 갑자기 | ★ 安静 ānjìng 형 조용하다 | 然而 rán'ér 접 그러나 | ★ 所有 suǒyǒu 형 모든 | 一切 yíqiè 대 전부 | 明年 míngnián 명 내년 | 打算 dǎsuan 동 계획하다 | 节日 jiérì 명 기념일 | ★ 整个 zhěnggè 명 모든 것 | 季节 jìjié 명 계절 | ★ 来年 láinián 명 다음 해, 내년 | 准备 zhǔnbèi 동 준비하다

<table>
<tr><td>

제목 수구에 대한 설명</td><td>**주제** 수상축구 선수들은 다양한 수영 기술과 협동심이 필요하다.</td></tr>
</table>

04

水球，又叫"水上足球"，是一种在水中进行的集体球类运动。比赛的目的类似于足球，以射入对方球门次数多的一方为胜。水球对运动员的游泳技术有较高的要求，如踩水、起跳、转体、变向游等。除此之外，队员之间的配合也是非常重要的。

A 水球运动讲究配合
B 水球跟足球是一样的
C 水球运动是没有球门的
D 水球运动员不必有太高的游泳技术

수구는 '수상축구'라고도 부르며, 물속에서 진행되는 단체 구기운동이다. 시합의 목적은 축구와 비슷해서, 상대방의 골문에 골을 넣은 수가 많은 팀이 승리하는 것이다. 수구는 선수들의 수영 기술에 대해 비교적 높은 요구가 있다. 예를 들어 입영, 도약, 회전, 방향 바꿔 수영하기 등이 필요하다. 이 밖에 선수 사이의 협동 또한 매우 중요하다.

A 수구 운동은 협동을 중시한다
B 수구와 축구는 같은 것이다
C 수구 운동은 골문이 없는 것이다
D 수구 운동선수들은 너무 높은 수영 기술이 필요 없다

해설 이 지문은 수구에 대해 설명하는 내용으로 수구의 규칙과 수구 선수에게 요구되는 다양한 수영 기술을 언급하고, 그밖에 선수들간의 협동이 가장 중요하다고 설명하고 있다. 따라서 답은 A가 된다.
B- 수구는 축구와 승패를 결정하는 방식이 비슷할 뿐이다.
C- 수구는 상대방 골문에 골을 넣는 횟수로 승패를 결정짓는다.
D- 수구 선수는 비교적 높은 수영 기술을 요구한다.
▶ 어휘 바꿔치기
重要 중요하다 = A 讲究 중시한다

단어 水球 shuǐqiú 몡 수구 | 足球 zúqiú 몡 축구 | 进行 jìnxíng 통 진행하다 | ★集体 jítǐ 몡 단체 | 球类 qiúlèi 몡 구기류 | ★运动 yùndòng 몡 운동 | 比赛 bǐsài 몡 시합, 경기 | 目的 mùdì 몡 목적 | ★类似 lèisì 톙 비슷하다 | ★射入 shèrù 통 쏘아(던져) 넣다 | 对方 duìfāng 몡 상대방 | 球门 qiúmén 몡 골문 | 次数 cìshù 몡 횟수 | 胜 shèng 통 승리하다 | 运动员 yùndòngyuán 몡 운동선수 | 游泳 yóuyǒng 몡 수영 | ★技术 jìshù 몡 기술 | 要求 yāoqiú 몡 요구 | ★踩水 cǎishuǐ 통 입영을 하다 | ★起跳 qǐtiào 통 도약하다 | ★转体 zhuǎntǐ 통 돌다 | 变 biàn 통 바뀌다 | 向 xiàng 몡 방향 | ★除此之外 chúcǐzhīwài 이 밖에 | 队员 duìyuán 몡 선수, 대원 | 之间 zhījiān 몡 (~의) 사이 | ★配合 pèihé 통 협동하다 | 重要 zhòngyào 톙 중요하다 | 讲究 jiǎngjiu 통 중시하다 | 不必 búbì 뷔 ~할 필요가 없다

19 day p. 92

<table>
<tr><td>**제목** 면접관에게 좋은 인상 남기는 법</td><td>**주제** 면접 전에 회사에 대한 기본 상황, 의상, 이력서 등 철저한 사전 준비를 해야 한다.</td></tr>
</table>

01

怎样才能给招聘者一个良好的印象呢？首先，你应该了解你要面试的公司的一些基本情况，做到"知彼知己"。其次，衣着要整洁得体，避免穿太亮或太花的衣服。还有，多准备几份简历，面试官很有可能不止一位，多带几份，可以看出你提前做了不少准备。

어떻게 해야만 면접관에게 좋은 인상을 줄 수 있을까? 먼저 면접을 보려는 회사의 기본적인 상황을 이해하여, '지피지기'를 해야 한다. 둘째, 옷차림은 단정하고 신분에 걸맞아야 하며, 너무 밝거나 화려한 옷은 피한다. 또한 몇 부의 이력서를 더 준비한다. 면접관은 한 명에 그치지 않을 가능성이 매우 크므로, 몇 부를 더 가지고 가면 당신이 사전에 많은 준비를 했다는 것을 보여줄 수 있다.

A 面试前要准备充分
B 简历只带一份就够了
C 穿一些独特的衣服显示个性
D 对面试公司的情况尽量少了解

A 면접 전에 충분한 준비를 해야 한다
B 이력서는 한 부만 가져가도 충분하다
C 조금 독특한 옷을 입어서 개성을 보여준다
D 면접 보는 회사에 대한 상황은 가능한 적게 이해한다

해설 首先(우선), 其次(둘째), 还有(또한)라는 세 개의 단어를 이용해서 면접관에게 좋은 인상을 줄 수 있는 세 가지 사항을 설명하고 있다. 첫 번째는 회사의 기본적인 상황을 이해하는 것이고, 두 번째는 옷차림에 관한 내용, 세 번째는 이력서를 충분히 준비해야 한다는 것이다. 이 세 가지 모두 면접 전에 준비해야 하는 것으로, 면접 전 충분한 준비가 필요하다는 것을 설명하고 있다. 따라서 답은 A가 된다.

B- 이력서는 여러 개를 준비해야 한다.

C- 옷은 깔끔한 것을 입고 너무 밝거나 화려한 것을 피한다.

D- 면접을 보는 회사에 대한 기본적인 상황을 이해해야 한다.

▶ 어휘 바꿔치기

提前 사전에 / 不少准备 많은 준비 = A 面试前 면접 전 / 准备充分 충분히 준비하다

단어 ★招聘 zhāopìn 용 채용하다 | 良好 liánghǎo 형 좋다 | 印象 yìnxiàng 명 인상 | 首先 shǒuxiān 대 먼저 | 了解 liǎojiě 용 이해하다 | 面试 miànshì 용 면접시험 보다 | 基本 jīběn 형 기본적인 | 情况 qíngkuàng 명 상황 | ★知彼知己 zhībǐ zhījǐ 성어 지피지기 | 其次 qícì 대 그 다음 | ★整洁 zhěngjié 형 말끔하다 | 得体 détǐ 형 적절하다 | ★避免 bìmiǎn 용 피하다 | 穿 chuān 용 입다 | 亮 liàng 형 밝다 | 花 huā 형 알록달록한 | 衣服 yīfu 명 옷 | 还有 háiyǒu 접 또한, 그리고 | 准备 zhǔnbèi 용 준비하다 | ★简历 jiǎnlì 명 이력서 | ★不止 bùzhǐ 용 ~에 그치지 않다 | 带 dài 용 지니다 | ★提前 tíqián 용 앞당기다 | ★充分 chōngfèn 형 충분하다 | 够 gòu 용 충분하다 | ★独特 dútè 형 독특하다 | 显示 xiǎnshì 용 보여주다 | 个性 gèxìng 명 개성 | ★尽量 jǐnliàng 부 가능한 한, 최대한

02

제목 하얼빈의 빙등 축제

주제 빙등절은 하얼빈 사람들의 특별한 기념일이다.

冰灯是中国东北地区的一种独具风格的艺术形式，冰灯游园会经提炼、发展而来。哈尔滨首届冰灯游园会始于1963年，之后，1985年哈尔滨又在中央大街上举办了冰灯艺术节，<u>从此举办冰灯艺术节就成了哈尔滨人的习惯，每年的1月5日也就成为了哈尔滨人特有的节日。</u>

빙등은 중국 동북 지역의 독자적 풍격을 갖춘 예술 형식으로, 빙등유원회는 향상되고 발전해왔다. 하얼빈의 제1회 빙등유원회는 1963년에 시작하여, 그 후 1985년에 하얼빈은 중앙대로에서 다시 빙등 예술의 날을 개최했다. 이로부터, 빙등 예술의 날을 개최하는 것은 하얼빈 사람들의 풍습이 되었고, 매년 1월 5일도 하얼빈 사람들의 특별한 기념일이 되었다.

A 哈尔滨人喜欢冰灯
B 冰灯节有百年的历史
C 哈尔滨每年元旦举行冰灯节
D 哈尔滨每2年举办一次冰灯节

A 하얼빈 사람들은 빙등을 좋아한다
B 빙등절은 백 년의 역사가 있다
C 하얼빈은 매년 설날에 빙등절을 개최한다
D 하얼빈은 2년마다 한 번 빙등절을 개최한다

해설 지문은 하얼빈의 빙등절에 대해 설명하고 있다. 마지막에 빙등절은 하얼빈 사람들의 풍습이 되었다고 한 말에서 하얼빈 사람들이 빙등절을 좋아한다고 추측할 수 있으므로, A가 답이 된다. 이 문제는 지문에 주제가 직접적으로 제시되지 않은 문제로 전체 내용을 파악해서 답을 골라야 한다.

B- 빙등 축제는 1963년에 시작되었으므로 100년의 역사를 가지고 있는 것은 아니다.

C- 빙등절은 매년 1월 5일에 개최되므로 설날과는 관계가 없다.

D- 빙등절은 매년 1월 5일에 개최된다고 언급했다.

Tip 冰灯游园会(빙등유원회)는 세계에서 가장 유명한 빙등 행사로, 전체 면적이 6.5헥타르, 매년 사용하는 얼음 양은 2000m³이며, 1500여 개 작품이 전시되는, 지구 상에서 가장 큰 규모의 빙등 축제다.

단어 冰灯 bīngdēng 명 (얼음으로 조각한) 빙등 | 地区 dìqū 명 지역 | ★独具 dújù 용 독자적으로 갖추다 | ★风格 fēnggé 명 풍격 | 艺术 yìshù 명 예술 | 形式 xíngshì 명 형식 | ★冰灯游园会 bīngdēng yóuyuánhuì 명 빙등유원회 | 提炼 tíliàn 용 다듬다, 향상시키다 | 发展 fāzhǎn 용 발전하다 | ★哈尔滨 Hā'ěrbīn 명 하얼빈 | ★首届 shǒujiè 명 제회 | 始 shǐ 용 시작하다 | 举办 jǔbàn 용 개최하다 | 习惯 xíguàn 명 풍습 | 特有 tèyǒu 용 특유하다, 고유하다 | 节日 jiérì 명 기념일 | 喜欢 xǐhuan 용 좋아하다 | 历史 lìshǐ 명 역사 | ★元旦 Yuándàn 명 설날 | 举行 jǔxíng 용 개최하다

03

睡眠是我们日常生活中最熟悉的活动之一。人的一生大约有1/3的时间是在睡眠中度过的。如何提高睡眠质量呢？从晚上9点到11点是较好的入睡时间。中午12点到1点半，凌晨2点到3点半，这时人体精力下降，思维减慢，情绪低下，利于人体转入慢波睡眠，让人进入甜美的梦乡。科学提高睡眠质量，是人们正常工作学习生活的保障。

A 人应该睡午觉
B 早睡觉对身体好
C 入睡时间影响睡眠质量
D 每天早上睡觉精神最好

수면은 우리의 일상생활에서 가장 익숙한 활동 중의 하나다. 사람의 일생에서 약 3분의 1의 시간은 수면 속에 보내는 것이다. 어떻게 하면 수면의 질을 향상시킬 수 있을까? 저녁 9시에서 11시는 잠들기에 비교적 좋은 시간이다. 정오에서 1시 반, 새벽 2시에서 3시 반 사이는 신체의 기력이 떨어지고, 생각이 느려지며 기분이 가라앉아 인체가 서파수면(SWS)에 접어드는 데 도움이 되어 사람을 달콤한 꿈나라로 빠지게 한다. 과학적으로 수면의 질을 높이는 것은 사람들이 정상적으로 일하고 공부하고 생활하도록 보장해준다.

A 사람은 낮잠을 자야 한다
B 일찍 자는 것은 건강에 좋다
C 잠드는 시간은 수면의 질에 영향을 미친다
D 매일 아침에 자야 기력이 제일 좋다

해설 지문에서는 수면의 질을 향상시킬 수 있는 최적의 수면 시간대를 제시하고, 과학적인 이유를 들어 설명하고 있다. 따라서 지문의 내용으로 잠드는 시간이 수면의 질에 영향을 미친다는 것을 알 수 있으므로 답은 C가 된다.
A- 정오(12시)~1시 반이 수면의 질을 높일 수 있기는 하지만 낮잠을 자야 한다고 언급하지는 않았다.
B- 지문에서 중점적으로 다루고 있는 것은 '건강'이 아니라 '수면의 질'에 관한 것이다.

단어 ★睡眠 shuìmián 몡 수면 | 日常生活 rìcháng shēnghuó 몡 일상생활 | 熟悉 shúxī 혱 익숙하다 | 活动 huódòng 몡 활동 | 之一 zhīyī 몡 ~ 중의 하나 | ★大约 dàyuē 閉 대략 | 度过 dùguò 통 보내다 | 如何 rúhé 떼 어떻게 | 提高 tígāo 통 향상시키다 | 质量 zhìliàng 몡 품질, 질 | ★入睡 rùshuì 통 잠들다 | 时间 shíjiān 몡 시간 | ★凌晨 língchén 몡 새벽 | 人体 réntǐ 몡 인체 | ★精力 jīnglì 몡 정력 | 下降 xiàjiàng 통 떨어지다, 하락하다 | ★思维 sīwéi 몡 사유, 생각 | ★减慢 jiǎnmàn 통 느려지다 | 情绪 qíngxù 몡 기분 | 低下 dīxià 통 저하되다 | 利于 lìyú 통 ~에 도움이 되다 | 转入 zhuǎnrù 통 ~으로 바뀌다(넘어가다) | ★慢波 mànbō 느린 파동 | ★甜美 tiánměi 혱 달콤하다, 편안하다 | 梦乡 mèngxiāng 몡 꿈나라 | 科学 kēxué 혱 과학적이다 | 正常 zhèngcháng 혱 정상적인 | 工作 gōngzuò 통 일하다 | 学习 xuéxí 통 공부하다 | ★保障 bǎozhàng 몡 보장, 보증 | 应该 yīnggāi 조통 마땅히 ~해야 한다 | 睡觉 shuìjiào 통 잠을 자다 | 身体 shēntǐ 몡 건강 | 影响 yǐngxiǎng 통 영향을 끼치다 | ★精神 jīngshen 몡 기력, 활력

04

拿着尺子上街，只量别人不量自己是行不通的。生活的多样性、复杂性要求我们必须接受不同的性格、不同的思想。所有这些不同的东西需要我们有一颗包容的心，而不是拿着自己的标准去要求别人。

A 要尊重个性
B 为了别人改变自己
C 拿着尺子上街有好处
D 自己的想法非常重要

자를 들고 거리에 나가, 다른 사람만 재고 자신을 재지 않는 것은 불가능하다. 생활의 다양성과 복잡성은 우리에게 반드시 다른 성격과 다른 생각을 받아들일 것을 요구한다. 이러한 모든 다른 것들은 우리가 포용의 마음을 가질 것을 필요로 하고, 자신의 기준을 다른 사람에게 요구하는 것이 아니다.

A 개성을 존중해야 한다
B 다른 사람을 위해서 자신을 바꾼다
C 자를 들고 거리에 나가면 좋은 점이 있다
D 자신의 생각이 매우 중요하다

해설 지문에서 말하는 자(尺子)는 우리가 다른 사람을 평가하는 잣대를 의미한다. 다양성과 복잡성이 존재하는 현대 생활에서 자신의 기준으로 다른 사람을 평가하는 것이 아니라, 서로 다름을 인정하고 포용하는 넓은 마음을 가져야 한다고 말하고 있다. 따라서 답은 A가 된다.

B- 다른 사람을 이해해야 한다는 것이지 자신을 바꾸라는 것은 아니다.

C- 자(尺子)는 다른 사람을 평가하는 잣대를 빗대어 표현한 말이다.

D- 자신과 서로 다른 사람들의 성격과 생각도 이해해야 한다.

단어 尺子 chǐzi 명 자 | ★上街 shàngjiē 통 거리로 나가다 | 量 liáng 통 재다 | ★行不通 xíngbutōng 통 통하지 않다, 불가능하다 | 生活 shēnghuó 명 생활 | ★多样性 duōyàngxìng 명 다양성 | 复杂性 fùzáxìng 명 복잡성 | 要求 yāoqiú 통 요구하다 | 必须 bìxū 부 반드시 | ★接受 jiēshòu 통 받아들이다 | 性格 xìnggé 명 성격 | 思想 sīxiǎng 명 사상, 생각 | ★所有 suǒyǒu 형 모든 | 需要 xūyào 통 필요하다 | ★包容 bāoróng 통 포용하다 | ★标准 biāozhǔn 명 기준 | ★尊重 zūnzhòng 통 존중하다 | 个性 gèxìng 명 개성 | 改变 gǎibiàn 통 바꾸다, 변화시키다 | 好处 hǎochu 명 좋은 점 | 想法 xiǎngfa 명 생각 | 非常 fēicháng 부 매우, 아주 | 重要 zhòngyào 형 중요하다

20 day   p.93

01

| 제목 | 나이프와 포크의 사용 | 주제 | 중국인들은 식사할 때 나이프를 사용하지 않는다. |

刀叉出现的时期比筷子晚得多。研究表明，刀叉的起源与欧洲游牧民族的生活习惯有关，他们在马上生活随身带刀，往往将肉烧熟，割下来就吃。而在中国人的眼里刀是表示敌意的。中国人认为饭桌是和谐、协调的地方，因此，一般来说中餐在厨房里烹饪时切好，进餐时用筷子直接吃。

A 用筷子的人会变得更聪明

B 用刀叉吃饭是中国人的习惯

C 中国餐桌上的食物不需要刀切

D 吃饭时用筷子比用刀叉更有礼貌

나이프와 포크가 생겨난 시기는 젓가락보다 훨씬 늦다. 연구에 의하면 나이프와 포크의 기원은 유럽 유목민족의 생활습관과 관련이 있다고 밝혀졌다. 그들은 말을 타고 생활하며 칼을 지니고 다니고, 자주 고기를 불에 익혀 바로 잘라 먹었다. 그러나 중국인들의 눈에 칼은 적의를 나타내는 것이다. 중국인들은 식탁을 화목과 조화의 장소라고 여긴다. 그래서 일반적으로 중국 요리는 주방에서 요리할 때 다 자르고, 식사할 때는 젓가락을 이용해서 바로 먹는다.

A 젓가락을 사용하는 사람은 더욱 총명해진다

B 나이프와 포크를 사용해 밥을 먹는 것은 중국인의 습관이다

C 중국 식탁 위의 음식은 칼로 자를 필요가 없다

D 밥을 먹을 때 젓가락을 사용하는 것은 나이프와 포크를 사용하는 것보다 더 예의 있다

해설 서양과는 다르게 중국 사람들은 칼이 적의를 나타낸다고 여긴다. 그래서 중국 요리는 주방에서부터 잘라서 나오므로, 식탁에서는 젓가락만 사용한다고 했다. 따라서 C가 답으로 가장 적합하다.

A- 젓가락을 사용하면 총명해진다는 내용은 언급되지 않았다.

B- 나이프와 포크를 사용해 밥을 먹는 것은 유럽 유목민족의 생활습관이다.

D- 젓가락을 사용하는 것이 더 예의 있다는 내용은 없다.

단어 ★刀叉 dāochā 명 나이프와 포크 | 出现 chūxiàn 통 생기다, 나타나다 | 筷子 kuàizi 명 젓가락 | 研究 yánjiū 통 연구하다 | 表明 biǎomíng 통 표명하다 | 游牧民族 yóumù mínzú 명 유목민족 | 习惯 xíguàn 명 습관 | 有关 yǒuguān 통 관계가 있다 | 随身 suíshēn 형 몸에 지니다, 휴대하다 | 烧 shāo 통 가열하다, 굽다 | 熟 shú 형 (음식이) 익다 | ★割 gē 통 자르다 | 表示 biǎoshì 통 나타내다, 표시하다 | ★敌意 díyì 명 적의 | 认为 rènwéi 통 ～라고 여기다 | ★和谐 héxié 형 화목하다, 조화롭다 | ★协调 xiétiáo 통 어울리다 | 因此 yīncǐ 접 그래서 | 一般来说 yìbān lái shuō 일반적으로 말하면 | 厨房 chúfáng 명 주방 | ★烹饪 pēngrèn 통 요리하다 | 切 qiē 통 자르다 | ★进餐 jìncān 통 식사를 하다 | 直接 zhíjiē 형 직접적인 | 变 biàn 통 변하다 | 聪明 cōngming 형 총명하다 | ★餐桌 cānzhuō 명 식탁 | 食物 shíwù 명 음식물 | 需要 xūyào 통 필요하다 | ★礼貌 lǐmào 명 예의

제목 경영자의 의무

주제 경영자는 직원들에게 권리를 주고, 그들을 지지해 주어야 한다.

02

在确定目标之后，管理者应该给职员们必需的材料，还有充分的权利。不要一味地只是命令他们，让他们去执行。给他们一定的权利，这样会让他们感到身后有强大的力量在支持他们，他们会更加努力地去完成任务，实现目标。

목표를 결정한 이후에, 경영자는 반드시 직원들에게 필요한 자료와 충분한 권리를 주어야 한다. 맹목적으로 그들에게 명령만 내리고, 그들이 따르도록 해서는 안 된다. 그들에게 일정한 권리를 주는 것, 이것은 그들에게 자신의 뒤에 강력한 힘이 그들을 지지해주고 있음을 느끼게 해주며, 그들이 더욱 노력해서 임무를 완성하고, 목표를 실현하게 해준다.

A 确定目标之后再行动
B 管理者应该支持职员们
C 管理者应该好好管理职员们
D 只有管理者有权利去处理事情

A 목표를 결정한 이후에 행동한다
B 경영자는 직원들을 지지해야 한다
C 경영자는 직원들을 잘 관리해야 한다
D 경영자만 일을 처리할 권리가 있다

해설 지문은 경영자가 직원들을 어떻게 관리해야 하는가에 관한 내용이다. 경영자는 직원들에게 맹목적인 명령만 내리지 말고, 그들이 능력을 발휘할 수 있게 일정한 권리를 줘야 한다고 말했다. 이렇게 함으로써 직원들은 경영자로부터 적극적인 지지를 받고 있다고 느낀다고 했으므로 B가 답이 된다.

A- 정확한 목표를 결정한 이후에 직원들에게 필요한 자료와 권리를 제공해야 한다고 했다.

C- 管理(관리한다)는 일이 순조롭게 진행되도록 돌본다는 의미로, 직원들 스스로에게 권리를 줘서 지지해주는 것과는 다르다.

D- 경영자의 권리에 대한 내용은 언급되지 않았다.

단어 ★ 确定 quèdìng 통 확정하다 | ★ 目标 mùbiāo 명 목표 | 管理者 guǎnlǐzhě 명 경영자 | 职员 zhíyuán 명 직원 | ★ 必需 bìxū 통 반드시 필요로 하다 | 材料 cáiliào 명 재료 | 充分 chōngfèn 형 충분하다 | ★ 权利 quánlì 명 권리 | 一味 yíwèi 부 맹목적으로 | 命令 mìnglìng 통 명령하다 | ★ 执行 zhíxíng 통 실행하다 | 一定 yídìng 형 일정한, 특정한 | 感到 gǎndào 통 느끼다 | ★ 强大 qiángdà 형 강대하다 | 力量 lìliang 명 힘, 능력 | ★ 支持 zhīchí 통 지지하다 | 更加 gèngjiā 부 더욱 | 努力 nǔlì 통 노력하다 | 完成 wánchéng 통 완성하다 | ★ 任务 rènwu 명 임무 | ★ 实现 shíxiàn 통 실현하다 | 行动 xíngdòng 통 행동하다 | 应该 yīnggāi 조동 마땅히 ~해야 한다 | 管理 guǎnlǐ 통 관리하다 | 只有 zhǐyǒu 통 ~만 있다 | 处理 chǔlǐ 통 처리하다 | 事情 shìqing 명 일

제목 개미의 습성

주제 개미는 생존 조건이 갖춰진 곳이라면 어디서든지 생활할 수 있으며, 분업이 명확하다.

03

蚂蚁是地球上最常见的昆虫，也是数量最多的昆虫种类。蚂蚁能生活在任何有他们生存条件的地方，因此在世界各地，你都可以看见蚂蚁。蚂蚁是一种有社会性的生活习性的昆虫，他们的分工非常明确，有的负责繁殖后代，有的建筑巢穴，有的出去觅食等。

개미는 지구에서 가장 흔히 볼 수 있는 곤충이며, 또한 그 수가 가장 많은 곤충류다. 개미는 그들이 생존할 수 있는 조건이 갖춰진 곳이라면 어디서든 생활할 수 있다. 그래서, 세계 어느 곳에서나 당신은 개미를 볼 수 있다. 개미는 사회적인 생활습성이 있는 곤충으로, 그들의 분업은 매우 명확하다. 어떤 개미는 후손 번식을 책임지며, 어떤 개미는 집을 짓는 것을 담당하고, 어떤 개미는 나가서 먹이 찾는 것을 담당한다.

A 蚂蚁喜欢单独生活
B 蚂蚁喜欢生活在河边
C 蚂蚁的生存能力很强
D 蚂蚁只生活在亚洲和非洲

A 개미는 단독생활을 좋아한다
B 개미는 강가에서 생활하는 것을 좋아한다
C 개미의 생존능력은 매우 강하다
D 개미는 아시아와 아프리카에서만 생활한다

해설 지문은 개미의 생활습성에 관한 내용이다. 개미는 생존 조건만 맞는다면 어디에서나 생활할 수 있고 분업이 확실한 곤충이라고 설명했다. 지구상 어디에서나 볼 수 있다는 것은 그만큼 개미의 생존 능력이 강하다는 의미다. 지문에 生存能力很强(생존능력이 매우 강하다)이라고 직접적으로 제시되지 않았지만 문맥을 통해 C가 답이 됨을 알 수 있다.

A- 개미는 사회성을 가진 곤충으로, 단독생활을 하지 않는다.

B- 개미가 좋아하는 생활 장소를 언급하지는 않았다.

D- 개미는 세계 어느 곳에서나 볼 수 있다.

단어 ★ 蚂蚁 mǎyǐ 몡 개미 | ★ 地球 dìqiú 몡 지구 | 常见 chángjiàn 통 흔히 보다 | ★ 昆虫 kūnchóng 몡 곤충 | 数量 shùliàng 몡 수량 | ★ 种类 zhǒnglèi 몡 종류 | ★ 任何 rènhé 대 어떠한 | 生存 shēngcún 통 생존하다 | 条件 tiáojiàn 몡 조건 | 地方 dìfang 몡 장소 | 因此 yīncǐ 접 그래서, 그러므로 | 世界 shìjiè 몡 세계 | 各地 gèdì 몡 각지 | 社会性 shèhuìxìng 몡 사회성 | 生活 shēnghuó 몡 생활 | 习性 xíxìng 몡 습성 | ★ 分工 fēngōng 통 분담하다 | 非常 fēicháng 부 매우, 아주 | 明确 míngquè 몡 명확하다 | 负责 fùzé 통 맡다. 당당하다 | ★ 繁殖 fánzhí 통 번식하다 | ★ 后代 hòudài 몡 후손 | 建筑 jiànzhù 통 건축하다 | ★ 巢穴 cháoxué 몡 (새나 짐승의) 집 | ★ 觅食 mìshí 통 먹이를 찾다 | 喜欢 xǐhuan 통 좋아하다 | ★ 单独 dāndú 부 단독으로 | 河边 hébiān 몡 강변 | 能力 nénglì 몡 능력 | ★ 强 qiáng 몡 강하다 | ★ 亚洲 Yàzhōu 몡 아시아 | 非洲 Fēizhōu 몡 아프리카

<table>
<tr><td>**제목** 가상 여행</td><td>**주제** 가상 여행은 아주 쉽게 할 수 있는 여행으로, 여행 애호가들이 선호하고 있다.</td></tr>
</table>

04

　　所谓虚拟旅游，指的是建立在现实旅游景观基础上，通过模拟或超现实景，构建一个虚拟旅游环境，网友能够身临其境般地逛逛看看。坐在电脑椅上，<u>轻点鼠标就能游览全世界的风景名胜，还能拍照留念</u>。这种新鲜的旅行方式，成为众多旅游爱好者的新选择。

　　소위 가상 여행이란, 현실의 여행 경관을 기초로, 시뮬레이션 혹은 초현실적인 풍경을 통해 가상의 여행 환경을 구축하여, 네티즌들이 그 장소에 직접 간 것처럼 돌아다니고 구경할 수 있는 것을 말한다. 컴퓨터 의자에 앉아서, <u>가볍게 마우스를 클릭만 하면 전 세계의 풍경과 명승지를 유람할 수 있으며, 또한 사진도 찍어 기념으로 남길 수 있다</u>. 이런 신선한 여행 방식은 수많은 여행 애호가들의 새로운 선택이 되었다.

A 虚拟旅游方便灵活

B 虚拟旅游费用较高

C 虚拟旅游要通过手机操作

D 虚拟旅游的发展前景不太乐观

A 가상 여행은 편리하고 융통성 있다

B 가상 여행은 비용이 좀 비싸다

C 가상 여행은 휴대전화를 통해 조작해야 한다

D 가상 여행의 발전 전망은 그다지 낙관적이지 않다

해설 가상 여행은 컴퓨터 앞에 앉아 마우스 하나로 전 세계를 여행하는 것으로, 매우 편리하고, 시간적 공간적인 구애를 받지 않는다는 내용이다. 따라서 답은 A가 된다. 힌트를 주는 단어가 직접적으로 지문에 노출되지 않아 전체 문맥을 파악해서 유추해야 한다.

B- 가상 여행의 비용에 대해서는 언급하지 않았다.

C- 가상 여행은 컴퓨터를 통해서 하는 것이다.

D- 가상 여행 방식은 여행 애호가들의 새로운 선택이 되었으므로, 가상 여행의 발전 전망은 낙관적이다.

▶ 어휘 바꿔치기

　　轻点鼠标就能游览 가볍게 마우스를 클릭만 하면 유람할 수 있다 = A 旅游方便 여행이 편리하다

단어 ★ 所谓 suǒwèi 몡 이른바, 소위 | ★ 虚拟 xūnǐ 몡 가상의 | 旅游 lǚyóu 통 여행하다 | 指 zhǐ 통 가리키다 | 建立 jiànlì 통 세우다 | 现实 xiànshí 몡 현실 | 景观 jǐngguān 몡 경관 | ★ 基础 jīchǔ 몡 기초 | 通过 tōngguò 전 ~를 통해서 | ★ 模拟 mónǐ 몡 모의 실험, 시뮬레이션 | 超 chāo 통 벗어나다 | ★ 构建 gòujiàn 통 구축하다 | 环境 huánjìng 몡 환경 | 网友 wǎngyǒu 몡 인터넷 친구, 네티즌 | 能够 nénggòu 조통 ~할 수 있다 | ★ 身临其境 shēnlín qíjìng 성 어떤 장소에 직접 가다 | 逛 guàng 통 돌아다니다 | 电脑 diànnǎo 몡 컴퓨터 | 椅 yǐ 몡 의자 | ★ 鼠标 shǔbiāo 몡 마우스 | 游览 yóulǎn 통 유람하다 | 世界 shìjiè 몡 세계 | 风景 fēngjǐng 몡 풍경 | ★ 名胜 míngshèng 몡 명승지 | 拍照 pāizhào 통 사진을 찍다 | 留念 liúniàn 통 기념으로 남기다 | ★ 新鲜 xīnxiān 몡 신선하다 | 旅行 lǚxíng 통 여행하다 | 方式 fāngshì 몡 방식 | 成为 chéngwéi 통 ~이 되다 | 众多 zhòngduō 몡 아주 많다 | 爱好者 àihàozhě 몡 애호가 | ★ 选择 xuǎnzé 몡 선택 | 方便 fāngbiàn 몡 편리하다 | ★ 灵活 línghuó 몡 유연하다. 융통성 있다 | 费用 fèiyòng 몡 비용 | 手机 shǒujī 몡 휴대전화 | ★ 操作 cāozuò 통 조작하다 | 发展 fāzhǎn 통 발전하다 | ★ 前景 qiánjǐng 몡 전망. 장래 | 乐观 lèguān 몡 낙관적이다

21 day　p.101~103

[01-04]

제목　**최선의 차이**	주제　최선이 아닌 모든 힘을 쏟아야 성공할 수 있다.

有一天，一个猎人带着猎狗去打猎。¹猎人一枪击中一只兔子的后腿，受伤的兔子开始拼命地奔跑。猎狗在猎人的指示下也飞奔着去追赶兔子。然而，追着追着，兔子不见了，猎狗只好悻悻地回到猎人身边，²猎人开始骂猎狗了："你真没用，连一只受伤的兔子都追不到！"猎狗听了很不服气地回答道："我尽力而为了呀！"

再说那只兔子，³它带伤跑回洞里，它的兄弟们都围过来惊讶地问它："那只猎狗那么凶，你又受了伤，⁴怎么可能比它跑得快呢？""它是尽力而为，我是全力以赴呀！"

人本来是有很多潜能的，可是我们往往会对自己或对别人找借口。一位心理学家的研究结果显示：一般人的潜能只开发了2%-8%左右，还有90%多的潜能处于沉睡状态。谁要想成功，创造奇迹，⁴仅仅做到尽力而为还远远不够，必须用尽全力才行。

어느 날, 사냥꾼이 사냥개를 데리고 사냥을 갔다. ¹사냥꾼은 토끼 한 마리의 뒷다리를 총으로 명중시켰다. 부상당한 토끼는 죽을 힘을 다해 달리기 시작했다. 사냥개도 사냥꾼의 지시를 받고 나는 듯이 달려 토끼를 뒤쫓았다. 그러나 쫓다 보니 토끼는 보이지 않았다. 사냥개는 어쩔 수 없이 씩씩거리며 사냥꾼의 옆으로 돌아왔다. ²사냥꾼은 사냥개를 욕하기 시작했다. "넌 정말 쓸모가 없구나. 다친 토끼 한 마리조차도 잡지 못하다니!" 사냥개는 이 말을 듣고 억울해하며 말했다. "나는 최선을 다했다고요!"

한편 ³그 토끼는 상처를 입은 채로 동굴로 돌아갔다. 토끼의 형제들은 그를 둘러싸고 놀라며 물었다. "그 사냥개가 그렇게 흉악하고 너는 상처까지 입었는데, ⁴어떻게 개보다 빨리 뛸 수 있었니?" "그는 최선을 다했지만, 나는 온 힘을 다해 달렸거든!"

사람은 본래 많은 잠재력을 가지고 있다. 그러나 우리는 자주 자신이나 다른 사람에게서 평계를 찾곤 한다. 한 심리학자의 연구 결과, 일반인의 잠재력은 겨우 2~8% 정도만 개발될 뿐, 나머지 90% 이상의 잠재력은 깊은 잠에 빠진 상태라고 한다. 누군가 성공하고 싶고, 기적을 만들고 싶다면, ⁴단지 최선을 다하는 것만으로는 한참 부족하다. 반드시 모든 힘을 쏟아야만 한다.

단어　★猎人 lièrén 몡 사냥꾼 | 猎狗 liègǒu 몡 사냥개 | 打猎 dǎliè 동 사냥하다 | ★枪 qiāng 몡 총 | 击中 jīzhòng 동 명중하다 | 兔子 tùzi 몡 토끼 | 后腿 hòutuǐ 뒷다리 | 受伤 shòushāng 동 상처입다 | ★拼命 pīnmìng 동 죽을 힘을 다하다, 필사적으로 하다 | ★奔跑 bēnpǎo 동 빨리 달리다 | ★指示 zhǐshì 동 지시하다 | 飞奔 fēibēn 동 나는 듯이 달리다 | ★追赶 zhuīgǎn 동 뒤쫓다 | 然而 rán'ér 젭 그러나 | 追 zhuī 동 뒤쫓다 | 悻悻 xìngxìng 혱 화를 내며 씩씩거리는 모양 | 骂 mà 동 욕하다 | ★不服气 bù fúqì 동 승복하지 않다 | 尽力而为 jìnlì'érwéi 솅어 최선을 다하다 | 再说 zàishuō 젭 그리고, 더구나 | 围 wéi 동 (사방을) 둘러싸다 | 惊讶 jīngyà 혱 놀랍고 의아하다 | ★凶 xiōng 혱 흉악하다 | ★全力以赴 quánlìyǐfù 온 힘을 다하다 | ★潜能 qiánnéng 몡 잠재력 | 往往 wǎngwǎng 閂 자주, 종종 | 借口 jièkǒu 몡 평계 | 显示 xiǎnshì 동 보여주다 | 处于 chǔyú 동 처하다 | ★沉睡 chénshuì 동 깊이 잠들다 | 状态 zhuàngtài 몡 상태 | 创造 chuàngzào 동 창조하다 | ★奇迹 qíjì 몡 기적 | 必须 bìxū 閂 반드시, 꼭

01　兔子的腿怎么了？　　　　토끼의 다리는 어떻게 되었는가?

A 摔断了	B 被砍伤了	A 넘어져 부러졌다	B 베였다
C 被狗咬了	D 被枪打中了	C 개에게 물렸다	D 총에 맞았다

 지문은 사냥꾼이 총으로 토끼 뒷다리를 명중시켰다는 내용으로 시작한다. 따라서 토끼는 사냥꾼이 쏜 총에 맞아 상처를 입은 것으로 답은 D가 된다.

 摔 shuāi 图 넘어지다 | 断 duàn 图 끊다, 자르다 | 砍伤 kǎnshāng 图 베여 상처를 입히다 | 咬 yǎo 图 물다

02

猎狗为什么被主人骂了?

A 把兔子吃了
B 不想追兔子
C 没有追到兔子
D 把兔子咬死了

사냥개는 왜 주인에게 욕을 들었는가?

A 토끼를 잡아먹어서
B 토끼를 쫓고 싶어하지 않아서
C 토끼를 잡지 못해서
D 토끼를 물어 죽여서

 사냥꾼의 지시에 사냥개는 총에 맞아 상처입은 토끼를 쫓았지만 잡아오지 못하자, 주인은 사냥개에게 쓸모가 없다고 욕을 했다. 따라서 답은 C가 된다.

03

兔子最后怎么了?

A 逃跑了   B 撞死了
C 被狗抓住了   D 被狗咬死了

토끼는 마지막에 어떻게 되었는가?

A 도망갔다   B 부딪혀 죽었다
C 개에게 잡혔다   D 개에게 물려 죽었다

 토끼는 온 힘을 다해서 달려 사냥개에 잡히지 않고, 자신이 사는 동굴까지 도망쳐왔으므로, 답은 A가 된다.

 最后 zuìhòu 图 맨 마지막 | 逃跑 táopǎo 图 도망가다 | 撞死 zhuàngsǐ 图 부딪혀 죽다 | 抓住 zhuāzhù 图 붙잡다

04

通过这篇文章，我们能知道什么?

A 猎狗越来越懒了
B 兔子跑得非常快
C 尽全力才能成功
D 猎狗不喜欢兔子

이 글에서 알 수 있는 것은?

A 사냥개는 점점 게을러졌다
B 토끼는 매우 빨리 뛴다
C 모든 힘을 쏟아야 성공한다
D 사냥개는 토끼를 싫어한다

 지문에 나오는 尽力而为(최선을 다하다), 全力以赴(모든 힘을 쏟다)는 모두 '전력투구하다'라는 의미를 가지고 있다. 하지만, 개는 가능한 한 최선을 다해(尽力而为) 뛰었고, 토끼는 죽을 각오로 온 힘을 다해(全力以赴) 뛰었기 때문에 목숨을 구할 수 있었다. 즉, 모든 일을 할 때 이러한 정신으로 해야만 성공을 거둘 수 있다는 깨달음을 주는 내용으로, C가 답이 된다.

 懒 lǎn 图 게으르다 | 尽 jǐn 图 가능한 한 ~하다 | 全力 quánlì 图 전력

제목	성공의 비밀

有位建筑商，年轻时就以精明著称于业内。那时的他，虽然颇具商业头脑，做事也成熟干练，但摸爬滚打许多年，事业不仅不见起色，最后竟还以破产而告终。

后来，他以仅剩的一万元为本金，再战商场。短短的几年内，⁵他的资产就突飞猛进到一亿元，创造了一个商业神话。有一次，他来到大学演讲，不断有学生提问，问他从一万元变成一亿元到底有何秘诀。他笑着回答，当年在那段失落而迷茫的日子里，他不断地反思自己失败的原因，但想破脑壳也找寻不到答案。百无聊赖的时候，他来到街头漫无目的地闲转，路过一家书报亭，就买下一张报纸随便翻翻。他看见一张采访李泽楷的报纸，读后很有感触。记者问李泽楷，你的父亲李嘉诚究竟教会了你怎样的赚钱秘诀？李泽楷说，我的父亲从没告诉我赚钱的方法，只教了我一些做人处事的道理。父亲叮嘱过，你和别人合作，假如你拿7分合理，8分也可以，那我们拿6分就可以了。看完报道，⁷他终于弄明白一个道理：让别人赚钱同时也是给自己赚钱。⁶李嘉诚总是让别人多赚2分，所以每个人都知道和他合作会赚到便宜，所以更多的人愿意和他合作。如此一来，虽然他只拿6分，但生意却多了100个。

说到这儿，他动情地说，我最初犯下的最大错误就是过于精明，总是千方百计地从对方身上多赚钱，以为赚得越多，就越成功，结果是，⁸多赚了眼前，输光了未来。

주제	성공하려면 먼 미래를 위해 눈앞의 이익을 양보할 줄 알아야 하며, 소탐대실해서는 안 된다.

한 건축업자는 젊은 시절 업계에서 영리한 사람으로 유명했다. 그 시절의 그는, 비록 비즈니스적 사고를 상당히 가지고 있었고 하는 일도 노련하게 잘해냈지만, 오랜 세월 힘들게 일했어도 사업이 나아지는 기미는 보이지 않고, 결국에는 파산으로 끝났다.

후에 그는 겨우 남은 1만 위안의 자본금으로 다시 사업에 뛰어들었다. ⁵짧디짧은 몇 년 만에 그의 자산은 빠르게 늘어나 1억 위안이 되었고, 업계의 신화를 창조해냈다. 한번은 그가 대학에 강연하러 갔을 때, 학생들이 1만 위안이 1억 위안으로 된 것에 도대체 어떤 비결이 있는지 계속해서 질문했다. 그는 웃으며 대답했다. 당시의 공허하고 멍한 나날 동안, 그는 끊임없이 자신이 실패한 원인을 되돌아봤고, 하지만 머리가 깨지도록 생각해도 답을 찾을 수 없었다. 무료하기 짝이 없었던 그때, 아무런 목적 없이 거리를 배회하다가 신문 판매점을 지나는 길에 신문을 하나 사서 아무렇게나 펼쳐보았다. 그는 리저카이를 인터뷰한 신문을 보았고, 읽고 난 후 매우 감명받았다. 기자는 리저카이에게 당신의 아버지 리쟈청은 당신에게 도대체 어떤 돈 버는 비결을 가르쳐주었는가 물었고, 리저카이는 나의 아버지는 한 번도 돈을 버는 방법을 가르쳐준 적이 없으며, 단지 처신하고 일을 처리하는 도리를 가르쳐주었다고 대답했다. 아버지께서는 너와 다른 사람이 협력할 경우에, 만약 네가 7할을 가져가는 것이 합리적이고 8할까지도 가능하다면, 그때는 6할만 가지면 된다고 당부했다. 신문을 다 보고 나서, ⁷그는 마침내 하나의 이치를 깨닫게 되었다. 다른 사람에게 돈을 벌도록 해주는 것이 동시에 스스로도 돈을 버는 것이다. ⁶리쟈청은 항상 다른 사람이 2할을 더 벌도록 해주었고, 그러자 모든 사람이 그와 협력하면 편하게 돈을 벌 수 있음을 알게 되었다. 그래서 더 많은 사람이 그와 계약하려고 하였다. 그러다 보니 그는 비록 6할만 가져갔지만, 그의 거래는 오히려 100개가 더 많아진 것이다.

여기까지 말한 후, 그는 가슴 벅차게 말했다. 내가 제일 처음 범한 가장 큰 실수는 너무 영리했다는 것이다. 항상 갖은 방법을 생각해 상대방으로부터 많은 돈을 벌려고 했고, 벌어들이는 돈이 많을수록 성공을 한다고 생각했는데, 그 결과 ⁸눈앞의 것은 벌었지만, 미래를 잃어버리게 된 것이라고.

단어 建筑 jiànzhù 통 건축하다 | 商 shāng 명 상인 | ★ 精明 jīngmíng 형 영리하다 | ★ 著称 zhùchēng 통 유명하다 | 虽然 suīrán 접 비록 ~하지만 | ★ 颇 pō 부 상당히, 제법 | ★ 具 jù 통 갖추다, 구비하다 | 头脑 tóunǎo 명 사고, 생각 | 成熟 chéngshú 형 성숙하다, 노련하다 | 干练 gànliàn 형 유능하고 노련하다 | ★ 摸爬滚打 mōpá gǔndǎ 성어 힘들게 일하다 | 不仅 bùjǐn 접 ~뿐만 아니라 | 起色 qǐsè 좋아지는 기미 | 竟 jìng 부 결국, 뜻밖에 | ★ 破产 pòchǎn 통 파산하다 | 告终 gàozhōng 통 끝나다 | 仅 jǐn 부 겨우 | 剩 shèng 통 남다 | 本金 běnjīn 명 자본금 | 战商场 zhàn shāngchǎng 사업에 뛰어들다 | 资产 zīchǎn 명 자산 | ★ 突飞猛进 tūfēi měngjìn 성어 비약적으로 발전하다 | 创造 chuàngzào 통 창조하다 | ★ 神话 shénhuà 명 신화 | 演讲 yǎnjiǎng 명 강연 | 到底 dàodǐ 부 도대체 | 秘诀 mìjué 명 비결 | ★ 失落 shīluò 형 (정신적으로) 공허하다 | ★ 迷茫 mímáng 형 (표정이나 기색이) 멍하다 | 反思 fǎnsī 통 되돌아보다 | 破 pò 통 깨다, 부수다 | ★ 脑壳 nǎoké 명 머리 | 找寻 zhǎoxún 통 찾다 | ★ 百无聊赖 bǎiwúliáolài 성어 무료하기 짝이 없다 | 街头 jiētóu 명 길거리 | ★ 漫无目的 mànwúmùdì 아무런 목적이 없다 | 书报亭 shūbàotíng 명 신문 판매점 | 随便 suíbiàn 부 아무렇게나, 마음대로 | 翻 fān 통 뒤적이다, 펼치다 | 采访 cǎifǎng 통 취재하다 | ★ 感触 gǎnchù 명 감동, 감명 | 究竟 jiūjìng 부 도대체 | 赚钱 zhuànqián 통 돈을 벌다 | 做人处事 zuòrén chǔshì 처신하고 일을 처리하다 |

道理 dàolǐ 몡 도리, 이치 | ★ 叮嘱 dīngzhǔ 동 당부하다 | 合作 hézuò 동 협력하다 | 假如 jiǎrú 젭 만약 | 分 fēn 몡 할(1/10을 가리킴) | 合理 hélǐ 혱 합리적이다 | ★ 如此一来 rúcǐyìlái 이렇게 되니 | 生意 shēngyi 몡 거래, 사업 | 动情 dòngqíng 동 벅차다, 흥분하다 | 最初 zuìchū 몡 처음 | 犯 fàn 동 범하다 | 错误 cuòwù 몡 실수 | 过于 guòyú 뷔 지나치게 | ★ 千方百计 qiānfāng bǎijì 솅어 온갖 계책이나 꾀를 다 생각해내다 | 眼前 yǎnqián 몡 면전, 눈앞 | ★ 输光 shūguāng 동 잃어버리다 | 未来 wèilái 몡 미래

05

关于这个建筑商，我们可以知道什么？	이 건축업자에 대해 알 수 있는 것은?
A 喜欢拿8分	A 8할 가져가기를 좋아한다
B 经济知识丰富	B 경제 지식이 풍부하다
C 是李嘉诚的朋友	C 리쟈청의 친구다
D 后来事业取得了成功	D 훗날 사업이 성공했다

해설 이 건축업자는 젊었을 때 파산을 면치 못했지만, 이후에 남은 1만 위안의 자본금을 가지고 재도전하여, 1억 위안을 벌어들인, 업계의 신화를 창조해낸 사람이라고 했다. 따라서 D가 답이 된다. 건축업자는 업계에서 영리한 사람이라고 했지만, 경제 지식이 풍부한지는 알 수 없으므로 B는 답이 될 수 없다.

단어 经济 jīngjì 몡 경제 | 知识 zhīshi 몡 지식 | 丰富 fēngfù 동 풍부하다 | 取得 qǔdé 동 얻다, 취득하다

06

关于李嘉诚，我们可以知道什么？	리쟈청에 대해 알 수 있는 것은?
A 是个教育家	A 교육자다
B 很多人喜欢和他合作	B 많은 사람이 그와 협력하기를 좋아한다
C 最开始本金只有一万块	C 처음 시작 자본금이 단지 1만 위안 있었다
D 教给儿子很多赚钱的方法	D 아들에게 돈 버는 방법을 매우 많이 가르쳤다

해설 기자가 리저카이에게 아버지가 어떤 돈 버는 비결을 가르쳐주었냐는 질문을 하자, 그는 아버지(리쟈청)는 자신에게 돈 버는 비법을 가르쳐주지 않았다고 했으므로 D는 답에서 제외된다. 리쟈청이 아들에게 다른 사람과 함께 일할 때, 다른 사람들이 이익을 더 많이 가져가게 하라고 말한 것은, 이로써 다른 사람들이 그와 일하고 싶게 만들라는 뜻이었으므로, 답은 B가 될 수 있다.

07

这个建筑商认为生意成功重要的是什么？	이 건축업자는 사업이 성공하는 데 있어서 중요한 것은 무엇이라고 생각하는가?
A 让对方赚钱	A 상대방이 돈을 벌 수 있도록 하는 것
B 有生意头脑	B 비즈니스적인 사고를 갖는 것
C 多和别人合作	C 다른 사람과 협력을 많이 하는 것
D 结交一些好朋友	D 좋은 친구를 사귀는 것

해설 이 건축업자는 우연히 산 신문에서 유명한 사업가를 취재한 기사를 보고, 사업에 성공하기 위해서는 상대방에게 더 이익이 가도록 해서 많은 사람과 협력해야 한다는 깨달음을 얻었다. 따라서 답은 A가 된다. 하지만 자신의 이익을 내세우며, 다른 사람과 단지 협력만 한다면 성공할 수 없으므로, C는 답이 될 수 없다.

단어 结交 jiéjiāo 동 교제하다, 친분을 맺다

08 文中最后画线部分是什么意思？ | 글의 제일 마지막 밑줄 친 부분은 무슨 뜻인가？

A 不要浪费钱
B 失败是成功之母
C 做生意要有长远的打算
D 过去的经验是未来的财富

A 돈을 낭비하지 마라
B 실패는 성공의 어머니다
C 사업하는 것은 장기적인 계획이 있어야 한다
D 과거의 경험은 미래의 재산이다

> **해설** 多赚了眼前, 输光了未来는 '눈앞의 이익을 얻고, 미래를 잃는다'는 뜻이다. 즉 현재 눈앞에 보이는 이익만을 추구하다가는 자신과 일하려는 사람이 점점 없어져 결국 망하게 되니, 지금 조금 손해를 보고 먼 훗날에 더 좋은 일을 도모하라는 의미를 담고 있다. 따라서, 사업하는 사람이라면 눈앞의 이익보다는 더 먼 미래를 생각하며 행동해야 한다는 뜻으로, C가 답이 된다.

> **단어** 浪费 làngfèi 통 낭비하다 | 失败是成功之母 shībài shì chénggōng zhī mǔ 실패는 성공의 어머니다 | 财富 cáifù 명 재산 | 长远 chángyuǎn 형 길다, 원대하다 | 打算 dǎsuan 명 계획

22 day p.103~105

[01-04]

제목 '네 가지 좀' 음식점의 성공 비결

주제 성공을 하기 위해서는 전략이 필요하다.

　　在我的家乡, 有一个专营特色小吃的饭馆, 做出的菜令人赞不绝口。餐馆的名字叫[1]"四个点儿", 店主人的解释是：环境好点儿、菜好吃点儿、您常来点儿、我高兴点儿。它一天的营业时间也是四个点儿!

　　每天, [2]在那里排队的人非常多。很多人都会排不上号, 带着遗憾离开。因为[3]这家饭馆有个很奇怪的规定, 一天的营业时间只是从上午10点到下午的2点, 只有短短的4小时, 其他时间一律不开放, 而且不许预订。但就是这4小时, 每个月的收入也不下5万元。

　　谈起成功的秘诀, 店主人告诉我们说正是因为只营业4小时, 才使他获得了更大的收益。他说, 做出的菜的味道其实和刚开始开业的时候是一模一样的, [4]什么也没有改变, 改变的只是经营的策略。刚开始的营业时间是12个小时, 从早上8点到晚上8点。可是生意却不是太好, 一来是因为地段有些偏僻, 知道它的人很少；二来是因为菜肴的种类很多, 反而显得没有了特色。所以, 他决定去掉几个种类, 只做几种特色小吃。然后在经营时间上做了调整, 一天只营业4小时。人们都有好奇心理, 越是不容易买到的东西就越想买。果然, 这两种办法实施以后, 餐馆的生意越来越红火。

　　나의 고향에는 특색 있는 간단한 요리를 전문으로 경영하는 음식점이 있는데, 그 요리는 사람들로부터 칭찬이 자자했다. 음식점의 이름은 [1]'네 가지 좀'이었는데, 음식점 주인은 "환경은 좀 좋게, 음식은 좀 맛있게, 손님은 좀 자주 오게, 내가 좀 기쁘게"라고 설명했다. 그 음식점의 하루 영업 시간 역시 네 시간이었다!

　　매일 [2]그곳에 줄을 서는 사람은 매우 많았다. 많은 사람이 순서가 돌아오지 않아 아쉬워하며 되돌아갔다. [3]왜냐하면 이 음식점에는 매우 이상한 규정이 있는데, 하루 영업 시간이 단지 오전 10시에서 오후 2시까지 짧은 4시간이며, 다른 시간에는 예외 없이 문을 열지 않았을 뿐만 아니라 예약도 받지 않았다. 그러나 이 4시간 영업의 매달 수입은 5만 위안 이상이었다.

　　성공의 비결을 이야기하자면, 음식점 주인은 4시간만 영업을 하기 때문에, 더 큰 이익을 얻을 수 있었다고 우리에게 알려 줬다. 그는 요리의 맛은 사실 개업을 했을 때와 똑같으며, [4]어떤 것도 바뀌지 않았고, 변한 것은 단지 경영 전략이라고 했다. 막 개업했을 때의 영업 시간은 12시간으로, 아침 8시부터 저녁 8시까지였다. 그러나 오히려 장사는 그다지 잘되지 않았다. 첫째는 지역이 외져서 음식점을 아는 사람이 적었고, 둘째는 음식의 종류가 너무 많아서 오히려 특색이 없어 보였다. 그래서 그는 몇 가지 종류를 없애고, 몇 개의 특색 있는 간단한 요리만 만들었다. 그런 후에 영업 시간도 조정해서 하루에 단 4시간만 영업했다. 사람들은 누구나 호기심을 가지고 있어서, 쉽게 사지 못하는 물건일수록 더욱 사고 싶어한다. 생각한 대로, 이 두 가지 방법을 실시한 이후에 음식점의 장사가 날로 번창했다.

 家乡 jiāxiāng 圐 고향 | ★ 专营 zhuānyíng 통 전문 경영하다 | 特色 tèsè 圐 특색 | 小吃 xiǎochī 圐 간단한 음식 | 饭馆 fànguǎn 圐 음식점 | 令 lìng 통 ~하게 하다 | ★ 赞不绝口 zànbùjuékǒu 쳉에 칭찬이 자자하다 | 解释 jiěshì 통 설명하다 | 营业 yíngyè 통 영업하다 | 排队 páiduì 통 줄을 서다 | ★ 排号 páihào 통 순번을 매기다, 순서대로 줄을 서다 | 遗憾 yíhàn 쳉 유감스럽다 | 离开 líkāi 통 떠나다 | 奇怪 qíguài 쳉 이상하다 | 规定 guīdìng 圐 규정 | ★ 一律 yílù 閅 예외 없이, 일률적으로 | 开放 kāifàng 통 개방하다 | 而且 érqiě 젭 게다가 | 不许 bùxǔ 통 허락하지 않다 | 预订 yùdìng 통 예약하다 | 收入 shōurù 圐 수입 | ★ 秘诀 mìjué 圐 비결 | 告诉 gàosu 통 말하다 | 获得 huòdé 통 얻다, 획득하다 | 收益 shōuyì 圐 수익 | 味道 wèidao 圐 맛 | 其实 qíshí 閅 사실 | 一模一样 yìmú yíyàng 쳉에 같은 모양, 같은 모습이다 | ★ 策略 cèlüè 圐 전략, 책략 | 地段 dìduàn 圐 지역, 구간 | ★ 偏僻 piānpì 쳉 외지다 | 菜肴 càiyáo 圐 요리 | 种类 zhǒnglèi 圐 종류 | 反而 fǎn'ér 젭 오히려, 도리어 | 显得 xiǎnde 통 ~처럼 보이다 | 决定 juédìng 통 결정하다 | 去掉 qùdiào 통 없애버리다 | ★ 调整 tiáozhěng 통 조정하다 | 好奇 hàoqí 쳉 호기심이 많다 | 心理 xīnlǐ 圐 심리 | 容易 róngyì 쳉 쉽다 | 果然 guǒrán 閅 생각한 대로, 과연 | ★ 实施 shíshī 통 실시하다 | 生意 shēngyi 圐 영업, 장사 | ★ 红火 hónghuo 쳉 번창하다

01

文章中的"四个点儿"指的是:	이 글에서 '네 가지 좀'이 가리키는 것은:
A 营业时间到4点	A 영업 시간이 4시까지다
B 老板的四种愿望	**B 주인의 네 가지 바람**
C 对职员的四个要求	C 직원에 대한 네 가지 요구
D 顾客们最喜欢的四种菜	D 고객들이 제일 좋아하는 네 가지 요리

해설 四个点儿(네가지 좀)은 화자의 고향에 있는 음식점의 이름으로, '좋은 환경은 좀 좋게, 음식은 좀 맛있게, 그리고 손님이 음식점을 좀 자주 찾음으로써, 주인인 자신이 좀 더 기쁠 수 있게'라는 주인의 바람이 담겨 있는 것으로 답은 B가 된다. 영업 시간은 10시부터 2시까지 4시간이라고 했으므로, A의 4시까지 운영한다는 내용은 지문 내용과 일치하지 않는다.

단어 指 zhǐ 통 가리키다 | 老板 lǎobǎn 圐 주인, 사장 | 愿望 yuànwàng 圐 바람 | 职员 zhíyuán 圐 직원 | 要求 yāoqiú 圐 요구 | 顾客 gùkè 圐 고객

02

为什么很多人都遗憾地离开了?	많은 사람들이 왜 아쉬워하며 되돌아갔는가?
A 厨师换了	A 주방장이 바뀌어서
B 顾客太多	**B 손님이 너무 많아서**
C 老板不在	C 주인이 없어서
D 没有好吃的菜	D 맛있는 요리가 없어서

해설 이 음식점은 딱 4시간 동안만 영업을 하기 때문에, 항상 줄을 서 있는 고객들로 가득했다. 어떤 사람은 줄을 서도 차례가 오지 않아 아쉬움을 남긴 채 발길을 돌려 돌아갈 수밖에 없다고 했으므로, 답은 B가 된다.

단어 厨师 chúshī 圐 요리사 | 换 huàn 통 바꾸다

03

小店有什么规定?	음식점에는 어떤 규정이 있는가?
A 每次要点四样菜	A 매번 네 가지 요리를 주문해야 한다
B 每天晚上8点关门	B 매일 저녁 8시에 문을 닫는다
C 每天营业四个小时	**C 매일 네 시간 영업한다**
D 消费必须满100元以上	D 반드시 100위안 이상 소비해야 한다

해설 이 음식점의 특별한 규정은 오전 10시부터 오후 2시까지 4시간만 운영하며, 그 외의 시간에는 개방하지도 않고 예약도 받지 않는다고 했다. 따라서 답은 C가 된다. 음식을 몇 개 이상 시켜야 하고, 얼마 이상 주문해야 한다는 내용은 언급하지 않았으므로, A, D는 답이 될 수 없다.

단어 消费 xiāofèi 통 소비하다 | 必须 bìxū 閅 반드시

<table>
<tr><td>

04

小店生意为什么变好?

A 老板非常热情
B 改变了经营方式
C 搬到了好的地段
D 菜的味道比原来好了

</td><td>

음식점의 장사는 왜 잘되게 되었는가?

A 사장이 매우 열정적이어서
B 경영 방식을 바꿔서
C 좋은 구역으로 이사를 해서
D 음식의 맛이 예전보다 좋아져서

</td></tr>
</table>

해설 음식점 주인은 음식의 맛은 개업했을 때와 똑같고, 변한 것은 단지 경영 전략이라고 했다. 즉 주인은 영업 시간, 요리 종류 등을 특색 있게 바꿈으로써 문전성시를 이루고 성공을 거두게 된 것이다. 따라서 답은 B가 된다.

단어 热情 rèqíng 혱 열정적이다 | 搬 bān 툉 이사하다 | 原来 yuánlái 튄 원래, 당초

[05-08]

<table>
<tr><td>

제목 후발주자의 승리 현상

　　"第二者胜"现象，是指在某一领域内，[5]后进入的"第二者"往往可以超过"第一者"，而一跃成为该领域的第一名。

　　之所以出现"第二者胜"现象，是因为：第一品牌已经把市场打开，让消费者接受了该品牌概念，促成了市场的成熟；"第二者"进入时往往是市场成长爆发期，成长空间巨大；[6]"第一者"在抢占市场时，总会有很多方面不成熟，所以[7]"第二者"往往会根据"第一者"的缺点，有针对性地设置战略，从而出乎意料地胜出。

　　掌握了"第二者胜"现象，我们可以在市场上不怕成为"第二者"。[8]成为"第二者"反而是一种优势，可以充分利用"第二者"身份运筹帷幄、决胜千里。而作为行业的"第一名"，则需要在进入市场之初，就谨慎地寻找自身弱点，多加改正，从而在"第二者"出现之后，能够立于不败之地。

</td><td>

주제 시장 경쟁에서는 후발주자가 성공할 여지가 더 많다.

　　'후발주자 승리' 현상은, 한 분야에서 [5]후에 진입한 '후발주자'가 종종 '선발주자'를 뛰어넘고, 단번에 그 분야에서 일등이 되는 것을 말한다.

　　'후발주자 승리' 현상이 나타나는 이유는 첫 번째 브랜드가 이미 시장을 개척했고, 소비자들에게 이 브랜드 개념을 받아들이게 해서, 시장의 성숙을 촉진시켰기 때문이다. '후발주자'가 진입할 때, 시장은 종종 폭발적 성장기여서, 성장 공간이 매우 크다. [6]'선발주자'가 시장을 차지했을 때는 여러 분야에서 성숙하지 못하게 마련이다. 그래서 [7]'후발주자'는 '선발주자'의 결점을 근거로 하여, 겨냥하는 바가 있는 전략을 세워서 의외의 승리를 하는 것이다.

　　'후발주자 승리' 현상을 잘 파악했다면, 우리는 시장에서 '후발주자'가 되는 것을 두려워하지 않아도 된다. [8]'후발주자'가 되는 것은 오히려 우세하고, '후발주자'로서의 위치를 충분히 활용하여 방법이나 정책을 정하고, 승리를 결정지을 수 있다. 그러나 업계의 '선발주자'는 시장 진입 초기에 자신의 약점을 신중히 찾아보고 고쳐 나가야 한다. 그렇게 함으로써 '후발주자'가 나타난 후에도 확고한 위치에 있을 수 있다.

</td></tr>
</table>

단어 胜 shèng 툉 승리하다, 이기다 | 现象 xiànxiàng 몡 현상 | 指 zhǐ 툉 가리키다, 의미하다 | 某 mǒu 떼 어느 | ★ 领域 lǐngyù 몡 분야 | 超过 chāoguò 툉 초과하다 | ★ 一跃 yíyuè 튄 일약, 단번에 | 成为 chéngwéi 툉 ~이 되다 | 之所以 zhīsuǒyǐ 젭 ~의 이유 | ★ 品牌 pǐnpái 몡 상표 | 消费者 xiāofèizhě 몡 소비자 | 接受 jiēshòu 툉 받아들이다 | ★ 概念 gàiniàn 몡 개념 | ★ 促成 cùchéng 툉 (재촉하여) 성공하게 하다 | 成熟 chéngshú 혱 완전하다, 성숙하다 | 成长 chéngzhǎng 툉 성장하다 | ★ 爆发期 bàofāqī 폭발기 | 空间 kōngjiān 몡 공간 | 巨大 jùdà 혱 아주 크다 | ★ 抢占 qiǎngzhàn 툉 다투어 점령하다 | 根据 gēnjù 근거하다 | 缺点 quēdiǎn 몡 결점 | ★ 针对性 zhēnduìxìng 겨냥하는 바 | ★ 设置 shèzhì 툉 세우다, 설치하다 | ★ 战略 zhànlüè 몡 전략 | 出乎意料 chūhū yìliào 솅에 예상 밖이다 | ★ 掌握 zhǎngwò 툉 장악하다, 정복하다 | 怕 pà 툉 두려워하다 | 反而 fǎn'ér 젭 오히려, 도리어 | 优势 yōushì 몡 우세 | 充分 chōngfèn 튄 충분히 | 利用 lìyòng 툉 활용하다 | ★ 运筹帷幄 yùnchóu wéiwò 솅에 방법이나 정책을 정하다 | ★ 决胜千里 juéshèng qiānlǐ 천리 밖의 승패를 결정짓다 | 行业 hángyè 몡 직업, 업종 | 需要 xūyào 툉 필요하다 | ★ 谨慎 jǐnshèn 혱 신중하다 | 寻找 xúnzhǎo 툉 찾다 | ★ 弱点 ruòdiǎn 몡 약점 | 改正 gǎizhèng 툉 바르게 고치다, 개정하다 | ★ 立于不败之地 lìyú búbài zhī dì 확고한 위치를 차지하다

05

文中的"第二者胜"是什么意思？

A 第二名更有实力
B 人们都想当第二者
C 后进入者更易成功
D 第二名通常会取得胜利

글에서 '후발주자 승리'는 무슨 뜻인가?

A 2등이 더 실력이 있다
B 사람들은 모두 후발주자가 되고 싶어한다
C 후에 진입한 자가 더 쉽게 성공한다
D 2등은 보통 승리를 거둘 수 있다

해설 지문의 앞부분에 第二者胜(후발주자 승리)이라는 단어가 있다. 바로 뒤 문장에 후에 진입한 후발주자가 종종 선발주자를 뛰어넘는다고 나오므로, 후발주자가 더 쉽게 성공한다는 것을 알 수 있다. 따라서 C가 답이 된다.

Tip 어려운 속담, 사자성어, 혹은 신조어가 지문에 제시되면 그 뒷부분에 좀 더 쉬운 표현으로 그 의미를 부연 설명해주는 경우가 많다. 따라서 바로 그 뒷부분을 꼼꼼히 읽으면 답은 쉽게 찾을 수 있다.

단어 实力 shílì 명 실력 | 通常 tōngcháng 형 일반적인, 보통의 | 取得 qǔdé 통 얻다, 취득하다 | 胜利 shènglì 명 승리

06

"第一者"失败的原因是：

A 宣传得不够
B 营销策略不当
C 很多方面还不成熟
D 不适应市场的变化

'선발주자'가 실패하는 원인은:

A 홍보가 부족하다
B 영업 전략이 적절하지 않다
C 여러 방면에서 아직 성숙하지 않다
D 시장의 변화에 적응하지 못했다

해설 선발주자는 새로운 시장을 개척하고, 소비자들에게 상품에 대한 개념을 받아들이게 하지만, 선발주자가 시장을 차지했을 때 여러 분야에서 성숙하지 못하다고 두 번째 단락에 언급되어 있다. 따라서 답은 C가 된다.

단어 失败 shībài 통 실패하다 | 原因 yuányīn 명 원인 | 宣传 xuānchuán 통 홍보하다, 선전하다 | 营销 yíngxiāo 통 판매하다 | 策略 cèlüè 명 전략, 책략 | 适应 shìyìng 통 적응하다 | 变化 biànhuà 명 변화

07

"第二者"为什么更容易成功？

A 人们更喜欢后来的
B 有"第一者"的帮助
C 与"第一者"竞争发展
D 可以参考别人的经验和教训

'후발주자'는 왜 더 쉽게 성공하는가?

A 사람들이 나중의 것을 더 좋아해서
B '선발주자'의 도움이 있어서
C '선발주자'와 경쟁하며 발전해서
D 다른 사람의 경험과 교훈을 참고할 수 있어서

해설 후발주자는 선발주자의 결점을 근거로 그들의 부족한 부분을 집중 보완해서 겨냥성 있는 전략을 세워 시장에 나오게 되므로, 선발주자보다 더 쉽게 성공을 거둘 수 있다. 후발주자는 선발주자를 본보기로 삼는 것이기 때문에 도움이 되거나 경쟁하는 것은 아니므로 B와 C는 답이 될 수 없다. 따라서 답은 D가 된다.

단어 竞争 jìngzhēng 통 경쟁하다 | 发展 fāzhǎn 통 발전하다 | 参考 cānkǎo 통 참고하다 | 经验 jīngyàn 명 경험 | 教训 jiàoxùn 명 교훈

08

本文主要向我们讲了什么？

A 后来者也有机会
B 要争当"第一者"
C "第二者"有很多劣势
D 市场需要"第一者"和"第二者"

이 글에서 주로 말하는 것은?

A 후발주자도 기회가 있다
B 싸워서 '선발주자'가 되어야 한다
C '후발주자'는 매우 많은 열세를 가지고 있다
D 시장은 '선발주자'와 '후발주자'를 필요로 한다

23 day

p.111~113

[01-04]

제목	채소밭의 큰 돌덩이

주제	겉모양만 보고 판단하지 말고, 도전하고 시도해야 한다.

从前有一户人家的菜园里有一块大石头，宽度大约有40厘米，高度有10厘米。到菜园的人，不小心就会踢到那一块大石头，不是跌伤就是擦伤。

儿子问："爸爸，那块讨厌的石头，为什么不把它挖走？"

爸爸回答："那块石头从你爷爷时起，就一直放到那里了，¹它的体积那么大，不知道要挖到什么时候，没事无聊挖石头，不如走路小心些。"

过了几年，儿子娶了媳妇。

有一天媳妇气愤地说："爸爸，菜园里那块大石头，我越看越不顺眼，改天请人搬走好了。"

爸爸回答说："算了吧，那块大石头很重的，可以搬走我小时候就搬走了，哪会让它留到现在啊？"

²媳妇心底非常不是滋味，那块大石头不知道让她跌倒多少次了。

有一天早上，媳妇带着锄头和一桶水，将整桶水倒在大石头的四周。十几分钟后，媳妇用锄头把大石头四周的泥土搅松。媳妇早有心理准备，可能要挖一天吧，谁都没有想到几分钟就把石头挖起来了，看看大小，³这块石头没有想象的那么大，都是被那个巨大的外表蒙骗了。

옛날에 어느 집의 채소밭에 큰 돌덩이 하나가 있었다. 너비는 약 40cm이고 높이는 약 10cm였다. 채소밭에 오는 사람은 자칫하면 그 돌을 발로 차게 되어 넘어져서 다치지 않으면 찰과상을 입었다.

아들이 "아버지, 그 꼴 보기 싫은 돌덩이를 왜 파내지 않는 거죠?"라고 물었다.

아버지는 "그 돌은 너희 할아버지 때부터 줄곧 그 자리에 있었단다. ¹돌의 부피가 그렇게 큰데 언제 다 파낼지도 모르고, 한가하게 그 돌을 빼내느니, 걸을 때 조심히 걷는 게 더 낫지." 하고 대답했다.

몇 년이 지난 후 아들은 부인을 맞이하였다.

어느 날 며느리가 화를 내며 "아버님, 채소밭에 있는 그 커다란 돌을 볼 때마다 눈에 거슬려요. 다음에 사람을 불러다 옮기는 게 좋겠어요."라고 말했다.

아버지는 대답했다. "됐다. 그 돌은 너무 무거워. 옮길 수 있었으면 내가 어렸을 때 이미 옮겨놓았지, 어떻게 저 돌을 지금까지 두었겠니?"

²며느리는 정말 기분이 좋지 않았다. 그 돌덩이로 인해 몇 번이나 넘어졌는지 알 수 없었기 때문이다.

어느 날 아침, 며느리는 호미와 물 한 통을 가지고 물통의 물을 돌덩이의 주위에 전부 부었다. 십여 분이 지난 후 며느리는 호미를 가지고 돌덩이 주위의 진흙을 헤집었다. 며느리는 아마도 종일 이 돌을 파내야 될 거라고 미리 마음의 준비를 했다. 누구도 몇 분 만에 그 돌을 파내리라고 생각하지 못했다. ³크기를 보니 이 돌덩이는 상상했던 만큼 그렇게 크지 않았고, 모두 그 거대한 겉모양에 속은 것이었다.

단어 菜园 càiyuán 명 채소밭 | ★ 宽度 kuāndù 명 너비 | 大约 dàyuē 부 대략 | 厘米 límǐ 양 센티미터 | 踢 tī 동 차다 | 跌 diē 동 넘어지다 | ★ 擦伤 cāshāng 동 찰과상을 입다 | 讨厌 tǎoyàn 동 싫어하다 | ★ 挖 wā 동 파다 | ★ 体积 tǐjī 명 체적, 부피 | 没事 méishì 동 한가하다 | 无聊 wúliáo 형 따분하다, 심심하다 | 娶 qǔ 동 장가들다 | 媳妇 xífù 명 부인, 며느리 | ★ 气愤 qìfèn 형 화내다, 분노하다 | ★ 不顺眼 bú shùnyǎn 눈에 거슬리다 | 改天 gǎitiān 명 다른 날, 나중 | 心底 xīndǐ 명 마음속 | ★ 不是滋味 búshì zīwèi (마음이) 유쾌하지 않다, 언짢다 | 跌倒 diēdǎo 동 걸려 넘어지다 | ★ 锄头 chútou 명 호미 | 一桶水 yì tǒng shuǐ 한 통의 물 | 泥土 nítǔ 명 진흙 | ★ 搅 jiǎo 동 휘저어 섞다, 반죽하다 | 松 sōng 동 느슨하게 하다 | 巨大 jùdà 형 거대하다 | 外表 wàibiǎo 명 겉모습 | ★ 蒙骗 mēngpiàn 동 속이다

01

爸爸为什么不同意挖这块石头?

아버지는 왜 돌을 파내는 것을 반대했는가?

A 爷爷不允许挖
B 可以用来盖房子
C 这块石头很值钱
D 认为需要挖很长时间

A 할아버지가 파는 것을 허락하지 않아서
B 집을 짓는 데 사용할 수 있어서
C 이 돌이 매우 값어치가 있어서
D 파는 데 시간이 오래 걸린다고 생각해서

해설 채소밭의 걸리적거리는 돌을 왜 파내지 않느냐는 아들의 질문에 아버지는 너무 커서 파내는 데 오랜 시간이 걸릴 테니, 그냥 조심해서 다니는게 낫다고 말했다. 따라서 답은 D가 된다. 그 돌은 할아버지 때부터 그곳에 있었다고 했지, 할아버지가 파내는 것을 허락하지 않은 것은 아니므로 A는 답이 될 수 없다.

단어 允许 yǔnxǔ 통 허락하다 | 值钱 zhíqián 형 값어치가 있다

02

根据上文, 下列哪一项是对的?

이 글에 관해서 다음 중 옳은 것은?

A 石头的体积非常大
B 媳妇请人把石头挖走了
C 媳妇不同意爸爸的观点
D 媳妇挖了一天才把石头挖起来

A 돌의 부피는 매우 크다
B 며느리는 사람을 불러 돌을 파냈다
C 며느리는 아버지의 생각에 동의하지 않았다
D 며느리는 종일 파고 나서야 돌을 빼냈다

해설 시집온 며느리는 시아버지에게 사람을 불러 그 돌을 치우자고 했지만, 시아버지는 돌이 너무 무거워 치울 수 없다며 시도조차 하지 않았다. 그 돌 때문에 여러 번 넘어진 적이 있는 며느리로서는 시아버지의 의견이 별로 유쾌하지 않아, 어쩔 수 없이 혼자서 돌을 파내는 일을 감행했으므로, 며느리는 시아버지의 의견에 동의하지 않았음을 알 수 있다. 따라서 답은 C가 된다. 며느리는 물을 이용해 몇 분 만에 돌을 파냈으므로, D는 답이 될 수 없다. 또한 파낸 돌덩이 크기는 상상했던 만큼 크지도 않았으므로, A도 답이 될 수 없다.

03

这篇文章主要想告诉我们什么?

이 글에서 주로 말하고자 하는 것은?

A 做事应谨慎
B 不要靠别人, 要靠自己
C 不要被事物的外表吓倒
D 大人的意见有时是不对的

A 일을 할 때는 신중해야 한다
B 다른 사람에게 기대지 말고, 자신에게 기대야 한다
C 사물의 겉모양에 놀라지 말아야 한다
D 어른의 의견은 가끔 틀린다

해설 채소밭에 박혀 있는 돌의 크기가 엄청 클 것으로 생각하고, 아무도 파낼 생각조차 하지 않았는데, 실제로 파내고 보니 별로 크지도 않았다. 즉 겉모양만 보고 두려워 겁낼 필요 없다는 메시지를 주고 있으므로 답은 C가 된다.

단어 谨慎 jǐnshèn 형 신중하다 | 靠 kào 통 의지하다, 기대다 | 吓倒 xiàdǎo 통 놀라 넘어지다 | 意见 yìjiàn 명 의견

04

下面哪一项最适合做本文的标题?

다음 중 이 글의 제목으로 알맞은 것은?

A 如何挖石头
B 媳妇和爸爸
C 走路小心点
D 菜园里的大石头

A 어떻게 돌을 파는가
B 며느리와 아버지
C 길을 걸을 때는 조심하자
D 채소밭의 큰 돌덩이

해설 이 글에 어울리는 제목을 고르는 문제다. 지문은 채소밭의 큰 돌로 인한 불편함으로 시작하여, 본론에서 돌을 파내는 갈등을 전개했고, 결론에는 돌에 대한 갈등이 해결되는 내용이다. 즉 지문에 계속 채소밭의 큰 돌덩이가 등장하므로, 가장 적합한 제목은 D다. 돌을 파야 하는지에 대한 갈등이 전개되었을 뿐 돌을 파내는 방법에 대한 내용이 아니므로 A는 답이 아니다.

<table>
<tr><td>제목</td><td>삶의 덧셈과 뺄셈</td></tr>
</table>

新的一年开始了。有人说："我们又少了一年。"有人说："我们又多了一年。"

这就是生命的加减法。有人用的是减法思维，所以越减越少，使人的一生充满危机，充满压力：20岁的人，失去了童年；30岁的人，失去了浪漫；40岁的人，失去了青春；50岁的人，失去了幻想；60岁的人，失去了健康。

有人用加法思维，使人生充满生机，充满快乐：5 20岁的人，拥有了青春；30岁的人，拥有了才干；40岁的人，拥有了成熟；50岁的人，拥有了经验；60岁的人，拥有了轻松。

在生命的进程中，我们不能不用"减法"。人的生命只有一次，6 我们在岁末年初的时候，不能不提醒自己，算一算自己失去了什么，得到了什么，是"收获"大于"支出"，还是"支出"大于"收获"。在生命的进程中，我们也不能不用"加法"。因为人生不能假设，我们知道了儿时的天真，知道了年轻时的莽撞，积累了人生经验，知道了如何把握自己。

"减法"给我们带来了压力，使我们明白了人生苦短，岁月无情。7 "加法"给我们带来了希望，使我们增添了阅历，积累了财富。时光对每个人都是公平的，哪怕你经历再多的困难，也都是一种经历的积累。这种积累令我们更加聪明、理智。有了这种积累，新的一年里，我们的步伐就会更矫健，更加沉稳，更加自信。

<table>
<tr><td>주제</td><td>삶에는 덧셈과 뺄셈이 모두 필요하다.</td></tr>
</table>

새로운 한 해가 시작되었다. 어떤 사람은 "우리는 또 일 년이 줄었어."라고 말하고, 어떤 사람은 "우리는 또 일 년이 늘었어."라고 말한다.

이것이 삶의 가감법이다. 어떤 사람이 사용하는 것은 뺄셈 사고이므로, 뺄수록 줄어들어 사람의 일생이 위기와 스트레스로 가득 차게 한다. 20세의 사람은 어린 시절을 잃고, 30세의 사람은 낭만을 잃고, 40세의 사람은 청춘을 잃고, 50세의 사람은 환상을 잃고, 60세의 사람은 건강을 잃었다.

어떤 사람이 사용하는 것은 덧셈 사고로 인생이 생기와 즐거움으로 가득 차게 한다. 5 20세의 사람은 청춘을 가졌고, 30세의 사람은 능력을 가졌다. 40세의 사람은 성숙함을 가졌고, 50세의 사람은 경험을 가졌다. 60세의 사람은 편안함을 가졌다.

삶의 진행과정 중에서, 우리는 '뺄셈'을 사용하지 않을 수 없다. 사람의 삶은 단 한 번만 있기 때문에, 6 우리는 연말과 연초에 자신을 되돌아보지 않을 수 없다. 자신이 잃은 것은 무엇이고 얻은 것은 무엇인지, 또 '수확'이 '지출'보다 많았는지, 아니면 '지출'이 '수확'보다 많았는지 계산해본다. 삶의 진행과정 중에서, 우리는 또 '덧셈'을 사용하지 않을 수 없다. 왜냐하면 인생은 가정할 수 없기 때문에, 우리는 어린 시절의 천진함을 알고, 젊은 시절의 무모함을 알며, 인생의 경험을 쌓아 어떻게 자신을 파악하는지를 알게 된다.

'뺄셈'은 우리에게 스트레스를 가져다주며, 우리에게 인생이 힘들고 짧으며, 세월이 무정하다는 것을 알게 해준다. 7 '덧셈'은 우리에게 희망을 가져다주며, 우리에게 경험을 더해주고 부를 축적할 수 있도록 해준다. 시간은 모든 사람에게 공평하다. 설령 당신이 수많은 어려움을 겪었다고 해도, 모두 경험의 축적이다. 이러한 축적은 우리를 더욱 총명하고 이지적이게 해준다. 이러한 축적이 있어, 새로운 한 해에 우리의 발걸음은 더욱 씩씩하고 신중하며, 자신감 있어진다.

단어 生命 shēngmìng 명 생명, 삶 | ★加减法 jiājiǎnfǎ 명 가감법, 덧셈과 뺄셈 | ★思维 sīwéi 명 사유 | 充满 chōngmǎn 통 가득 차다, 충만하다 | ★危机 wēijī 명 위기 | 压力 yālì 명 스트레스 | 童年 tóngnián 명 유년시절 | ★浪漫 làngmàn 형 낭만적이다 | 青春 qīngchūn 명 청춘 | ★幻想 huànxiǎng 명 공상, 환상 | ★生机 shēngjī 명 활기 | 拥有 yōngyǒu 통 가지다, 소유하다 | 才干 cáigàn 명 능력 | 成熟 chéngshú 형 성숙하다 | 轻松 qīngsōng 통 편안하다, 홀가분하다 | 进程 jìnchéng 명 진행과정, 경과 | 岁末 suìmò 명 연말 | ★提醒 tíxǐng 통 일깨우다 | 收获 shōuhuò 명 소득, 수확 | 支出 zhīchū 명 지출 | 假设 jiǎshè 통 가정하다 | 天真 tiānzhēn 형 천진하다, 순진하다 | ★莽撞 mǎngzhuàng 형 무모하다, 경솔하다 | ★积累 jīlěi 통 쌓이다 | 如何 rúhé 대 어떻게 | 把握 bǎwò 통 파악하다 | ★无情 wúqíng 형 무정하다 | 希望 xīwàng 명 희망 | 增添 zēngtiān 통 더하다, 늘리다 | 阅历 yuèlì 명 경험 | 财富 cáifù 명 재산, 부 | 时光 shíguāng 명 시간, 세월 | 哪怕 nǎpà 접 설령 | ★理智 lǐzhì 명 이지, 이성과 지혜 | ★步伐 bùfá 명 발걸음, 걸음 | ★矫健 jiǎojiàn 형 건강하고 힘있다 | ★沉稳 chénwěn 형 신중하다

05 根据上文，30岁的人:

A 失去了才干
B 生活轻松了
C 有很多经验
D 还不够成熟

이 글에 의하면 30세의 사람은:

A 능력을 잃었다
B 생활이 편안해졌다
C 많은 경험이 있다
D 아직 충분히 성숙하지 않다

해설 지문에 삶의 뺄셈 사고에서 30세는 낭만을 잃었다(失去了浪漫)고 했고, 덧셈 사고에서는 재능을 가졌다(拥有了才干)고 하였다. 하지만 보기에 직접적으로 제시되지 않았으므로, 다른 세대의 모습과 비교해봐야 한다. 덧셈법 사고에서 본 40대는 성숙함을 가졌다(拥有了成熟)고 했으므로, 30대는 아직 성숙하지 않았음을 유추할 수 있다. 따라서 답은 D가 된다. B, C는 각각 60대와 50대를 나타내는 말이므로 답이 될 수 없다.

06 文中的"支出"指:

A 生命的加法
B 每年赚的钱
C 我们花出去的资金
D 生命中失去的东西

글에서 '지출'이 가리키는 것은:

A 삶의 덧셈
B 매년 버는 돈
C 우리가 소비하는 자금
D 삶에서 잃어버린 것

해설 사람의 삶은 한 번만 있으므로, 연말이나 연초에는 한 해를 돌아보며, 자신이 잃은 것은 무엇이고, 얻은 것은 무엇인지 정리해보아야 한다고 말하고 있다. 여기서 말하는 收获(수확)는 삶에서 얻은 것(得到的)을 말하고, 支出(지출)는 삶에서 잃은 것(失去的)을 말하므로 답은 D가 된다.

단어 资金 zījīn 몡 자금

07 "加法" 给我们带来什么?

A 埋怨
B 后悔
C 希望
D 压力

'덧셈'이 가져다주는 것은?

A 원망하다
B 후회하다
C 희망
D 스트레스

해설 삶의 뺄셈은 스트레스를 가중시키고, 인생의 고달픔과 세월의 무정함을 알게 해주지만, 덧셈은 우리에게 희망을 가져다준다고 했으므로, 답은 C가 된다. 또한 덧셈은 많은 경험을 더해주며 부도 축적할 수 있게 해준다고 말하고 있다.

단어 埋怨 mányuàn 통 원망하다 | 后悔 hòuhuǐ 통 후회하다

08 上文主要说的是:

A 生命的加减法
B 如何保持青春
C 我们失去的东西
D 遇到困难要勇于克服

이 글에서 주로 이야기하는 것은:

A 삶의 덧셈과 뺄셈
B 청춘을 어떻게 유지하는가
C 우리가 잃어버린 것
D 어려움을 만났을 때 용감히 극복해야 한다

해설 이 지문은 삶의 스트레스와 희망을 각각 뺄셈과 덧셈으로 비유하여 말하고 있으므로, 답은 A가 된다.

단어 保持 bǎochí 통 유지하다 | 克服 kèfú 통 극복하다

[01-04]

| 제목 진정한 경험 | 주제 사람은 끊임없이 새로운 경험을 쌓고 발전해야 한다. |

一个男人在一个公司工作了25年。³25年里，他每天用同样的方法做着同样的工作，每个月领着同样的薪水。一天，¹愤愤不平的男人决定要求老板给他加薪水。在和老板谈话时，他总结道，"我已经有了1/4世纪的经验。"

"我亲爱的员工，"老板叹着气说道，²"你没有1/4世纪的经验，但是在1/4世纪里，你用的都是同一种经验。"

我们总是满足于某种经验，而且动不动就拿过去的成绩来夸耀自己。我们满足于一次的成功，而不是不断拓展自己的才干、增加经验。

可是，人生不是一时的成功，人生的定义是在不断成长中收获成功。就像巨大的橡树，你看不到它的生长，但是播下种子的时候，树枝上长出新芽的时候，你就可以给它下定义，因为生长每天每刻都在看不见中进行着。⁴我们的经验也是在不断的追求与创新中一天天丰富起来的。

不要只生活在过去的经验里，要寻找一个能拓展你自己的方向。这样，又一个25年之后，你就可以说：我拥有1/4世纪的经验。

한 남자가 한 회사에서 25년을 일했다. ³25년 동안 그는 매일 같은 방법으로 같은 업무를 했고, 매달 똑같은 월급을 받았다. 어느 날, ¹불만을 품은 남자는 사장에게 월급을 올려달라고 하기로 했다. 사장과 이야기를 할 때, 그는 "저는 이미 4분의 1 세기 경험이 있습니다."라고 총평했다.

"내 친애하는 직원이여" 사장은 한숨 쉬며 말했다. ²"자네는 4분의 1세기 경험을 가진 게 아닐세. 그러나 4분의 1세기 동안 자네가 사용한 것은 모두 똑같은 하나의 경험이지."

우리는 항상 어떤 경험에 대해 만족하며, 게다가 걸핏하면 과거의 성과를 가지고 자신을 뽐낸다. 우리는 한 번의 성공에 만족하고, 끊임없이 자신의 능력을 개발하거나, 경험을 늘리지는 않는다.

그러나 인생은 한때의 성공이 아니다. 인생의 정의는 끊임없는 성장 속에서 성공을 거두는 것이다. 마치 거대한 상수리 나무처럼, 당신은 그 나무가 자라나는 것을 보지는 못하지만, 씨를 뿌릴 때, 나뭇가지에 새순이 돋을 때, 당신은 나무에 정의를 내릴 수 있다. 왜냐하면 성장은 매일 매 순간 보이지 않게 계속되기 때문이다. ⁴우리의 경험 역시 끊임없는 추구와 창조에서 나날이 풍부해지는 것이다.

단지 과거의 경험 속에서만 살아가지 말고 자신을 개발할 수 있는 방향을 찾아야 한다. 그래야만 또 한 번의 25년이 지난 후에, 당신은 4분의 1세기 경험을 가지고 있다고 말할 수 있는 것이다.

단어 领 lǐng 屬 수령하다, 받다 | ★ 薪水 xīnshui 圐 급여, 봉급 | ★ 愤愤不平 fènfènbùpíng 성어 화가 나서 마음이 평온하지 않다 | 要求 yāoqiú 屬 요구하다 | 老板 lǎobǎn 圐 사장 | 总结 zǒngjié 屬 총괄하다 | ★ 世纪 shìjì 圐 세기 | 经验 jīngyàn 圐 경험 | 亲爱 qīn'ài 圐 친애하다 | 员工 yuángōng 圐 직원, 노동자 | ★ 叹气 tànqì 屬 한숨 쉬다, 탄식하다 | 总是 zǒngshì 閠 항상, 늘 | 满足 mǎnzú 屬 만족하다 | ★ 动不动 dòngbudòng 閠 걸핏하면 | ★ 夸耀 kuāyào 屬 자랑하다 | 不断 búduàn 閠 끊임없이 | ★ 拓展 tuòzhǎn 屬 개발하다 | 才干 cáigàn 圐 재능, 재주 | 定义 dìngyì 圐 정의 | ★ 橡树 xiàngshù 圐 상수리 나무 | 播 bō 屬 (씨를) 뿌리다, 파종하다 | 种子 zhǒngzi 圐 씨앗, 종자 | ★ 新芽 xīnyá 圐 새싹 | 追求 zhuīqiú 屬 추구하다 | ★ 创新 chuàngxīn 屬 새로운 것을 창조하다 | 寻找 xúnzhǎo 屬 찾다

01 第1段中的"愤愤不平"是什么意思?

첫 번째 단락에서 '불만을 품다'는 무엇을 의미하는가?

| A 高兴 | B 兴奋 | | A 기쁘다 | B 흥분하다 |
| C 生气 | D 后悔 | | **C 화내다** | D 후회하다 |

해설 愤愤不平을 한자로 분석하면 '분노 분/ 아닐 불/ 화평할 평'이다. 즉, 분해서 마음이 평안한 상태가 아니므로, 화가 났다는 의미다. 따라서 답은 C가 된다. 단어 뜻을 모른다 할지라도, 앞부분에서 25년간 같은 월급을 받은 직원이 사장님에게 월급을 올려달라고 하기로 결심한 마음의 상태를 유추해보면 쉽게 답을 찾을 수 있다.

단어 兴奋 xīngfèn 圐 흥분하다 | 后悔 hòuhuǐ 屬 후회하다

02 老板为什么没有给他加薪水?

A 他太老了
B 他没有进步
C 公司资金紧张
D 怕别的员工知道后不满意

사장은 그에게 왜 월급을 올려주지 않았는가?

A 그가 너무 늙어서
B 그가 발전이 없어서
C 회사의 자금이 부족해서
D 다른 직원들이 알게 된 후 불만스러워할까봐

해설 직원의 월급 인상 요구에 사장은 그가 25년간 같은 방법으로 같은 업무를 했으므로, 25년의 경험이라고 할 수 없다고 말했다. 그 의미는 그 직원이 일하면서 발전이 없었다는 뜻으로, 답은 B가 된다.

단어 进步 jìnbù 图 진보하다 | 资金 zījīn 图 자금 | 紧张 jǐnzhāng 图 부족하다, 빠듯하다 | 满意 mǎnyì 图 만족하다

---

03 关于这个职员, 我们可以知道什么?

A 没有升职
B 老板对他不公平
C 公司把他辞退了
D 每天的工作不一样

이 직원에 대해 알 수 있는 것은?

A 승진하지 않았다
B 사장은 그에게 불공평하다
C 회사는 그를 해고시켰다
D 매일 하는 업무가 달랐다

해설 그 직원이 승진하였다면 당연히 월급이 올랐을 텐데, 월급이 한 번도 오르지 않은 것을 보면, 그는 승진한 적이 없다는 것을 알 수 있다. 따라서 A가 답이 된다. 사장은 그 직원이 일한 만큼 월급을 주었으므로 불공평하다고 볼 수 없기 때문에 B는 답이 될 수 없다.

단어 公平 gōngpíng 图 공평하다 | 升职 shēngzhí 图 승진 | 辞退 cítuì 图 해고하다

---

04 这篇文章想要告诉我们什么?

A 要听从老板的安排
B 勇于说出自己的意见
C 人要不断积累新的经验
D 不要在一个公司工作太长时间

이 글에서 말하고자 하는 것은?

A 사장의 계획에 따라야 한다
B 용감하게 자신의 의견을 말한다
C 사람은 끊임없이 새로운 경험을 쌓아야 한다
D 한 회사에서 너무 오랫동안 일하지 말아야 한다

해설 작가는 '나무의 성장'을 예로 들어 '경험의 성장'에 대해 설명하고 있다. 눈에 띄지는 않지만 매 순간 지속적으로 자라나는 나무처럼, 우리의 경험 또한 끊임없는 추구와 창조 속에서 풍부해질 수 있다고 말하고 있다. 따라서 답으로 가장 적합한 것은 C가 된다.

단어 安排 ānpái 图 안배하다 | 勇于 yǒngyú 图 용감하게 ~하다 | 积累 jīlěi 图 쌓이다

제목	미소의 힘

真诚的微笑透出的是宽容、是善意、是温柔、是爱意，更是自信和力量，微笑是一个了不起的表情，无论是你的客户，还是你的朋友，甚至是陌生人，只要看到你的微笑，都不会拒绝你，微笑给这个生硬的世界带来了妩媚和温柔，也给人的心灵带来了阳光和感动。

有一位老太太年轻的时候就喜欢研究心理学，退休后，就和丈夫商量着开了一家心理咨询所。没想到，[5]生意异常红火，每天来此的人络绎不绝。预约的号甚至排到了几个月之后，有人问她，[6]她如此受欢迎的原因是什么。老太太说："其实很简单。"

[7]他们夫妇的主要工作就是让每一位上门的咨询者经常操练一门功课：寻找微笑的理由。比如，在你下班的时候，你的爱人给你倒了一杯水；比如，下雨的时候，你收到家人发来的让你注意安全的信息；比如，在平常的日子里，你收到了一封朋友发来的写满祝福和思念的电子邮件；比如，在电梯门将要关闭时，有人按住按钮等你赶到；比如，清洁工在离你几步远的地方停下扫帚，而没有让你奔跑着躲避灰尘……就是这样的生活细节，都可以作为微笑的理由，因为这是生活送给你的礼物。

那些按老太太要求去做的人发现，几乎每天都能轻而易举地找到十来个微笑的理由。时间长了，夫妻间的感情裂痕开始弥合，与上司或同事的紧张关系趋向缓和；日子过得不如意的人也会憧憬起明天新的太阳。[8]总之，他们付出的微笑，都有了意想不到的收获。美丽的笑容，犹如桃花初绽，给人以温馨甜美的感觉。

주제	미소는 사람들의 생활을 변화시킨다.

진실한 미소가 나타내는 것은, 관용, 선의, 온유함, 사랑이며, 더욱이 자신감과 힘이다. 미소는 대단한 표정이다. 당신의 고객이든 친구든 관계없이, 심지어 낯선 사람도 당신의 미소를 본다면 결코 당신을 거절할 수 없을 것이다. 미소는 이 딱딱한 세상에 사랑스러움과 온유함을 가져다주며 사람의 마음에 빛과 감동을 가져다준다.

한 노부인은 젊은 시절 심리학 연구에 관심이 많았다. 퇴직 후 그녀는 남편과 의논하여 심리상담소를 열었다. 뜻밖에도, [5]사업이 너무 잘됐고, 매일 이곳을 방문하는 사람이 끊이지 않았다. 예약 번호는 심지어 몇 개월 이후까지 잡혀 있었다. 어떤 사람이 [6]그녀가 이렇게 환영받는 이유가 무엇인지 물었다. 노부인은 "사실 매우 간단해요."라고 말했다.

[7]그들 부부가 주로 하는 일은 방문하는 모든 상담자에게 항상 미소 지을 이유를 찾는 한 과목을 훈련시키는 것이다. 예를 들어 당신이 퇴근했을 때 당신의 아내가 당신에게 물 한 잔을 따라준다든가, 예를 들어 비가 올 때 안전에 유의하라는 가족의 메시지를 받는다든가, 예를 들어 평상시에 친구가 축복과 그리움으로 가득 채워 쓴 이메일을 받는다든가, 엘리베이터 문이 닫히려는 순간, 어떤 사람이 버튼을 눌러 당신이 올 때까지 기다려준다든가, 예를 들어 환경미화원이 당신과 몇 걸음 떨어진 곳에서 빗자루질을 멈춰 당신이 먼지를 피해 빨리 달리지 않도록 해준다든가…… 이런 생활의 작은 부분들이 모두 미소 짓는 이유가 될 수 있다. 왜냐하면 이것은 생활이 당신에게 주는 선물이기 때문이다.

그 노부인의 요구대로 행동한 사람들은 거의 매일 너무도 쉽게 십여 개의 미소 짓는 이유를 찾을 수 있음을 발견했다. 시간이 지나면서 부부간의 감정의 균열이 메워지기 시작했고, 상사나 동료와의 불안한 관계가 풀리기 시작했다. 삶이 뜻대로 되지 않았던 사람도 내일의 새로운 태양을 기다리게 되었다. [8]결론적으로 말하면 그들이 베푼 미소에는 모두 생각지도 못한 수확이 있다. 아름다운 웃는 얼굴은 마치 복숭아꽃이 처음 피는 것과 같이 사람들에게 따스하며 달콤한 느낌을 가져다주었다.

단어 ★ 真诚 zhēnchéng 혭 진실하다 | ★ 微笑 wēixiào 뎽 미소 | 透 tòu 동 나타내다 | ★ 宽容 kuānróng 혭 너그럽다 | 善意 shànyì 뎽 선의 | ★ 温柔 wēnróu 혭 온유하다 | 力量 lìliang 뎽 역량, 힘 | 了不起 liǎobuqǐ 혭 대단하다 | 表情 biǎoqíng 뎽 표정 | 客户 kèhù 뎽 고객, 손님 | 甚至 shènzhì 뿐 심지어 | 陌生人 mòshēngrén 뎽 낯선 사람 | 拒绝 jùjué 동 거절하다 | ★ 生硬 shēngyìng 혭 (분위기 등이) 딱딱하다 | ★ 妩媚 wǔmèi 혭 사랑스럽다 | 心灵 xīnlíng 뎽 마음 | 研究 yánjiū 동 연구하다 | 退休 tuìxiū 동 퇴직하다 | 商量 shāngliang 동 의논하다 | ★ 咨询所 zīxúnsuǒ 뎽 상담소 | 异常 yìcháng 뿐 너무, 매우 | 红火 hónghuǒ 혭 번창하다 | ★ 络绎不绝 luòyì bùjué 뎽 (사람, 수레 등의) 왕래가 빈번해 끊이지 않다 | 预约 yùyuē 동 예약하다 | ★ 操练 cāoliàn 동 훈련하다 | 功课 gōngkè 뎽 과목 | 倒水 dàoshuǐ 동 물을 따르다 | 注意 zhùyì 동 주의하다, 조심하다 | ★ 祝福 zhùfú 동 행복을 빌다 | 思念 sīniàn 동 그리워하다 | 电子邮件 diànzǐ yóujiàn 뎽 이메일 | ★ 电梯 diàntī 뎽 엘리베이터 | 关闭 guānbì 동 닫다 | ★ 按钮 ànniǔ 뎽 버튼 | 清洁工 qīngjiégōng 뎽 환경미화원 | ★ 扫帚 sàozhou 뎽 빗자루 | 奔跑 bēnpǎo 동 빨리 달리다, 질주하다 | ★ 躲避 duǒbì 동 피하다 | ★ 灰尘 huīchén 뎽 먼지 | 细节 xìjié 뎽 사소한 부분 | ★ 轻而易举 qīng'éryìjǔ 뎽 (어떤 일을) 하기 쉽다 | ★ 裂痕 lièhén 뎽 균열 | ★ 弥合 míhé 동 메우다, 낫게 하다 | 趋向 qūxiàng 뎽 추세 | 缓和 huǎnhé 혭 완화하다 | 不如意 bù rúyì 뜻대로 되지 않다 | ★ 憧憬 chōngjǐng 동 동경하다, 지향하다 | 总之 zǒngzhī 젭 결론적으로 말하면, 요컨대 | 付出 fùchū 동 주다 | 意想不到 yìxiǎngbúdào 뎽 예상치 못하다 | 收获 shōuhuò 뎽 수확 | ★ 犹如 yóurú 동 마치 ~와 같다 | ★ 桃花 táohuā 뎽 복숭아꽃 | ★ 初绽 chūzhàn 동 (꽃이) 방금 피다 | ★ 温馨 wēnxīn 혭 따스하다 | 甜美 tiánměi 혭 달콤하다

<table>
<tr><td>05</td><td>根据本文，我们可以知道这家咨询所：</td><td>글을 통해 이 상담소에 대해 알 수 있는 것은:</td></tr>
<tr><td></td><td>A 不太受欢迎
B 来咨询的人很多
C 老板是一个年轻人
D 已经开了很长时间</td><td>A 그다지 인기가 없다
B 상담을 받으러 오는 사람이 매우 많다
C 사장은 젊은 사람이다
D 개업한 지 오래되었다</td></tr>
</table>

해설 질문의 힌트 단어는 咨询所(상담소)로 지문의 두 번째 단락 첫 번째 문장 뒷부분부터 나온다. 이 노부부가 퇴직 후 개업한 심리상담소는 뜻밖에도 사업이 번창하고(红火), 손님들이 끊이지 않았으며(络绎不绝), 예약이 몇 달 뒤까지 꽉 차 있는 상태(预约的号甚至排到了几个月之后)라고 하였다. 이를 통해 이 상담소에 오려는 손님이 매우 많음을 알 수 있으므로 B가 답이 된다.

<table>
<tr><td>06</td><td>根据第2段，我们可以知道什么?</td><td>두 번째 단락을 통해 알 수 있는 것은?</td></tr>
<tr><td></td><td>A 多和朋友们联系
B 生活中要礼貌对人
C 老太太的建议很有效
D 咨询所开设了很多课程</td><td>A 친구들과 많이 연락한다
B 생활에서 예의 있게 사람을 대해야 한다
C 노부인의 제안은 매우 효과적이었다
D 상담소는 여러 교육 과정을 개설했다</td></tr>
</table>

해설 두 번째 단락에서 상담소가 뜻밖에도 환영받았다고 한 것에서 그녀의 제안이 아주 효과적이었음을 짐작할 수 있으므로, C가 답이 된다. A, B, D는 두 번째 단락에서 모두 언급되지 않았으므로 답이 될 수 없다.

단어 联系 liánxì 통 연락하다 | 建议 jiànyì 명 건의 | 有效 yǒuxiào 형 효과가 있다 | 开设 kāishè 통 개설하다 | 课程 kèchéng 명 교육 과정

<table>
<tr><td>07</td><td>在第4段中，老太太的"要求"是指什么?</td><td>네 번째 단락에서 노부인의 '요구'란 무엇인가?</td></tr>
<tr><td></td><td>A 每天按时吃药
B 要搞好人际关系
C 寻找快乐的理由
D 定期去大医院检查</td><td>A 매일 시간에 맞춰 약을 먹는다
B 인간관계를 잘 맺어야 한다
C 기쁨의 이유를 찾는다
D 정기적으로 큰 병원에 가서 검사를 받는다</td></tr>
</table>

해설 세 번째 단락을 보면, 부부는 상담자들에게 미소 지을 이유를 찾는 수업을 듣게 했다. 즉 노부인이 상담자들에게 했던 '요구'는 바로 자신의 삶 속에서 기뻐할 이유를 찾는 것으로, C가 답이 된다.

단어 按时 ànshí 부 제때에 | 人际关系 rénjì guānxi 인간관계 | 检查 jiǎnchá 통 검사하다

<table>
<tr><td>08</td><td>本文主要想要告诉我们什么?</td><td>이 글에서 말하고자 하는 것은?</td></tr>
<tr><td></td><td>A 谦虚使人进步
B 做生意的秘诀
C 微笑可以改变生活
D 老人一样可以活得精彩</td><td>A 겸손은 사람을 발전시킨다
B 사업하는 비결
C 미소는 생활을 바꿀 수 있다
D 노인도 마찬가지로 멋지게 살 수 있다</td></tr>
</table>

해설 노부인이 제안한 요구에 따라 웃을 거리를 찾은 사람들은 시간이 지나자 점점 변하기 시작했다. 부부 사이가 좋아지거나, 상사나 동료와의 원만하지 않던 관계가 좋아지기 시작했으며, 삶이 뜻대로 되지 않던 사람도 내일을 기대하게 되었다. 작가는 이 글을 통해서 미소는 사람들의 생활을 변화시키는 힘을 가지고 있다는 메시지를 전하고자 하므로 답은 C가 된다.

단어 谦虚 qiānxū 형 겸손하다 | 精彩 jīngcǎi 형 훌륭하다, 뛰어나다

[01-04]

| 제목 | 현명한 방법으로 위기를 극복한 사장 |

某公司成立以来，事业蒸蒸。但受到金融危机的影响，¹今年却没赚什么钱。以前过年的时候，职员总能拿到两个月的奖金。可今年顶多只能给一个月的奖金。老板怕职员们伤心，努力地想办法。他突然想起小时候去买糖的事情。售货员总是抓一大把糖放在秤上，然后再一个一个地拿走，只有一个服务员，她每次都拿很少，然后再一个一个地往上加，²虽然最后拿到的糖都是一样的，但是大家更喜欢后者。没过两天，公司突然传出要裁员的消息，职员都非常担心。但是，随后老板宣布：大家是一家人，少了谁都不行，决定不裁员了，只是没有奖金了。眼看除夕快到了，人人都做了过个穷年的打算。突然，老板召开紧急会议。职员都议论是不是又有什么变化呢？不一会，开会回来的人高兴地喊道：³"我们能拿到一个月的奖金啦！"⁴大家听了这个消息都非常高兴，非常感谢老板。

| 주제 | 사람의 심리를 잘 파악하면 어려움을 극복할 수 있다. |

어느 회사가 창립 이래, 사업이 나날이 번창했다. 그러나 금융위기의 영향을 받아, ¹올해는 돈을 얼마 벌지 못했다. 이전에는 설을 쇨 때 직원들이 두 달치의 보너스를 받을 수 있었다. 그러나 올해는 기껏해야 한 달치의 보너스만 줄 수 있게 되었다. 사장은 직원들이 상심할까 걱정하여 방법을 고심했다. 그는 갑자기 어린 시절에 사탕을 사러 갔던 일이 생각났다. 판매원은 항상 사탕 한 움큼을 저울에 올려두고 하나씩 하나씩 가져갔는데, 단 한 명의 점원만 매번 사탕을 아주 적게 집은 후에, 다시 하나씩 하나씩 올려놓았다. ²비록 결국에 가져가게 되는 사탕은 모두 같았지만, 모두 후자를 더 좋아했다. 며칠 되지 않아 회사에는 갑자기 감원하다는 소식이 전해졌고 직원들은 모두 매우 걱정했다. 그러나 그 다음에 사장은 우리는 한 가족이고 누구 하나 없어서는 안 되니 감원을 하지 않겠다고, 단지 보너스는 없게 됐다고 밝혔다. 곧 섣달 그믐날이 다가왔고, 사람들은 모두 이 힘든 해를 보낼 계획을 세웠다. 갑자기 사장이 긴급회의를 개최했다. 직원들은 모두 또 다른 변화가 있는 것은 아닌지 논의했다. 머지않아 회의에서 돌아온 사람이 기쁘게 소리쳤다. ³"우리 한 달치 보너스를 받을 수 있대!" ⁴모두 이 소식을 듣고 매우 기뻐하며, 사장에게 크게 감사했다.

단어 成立 chénglì 图 창립하다 | ★ 蒸蒸 zhēngzhēng 图 번영하고 진보하는 모양 | ★ 金融危机 jīnróng wēijī 图 금융위기 | 影响 yǐngxiǎng 图 영향 | ★ 赚 zhuàn 图 돈을 벌다 | 职员 zhíyuán 图 직원 | ★ 奖金 jiǎngjīn 图 보너스, 상여금 | 顶多 dǐngduō 图 기껏해야 | 老板 lǎobǎn 图 사장 | 伤心 shāngxīn 图 상심하다, 슬퍼하다 | 突然 tūrán 图 갑자기 | 糖 táng 图 사탕 | 售货员 shòuhuòyuán 图 판매원 | 抓 zhuā 图 (손으로) 쥐다 | 一把 yì bǎ 한 움큼 | ★ 秤 chèng 图 저울 | 虽然 suīrán 图 비록 ~하지만 | 后者 hòuzhě 图 후자 | ★ 裁员 cáiyuán 图 (기관, 기업 등에서) 감원하다 | 随后 suíhòu 图 그 다음에, 뒤이어 | 宣布 xuānbù 图 선포하다 | ★ 除夕 chúxī 图 섣달 그믐날 | 召开 zhàokāi 图 (회의를) 열다 | 紧急 jǐnjí 图 긴급하다 | 议论 yìlùn 图 논의하다 | 变化 biànhuà 图 변화 | ★ 喊道 hǎndào 图 소리쳐 말하다

01   这个公司今年怎样?   이 회사는 올해 어떠한가?

A 挣的钱不多   A 번 돈이 많지 않다
B 赚了一大笔钱   B 큰 돈을 벌었다
C 职员不喜欢这个公司   C 직원들이 이 회사를 싫어한다
D 准备发两个月的奖金   D 두 달치의 보너스를 주려고 한다

해설 이 회사는 원래 사업이 나날이 번창하였으나, 금융위기의 영향을 받아 올해는 수익이 많지 않다고 하였으니, 답은 A가 된다. 지문의 没赚什么钱(돈을 얼마 벌지 못했다)은 挣的钱不多(번 돈이 많지 않다)로 바꿔 말할 수 있다.

단어 准备 zhǔnbèi 图 준비하다, ~하려고 하다

02 关于经理小时候买糖的故事，正确的是：

A 小孩子都喜欢吃糖
B 不同的卖糖方式影响人们的心理
C 每个售货员都有自己的销售方式
D 方式不同，但糖果的数量没有变化

사장이 어렸을 때 사탕을 산 이야기에 관해 옳은 것은:

A 아이들은 모두 사탕 먹는 것을 좋아한다
B 다른 사탕 판매 방식은 사람의 심리에 영향을 준다
C 모든 판매원은 자신의 판매 방식이 있다
D 방식은 다르지만 사탕의 수량은 변화가 없었다

해설 사장이 어렸을 때, 사탕가게 점원들은 처음에 많이 놓았다가 하나씩 덜어내는 방식으로 사탕의 무게를 달았는데, 단 한 명의 점원만 처음에 조금 놓았다가 하나씩 더 얹어주는 방식을 썼다고 했으므로, C는 답이 아니다. 사탕의 양은 같았으나, 판매 방식을 달리하면 구매자의 기분도 달라질 수 있다는 것을 알려주고 있으므로 답은 B가 된다. 사탕은 갯수가 아니라 무게를 달아 판매했으므로, D도 답이 될 수 없다.

단어 经理 jīnglǐ 명 사장, 책임자 | 影响 yǐngxiǎng 통 영향을 주다 | 销售 xiāoshòu 통 팔다, 판매하다

---

03 这个公司的职员：

A 得不到奖金
B 都被炒鱿鱼了
C 能得到一个月的奖金
D 得不到这个月的工资

이 회사의 직원은:

A 보너스를 받을 수 없다
B 모두 해고당했다
C 한 달치의 보너스를 받을 수 있다
D 이번 달의 월급을 받을 수 없다

해설 사장은 처음에 회사 사정이 좋지 않아 감원하겠다고 말했다가, 다시 감원은 하지 않고 대신 보너스는 줄 수 없게 됐다고 하였고, 나중에는 한 달 치 보너스만 주겠다고 했다. 이 모든 내용은 사장이 직원들의 기대치를 낮추기 위해 취한 연막작전으로, 직원들은 결국 한 달치의 상여금을 받았다. 따라서 답은 C가 된다.

단어 炒鱿鱼 chǎoyóuyú 해고하다 | 工资 gōngzī 명 월급

---

04 关于经理的办法，正确的是：

A 让工人都很难过
B 增加了公司的收入
C 使工人得到了安慰
D 使一部分人丢了工作

사장의 방법에 관해 옳은 것은:

A 직원들을 모두 슬프게 했다
B 회사의 수입을 증가시켰다
C 직원들이 위안을 얻게 했다
D 일부 사람들의 직장을 잃게 했다

해설 원래 두 달치의 보너스를 받아왔던 직원들은 사장의 발표에 기대치가 한껏 낮아진 상태였다. 그때, 한 달치의 보너스를 준다는 이야기를 듣고 직원들은 오히려 기뻐하며 사장에게 감사했으므로, 답은 C가 된다.

단어 工人 gōngrén 명 노동자 | 安慰 ānwèi 통 위로하다

제목	재치로 문제를 해결한 아판티

주제	억지를 부리면, 그것에 부합한 결과가 돌아가게 된다.

有一天，一个穷人来找阿凡提，对他说："可敬的阿凡提，<u>⁵我想求您一件事情，不知道您肯不肯帮忙？</u>""帮助人是光荣的事情，也是快乐的事情，你说吧。"阿凡提爽快地答应了。"唉！"穷人长长地叹了一口气说："昨天我只在巴依开的一家饭馆门口站了一小会儿，<u>⁶他就说我吃了他饭菜的香味，要我付饭钱</u>。我当然不给，他就到卡子那儿告我，卡子决定今天判决，您能为我说几句公道话吗？""行！行！"阿凡提说完就陪着穷人去见卡子了。

巴依早就到了，正在和卡子高兴地交谈着。卡子一看见穷人，不由地喊了起来："你吃了巴依饭菜的香味，怎么敢不付钱！""慢一点，卡子。"阿凡提走上前去行了个礼说："我是他的弟弟，他没有钱，让我付给巴依。"说完，阿凡提走上前去，把钱袋举到巴依的耳朵旁边摇了几下，说："你听到钱袋里钱币响亮的声音了吗？""啊？听到了！听到了！"巴依回答道。阿凡提说：<u>⁷"好，既然他吃了你饭菜的香味，那我付给你钱币的声音，我们的帐两清了！"</u>

说完，<u>⁸阿凡提牵着穷人的手大摇大摆地走了。</u>

어느 날 한 가난한 사람이 아판티를 찾아와, 아판티에게 "존경하는 아판티 씨, <u>⁵저는 당신께 한 가지 부탁할 일이 있는데, 저를 도와주실 수 있는지요?</u>"라고 말했다. "남을 돕는다는 것은 영광스럽고, 또 기쁜 일이라네. 말해보게." 아판티는 흔쾌히 대답했다. "휴!" 가난한 사람은 길고 긴 한숨을 내뱉으며 말했다. "어제 저는 바이가 개업한 식당 입구에 잠시 서 있었는데, <u>⁶바이는 제가 자기네 음식 냄새를 맡았다며 밥값을 내라고 하잖아요</u>. 저는 물론 주지 않았어요. 그러자 그가 카쯔한테 가서 저를 고소했어요. 카쯔가 오늘 판결을 내릴 텐데, 당신께서 저를 위해 공정하게 몇 마디 말 좀 해주실 수 있으세요?" "물론이지! 물론이지!" 아판티는 말이 끝난 후 그 가난한 사람을 데리고 카쯔를 만나러 갔다.

바이는 이미 도착해 있었고, 카쯔와 즐겁게 이야기를 나누고 있었다. 카쯔는 가난한 사람을 보자 저도 모르게 "너는 바이의 음식 냄새를 맡고도, 어찌 감히 돈을 내지 않느냐!"고 소리를 질렀다. "잠시만요, 카쯔." 아판티는 앞으로 걸어가 예의를 갖추며 말했다. "저는 저 사람의 동생이며, 그가 돈이 없어 저더러 바이에게 돈을 내달라고 했습니다." 말이 끝나고, 아판티는 앞으로 걸어가서는 돈주머니를 들어 바이의 귓가에 몇 번 흔들며 "당신은 이 주머니 속에 있는 동전의 소리를 들었죠?"라고 말했다. "응? 들었지! 들었지!" 바이는 대답했다. 아판티는 말했다. <u>⁷"좋아요, 기왕 그가 당신의 음식 냄새를 맡았고, 그래서 나는 당신에게 동전 소리로 지불했으니, 우리의 계산은 모두 깨끗하게 끝난 거예요!"</u>

말이 끝난 후, <u>⁸아판티는 가난한 사람의 손을 잡고 어깨를 으쓱거리며 돌아갔다.</u>

단어 ★穷人 qióngrén 명 가난한 사람 | 阿凡提 Āfántí 고유 아판티 | ★可敬 kějìng 형 존경할 만하다 | ★光荣 guāngróng 형 영광스럽다 | ★爽快 shuǎngkuai 형 명쾌하다, 시원시원하다 | 答应 dāying 동 대답하다, 허락하다 | 叹气 tànqì 동 한숨 쉬다, 탄식하다 | 香味 xiāngwèi 명 좋은 냄새, 향기 | 付钱 fùqián 동 돈을 내다 | 告 gào 동 고발하다 | ★判决 pànjué 동 판결하다, 선고하다 | ★公道 gōngdao 공평하다 | 交谈 jiāotán 동 이야기를 나누다 | 不由 bùyóu 부 자연히, 저도 모르게 | 敢 gǎn 조동 감히 ~하다 | ★钱袋 qiándài 명 돈자루 | ★摇 yáo 동 흔들다 | ★响亮 xiǎngliàng 형 (소리가) 높고 낭랑하다 | 既然 jìrán 접 이왕 이렇게 된 바에야 | 钱币 qiánbì 명 동전 | ★帐 zhàng 명 빚, 채무 | 两清 liǎngqīng 양쪽의 계산이 깨끗하게 끝나다 | 牵 qiān 동 끌다 | ★大摇大摆 dàyáodàbǎi 성어 어깨를 으쓱거리며 걷다

05	穷人为什么去找阿凡提？	가난한 사람은 왜 아판티를 찾아갔는가?

A 帮助阿凡提   A 아판티를 돕기 위해서

B 请阿凡提吃饭   B 아판티에게 밥을 대접하기 위해서

C 去和阿凡提聊天   C 아판티와 이야기하기 위해서

D 请阿凡提帮忙想办法   D 아판티에게 방법을 생각해달라고 도움을 청하기 위해

해설 가난한 사람은 자신이 처한 난관을 해결하기 위해 아판티에게 도움을 요청하러 찾아갔다고 지문 첫 부분에 나와 있다. 따라서 D가 답이 된다.

단어 聊天 liáotiān 동 잡담하다 | 办法 bànfǎ 명 방법

<table><tr><td>06</td><td>

巴依为什么要钱?

A 穷人打了巴依
B 穷人买了巴依的饭店
C 穷人吃了巴依家的饭
D 穷人闻到了巴依家饭馆儿菜的香味

</td><td>

바이는 왜 돈을 달라고 했는가?

A 가난한 사람이 바이를 때려서
B 가난한 사람이 바이의 식당을 사서
C 가난한 사람이 바이 집 밥을 먹었기 때문에
D 가난한 사람이 바이 식당의 음식 냄새를 맡아서

</td></tr></table>

해설 가난한 사람은 바이가 자신의 음식점 앞에서 음식 냄새를 맡았으니 밥값을 내라는 말도 안 되는 요구를 하여 아판티를 찾아가 도움을 청했으므로, 답은 D가 된다.

단어 闻 wén 통 냄새를 맡다

<table><tr><td>07</td><td>

阿凡提找巴依干什么?

A 帮穷人解决问题
B 和巴依一起吃饭
C 想和巴依一起开饭店
D 问问巴依到底是怎么回事

</td><td>

아판티는 바이를 찾아가 무엇을 했는가?

A 가난한 사람을 도와 문제를 해결했다
B 바이와 함께 밥을 먹었다
C 바이와 함께 식당을 개업하려고 했다
D 바이에게 도대체 어떻게 된 일인지 물었다

</td></tr></table>

해설 가난한 사람에게 음식을 먹지도 않았는데, 냄새만 맡았다고 밥값을 내라는 억지를 부리는 바이에게 아판티는 돈이 든 주머니를 흔들며, 동전 소리를 지불하였으니 계산을 한 것이라고 말했다. 이 내용으로 아판티는 재치있게 가난한 사람의 문제를 해결해준 것을 알 수 있으므로, A가 답이 된다.

단어 解决 jiějué 통 해결하다

<table><tr><td>08</td><td>

最后的结果怎么样?

A 巴依知道错了
B 巴依不要钱了
C 穷人的问题解决了
D 阿凡提给巴依钱了

</td><td>

마지막 결과는 어떻게 됐는가?

A 바이가 잘못을 알게 되었다
B 바이가 돈을 원하지 않았다
C 가난한 사람의 문제가 해결됐다
D 아판티는 바이에게 돈을 주었다

</td></tr></table>

해설 지문의 마지막 부분에 바이가 잘못을 뉘우친다는 내용은 나오지 않으므로, A는 답이 될 수 없다. 다만 아판티가 가난한 사람의 손을 잡고 어깨를 으쓱거리며 돌아갔다고 한 것으로 보아 가난한 사람의 문제가 해결되었음을 알 수 있다. 따라서 답은 C가 된다.

[01-04]

| 제목 | 직장인의 현명한 자세 | 주제 | 모든 문제에는 융통성 있는 대처 방식이 필요하다. |

他初入职场，新鲜、陌生。一天中午，他刚吃完饭，就迎头撞上老板。¹老板微笑着随口吩咐："你能不能帮我订一份盒饭，或者让王主任回来时帮我带一份？"这是老板给他的第一个任务，尽管有几分随意。他既紧张又兴奋，他给快餐店打电话，盒饭已经卖完了。王主任出去吃饭，没有带手机，他也一直联系不上。他紧张极了，不知道怎么办，²红着脸告诉老板没有订到盒饭也没有联系到王主任。虽然没有受到老板的责难，但是他心里很失落。其实，只要变换一下方式，多动一点脑筋，灵活一点，问题都是可以解决的。这件事给了他深刻的教训。老板给出的只是一项要求，你如果只凭一项要求，就能够做好事情，解决问题，那便是真正的能力。

没过多久，他遇到了相似的情形。老板打电话要找李助理，是他接的电话。可是她不在，于是他说："她出去了，我马上让她联系您。"老板说："我找她有急事，不过换别人也行。"他马上说："这里有小张、小李，还有我，您需要找哪一位？"就是这样，老板的问题解决了。

³他工作了两年，慢慢地变得和别人不同。别的同事接电话的时候常常说："没有"，"不清楚"，"不知道"。而现在这些话不再是他的常用语。他就这样一点一点变得不同。他总是比别人多做一点，³哪怕只是多说几句话，但是他总能够及时地解决问题。有一天老板找他谈话，⁴希望他出任客服部主管，因为他接电话的方式让老板相信他可以领导好一个客服部。他成功升职。

그가 처음 직장에 들어왔을 때는 신선하고 낯설었다. 어느 날 정오에 그가 밥을 다 먹고 들어오는 길에, 앞에 오는 사장과 마주치게 되었다. ¹사장은 미소를 지으며 "자네 나를 위해 도시락 하나 주문해주거나, 아니면 왕 주임에게 돌아올 때 사오라고 해줄 수 있겠나?"라고 지시했다. 비록 다소 편하게 시킨 일이었지만, 이것은 사장이 그에게 시킨 첫 번째 임무였다. 그는 긴장되고 흥분되기도 했다. 패스트푸드점에 전화를 걸었는데, 도시락은 이미 다 팔렸다. 왕 주임은 밥을 먹으러 나가면서, 휴대전화를 가지고 가지 않아서 계속 연락이 안 됐다. 그는 너무 긴장되었고 어떻게 해야 할지 몰라, ²빨개진 얼굴로 사장에게 도시락을 주문하지 못했고 왕 주임도 연락이 되지 않는다고 말했다. 비록 사장의 꾸중을 듣지는 않았지만, 그는 크게 낙심했다. 사실 방법을 바꿔서, 머리를 좀 더 굴리고 융통성만 있었다면, 문제는 해결할 수 있는 것이었다. 이 일은 그에게 큰 교훈을 주었다. 사장이 시킨 것은 단지 하나의 요구지만, 만약 단 하나의 요구에만 의거하여 일을 잘해내고, 문제를 해결해낼 수 있다면 그것이야말로 진정한 능력인 것이다.

얼마 지나지 않아 그는 비슷한 상황에 부딪혔다. 사장이 전화를 걸어 리 비서를 찾으려 했고, 그가 전화를 받았다. 그러나 그녀가 없어서 그는 "리 비서는 외출 중입니다. 제가 바로 리 비서에게 사장님께 연락 드리라고 전하겠습니다."라고 말했다. 사장은 "내가 급한 일이 있어서 그녀를 찾는 것인데, 그냥 다른 사람을 바꿔도 괜찮네."라고 말했다. 그는 바로 "여기에는 샤오장, 샤오리, 그리고 제가 있습니다. 누가 필요하십니까?"라고 말했고, 이렇게 사장의 문제는 해결되었다.

³그는 2년 동안 근무를 하면서 점차 다른 사람들과는 달라졌다. 다른 직원들은 전화를 받을 때 자주 "없습니다", "확실하지 않습니다", "모르겠습니다"라고 말했다. 그러나 지금 이런 말들은 더이상 그가 자주 사용하는 말이 아니다. 그는 이렇게 조금씩 조금씩 다르게 변했다. 그는 항상 다른 사람보다 조금 더 일을 했다. ³단지 몇 마디의 말을 더 하더라도 그는 항상 신속히 문제를 해결했다. 어느 날 사장은 그를 불러 ⁴그가 고객부 주임을 맡기를 바란다고 말했다. 왜냐하면 그가 전화를 받는 방식이 고객부를 잘 맡을 수 있을 거라고 사장을 믿게 했기 때문이다. 그는 성공적인 승진을 하였다.

단어 ★ 初入 chūrù 처음으로 들어가다 | ★ 职场 zhíchǎng 명 직장, 일터 | 新鲜 xīnxiān 형 신선하다 | 陌生 mòshēng 형 낯설다 | ★ 迎头 yíngtóu 부 정면으로 | 撞 zhuàng 동 마주치다 | ★ 随口 suíkǒu 부 입에서 나오는 대로 | ★ 吩咐 fēnfù 동 분부하다 | 订 dìng 동 주문하다 | ★ 盒饭 héfàn 명 도시락 | 任务 rènwu 명 임무 | 尽管 jǐnguǎn 접 비록 ~일지라도 | 几分 jǐfēn 약간, 다소 | ★ 随意 suíyì 부 내키는 대로, 하고 싶은 대로 | 兴奋 xīngfèn 흥분하다 | ★ 快餐店 kuàicāndiàn 명 패스트푸드점 | 联系 liánxì 동 연락하다 | 虽然 suīrán 접 비록 ~일지라도 | ★ 责难 zénàn 동 꾸짖다 | ★ 失落 shīluò 형 낙담하다, 풀이 죽다 | ★ 动脑筋 dòng nǎojīn 머리를 쓰다 | ★ 灵活 línghuó 형 융통성이 있다 | 深刻 shēnkè 형 (인상이) 깊다 | 教训 jiàoxùn 명 교훈 | ★ 相似 xiāngsì 형 비슷하다 | 情形 qíngxíng 명 (일의) 상황 | 助理 zhùlǐ 명 보조, 비서 | 于是 yúshì 접 그래서 | 需要 xūyào 동 필요하다 | 常用语 chángyòngyǔ 상용어 | 哪怕 nǎpà 접 설령 | ★ 及时 jíshí 부 즉시, 신속히 | 谈话 tánhuà 이야기하다 | ★ 出任 chūrèn 동 (임무나 관직을) 맡다 | 领导 lǐngdǎo 동 지도하다, 이끌다 | ★ 升职 shēngzhí 동 승진하다

01

老板给他的第一个任务是什么?

A 帮老板买饭
B 给王主任打电话
C 叫王主任去买饭
D 给快餐店打电话

사장이 그에게 준 첫 번째 임무는 무엇인가?

A 사장에게 밥을 사다 주는 것
B 왕 주임에게 전화를 거는 것
C 왕 주임에게 밥을 사오라고 하는 것
D 패스트푸드점에 전화하는 것

해설 회사에 입사한 지도 얼마 되지 않아서 모든 게 낯설고 새로웠던 그에게 사장이 부탁한 첫 번째 임무는 점심 도시락을 시켜달라는 것이었다. 따라서 답은 A가 된다. 패스트푸드점에 전화를 걸어 시키든, 왕 주임에게 전화를 걸어 사오라고 하든, 방법은 크게 상관이 없었으므로 B, C, D는 답이 될 수 없다.

02

他的第一任务完成得怎么样?

A 比较完美　　B 不够灵活
C 不够认真　　D 完成得非常好

그의 첫 번째 임무는 어떻게 완수됐는가?

A 비교적 잘해냈다　　B 융통성이 부족했다
C 진지하지 못했다　　D 매우 잘해냈다

해설 패스트푸드점에 전화하자 도시락은 이미 다 팔렸고, 왕 주임과는 연락이 되지 않아서, 그는 사장이 시킨 첫 번째 임무를 완성하지 못했다. 사실 본인이 사러 가는 방법도 있고, 왕 주임이 아닌 다른 사람을 시킬 수도 있었으며, 도시락이 아닌 다른 요깃거리를 살 수도 있었다. 그러나 문제를 해결하기 위해 좋은 방법을 생각해내지도 못했고, 융통성 없이 행동하였다고 볼 수 있으므로 답은 B가 된다. 그는 사장이 시킨 첫 번째 임무여서 긴장되고 흥분되기도 했다. 따라서 진지했다는 것을 알 수 있으므로 C는 답이 될 수 없다.

단어 比较 bǐjiào 통 비교하다 | 完美 wánměi 형 매우 훌륭하다, 완벽하다

03

两年以后，他变得怎么样?

A 更懂得关心别人
B 更善于处理问题
C 更需要别人的帮助
D 给顾客添了更多的麻烦

2년 후 그는 어떻게 변했는가?

A 다른 사람에게 관심 가질 줄 알게 되었다
B 문제를 더 잘 해결했다
C 다른 사람의 도움을 더욱 필요로 했다
D 고객에게 더 많은 번거로움을 주었다

해설 문제에 两年以后(2년 이후)라는 시간 조건이 제시되어 있다. 지문의 세 번째 단락에 있는 他工作了两年(그는 2년 동안 근무를 했다)의 뒤 문장에서 그는 점점 다른 사람과 달라졌다고 했다. 즉 그는 사장님이 주신 임무를 완성하지 못한 실수를 통해 문제 해결하는 방법을 조금씩 터득해갔고, 2년이 지나자 업무 해결 능력이 뛰어나 문제를 신속히 해결하는 사람으로 바뀐 것이다. 따라서 B가 답이 된다.

단어 善于 shànyú 통 ~을 잘하다, ~에 능숙하다 | 处理 chǔlǐ 통 처리하다, 해결하다 | 顾客 gùkè 명 손님 | 添 tiān 통 보태다 | 麻烦 máfan 형 번거롭다, 성가시다

04

第3段画线词语"出任"的意思是:

A 出差　　　　B 任务
C 承担　　　　D 担任

세 번째 단락의 밑줄 친 '맡다'의 뜻은:

A 출장가다　　B 임무
C 책임지다　　D 담당하다

해설 出任이라는 단어의 뜻을 원래 알고 있는 학생은 그리 많지 않을 것이다. 任의 한자 훈음은 '맡길 임'이다. 出任 뒤에 고객부 부서의 主管(주임)이라는 직책이 언급되어 있으므로, 그 직분을 담당하라는 의미임을 유추해낼 수 있다. 따라서 답은 D가 된다.

단어 出差 chūchāi 통 출장 가다 | 承担 chéngdān 통 책임지다 | 担任 dānrèn 통 담당하다, 맡다

| 제목 | 이웃집의 피아노 소리 |

| 주제 | 감정적인 방법보다는 재치 있고 현명한 방법으로 문제를 해결할 수 있다. |

我家楼上住着一对中年夫妻，不知哪天他家买了一台钢琴，⁵于是我家多了些声音，尤其在休息的时候，再美妙的钢琴声也只能是噪音。一直神经衰弱的太太，睡眠时间变得更少了。忍了两个月后，看着太太蜡黄的脸，⁶我决意提醒提醒楼上的人。太太倒是先提醒我："你上楼可以，但一定不要发火，最好能让你的幽默发挥点作用。"

那天晚上，电视正在现场直播一场足球赛，我就按响他们家的门铃。我知道楼上男主人是足球迷，便说是来一起看球赛。男主人非常高兴，一边看球，一边说自己喜欢的明星。我则谦虚地说："看足球只是我的第三爱好，听钢琴才是我的第二爱好。"接下来，话题就转到钢琴上来了。我便壮着胆子说了几首钢琴名曲，最后特别强调："只要听到钢琴的声音，不管球赛多么精彩，我也不会看。"男主人马上问道："那你的第一爱好是什么？"我笑着说："真不好意思，⁷我的第一爱好是睡觉，所以，当我在享受我的第一爱好时，第二爱好就……"

"不必说了，不必说了，⁸我知道你的意思啦，以后，我让她们弹琴时一定要关窗子，休息时间不要弹琴。"男主人的反应也挺机敏。

우리 집 위층에는 한 중년부부가 살고 있었다. 언제인지 모르게 그 집은 피아노를 한 대 샀다. ⁵그래서 우리 집에 소리가 조금 많아졌고, 특히 휴식을 취할 때면, 아무리 아름다운 피아노 소리도 소음밖에 되지 않았다. 내내 신경이 쇠약한 아내는 수면 시간이 더욱 줄어들었다. 2개월을 참다가 아내의 누래진 얼굴을 보고, ⁶나는 위층 사람에게 확실히 주의를 좀 줘야했다. 부인은 오히려 나에게 "당신이 위층에 올라가는 것은 괜찮지만, 절대 화를 내서는 안 돼요. 당신의 유머를 발휘하는 게 제일 좋아요."라며 먼저 주의를 줬다.

그날 저녁, 텔레비전에서는 축구경기를 생중계하고 있었다. 나는 윗집 초인종을 눌렀다. 나는 위층의 남자 주인이 축구팬이라는 것을 알고 있었고 축구경기를 같이 보러 왔다고 말했다. 남자 주인은 매우 기뻐했고 축구를 보면서 자신이 좋아하는 스타에 대해서 말했다. 나는 "축구를 보는 것은 저의 세 번째 취미일 뿐이고, 피아노를 듣는 것이 저의 두 번째 취미죠."라고 겸손하게 말한 뒤, 화제를 피아노로 바꿨다. 나는 용기를 내어 몇 곡의 피아노 명곡을 말하고, 마지막으로 "피아노 소리만 들리면, 축구경기가 얼마나 재미있든지간에 보지 않는답니다."라고 특히 강조했다. 남자 주인은 곧바로 "그럼 당신의 첫 번째 취미는 무엇인가요？"라고 물었다. 나는 웃으며 말했다. "쑥스럽지만, ⁷저의 첫 번째 취미는 잠자는 것입니다. 그래서 제가 첫 번째 취미를 즐길 때, 두 번째 취미는 ……."

"말하지 않아도 됩니다. 말하지 않으셔도 돼요. ⁸당신의 뜻을 알겠습니다. 이후에 피아노를 칠 때는 반드시 창문을 닫게 하고, 휴식 시간에는 피아노를 치지 말라고 하겠습니다."남자 주인의 반응 또한 매우 빨랐다.

단어 楼上 lóushàng 명 위층 | ★ 钢琴 gāngqín 명 피아노 | 尤其 yóuqí 부 특히, 더욱 | 休息 xiūxi 동 휴식하다 | ★ 美妙 měimiào 형 아름답다 | ★ 噪音 zàoyīn 명 소음 | ★ 神经衰弱 shénjīng shuāiruò 명 신경쇠약 | 睡眠 shuìmián 명 수면 | 忍 rěn 동 참다 | ★ 蜡黄 làhuáng 형 옅은 황색의 | 决意 juéyì 부 확고히 | 提醒 tíxǐng 동 일깨우다 | 发火 fāhuǒ 동 화내다 | ★ 幽默 yōumò 형 유머러스하다 | 发挥 fāhuī 동 발휘하다 | 作用 zuòyòng 명 효과 | ★ 现场直播 xiànchǎng zhíbō 명 생중계 | 按 àn 동 누르다 | 响 xiǎng 동 소리가 나다, 울리다 | 门铃 ménlíng 명 초인종 | 足球迷 zúqiúmí 축구광, 축구팬 | 谦虚 qiānxū 형 겸손하다 | ★ 壮胆子 zhuàng dǎnzi 동 용기를 내다 | 名曲 míngqǔ 명 명곡 | 强调 qiángdiào 동 강조하다 | 精彩 jīngcǎi 형 훌륭하다, 뛰어나다 | ★ 享受 xiǎngshòu 동 향유하다, 누리다 | 弹 tán 동 연주하다 | 反应 fǎnyìng 명 반응 | ★ 机敏 jīmǐn 형 빠르다, 민첩하다

---

05 为什么太太睡觉的时间越来越少了？

　A 楼上不安静
　B 不喜欢睡觉
　C 工作压力太大
　D 因为跟丈夫吵架

왜 부인은 잠자는 시간이 점점 줄어들었나？

　A 위층이 조용하지 않아서
　B 잠자는 것을 싫어해서
　C 업무 스트레스가 너무 커서
　D 왜냐하면 남편과 다퉈서

---

06 "我"上楼的主要目的是什么?   '내'가 위층에 올라간 주된 목적은 무엇인가?

A 跟主人交朋友   A 주인과 친구가 되기 위해서

B 跟主人学习弹钢琴   B 주인에게 피아노 치는 것을 배우기 위해서

C 请主人休息时别弹琴   C 주인에게 휴식할 때는 피아노를 치지 말라고 부탁하기 위해서

D 和主人一起看足球比赛   D 주인과 함께 축구 경기를 보기 위해서

---

07 第2段画线句子的意思是什么?   두 번째 단락의 밑줄 친 문장의 뜻은 무엇인가?

A 当我休息的时候   A 내가 휴식을 취할 때

B 当我弹钢琴的时候   B 내가 피아노를 칠 때

C 当我看足球比赛的时候   C 내가 축구경기를 볼 때

D 当我和朋友聊天的时候   D 내가 친구와 이야기를 할 때

---

08 根据上文，可以知道男主人: 이 글에 의하면 남자 주인에 대해 알 수 있는 것은:

A 很坏   A 매우 나쁘다

B 很友好   B 매우 우호적이다

C 喜欢踢足球   C 축구 하는 것을 좋아한다

D 钢琴弹得非常棒   D 피아노를 매우 잘 친다

[01-04]

| 제목 | 남자아이의 바람 |

　　小王在春节收到一份新年礼物，[1]他的哥哥送他一部新车做为礼物。有一天，小王从办公室出来的时候，看到一名男孩站在他的新车旁，露出羡慕的眼神。小男孩对小王说：“叔叔，这是你的车吗？”小王回答道：“是啊！这是哥哥给我的春节礼物。”小男孩说：“太好了，我希望……”小王认为他知道小男孩希望什么，可是没想到小男孩说：[1]“我希望也能当一个那样的哥哥。”小王被感动了，问小男孩想不想去兜风，小男孩高兴地答应了，可是过了一会，小男孩向小王说：“能不能麻烦你把车开到我家前面？”小王笑了，认为小男孩想向邻居炫耀。可是他错了。到了小男孩的住处后，他进入屋内。不一会儿他回来了，并带着他因小儿麻痹而跛脚的弟弟。[2]他指着那部车子说：“看到了吗？弟弟，这是他哥哥送他的春节礼物。将来有一天我也要送给你一部一样的车子。”小王走下车子，将小弟弟抱到车里，他的哥哥眼睛发亮，也跟着爬进座位，坐在他的旁边，于是三人便开始了一次令人难忘的旅旅。[4]小王知道了给比获取更幸福。

| 주제 | 받는 것보다 주는 것이 더 행복하다. |

　　샤오왕은 설날에 새해 선물을 받았다. [1]그의 형이 그에게 새 차를 선물로 준 것이다. 어느 날 샤오왕이 사무실에서 나올 때, 한 남자아이가 그의 새 차 옆에 서서 부러운 눈길을 보내고 있는 것을 보았다. 남자아이는 샤오왕에게 말했다. "아저씨, 이게 아저씨 차예요?" 샤오왕이 대답했다. "그래! 이건 우리 형이 나에게 새해 선물로 준 거란다." 남자아이가 말했다. "좋으시겠네요, 제가 바라는 건……." 샤오왕은 그 남자아이가 무엇을 바라는지 안다고 생각했지만, 남자아이는 의외로 [1]"저도 그런 형이 되었으면 좋겠어요."라고 말했다. 샤오왕은 감동해서 남자아이에게 바람 쐬러 가지 않겠냐고 물었다. 남자아이는 기뻐하며 동의했다. 그러나 얼마 지나지 않아 남자아이는 샤오왕에게 말했다. "번거롭겠지만 차를 우리 집 앞에까지 운전해주실 수 있으세요?" 샤오왕은 웃었다. 그는 남자아이가 이웃에게 자랑하려고 한다고 생각했다. 그러나 샤오왕은 틀렸다. 남자아이가 사는 곳에 도착한 후 그 아이는 집안으로 들어갔다. 얼마 후 그는 돌아왔고, 소아마비로 다리를 저는 남동생을 데리고 왔다. [2]그 아이는 차를 가리키며 말했다. "봤지? 이건 저 아저씨 형이 아저씨에게 새해 선물로 준 거래. 나중에 언젠가 나도 너에게 똑같은 차를 사줄게." 샤오왕은 차에서 내려 남동생을 안아 차에 앉혔고, 그 형도 눈을 반짝이며 자리로 기어들어가 동생의 옆에 탔다. 그리고 세 사람은 잊지 못할 여행을 시작했다. [4]샤오왕은 주는 것이 얻는 것보다 더 행복하다는 것을 알게 되었다.

| 단어 | 春节 Chūnjié 명 구정, 설 | 办公室 bàngōngshì 명 사무실 | ★ 露出 lùchū 동 드러내다, 노출시키다 | ★ 羡慕 xiànmù 동 부러워하다 | ★ 眼神 yǎnshén 명 눈빛 | 叔叔 shūshu 명 삼촌, 아저씨 | ★ 兜风 dōufēng 동 바람을 쐬다, 드라이브하다 | 答应 dāying 동 동의하다 | 麻烦 máfan 동 번거롭게 하다 | 邻居 línjū 명 이웃(집) | ★ 炫耀 xuànyào 동 자랑하다, 뽐내다 | ★ 小儿麻痹 xiǎo'ér mábì 소아마비 | ★ 跛脚 bǒjiǎo 절뚝거리다, 절다 | 将来 jiānglái 명 장래 | 发亮 fāliàng 동 빛나다 | 难忘 nánwàng 동 잊을 수 없다 | 获取 huòqǔ 동 얻다, 획득하다 | 幸福 xìngfú 명 행복하다 |

01

小男孩的愿望是什么?

남자아이의 바람은 무엇인가?

A 学会开车 — A 운전을 배우는 것
B 买一辆车 — B 차를 한 대 사는 것
C 坐车去兜风 — C 차를 타고 드라이브를 가는 것
D 送给弟弟新车 — **D 남동생에게 새 차를 주는 것**

| 해설 | 남자아이는 샤오왕의 새 차를 보고 부러움의 눈길을 보냈다. 그러나 그 부러움은 자신도 그러한 차를 갖고 싶다는 바람이 아니라, 샤오왕의 형처럼 소아마비 동생에게 그런 차를 사줄 수 있는 형이 되고 싶었던 것이다. 따라서 D가 답이 된다. |

| 단어 | 愿望 yuànwàng 명 바람 |

<table>
<tr><td>

02 小男孩为什么让小王送他回家?

A 想让弟弟看看这辆车
B 太累了，不想走路回家
C 因为第一次坐这么好的车
D 想让邻居看见，然后羡慕他

</td><td>

남자아이는 왜 샤오왕에게 그의 집에 데려다 달라고 했는가?

A 동생에게 차를 보여주고 싶어서
B 너무 피곤해서, 집에 걸어가고 싶지 않아서
C 처음으로 이렇게 좋은 차를 타봤기 때문에
D 이웃에게 보여준 후에 그를 부러워하게 하려고

</td></tr>
</table>

해설 남자아이는 바람 쐬러 가자는 샤오왕의 제안에 동의하고는, 자신을 집에 바래다줄 수 있느냐고 물었다. 샤오왕은 남자아이가 이웃에게 자랑하기 위해 부탁하는 줄 알았으나 남자아이는 소아마비에 걸린 동생에게 차를 보여주려고 했던 것이다. 따라서 A가 답이 된다.

<table>
<tr><td>

03 "兜风"是什么意思?

A 开车
B 开车出去玩
C 把车洗干净
D 开车去看朋友

</td><td>

'바람 쐬다'의 뜻은 무엇인가?

A 운전을 한다
B 운전을 해서 놀러 간다
C 차를 깨끗이 닦는다
D 운전을 해서 친구를 보러 간다

</td></tr>
</table>

해설 兜风은 '바람을 쐬다, 드라이브하다'의 뜻이다. 원래 兜风의 뜻을 몰랐다 하더라도, 목적지가 분명하지 않은 상태에서 차를 타고 돌아다니는 상황이므로, 그 뜻을 유추할 수 있다. 따라서 답은 B가 된다.

<table>
<tr><td>

04 这篇文章告诉我们什么?

A "给"会更幸福
B 车是最好的礼物
C 有一个哥哥很幸福
D 春节的时候应该送礼物

</td><td>

이 글에서 말해주는 것은 무엇인가?

A '주는' 것이 더 행복하다
B 차는 제일 좋은 선물이다
C 형이 있는 것은 매우 행복하다
D 설날에는 반드시 선물을 주어야 한다

</td></tr>
</table>

해설 샤오왕은 형에게 선물을 받은 것에 기뻐하고 있었지만, 남자아이가 소아마비를 앓고 있는 동생에게 차를 타는 기회를 주며 행복해하는 것을 보고, 받는 것보다 주는 것이 얼마나 아름답고 행복한가를 느낄 수 있었다. 따라서 답은 A가 된다.

제목	방향을 잃은 위나라 사람

주제	목적을 이루기 위해서는 방향이 정확해야 한다.

一天，有个魏国人去楚国办事。⁶楚国在魏国的南面，可这个魏国人不问青红皂白，让车夫赶着马车一路向北而行。

路上，有人问他的车要往哪儿去，他大声回答说："去楚国！"路人告诉魏人说："去楚国，应往南走。你这是往北走，方向不对呀！"那个魏人满不在乎地说："没关系，我的马跑得快着呢！"路人替他着急，一把拉住他的马车劝阻说："方向错了，你的马跑得再快，也到不了楚国呀！"那个魏人依然毫不醒悟地说：⁵"不要紧，我带的盘缠多着呢！"路人又极力劝阻说："路费再多有什么用，这根本不是去楚国的方向啊，不管你花多少钱也是白花啊！"魏国人答道："我的车夫善于赶车，怎么会到不了楚国呢？"路人实在没有办法，不得不松开了拉住车把子的手，眼睁睁看着那个盲目上路的魏国人向北而行……

⁷那个魏国人，不听路人的指点、劝告，仗着自己的马快、钱多、车夫好等优越条件，朝着相反方向一意孤行，可想而知，最终一直未能到达目的地。

无论做什么事，都要看准方向，才能充分发挥自己的有利条件；⁸如果方向错了，那么有利条件只会起着相反的作用。

하루는 위나라 사람이 초나라에 일을 보러 갔다. ⁶초나라는 위나라의 남쪽에 있지만, 위나라 사람은 맞는지 틀린지 묻지도 않고, 마부에게 서둘러 마차를 계속 북쪽으로 몰으라고 했다.

길가에서 어떤 행인이 그에게 마차가 어디로 가는지 물었다. 그는 큰소리로 대답했다. "초나라에 갑니다!" 행인은 위나라 사람에게 "초나라로 가면 남쪽을 향해 가야 합니다. 당신은 북쪽으로 가고 있으니, 방향이 틀렸어요!"라고 말했다. 위나라 사람은 전혀 개의치 않고 "괜찮아요. 내 말은 매우 빨리 달리거든요!"라고 말했다. 행인은 조급해서 그의 마차를 잡고 "방향이 틀렸어요. 당신의 말이 제아무리 빠르다고 해도 초나라에는 도착할 수 없다고요!"라고 말렸다. 위나라 사람은 여전히 조금도 깨닫지 못하면서 말했다. ⁵"조급해하지 말아요. 가지고 있는 여비가 넉넉해요!" 행인은 "여비가 얼마나 있든 그게 무슨 상관이오. 여기는 본래가 초나라로 가는 방향이 아니라고요. 당신이 돈을 얼마나 쓰든지 간에 모두 소용없다고요!"라며 다시 있는 힘을 다해 그를 말렸다. 위나라 사람은 "내 마부는 마차를 잘 몰아요. 어떻게 초나라에 도착할 수 없어요?"라고 대답했다. 행인은 도저히 방법이 없어서 어쩔 수 없이 잡고 있던 수레 손잡이에서 손을 떼고는, 맹목적으로 북쪽으로 가는 위나라 사람을 멍하니 바라보았다……

⁷그 위나라 사람은 행인의 지적도 충고도 듣지 않고, 자신의 말이 빠르고, 돈이 많고, 마부가 훌륭하다는 등의 우세한 조건만 믿고, 고집을 부리며 반대 방향으로 향했다. 물론 마지막에 그는 목적지에 도착하지 못했음을 짐작할 수 있다.

무슨 일을 하든지 방향을 정확히 봐야만 비로소 자신의 유리한 조건을 충분히 발휘할 수 있다. ⁸만약 방향이 틀렸다면 유리한 조건은 단지 상반된 작용만 할 뿐이다.

단어　★ 魏国 Wèiguó 몡 위나라 | ★ 楚国 Chǔguó 몡 초나라 | 办事 bànshì 동 일을 처리하다 | ★ 青红皂白 qīnghóng zàobái 몡 일의 옳고 그름 | 车夫 chēfū 몡 마부 | 向 xiàng 전 ~을 향해서 | 往 wǎng 전 ~를 향해서 | ★ 满不在乎 mǎnbúzàihu 성어 전혀 개의치 않다 | 路人 lùrén 몡 행인 | 替 tì 전 ~을 위해 | 拉住 lāzhù 동 끌어당겨서 붙잡다 | ★ 劝阻 quànzǔ 동 그만두게 말리다 | ★ 依然 yīrán 부 여전히 | 毫不 háobù 부 조금도 ~ 않다 | ★ 醒悟 xǐngwù 동 깨닫다 | ★ 盘缠 pánchan 몡 여비 | 极力 jílì 부 있는 힘을 다해 | 路费 lùfèi 몡 여비, 노잣돈 | 根本 gēnběn 부 본래, 여태 | 白 bái 부 헛되이 | 花 huā 동 소비하다 | ★ 善于 shànyú ~을 잘하다, ~에 능숙하다 | 实在 shízài 부 도저히 | 不得不 bùdébù 어쩔 수 없이 | ★ 松开 sōngkāi 동 놓다, 풀다 | 把子 bàzi 몡 손잡이 | ★ 眼睁睁 yǎnzhēngzhēng 형 빤히 바라보다 | 盲目 mángmù 형 맹목적인, 앞뒤 분간 못하는 | 指点 zhǐdiǎn 동 지적해주다, 일깨워주다 | 劝告 quàngào 동 충고하다, 권고하다 | 仗 zhàng 동 기대다, 믿다 | ★ 优越 yōuyuè 형 우월하다 | 条件 tiáojiàn 몡 조건 | 相反 xiāngfǎn 형 반대되다, 상반되다 | ★ 一意孤行 yíyì gūxíng 성어 (남의 충고를 듣지 않고) 자기 고집대로 하다 | ★ 可想而知 kěxiǎng'érzhī 성어 미루어 알 수 있다 | 到达 dàodá 동 도착하다 | 目的地 mùdìdì 몡 목적지 | 充分 chōngfèn 형 충분하다 | 发挥 fāhuī 동 발휘하다

05 魏国人认为:

A 楚国在南边
B 路人不懂装懂
C 自己带了足够的钱
D 车夫驾车驾得不好

위나라 사람이 생각하기에:

A 초나라는 남쪽에 있다
B 행인은 알지도 못하면서 아는 체한다
C 자신은 충분한 돈을 가져왔다
D 마부가 마차를 잘 몰지 못한다

해설 위나라 사람은 초나라 가는 방향이 틀렸다는 행인의 충고를 듣지 않았다. 그는 자신의 말이 빠르고, 가지고 온 여비도 많고, 마부의 실력도 좋다는 자신의 유리한 조건을 믿으며 별문제 없다고 생각했다. 따라서 답은 C가 된다.

단어 不懂装懂 bùdǒng zhuāngdǒng 모르면서 아는 척하다 | 足够 zúgòu 형 충분하다 | 驾 jià 동 운전하다

06 根据本文, 下面正确的是:

A 车夫记错了路
B 魏国人是个盲人
C 魏国在楚国的北边
D 地球是圆的, 所以方向不重要

이 글에 의하면 다음 중 옳은 내용은:

A 마부는 길을 잘못 기억하고 있다
B 위나라 사람은 맹인이다
C 위나라는 초나라의 북쪽에 있다
D 지구는 둥글어서, 방향은 중요하지 않다

해설 초나라는 위나라의 남쪽에 있다고 했으므로 답은 C가 된다. 위나라 사람이 마부에게 목적지도 말하지 않고 무작정 북쪽으로 가라고 했으므로, A는 답이 될 수 없다.

단어 盲人 mángrén 명 눈먼 사람, 맹인

07 与第3段的画线部分意思相近的是:

A 只有一条路
B 不听取别人的话
C 一个人想去旅游
D 没有朋友, 一个人非常孤单

세 번째 단락의 밑줄 친 부분과 유사한 뜻은:

A 하나의 길만 있다
B 다른 사람의 말을 듣지 않는다
C 혼자서 여행 가고 싶어한다
D 친구가 없으면, 혼자서 매우 외롭다

해설 一意孤行은 사자성어로, 한 글자씩 분석해보면 한 가지의 뜻이나 의지(一意)대로, 홀로(孤), 행하다(行)라는 의미다. 앞뒤 문맥을 살펴보면 '다른 사람의 충고나 권고는 받아들이지 않고 자기 고집대로 한다'는 뜻임을 알 수 있다. 따라서 답은 B가 된다.

단어 听取 tīngqǔ 동 (의견 등을) 듣다, 귀 기울이다 | 孤单 gūdān 형 외롭다

08 根据本文, 如果方向错了:

A 也可以到达目的地
B 投入越大, 损失越大
C 要及时调整人员结构
D 只要花时间就能解决所有的问题

이 글에 의하면 만약 방향이 틀렸다면:

A 그래도 목적지에 도착할 수 있다
B 투자가 클수록, 손해는 더 크다
C 제때에 인원 구조를 조정해야 한다
D 시간만 들이면 모든 문제를 해결할 수 있다

해설 이 글은 위나라 사람의 맹목적인 행동을 통해 아무리 좋은 조건을 가졌다 하더라도 방향이 틀리면 목적지에 도달할 수 없으며, 아무리 많은 시간을 들인다 하더라도 문제를 해결할 수 없다는 것을 알려주고 있다. 따라서 A, D는 답에서 제외된다. 지문 마지막에 잘못된 방향으로 가면 좋은 조건이 오히려 상반된 결과를 가져온다고 했으므로, 제시된 보기 중에 B가 답으로 가장 타당하다.

단어 投入 tóurù 동 투자하다 | 损失 sǔnshī 동 손해보다 | 调整 tiáozhěng 동 조정하다 | 结构 jiégòu 명 구조 | 解决 jiějué 동 해결하다

[01-04]

제목	양초를 통해 얻은 깨달음

주제	다른 사람에게 거듭된 실패의 원인을 탓하지 말고 각박하고 냉담한 자신의 모습을 되돌아봐야 한다.

老赵是一个生意人，可是到了中年，事业上也没有什么起色，遇到了屡屡挫折，[1]因此情绪十分低落，总是因为一点儿小事就大发脾气，抱怨别人欺骗了他。

终于有一天，他对爱人说："我对这个城市太失望了，我们离开这儿吧。"朋友们听说这件事情以后，都劝他好好儿考虑考虑，可是他已经下定了决心。

老赵和爱人搬到了一个新城市，希望有一个新的开始。新房子是一幢普通的公寓楼。老赵每天早出晚归，只关心自己的生意，对周围的邻居未曾在意。

一个周末的晚上，老赵和爱人正在看电视，突然停电了，房间里一片漆黑。因为刚刚搬家，家里根本没有蜡烛。老赵坐在沙发上开始抱怨。就在这时，门口传来了敲门的声音。老赵不耐烦地问："谁呀？"因为他在这个城市没有认识人，也不希望周末的时候被人打扰。他很不情愿地起身，费力地走到门口开了门。没想到门口站着一个小女孩，长得非常普通。她小声地对老赵说："叔叔，我住在你楼下，请问你家有没有蜡烛？"

"没有！"老赵非常生气地把门关上了。"真讨厌，我们刚搬来，就来借东西，以后可怎么生活啊！"对妻子抱怨道。

这个时候，又传了敲门声。老赵非常生气地去打开门，门口站着的还是那个小女孩，只是手里多了两根蜡烛。她说：[2]"奶奶让我拿两根蜡烛给你们，因为你们是新搬来的，可能没有带蜡烛来。"老赵顿时愣住了，他被眼前发生的一幕惊呆了，好不容易才缓过神来。"谢谢你和你奶奶，上帝保佑你们！"

在那一瞬间，老赵一下子意识到了很多，[3]他明白了自己失败的根源就在于对别人的冷漠与刻薄。生活中欺骗你的往往也许不是别人，而是你自己的双眼被冰冷的心灵所蒙蔽了。

[4]这根蜡烛不但照亮了老赵的家，也照亮了他的心。

라오자오는 사업가다. 그러나 중년이 되자 사업도 좋아질 기미가 없었고 여러 차례 좌절에 부딪혀서, [1]기분이 매우 의기소침해 있었다. 그는 항상 작은 일 때문에 크게 화를 냈고, 다른 사람이 자신을 속였다고 원망했다.

마침내 어느 날 그는 부인에게 말했다. "나는 이 도시에 너무 실망했어, 우리 이곳을 떠납시다." 친구들이 이 소식을 들은 후 모두 잘 생각해보라고 충고했다. 그러나 그는 이미 결심을 굳혔다.

라오자오와 부인은 새로운 도시로 이사를 하였고, 새로운 시작을 기대했다. 새 집은 평범한 아파트였다. 라오자오는 매일 힘들게 일했으며, 자신의 사업에만 몰두할 뿐 주위의 이웃에 대해서는 전혀 신경 쓰지 않았다.

어느 주말 저녁, 라오자오와 부인은 텔레비전을 보고 있었는데, 갑자기 정전되어 집안이 칠흑같이 어두워졌다. 막 이사를 했기 때문에 집에는 초가 없었다. 라오자오는 소파에 앉아 투덜거리기 시작했다. 이때 현관에서 문 두드리는 소리가 났다. 라오자오는 귀찮은 듯이 물었다. "누구세요?" 왜냐하면 그는 이 도시에 아는 사람이 없었고, 또 주말이라 다른 사람에게 방해를 받고 싶지도 않았기 때문이다. 그는 겨우겨우 일어나 힘들게 문까지 가서 현관문을 열었다. 현관에는 매우 평범하게 생긴 여자아이가 서 있었다. 그 아이는 작은 목소리로 라오자오에게 말했다. "아저씨, 저는 아랫집에 사는데요, 집에 초가 있나요?"

"없어!" 라오자오는 매우 화를 내며 문을 닫아버렸다. "정말 짜증 나. 이사 온 지 얼마 되지도 않았는데 벌써 물건을 빌리러 오다니, 앞으로 어떻게 살아." 라오자오는 부인에게 불평했다.

이때 다시 문 두드리는 소리가 들렸다. 라오자오는 크게 화를 내며 문을 열었다. 문앞에는 여전히 그 여자아이가 서 있었는데 손에는 두 개의 초가 들려 있었다. 여자아이는 [2]"할머니께서 저한테 초 두 개를 가져다 주랬어요. 새로 이사 오셨기 때문에 아마 초가 없을 거라고요."라고 말했다. 라오자오는 갑자기 멍해졌다. 그는 눈앞의 이 장면에 놀라 어리둥절해졌고, 간신히 정신을 차렸다. "너와 할머니께 정말 고맙구나, 신의 가호가 있을 거야!"

그 순간에 라오자오는 갑자기 많은 것을 깨달았다. [3]그는 자신이 실패한 근원은 바로 다른 사람에게 냉담하고 각박하게 대한 것에 있다는 것을 깨닫게 되었다. 생활 속에서 당신을 속이는 것은 어쩌면 다른 사람이 아니라, 바로 당신의 두 눈이 차가운 영혼에 의해 가려졌기 때문일 것이다.

[4]이 초는 라오자오의 집을 밝혔을 뿐 아니라 그의 마음도 밝게 밝혀주었다.

단어 生意人 shēngyìrén 명 사업가, 장사꾼 | 起色 qǐsè 명 나아지는 기미 | ★ 屡屡 lǚlǚ 부 여러 차례, 자주 | ★ 挫折 cuòzhé 명 좌절 | 情绪 qíngxù 명 정서, 기분 | ★ 低落 dīluò 형 의기소침하다 | 发脾气 fā píqi 동 화를 내다 | 抱怨 bàoyuàn 동 원망하다 | ★ 欺骗 qīpiàn 동 속이다 | 考虑 kǎolǜ 동 고려하다 | 决心 juéxīn 명 결심 | 幢 zhuàng 양 (주택을 셀 때) 동, 채 | ★ 公寓 gōngyù 명 아파트 | 早出晚归 zǎochū wǎnguī 성어 아침 일찍 나가서 밤늦게 돌아오다, 힘들게 일하다 | 周围 zhōuwéi 명 주위 | 邻居 línjū 명 이웃(집) | 未曾 wèicéng 부 ~한 적이 없다 | 在意 zàiyì 동 마음에 두다 | ★ 漆黑 qīhēi 형 칠흑같이 어둡다 | ★ 蜡烛 làzhú 명 양초 | 敲门 qiāomén 동 노크하다 | ★ 不耐烦 bú nàifán 귀찮다 | ★ 打扰 dǎrǎo 동 방해하다, 귀찮게 하다 | 讨厌 tǎoyàn 동 싫어하다 | 顿时 dùnshí 부 갑자기 | ★ 愣住 lèngzhù 동 멍해지다 | 一幕 yímù 명 막, 한 장면 | 惊呆 jīngdāi 동 놀라 멍해지다 | ★ 缓神 huǎnshén 정신이 되돌아오다 | 上帝 shàngdì 명 하느님, 신 | ★ 保佑 bǎoyòu 동 보우하다, 가호하다 | ★ 一瞬间 yíshùnjiān 순식간 | 一下子 yíxiàzi 갑자기 | 意识 yìshí 동 깨닫다, 느끼다 | ★ 根源 gēnyuán 명 근본 원인 | ★ 冷漠 lěngmò 형 냉담하다, 무관심하다 | ★ 刻薄 kèbó 형 각박하다, 인색하다 | 冰冷 bīnglěng 형 차갑다, 냉담하다 | 心灵 xīnlíng 명 마음 | ★ 蒙蔽 méngbì 동 (진상을) 감추다, 가리다 | 照亮 zhàoliàng 동 밝게 비추다

---

01 老赵搬家的原因是: / 라오자오가 이사한 이유는:

A 心情不好
B 隔壁家太吵了
C 邻居对他不够好
D 周围的环境不太好

A 기분이 좋지 않아서
B 이웃이 너무 시끄러워서
C 이웃이 그에게 잘해주지 않아서
D 주위 환경이 별로 좋지 않아서

해설 라오자오는 사업을 하던 사람이었는데, 중년이 되어 사업이 번창하지 않고, 여러 가지 좌절을 겪으면서 의기소침해 있었다. 이 때문에, 자신이 살던 도시에 대해 실망을 하고 다른 곳으로 이사 가기로 결심한 것이다. 지문의 情绪十分低落(기분이 매우 가라앉다)가 보기에서는 心情不好(기분이 좋지 않다)로 표현된 것으로, 답은 A가 된다.

단어 隔壁 gébì 명 이웃(집) | 环境 huánjìng 명 환경

---

02 小姑娘是来做什么的? / 여자아이는 무엇을 하러 왔는가?

A 送蜡烛
B 来添麻烦
C 转告奶奶的话
D 跟老赵借蜡烛

A 초를 주려고
B 성가시게 하려고
C 할머니의 말씀을 전해주려고
D 라오자오에게 초를 빌리려고

해설 아파트에 정전이 되자, 아래층에 사는 소녀가 초인종을 눌러 양초가 있느냐고 물었다. 라오자오는 여자아이가 초를 빌리러 온 줄 알고 귀찮아했는데, 사실은 새로 이사 온 이웃을 걱정하는 할머니의 심부름으로 양초를 주려고 온 것이었다. 따라서 A가 답이 된다.

단어 添麻烦 tiān máfan 동 성가시게 하다, 폐를 끼치다 | 转告 zhuǎngào 동 전하다, 전달하다

---

03 老赵为什么总是失败? / 라오자오는 왜 줄곧 실패했는가?

A 缺乏自信心
B 不关心别人
C 爱人不帮助他
D 没有经营头脑

A 자신감이 부족해서
B 다른 사람에게 관심이 없어서
C 부인이 그를 도와주지 않아서
D 경영사고력이 없어서

해설 라오자오는 소녀가 자기 집에 찾아온 진짜 이유를 알고 나서, 많은 것을 깨닫게 되었다. 자신의 사업이 잘 안 된 것도, 다른 사람에 대한 부정적인 생각을 갖고 있는 것도, 모두 자신이 다른 사람에게 냉담하고 각박하게 대했기 때문이었고, 다른 사람을 배려하지 않고, 관심을 기울이지 않았기 때문이라는 것을 깨우쳤다. 따라서 답은 B가 된다.

단어 缺乏 quēfá 동 부족하다, 결핍되다 | 经营 jīngyíng 동 경영하다 | 头脑 tóunǎo 명 사고력, 생각

<table>
<tr><td>

04 最适合本文标题的是：

  A 虚心使人进步
  B 享受生活每一天
  C 点亮心中的蜡烛
  D 搬家对心情的影响

</td><td>

이 글에 제일 적합한 제목은：

  A 겸손은 사람을 발전하게 한다
  B 삶의 하루하루를 즐겨라
  C 마음의 초를 밝혀라
  D 이사가 기분에 미치는 영향

</td></tr>
</table>

해설 이 글의 주제어는 지문 마지막 부분에 제시되어 있다. 소녀가 가져다준 양초는 정전된 라오자오의 집안을 밝혀주었을 뿐 아니라, 닫고 살았던 라오자오의 어두운 마음도 밝게 비춰주었다. 따라서 답은 C가 된다.

단어 虚心 xūxīn ⑱ 겸손하다 | 享受 xiǎngshòu ⑧ 즐기다, 누리다 | 影响 yǐngxiǎng ⑲ 영향

[05-08]

<table>
<tr><td>

제목 원숭이 장사꾼과 주식 시장의 속임수

</td><td>

주제 노력 이상의 지나친 욕심을 부리다가는 더 큰 손해를 볼 수 있다.

</td></tr>
<tr><td>

　这天，村庄里来了一个陌生人。他告诉村里人，他将以每只100元的价格收购猴子。村庄附近的森林里有很多猴子出没，人们开始对他们大肆捕捉。收猴人收购了几千只猴子，当猴子的数量减少时，人们停止了捕捉。

　这时，收猴人放出话来，每只猴子的收购价提高到200元，村里的人们又重新投入到捕猴的队伍中。

　不久，猴子的数量更少了，人们再次停止捕猴，于是收猴人把每只猴子的收购价提高到250元，但这时森林里的猴子已经很少了，人们努力一天，也很难抓到一只猴子，大家渐渐都没了积极性。

　后来，收猴人把收购价提高到每只500元。不过，他说自己必须先回城里处理一些事情，收购猴子的事由他的朋友来代理。

　收猴人回城后，那个朋友指着已收购到的几千只猴子对人们说："我们来做一笔买卖，我以每只猴子350元的价钱卖给你们，等收猴人从城里回来，你们再以每只500元的价钱卖给他。"

　村里的人们拿出所有的钱买下了猴子。⁷但是后来，他们再也没见过收猴人和他的朋友，森林里又到处都是猴子的身影……

　⁸看了这则故事，你对某些股票是如何操作的，或许会有一个很好的认识吧!

</td><td>

　그날, 마을에 낯선 사람이 한 명 들어왔다. 그는 마을 사람에게 마리당 100위안의 가격에 원숭이를 사겠다고 말했다. 마을 부근의 숲에는 매우 많은 원숭이가 출몰했던 터라 마을 사람들은 원숭이들을 마구잡이로 잡기 시작했다. 원숭이 장사꾼은 몇천 마리의 원숭이를 샀고, 원숭이의 수가 줄어들자 사람들은 포획을 멈췄다.

　이때 원숭이 장사꾼이 원숭이 한 마리의 구매 가격을 200위안까지 올리겠다고 말했고, 마을 사람들은 다시 원숭이잡이의 무리로 뛰어들었다.

　얼마 지나지 않아, 원숭이의 수는 더욱 줄어들었고 사람들은 다시 원숭이를 잡는 것을 멈췄다. 그래서 원숭이 장사꾼은 원숭이의 구매 가격을 250위안으로 올렸다. 그러나 숲에는 원숭이가 이미 많이 줄어들었다. 사람들이 종일 노력해도 원숭이 한 마리를 잡기 매우 어려웠고, 다들 점점 적극성이 없어졌다.

　이후에 원숭이 장사꾼은 구매 가격을 한 마리당 500위안으로 올렸다. 그러나 그는 자신은 먼저 도시로 돌아가 처리할 일이 있다며, 원숭이를 사는 일은 그의 친구가 대신할 것이라고 말했다.

　원숭이 장사꾼이 도시로 돌아간 후에, 그 친구는 이미 산 몇천 마리의 원숭이들을 가리키며 사람들에게 말했다. "우리 거래를 합시다. 내가 원숭이를 한 마리당 350위안에 당신들에게 팔 테니 원숭이 장사꾼이 도시에서 돌아오면 당신들은 500위안의 가격에 다시 파세요."

　마을 사람들은 모든 돈을 꺼내 원숭이를 샀다. ⁷그러나 후에, 그들은 더이상 원숭이 장사꾼과 그의 친구를 보지 못했고, 숲은 다시 곳곳이 모두 원숭이 그림자였다…….

　⁸이 이야기를 읽고, 당신은 일부 주식들이 어떻게 조작되는 것인지에 대해, 아마 잘 알게 되었을 것이다!

</td></tr>
</table>

단어 ★ 村庄 cūnzhuāng ⑲ 마을 | 将 jiāng ⑱ 장차 | 以 yǐ ⑳ ~에 따라, ~대로 | 收购 shōugòu ⑧ 사들이다 | ★ 森林 sēnlín ⑲ 수풀, 삼림 | 猴子 hóuzi ⑲ 원숭이 | 出没 chūmò ⑧ 출몰하다 | ★ 大肆 dàsì ⑱ 마구, 제멋대로 | ★ 捕捉 bǔzhuō ⑧ 잡다, 붙잡다 | 重新 chóngxīn ⑱ 다시, 새롭게 | 投入 tóurù ⑧ 뛰어들다 | ★ 队伍 duìwu ⑲ 무리, 대열 | ★ 渐渐 jiànjiàn ⑱ 점점, 점차 | 积极性 jījíxìng ⑲ 적극성 | 提高 tígāo ⑧ 높이다 | 处理 chǔlǐ ⑧ 처리하다 | 代理 dàilǐ ⑧ 대신하다 | 身影 shēnyǐng ⑲ 그림자 | 故事 gùshi ⑲ 이야기 | ★ 股票 gǔpiào ⑲ 주식 | ★ 操作 cāozuò ⑧ 조작하다 | 或许 huòxǔ ⑱ 아마

05 为什么收购人提高了猴子的价格?

A 猴子越来越少了
B 猴子的销路很好
C 鼓励村民多抓猴子
D 有很多人收购猴子

원숭이 장사꾼은 왜 원숭이 가격을 올렸는가?

A 원숭이가 계속 적어져서
B 원숭이의 판로가 좋아서
C 마을 사람들이 원숭이를 더 많이 잡도록 격려
   하기 위해서
D 많은 사람들이 원숭이를 사서

해설 원숭이 장사꾼은 처음에 원숭이를 한 마리당 100위안에 사들였다. 원숭이의 수가 점차 줄어들어 사람들이 더이상 원숭이를 잡으려 하지 않자, 원숭이 장사꾼은 사람들의 의욕을 불러일으키기 위해 원숭이 매입 단가를 100위안에서 200위안으로 올렸다. 따라서 답은 C가 된다. 원숭이 수가 줄어든 건 원숭이 장사꾼이 가격을 올린 직접적인 이유가 아니므로, A는 답이 될 수 없다.

단어 销路 xiāolù 圐 (상품의) 판로 | 鼓励 gǔlì 图 북돋우다, 격려하다

---

06 根据上文,下列正确的是:

A 村民们很会做买卖
B 收猴人挣了很多钱
C 收猴人帮助村民们赚钱
D 猴子对人们来说很危险

이 글에 의하면 다음 중 옳은 것은:

A 마을 사람들은 장사할 줄 안다
B 원숭이 장사꾼은 큰돈을 벌었다
C 원숭이 장사꾼은 마을 사람들이 돈을 벌도록
   도와주었다
D 원숭이는 사람에게 매우 위험하다

해설 이 문제는 지문 전체를 다 읽고 나서야 답을 고를 수 있다. 장사꾼은 원숭이 가격을 처음의 5배인 500위안에 사들이겠다고 말했지만, 사실은 그 가격에 살 의향이 전혀 없었던 것이다. 즉 장사꾼과 그의 친구는 더 큰 이익을 보려는 사람들의 심리를 이용하여 100위안과 200위안에 사들인 원숭이를 350위안에 되팔아 큰 이익을 남기려 했던 것이다. 따라서 답은 B가 된다.

---

07 关于收猴人的朋友,下列正确的是:

A 跟收猴人是同伙
B 鼓励大家多抓猴
C 赔偿了村民们损失的钱
D 和村民们一起赚了收猴人的钱

원숭이 장사꾼의 친구에 대해 다음 중 옳은 것은?

A 원숭이 장사꾼과 한패다
B 모두에게 원숭이를 많이 잡도록 격려했다
C 마을 사람들이 손해 본 돈을 배상했다
D 마을 사람들과 함께 원숭이 장사꾼의 돈을 벌었다

해설 원숭이 장사꾼의 친구는 마을 사람들에게 원숭이 장사꾼으로부터 이익을 볼 수 있게 해주는 척하고는 자취를 감췄으므로, 그들은 동업자(同伙) 관계임을 알 수 있다. 따라서 답은 A가 된다.

단어 赔偿 péicháng 图 배상하다 | 损失 sǔnshī 圐 손실

---

08 这篇文章主要想告诉我们什么?

A 要保护猴子
B 股市里有风险
C 做买卖需要头脑
D 相信自己的判断

이 글에서 말하고자 하는 것은?

A 원숭이를 보호해야 한다
B 주식 시장은 위험성이 있다
C 장사하는 것은 사고 능력이 필요하다
D 자신의 판단을 믿어라

해설 원숭이 장사꾼의 이야기를 예로 들어 설명하고, 마지막 단락에서는 주식도 이러한 사람의 심리를 이용해 조작하는 경우가 많다는 것을 언급하고 있다. 즉 마을 사람들과 같이 큰 이익을 얻으려다, 오히려 큰 손해를 보는 어리석은 행동을 하지 말아야 한다는 교훈을 담고 있으므로, 답은 B가 된다.

단어 保护 bǎohù 图 보호하다 | 股市 gǔshì 圐 주식 시장 | 风险 fēngxiǎn 圐 위험성 | 头脑 tóunǎo 圐 사고 능력, 두뇌

[01-04]

제목	세 엄마의 서로 다른 교육방식

주제	엄마의 우수한 교육방식이 아이의 자신감과 창의성을 길러준다.

　　有三个孩子在树林里玩耍，¹裤子都不小心被树枝挂破了。孩子看着破洞，脸上露出了不安的表情。面对这样的情形，三个母亲用不同的态度来处理这件事情。

　　第一个母亲一边骂孩子，一边打孩子，然后，用一根线绳像麻袋一样把那个破洞扎紧，整条裤腿显得皱皱巴巴。破洞是没有了，取而代之的那个结却像孩子撅起的小嘴，孩子受到了妈妈的警告："今后再也不准到树林里玩儿。"

　　²第二个母亲不打也不骂，默默地把那个破洞一针一线缝补好，裤子上留下了针线的痕迹。

　　第三个母亲看到裤子上的破洞以后，安慰孩子："不要紧，小孩子都喜欢玩儿。妈妈小的时候比你还顽皮呢。"她让孩子脱下裤子，用漂亮的彩线在破洞上绣了一朵漂亮的小红花，孩子笑得好开心。

　　同样的问题，因为用了三种不同的解决办法，就导致了不同的结果：第一位母亲让孩子感到恐惧和失望，那皱巴巴的裤腿就如同母亲脸上写满的愤怒，孩子不得不活在母亲强制的意愿中；第二位母亲平平常常，孩子得到的是一个顺其自然的生活环境；第三位母亲是最优秀的教育家，⁴她用裤子上的花朵启发了孩子美好的想象，她脸上灿若朝阳的微笑给了孩子更多的宽容，³让孩子在成长的路上充满自信并富有创造力。在我们现实生活中，第一种母亲不少，第二种母亲不多，我们缺少的是第三种母亲的教育方法。

　　生活是一门常学常新的艺术，有时候父母一个简单的方法会影响到孩子的一生。那些会生活懂得生活的父母，从来不放弃任何一个给孩子希望的机会，宽容的笑脸是孩子一生努力进取的希望所在。

　　세 아이가 숲에서 놀다가 ¹바지가 실수로 나뭇가지에 걸려 찢어졌다. 아이는 찢어진 구멍을 보면서 얼굴에 불안한 표정을 지었다. 이 상황에 직면하여, 세 명의 엄마는 각자 다른 태도로 이 문제를 처리했다.

　　첫 번째 엄마는 혼을 내면서, 아이를 때렸다. 그 후에 노끈을 이용해 마대처럼 구멍 난 곳을 단단히 묶었는데, 바짓가랑이가 쭈글쭈글해 보였다. 구멍은 없어졌지만, 그것을 대체한 그 매듭은 오히려 아이가 삐죽 내민 입 모양 같았다. 아이는 "앞으로 다시는 숲에서 놀면 안 된다."는 엄마의 경고를 받았다.

　　²두 번째 엄마는 때리지도 않고 혼내지도 않았다. 묵묵히 그 구멍을 한 땀 한 땀 바느질했고, 바지에는 바느질 자국이 남아 있었다.

　　세 번째 엄마는 바지의 구멍을 보고 나서, 아이를 위로했다. "별거 아니란다. 아이들은 모두 노는 것을 좋아해. 엄마 어렸을 때는 너보다 더 개구쟁이였단다." 엄마는 아이의 바지를 벗기고, 예쁜 색실로 구멍 난 바지에 예쁜 빨간 꽃을 수놓아주었다. 아이는 환하게 웃었다.

　　같은 문제였지만, 세 가지의 다른 해결 방법을 사용했기 때문에, 다른 결과를 가져왔다. 첫 번째 엄마는 아이에게 공포와 실망감을 느끼게 했고, 그 주름진 바짓가랑이는 마치 화가 잔뜩 난 엄마의 얼굴 같았다. 아이는 어쩔 수 없이 엄마의 강압적인 바람 안에서 살아간다. 두 번째 엄마는 평범하여, 아이가 얻는 것은 순리를 따르는 생활환경이다. 세 번째 엄마는 가장 훌륭한 교육자다. ⁴엄마는 바지의 꽃송이를 이용하여 아이에게 아름다운 상상력을 일깨워주었고, 그녀 얼굴의 아침 해처럼 눈부신 미소는 아이에게 더 많은 관용을 주어 ³아이가 성장해 나가는 길이 자신감으로 가득 차게 하고 창의력을 충분히 가지게 했다. 우리의 현실 생활에서 첫 번째 엄마는 많고, 두 번째 엄마는 많지 않다. 우리에게 부족한 것은 세 번째 엄마의 교육 방식이다.

　　인생은 늘 배워도 새로운 예술로, 때로는 부모의 간단한 방법이 아이의 일생에 영향을 미칠 수 있다. 진정으로 인생을 알고 깨우친 부모는 아이에게 희망을 주는 어떠한 기회도 결코 포기하지 않는다. 관대하게 웃는 얼굴은 아이가 평생 노력하여 나아가는 희망이 존재하는 곳이다.

단어 　★ 玩耍 wánshuǎ 동 놀다, 장난치다 | ★ 树枝 shùzhī 명 나뭇가지 | 破洞 pòdòng 명 뚫린 구멍 | 露出 lùchū 동 드러내다, 노출시키다 | 面对 miànduì 동 대면하다 | 情形 qíngxing 명 상황 | 态度 tàidu 명 태도 | 骂 mà 동 욕하다 | ★ 线绳 xiànshéng 명 (여러 가닥) 면으로 꼰 줄, 노끈 | ★ 麻袋 mádài 명 마대(굵은 실로 짠 포대) | ★ 扎紧 zājǐn 동 단단히 매다, 꼭 묶다 | 显得 xiǎnde 동 ~처럼 보인다 | ★ 皱皱巴巴 zhòuzhoubābā 형 쭈글쭈글하다 | 取而代之 qǔ'érdàizhī 성어 다른 것으로 대체하다 | ★ 撅 juē 동 세우다, 치켜들다 | 小嘴 xiǎozuǐ 명 작은 입술 | 默默 mòmò 부 묵묵히 | ★ 缝补 féngbǔ 동 바느질하다 | ★ 痕迹 hénjì 명 흔적 | 安慰 ānwèi 동 위로하다 | 顽皮 wánpí 형 개구쟁이다, 장난이 심하다 | ★ 绣 xiù 동 수놓다 | 开心 kāixīn 형 (기분이) 즐겁다, 유쾌하다 | 导致 dǎozhì

图 가져오다, 야기하다 | ★ 恐惧 kǒngjù 图 공포감을 느끼다 | ★ 愤怒 fènnù 图 분노하다 | 强制 qiángzhì 图 강제하다 | ★ 顺其自然 shùnqí zìrán 순리에 맡기다 | 优秀 yōuxiù 图 뛰어나다 | 启发 qǐfā 图 일깨우다, 계발하다 | 灿 càn 图 눈부시다 | ★ 若 ruò 图 마치 ~ 인 것 같다 | ★ 朝阳 zhāoyáng 图 아침 해 | 宽容 kuānróng 图 너그럽다 | 充满 chōngmǎn 图 가득 차다 | 创造力 chuàngzàolì 图 창조력 | 艺术 yìshù 图 예술 | 影响 yǐngxiǎng 图 영향을 주다 | 放弃 fàngqì 图 포기하다 | 所在 suǒzài 图 존재하는 곳

01

小孩子发生了什么事?

A 腿受伤了   B 遇到了动物
C 把裤子弄破了   D 从树上掉下来了

아이에게 무슨 일이 생겼는가?

A 다리를 다쳤다   B 동물을 만났다
C 바지에 구멍을 냈다   D 나무 위에서 떨어졌다

해설 지문 앞부분에 세 아이가 숲 속에서 놀다가 실수로 나뭇가지에 걸려 바지가 찢어졌다는 내용이 나온다. 따라서 답은 C가 된다.

단어 遇到 yùdào 图 만나다

02

第二个妈妈的态度怎么样?

A 很紧张   B 很平静
C 很生气   D 很吃惊

두 번째 엄마의 태도는 어떠한가?

A 매우 긴장했다   B 매우 차분했다
C 매우 화가 났다   D 매우 놀랐다

해설 두 번째 엄마에 대해 나오는 3번째 단락을 보면, 첫 번째 엄마가 아이를 때리고 혼낸 것에 비해 두 번째 엄마는 아이를 혼내지도 않고 조용히 구멍 난 옷만 꿰매주었다고 했으므로, 제시된 보기 중 平静(차분하다, 평온하다)이 가장 타당하다. 따라서 답은 B가 된다.

단어 紧张 jǐnzhāng 图 긴장해 있다 | 平静 píngjìng 图 차분하다 | 吃惊 chījīng 图 놀라다

03

第三个妈妈的教育方式对孩子有什么影响?

A 孩子更顽皮
B 孩子充满自信
C 孩子喜欢去树林玩儿
D 孩子越来越听妈妈的话

세 번째 엄마의 교육방식은 아이에게 어떠한 영향을 미쳤는가?

A 아이가 더 개구쟁이가 된다
B 아이가 자신감으로 가득 찬다
C 아이가 숲에 가서 노는 것을 좋아한다
D 아이가 점점 엄마의 말을 잘 듣는다

해설 세 번째 엄마의 방법이 가장 우수했다. 아이가 놀다가 옷에 구멍 난 것을 보고, 세 번째 엄마는 자신도 어렸을 적에 아이보다 훨씬 더 말썽꾸러기였다는 말로 아이의 마음을 안정시켜주고, 예쁜 색실로 구멍 난 옷에 꽃무늬를 수놓아주어 아이로 하여금 자신감과 창의력을 갖게 해준다고 했으므로 답은 B가 된다.

04

本文中, 什么启发了孩子的想象力?

A 妈妈的教训
B 妈妈的微笑
C 裤腿上的小红花
D 跟朋友调皮地玩

이 글에서 무엇이 아이의 상상력을 일깨워주었는가?

A 엄마의 훈계
B 엄마의 미소
C 바짓가랑이의 빨간 꽃
D 친구와 장난치며 노는 것

해설 세 번째 엄마는 아이의 찢어진 바지 위에 빨간 꽃을 수놓아주며 아이의 상상력을 일깨워줬다. 따라서 답은 C가 된다.

단어 教训 jiàoxùn 图 교훈 | 调皮 tiáopí 图 장난스럽다

제목 중국의 차 역사

주제 중국의 차는 오랜 역사를 지녔고, 세계 각지로 전파되었다.

中国是世界上种茶最早、制茶最精、饮茶最多的国家，是茶的故乡。⁵最初，茶只是被作为一种药材，而非饮品。后来，随着古人对茶性的深入研究，逐渐将茶从药材中分离出来，而成为一种清热解渴的饮料，并逐渐形成了中国的茶文化。

据史料记载，西汉时期已经有了饮茶的习俗。到了魏晋南北朝时期，饮茶的习俗已经成为上层人物中的一种时尚。唐代，可以说是中国茶文化的成熟时期。此时，饮茶的风气极为盛行。⁷人们不仅讲究茶叶的产地和采制，还讲究饮茶的器具和方法，并且在饮茶的方法上日益翻新。宋代，茶的种植、贸易也依然有增无减，并且制茶技术也有了明显的进步。到了元代，饮茶已成为日常生活中极为平常的事。明清时期，日常生活中人们饮茶的习惯已经与现在无大差别。

中国很早以前就把茶种以及种茶的技术传播到了外国。⁶唐代，茶叶传到了日本，后来出现了举世闻名的日本茶道。大约17世纪初，茶叶流传到西欧，也成为欧洲人民喜爱的饮料之一。

중국은 세계에서 가장 일찍 차를 재배하였고, 차 제조가 제일 뛰어나며, 차를 제일 많이 마시는 국가로, 차의 고향이다. ⁵처음에 차는 단지 약재로만 여겨졌을 뿐, 음료는 아니었다. 훗날, 고대 사람들이 차의 특징에 대해 심도 있는 연구를 함에 따라, 점차 차를 약재에서 분리해내어, 열을 내리고 갈증을 해결하는 음료가 되었다. 또한 중국의 차 문화도 점차 형성되었다.

역사 자료에 기록된 것에 따르면, 서한 시기에 이미 차를 마시는 풍속이 있었다. 위진남북조 시기에 차를 마시는 풍속은 상류층 사람들 사이에서 유행이 되었다. 당대는 중국 차 문화의 성숙기라고 할 수 있다. 이때 차를 마시는 풍조가 크게 성행하였다. ⁷사람들은 찻잎의 생산지와 채집, 제조를 중시하였을 뿐만 아니라, 차를 마시는 다기와 방법도 중시하였고, 또한 차를 마시는 방법은 날로 새로워졌다. 송대에는 차의 재배, 무역도 계속 증가하였으며, 차를 만드는 기술에도 뚜렷한 발전이 있었다. 원대에 들어서 차를 마시는 것은 이미 일상생활 중 매우 평범한 일이 되었다. 명청 시기에는 일상생활에서 사람들이 차를 마시는 습관은 현재와 큰 차이가 없게 되었다.

중국은 일찍이 차의 종류와 차를 재배하는 기술을 국외에 전파하였다. ⁶당대에 찻잎은 일본에 전파되었고, 나중에 세계적으로 이름난 일본 다도가 생겨났다. 약 17세기 초에, 찻잎은 서유럽으로 전파되었고, 또한 유럽인들이 애호하는 음료 중의 하나가 되었다.

단어 制 zhì 图 제조하다. 만들다 | ★ 精 jīng 图 뛰어나다. 훌륭하다 | 故乡 gùxiāng 圀 고향 | 最初 zuìchū 圀 최초, 처음 | 作为 zuòwéi 图 ~로 삼다. ~로 간주하다 | 药材 yàocái 圀 약재 | 非 fēi 图 아니다 | 饮品 yǐnpǐn 圀 음료 | ★ 随着 suízhe 젠 ~함에 따라서 | 深入 shēnrù 图 깊다. 투철하다 | 研究 yánjiū 图 연구하다 | ★ 逐渐 zhújiàn 图 점점 | 将 jiāng 젠 ~를 | 分离 fēnlí 图 분리하다 | ★ 清热 qīngrè 图 열을 내리다 | ★ 解渴 jiěkě 图 갈증을 해소하다 | 史料 shǐliào 圀 역사 자료 | ★ 记载 jìzǎi 图 기록하다 | 西汉 Xīhàn 圀 서한 | 习俗 xísú 圀 풍속 | ★ 魏晋南北朝 Wèi Jìn Nánběicháo 圀 위진남북조 | 上层 shàngcéng 圀 상류층 | 时尚 shíshàng 圀 (시대적) 유행 | 唐代 Tángdài 圀 당대 | 成熟 chéngshú 图 성숙하다 | 风气 fēngqì 圀 풍조 | 极为 jíwéi 图 아주 | ★ 盛行 shèngxíng 图 성행하다 | 讲究 jiǎngjiu 图 중요시하다 | 产地 chǎndì 圀 생산지 | ★ 采制 cǎizhì 图 채취하여 가공하다 | 器具 qìjù 圀 기구, 용구 | 日益 rìyì 图 날마다 | ★ 翻新 fānxīn 图 낡은 것이 새롭게 변화되다 | 宋代 Sòngdài 圀 송대 | ★ 种植 zhòngzhí 图 심다. 재배하다 | 贸易 màoyì 圀 무역 | 依然 yīrán 图 여전히 | ★ 有增无减 yǒuzēng wújiǎn 젱에 늘어날 뿐 줄어들지 않다 | 并且 bìngqiě 젭 게다가 | 技术 jìshù 圀 기술 | 明显 míngxiǎn 图 뚜렷하다 | 元代 Yuándài 圀 원대 | 明清 Míng Qīng 圀 명청 시대 | 习惯 xíguàn 圀 습관 | 差别 chābié 圀 차이 | ★ 传播 chuánbō 图 전파하다 | ★ 举世闻名 jǔshì wénmíng 젱에 전 세계에 이름이 알려지다 | 茶道 chádào 圀 다도 | ★ 西欧 Xīōu 圀 서유럽 | 欧洲 Ōuzhōu 圀 유럽 | 饮料 yǐnliào 圀 음료

05

茶叶最初被当做什么?

찻잎은 처음에 무엇으로 여겨졌는가?

A 香料　　　　　B 药材
C 饮料　　　　　D 装饰品

A 향료　　　　　B 약재
C 음료　　　　　D 장식품

해설 질문에 最初(처음)라는 시간사가 제시되었으므로, 最初(처음)가 있는 첫 번째 단락을 확인해본다. 차는 처음에는 음료로 사용되지 않고 약재로 사용되었다고 말했으므로, 답은 B가 된다.

단어 香料 xiāngliào 圀 향료 | 装饰品 zhuāngshìpǐn 圀 장식품

06 根据上文，下列哪项是正确的?

A 唐代茶叶流传到日本
B 宋代饮茶已经很平常了
C 西汉时期喝茶成为一种流行
D 元代饮茶的习惯和现代差不多

이 글에 의하면 다음 중 옳은 것은?

A 당대에 찻잎은 일본으로 전파되었다
B 송대에 차를 마시는 것은 이미 매우 일상적이었다
C 서한 시기에 차를 마시는 것은 유행이 되었다
D 원대의 차 마시는 습관은 지금과 비슷하다

해설 지문에서는 차의 변화 발전되는 모습을 왕조별로 나누어 설명하고 있다. 西汉시기에는 이미 차 마시는 풍속이 있었다고 했고(C), 宋代에는 차의 재배와 무역이 증가하였다고 했다(B). 元代에는 차 마시는 일은 아주 일상적인 일이 되었다(D)고 했으므로, B, C, D는 모두 왕조와 특징이 일치하지 않아 답이 될 수 없다. 보기 중 지문과 일치하는 답은 唐代에는 차가 일본까지 전해졌다는 A가 되는데, 이 내용은 가장 마지막 단락에 언급되어 있다.

단어 流行 liúxíng 통 유행하다

---

07 唐代开始讲究什么?

A 制茶时间
B 采茶季节
C 茶叶的产地
D 提高茶的质量

당대에 중시하기 시작한 것은 무엇인가?

A 차 제조 시간
B 차를 채집하는 계절
C 찻잎의 생산지
D 차의 품질을 높이는 것

해설 두 번째 단락에서 당나라 때부터 차 문화는 성숙기에 접어들어, 찻잎의 생산지와 채집, 제조를 중시하였을 뿐만 아니라, 차 마시는 다기와 방법도 중시하였다고 했으므로, 답은 C가 된다. 찻잎의 채집과 제조를 중시한 건 맞지만 그에 대한 时间(시간)과 季节(계절)에 대한 언급은 없었으므로, A와 C는 답이 될 수 없다. 보기에 제시된 표현의 일부분이 맞다고 답이 될 수는 없으니, 지문 내용과의 일치 여부를 정확하게 확인해야 한다.

단어 提高 tígāo 통 향상시키다

---

08 这篇文章主要内容是:

A 制茶技术
B 茶的发展历史
C 茶怎样用于医学
D 外国的茶文化与中国茶的关系

이 글의 주요 내용은:

A 차 제조 기술
B 차의 발전 역사
C 차가 어떻게 의학에 사용되는가
D 외국의 차 문화와 중국 차의 관계

해설 지문은 차가 처음에는 약재로만 사용되고 음용하지 않다가, 서한 시기부터 점차 음료로 마시기 시작하였으며, 위진남북조 시대에는 상류층 사람들이 널리 마시기 시작했고, 명청대에는 현대의 차 마시는 모습과 별 차이가 없을 정도로 발전되었다고 서술하고 있다. 즉 지문은 시대별로 차의 발전에 관하여 설명하는 내용이므로 답은 B가 된다.

[01-04]

| 제목 | 바람직한 소통의 세 가지 요소 |

| 주제 | 바람직한 소통을 위해서는 명확한 목표와 규칙이 있어야 하고, 정보, 사상, 감정을 소통해야 한다. |

[4]良好的沟通需要三个要素。

第一个要素是一定要有一个明确的目标。只有大家有了明确的目标才叫沟通。如果大家来了但没有目标，那就不是沟通，是什么呢？是闲聊天。[1]沟通就要有一个明确的目标，这是沟通最重要的基础。

第二个要素是沟通之后，要形成一个共同的规则。沟通结束以后一定要形成一个双方或者多方都共同承认的一个规则，只有形成了这个规则才叫做完成了一次沟通。如果没有形成规则，那么这次不能称之为沟通。在实际的工作过程中，我们常见到大家一起沟通过了，但是最后没有形成一个明确的规则，大家就各自去工作了。由于对沟通的内容理解不同，[2]又没有形成规则，最后反而让双方产生了矛盾。

第三个要素是沟通信息、思想和情感。沟通的内容不仅仅是信息，还包括更加重要的思想和情感。信息是非常容易沟通的，[3]而思想和情感是不太容易沟通的。在我们工作的过程中，很多障碍使思想和情感无法得到一个很好的沟通。事实上我们在沟通过程中，传递更多的是彼此之间的思想，而信息的内容并不是主要的内容。

[4]바람직한 소통에는 세 가지 요소가 필요하다.

첫 번째 요소는 반드시 명확한 목표가 있어야 한다는 것이다. 모두에게 명확한 목표가 있어야만 비로소 소통이라고 할 수 있다. 만약 모두가 참여했지만 목표가 없다면 그것은 소통이 아니다. 그렇다면 무엇인가? 바로 잡담이다. [1]소통은 명확한 목표가 있어야 하며, 이것은 소통의 제일 중요한 기초다.

두 번째 요소는 소통 후에, 공통의 규칙이 형성되어야 한다. 소통이 끝난 이후 반드시 양자간 혹은 다자간에 공통으로 인정하는 규칙이 형성되어야 한다. 이 규칙이 형성되어야 비로소 한 번의 소통이 끝났다고 할 수 있다. 만약에 규칙이 형성되지 않았다면, 이번에는 소통이라고 부를 수 없다. 실제 업무 과정에서, 우리는 모두가 같이 소통하지만 마지막에 명확한 규칙을 형성하지 못하고, 각자 자기 할 일을 하러 가는 것을 자주 본다. 소통한 내용에 대한 이해가 다르고, [2]또 규칙이 형성되지 않았기 때문에 마지막에 오히려 양측에 갈등이 생기게 된다.

세 번째 요소는 정보, 사상과 감정을 소통하는 것이다. 소통하는 내용은 정보뿐 아니라 더욱 중요한 사상과 감정을 내포하고 있다. 정보는 매우 쉽게 소통된다. [3]그러나 사상과 감정은 소통하기 쉽지 않다. 우리가 일하는 과정에서, 많은 장애물이 사상과 감정이 효과적으로 소통되지 못하게 한다. 사실 우리가 소통하는 과정에서, 더 많이 전달하는 것은 서로의 사상이지, 정보의 내용이 결코 주요 내용은 아니다.

단어　良好 liánghǎo 형 바람직하다, 양호하다 | ★ 沟通 gōutōng 통 소통하다, 교류하다 | ★ 要素 yàosù 명 요소 | 明确 míngquè 형 명확하다 | ★ 目标 mùbiāo 명 목표 | ★ 基础 jīchǔ 명 기초 | 形成 xíngchéng 통 형성되다 | 共同 gòngtóng 형 공통의 | 规则 guīzé 명 규칙 | ★ 承认 chéngrèn 통 인정하다 | 称之为 chēngzhīwéi ~라고 부르다 | 实际 shíjì 명 실제적이다 | 过程 guòchéng 명 과정 | 各自 gèzì 대 각자 | 反而 fǎn'ér 부 오히려 | ★ 矛盾 máodùn 명 갈등, 모순 | 信息 xìnxī 명 정보 | 思想 sīxiǎng 명 사상 | ★ 情感 qínggǎn 명 감정 | ★ 包括 bāokuò 통 포함하다 | 容易 róngyì 형 쉽다 | ★ 障碍 zhàng'ài 명 장애물 | 传递 chuándì 통 전달하다 | ★ 彼此 bǐcǐ 대 서로, 상호

01　沟通最重要的基础是什么？

A 有明确的目标
B 工作类型一样
C 大家都有时间
D 有共同的兴趣爱好

소통하는 데 제일 중요한 기초는 무엇인가？

A 명확한 목표가 있다
B 업무 유형이 같다
C 모두 시간이 있다
D 공통의 흥미와 취미가 있다

해설 지문은 바람직한 소통에 필요한 세 가지 요소를 설명하고 있다. 그중 첫 번째 요소로 명확한 목표가 있어야 한다고 하며, 이것이 소통의 가장 중요한 기초라고 했으므로, 답은 A가 된다.

단어 类型 lèixíng 몡 유형 | 兴趣 xìngqù 몡 흥미 | 爱好 àihào 몡 취미

---

02 如果沟通之后没有形成共同的规则会怎么样?

만약 소통 후에 공통된 규칙을 형성하지 못했다면 어떻게 되는가?

A 提高工作效率
B 以后不好管理
C 发展各自的想法
D 让双方产生新的矛盾

A 업무 효율이 향상된다
B 이후에 관리가 잘 안 된다
C 각자의 생각을 발전시킨다
D 양측간에 새로운 갈등이 생긴다

해설 바람직한 소통의 두 번째 요소는 소통 후에 서로가 인정할 수 있는 공통의 규칙이 형성되어야 한다는 것이다. 만약 이러한 규칙을 만들지 못하면 마지막에 양측의 갈등이 발생할 수 있다고 세 번째 단락 마지막 부분에 언급되어 있다. 따라서 답은 D가 된다.

단어 提高 tígāo 통 향상시키다 | 效率 xiàolǜ 몡 효율 | 管理 guǎnlǐ 통 관리하다 | 发展 fāzhǎn 통 발전시킨다

---

03 根据上文, 下列选项中正确的是:

이 글에 의하면 다음 중 옳은 것은:

A 聊天也是沟通
B 情感不容易沟通
C 面对面才能进行沟通
D 有效的沟通不用形成规则

A 잡담을 하는 것도 소통이다
B 감정은 쉽게 소통되지 않는다
C 마주 봐야 비로소 소통할 수 있다
D 효과적인 소통은 규칙을 형성할 필요가 없다

해설 두 번째 단락에서 목표 없이 나누는 수다는 소통이 아니라 잡담이라고 했으므로 A는 답에서 제외된다. 세 번째 단락에서 바람직한 소통을 하기 위해서는 공통의 규칙을 형성해야 한다고 했으므로 D도 답에서 제외된다. 네 번째 단락에서는 정보, 사상, 감정의 요소 중, 사상과 감정의 소통은 쉽지 않다고 말하고 있다. 따라서 B가 답이 된다. C는 지문에서 언급되지 않았으므로 답이 될 수 없다.

단어 根据 gēnjù 전 ~에 근거하여

---

04 这篇文章的主题是:

이 글의 주제는:

A 不要浪费时间
B 聊天比沟通更轻松
C 什么是良好的沟通
D 沟通的双方应互相谦让

A 시간을 낭비하지 말아야 한다
B 잡담하는 것은 소통하는 것보다 더욱 수월하다
C 무엇이 바람직한 소통인가
D 소통의 양측은 서로 겸손하고 양보해야 한다

해설 주제는 지문의 첫 번째 단락에 良好的沟通需要三个要素(바람직한 소통에는 세 가지 요소가 필요하다)라고 언급되어 있으므로, C가 답으로 가장 타당하다.

단어 谦让 qiānràng 통 겸손하게 사양하다

| 제목 | 우연을 가장한 행운 |

中国人常说有心栽花花不开，无心插柳柳成荫。可见，⁵最好的东西，往往是偶然得来的。比如路过彩票投注站的时候，随便选了几组自己喜欢的号码，谁知这张彩票居然中奖了。

跟朋友出去拍照，挑选了很多漂亮的衣服，顺便又多带了一套，没想到照片洗出来以后，效果最好的不是精心搭配的那几件衣服，而是顺便带去的那一套。

跟朋友约好在百货商店门口见面，没想到路上没堵车，所以早到了，于是进百货商店随便逛逛，⁶就在这短短的时间里你找到了已经找了好几个月的裙子。

你画了很多张画，眼看还有些颜料，就顺便再画一张，最满意的却是这一张。

有时候，拍照拍了一卷胶卷，最后的一两张胶片，本来不打算拍了，可是为免浪费，就随便拍了两张，谁知道胶片冲出来之后，效果最好的竟是最后拍的那两张。

今天晚上，⁷朋友说要把一个男孩子介绍给你，你想可能又是空欢喜一场，所以想放弃，但反正有空，于是去看看。幸好你去了，他就是你要找的人。

⁸不到最后一刻，千万别放弃。最后得到好东西，不是幸运。有时候，必须有前面的苦心经营，才有后面的偶然相遇。

| 주제 | 포기하지 않고 마지막 순간까지 시도한다면 행운은 찾아온다. |

중국인들은 '마음먹고 심은 꽃은 피지 않고, 무심히 꽂은 버드나무는 우거져 그늘을 드리운다'라는 말을 자주 한다. ⁵제일 좋은 것은 종종 우연히 얻게 된다는 것을 알 수 있다. 예를 들어 복권방을 지나다 자신이 좋아하는 번호를 마음대로 몇 개 골랐는데 이 복권이 당첨될 줄 누가 알겠는가.

친구와 사진을 찍으러 가려고 예쁜 옷들을 잔뜩 고르고 내친김에 한 벌을 더 가져갔는데, 사진이 나온 후 제일 잘 나온 사진은 공들여 갖춰 입은 옷들이 아니라, 그냥 가져간 그 옷일 거라고는 생각지도 못한다.

친구와 백화점 입구에서 만나기로 약속했는데, 의외로 차가 막히지 않아 일찍 도착해서 백화점을 한번 둘러보는데, ⁶그 짧은 시간에 몇 개월 동안 찾던 치마를 찾게 된다.

당신이 여러 장의 그림을 그리고 물감이 좀 남은 김에 아무렇게나 한 장 더 그렸는데, 제일 마음에 드는 그림이 오히려 그 그림이다.

때로는 필름 한 통으로 사진을 찍고, 제일 마지막 한두 장 은 원래 찍을 생각이 없었지만, 낭비하지 않기 위해서 두 장을 아무렇게나 찍었다. 사진을 현상하고 나니 제일 잘 나온 사진이 마지막에 찍은 그 사진인 것을 누가 알겠는가.

오늘 저녁 ⁷친구가 당신에게 남자친구를 소개해준다고 한다. 당신은 이번에도 역시 괜히 헛물만 켤까봐 그만두려고 생각하지만, 어쨌거나 시간도 있고, 한번 가서 얼굴이나 보기로 한다. 당신이 갔기에 다행이지, 그가 바로 당신이 찾던 사람인 것이다.

⁸최후의 순간이 오기 전에, 절대 포기해서는 안 된다. 마지막에 좋은 것을 얻는 것은 행운이 아니다. 때로는 반드시 앞에서 심혈을 기울여야, 비로소 뒤에서 우연히 만나는 것이다.

| 단어 | 有心栽花花不开，无心插柳柳成荫 yǒuxīn zāihuā huā bù kāi wúxīn chāliǔ liǔ chéng yīn 마음먹고 심은 꽃은 피우지 않고, 무심히 꽂은 버드나무는 우거져 그늘을 드리운다 | ★栽 zāi 통 심다 | ★插 chā 통 꽂다 | 柳 liǔ 명 버드나무 | 荫 yīn 명 나무 그늘 | 可见 kějiàn 접 ~을 알 수 있다 | 偶然 ǒurán 부 우연히 | 路过 lùguò 통 지나치다 | ★彩票 cǎipiào 명 복권 | ★投注站 tóuzhùzhàn (도박에서) 돈을 거는 곳 | 居然 jūrán 부 뜻밖에 | ★中奖 zhòngjiǎng 통 당첨되다 | 拍照 pāizhào 통 사진 찍다 | 挑选 tiāoxuǎn 통 선택하다. 고르다 | 顺便 shùnbiàn 부 내친김에, ~하는 김에 | ★精心 jīngxīn 형 공들이다 | ★搭配 dāpèi 통 배합하다 | 约好 yuēhǎo 통 약속하다 | 堵车 dǔchē 통 교통이 꽉 막히다 | 逛 guàng 통 돌아다니다. 쇼핑하다 | 眼看 yǎnkàn 부 곧, 이제 | ★颜料 yánliào 명 물감 | 卷 juǎn 양 통 | ★胶卷 jiāojuǎn 명 필름 | 为免 wèimiǎn 면하기 위해서 | 浪费 làngfèi 통 낭비하다 | 胶片 jiāopiàn 명 필름 | 冲 chōng 통 (필름을) 현상하다 | ★空欢喜一场 kōnghuānxǐ yì chǎng 괜히 좋아하다, 헛물을 켜다 | 放弃 fàngqì 통 포기하다 | 反正 fǎnzhèng 부 어쨌든 | 幸好 xìnghǎo 부 운 좋게. 다행히 | ★苦心经营 kǔxīn jīngyíng 성어 고심하고 애써 처리하다 | 相遇 xiāngyù 통 서로 만나다 |

05

根据本文，偶然得来的：

A 可能是最好的
B 是一种宝贵经验
C 让我们浪费时间和精力
D 给我们带来更多的乐趣

이 글에 의하면 우연히 얻은 것은:

A 어쩌면 제일 좋은 것이다
B 하나의 소중한 경험이다
C 우리에게 시간과 정력을 낭비하게 한다
D 우리에게 더 많은 기쁨을 가져다준다

해설 이 지문은 중국어 속담으로 시작된다. 心栽花花不开，无心插柳柳成荫은 '마음먹고 심은 꽃은 피지 않고, 무심히 꽂은 버드나무는 우거져 그늘을 드리운다'는 뜻으로, 무심결에 한 행동이 의외의 결과를 가져올 수 있다는 말이다. 또한 결론을 나타내는 접속사 可见(~을 알 수 있다) 이하 부분에 제일 좋은 것은 우연한 기회에 얻는다고 언급되어 있으므로, A가 답이 된다.

단어 宝贵 bǎoguì 혱 진귀한 | 经验 jīngyàn 몡 경험 | 精力 jīnglì 몡 정력

06

根据本文，等朋友的人：

A 中奖了
B 画了很多张画
C 买到了合心意的裙子
D 在百货商店买到了照相机

이 글에서 친구를 기다리는 사람은:

A 복권에 당첨되었다
B 많은 그림을 그렸다
C 마음에 드는 치마를 샀다
D 백화점에서 카메라를 샀다

해설 이 지문은 서두에 주제를 말하고, 여러 가지의 예를 들어 부연 설명을 하고 있다. 세 번째 단락에서 약속 시간보다 일찍 도착해 친구를 기다리면서 백화점을 잠깐 둘러보았는데, 몇 달간 찾아 헤매던 치마를 찾게 된다고 했으므로, 답은 C가 된다. 즉 우연한 기회에 의외의 성과가 있었던 것이다.

단어 心意 xīnyì 몡 성의, 마음

07

女的为什么不想和朋友介绍的那个男孩子见面?

A 工作太忙了
B 人家看不上她
C 男孩子长得不帅
D 她认为也许不会成

여자는 왜 친구가 소개해주는 그 남자를 만나고 싶지 않았는가?

A 일이 너무 바빠서
B 그 사람이 그녀를 마음에 들지 않아 해서
C 남자가 못생겨서
D 그녀가 생각하기에 아마도 이루어질 것 같지 않아서

해설 친구가 남자친구를 소개해주려고 했지만, 괜히 헛물 켜고(空欢喜一场), 성과 없이 끝날까 걱정되어 나가지 않으려고 했다. 따라서 답은 D가 된다.

단어 认为 rènwéi 됭 여기다

08

本文告诉我们：

A 偶然有其必然
B 要学会享受生活
C 偶然可能成为必然
D 等一等会有好的结果

이 글에서 말해주는 것은:

A 우연 중에 필연이 있다
B 인생을 즐기는 것을 배워야 한다
C 우연은 어쩌면 필연이 될 수 있다
D 기다리면 좋은 결과가 있을 것이다

해설 우연한 기회에 얻어지는 것을 행운이라고 생각하지만, 사실 그러한 우연도 반드시 이전에 열심히 노력했던 것의 결과이므로, 최후의 순간까지 포기하지 말아야 한다고 마지막 단락에 언급하고 있다. 따라서 답은 A가 된다.

단어 必然 bìrán 혱 필연적이다 | 享受 xiǎngshòu 됭 즐기다, 누리다

제1부분 p.146~148

[01-04]

| 제목 | 고민에 대한 실험 |

　　一位心理学家做了一个很有趣的实验，他要求一群实验者在星期日晚上，把___1___7天所有可能的烦恼都写下来，然后投入一个大型的"烦恼箱"。

　　7天后，他打开箱子，逐一与成员们核对每一项"烦恼"，结果发现，其中有九成烦恼并未真正发生。

　　接着，他又要求大家把剩下的字条重新放回纸箱中，等又过7天以后，再来寻找解决之道。结果发现，___2___。由此可见，烦恼是自己找上门来的，这就是___3___的"自寻烦恼"。据统计，一般人的忧虑有四成是对当下情况的担忧，而92%的忧虑从未发生过，剩下的8%则是你能够轻易___4___的。

| 주제 | 우리가 하고 있는 대부분의 고민은 실제로 발생하지 않는다. |

　　한 심리학자가 매우 흥미 있는 실험을 했다. 그는 실험(대상)자에게 일요일 저녁에 향후 7일 동안 가능한 모든 걱정거리를 쓰라고 한 후에, 큰 '고민상자'에 담았다.

　　7일 후에, 그는 상자를 열어서 구성원들과 모든 고민을 하나씩 대조하였다. 그 결과, 그중 90%의 고민은 실제로 일어나지 않은 것을 발견했다.

　　이어서 그는 또 사람들에게 남은 쪽지를 다시 종이상자에 담았다가 다시 7일이 지난 후에 해결방법을 찾으라고 했다. 그 결과 그 고민이 더 이상은 고민이 아니라는 것을 발견하게 되었다. 이로 볼 때, 고민은 스스로 찾아오는 것으로, 이것이 바로 소위 '사서 걱정한다'는 것이다. 통계에 따르면, 일반인의 우려 가운데 40%는 그 당시의 상황에 대한 걱정이다. 하지만, 92%의 우려는 한 번도 일어난 적이 없으며, 남은 8%는 당신이 충분히 쉽게 대처할 수 있는 것이라고 한다.

단어　心理学家 xīnlǐxuéjiā 뎽 심리학자 | 有趣 yǒuqù 뎽 재미있다 | ★ 实验 shíyàn 뎽 실험 뎽 실험하다 | 要求 yāoqiú 뎽 요구하다 | 所有 suǒyǒu 뎽 모든 | 可能 kěnéng 뎽 가능하다 | ★ 烦恼 fánnǎo 뎽 걱정하다 | 然后 ránhòu 뎹 그런 후에 | ★ 投入 tóurù 뎽 투입하다 | 大型 dàxíng 뎽 대형의 | ★ 逐一 zhúyī 뎹 하나씩 | 成员 chéngyuán 뎽 구성원 | 结果 jiéguǒ 뎽 결과 | 其中 qízhōng 뎽 그중 | 接着 jiēzhe 뎹 이어서 | 字条 zìtiáo 뎽 메모 | 重新 chóngxīn 뎹 다시 | ★ 寻找 xúnzhǎo 뎽 찾다 | 解决 jiějué 뎽 해결하다 | 由此可见 yóucǐ kějiàn 이로부터 알 수 있다 | 统计 tǒngjì 뎽 통계 | ★ 当下 dāngxià 뎹 바로 그 때, 즉각 | ★ 忧虑 yōulǜ 뎽 우려하다 | 情况 qíngkuàng 뎽 상황 | ★ 担忧 dānyōu 뎽 걱정하다 | 轻易 qīngyì 뎽 쉽다

01

| A 过去 | B 未来 | A 과거 | B 향후 |
| C 以后 | D 以前 | C 이후 | D 이전 |

시크릿　把___7天所有可能的烦恼都写下来，

해설　**품사 찾기**　빈칸에는 烦恼(번뇌하다)를 수식하는 관형어의 일부가 들어가야 한다. 제시된 보기가 모두 시간을 나타내고 있으므로, 문맥상 적절한 시간사를 찾아야 한다.

　　짝꿍 찾기　7天(7일), 可能(가능하다)과 어울리는 시간사를 찾자.

　　정답 찾기　可能(가능하다)이 있는 것으로 보아, 7일은 지나간 과거가 아니라, 앞으로 다가올 7일을 의미하므로 답은 B 未来(향후)가 된다.

Tip　以后도 '이후'라는 뜻으로 미래 시제를 나타낼 수 있지만, 以后7天이라고 하지 않고, 7天以后라고 표현해야 한다.

단어　过去 guòqù 뎽 과거 | 未来 wèilái 뎽 미래, 향후

02

A 忍不住笑起来了	A 웃음을 참지 못한다는 것을
B 那些纸条都不见了	B 그 쪽지가 전부 사라졌다는 것을
C 很感激那位心理学家	C 심리학자에게 매우 감격했다는 것을
D 那些烦恼也不再是烦恼了	D 그 고민이 더 이상은 고민이 아니라는 것을

시크릿 结果发现，其中有九成烦恼并未真正发生。…，等又过7天以后，再来寻找解决之道。结果发现，_____。

해설 **품사 찾기** 빈칸 앞에 쉼표(,)가 있는 것으로 보아 发现(발견하다)이 이끌 수 있는 적절한 절을 찾아야 한다.

정답 찾기 첫 번째 실험에서 90%의 고민은 실제로 일어나지 않은 것을 발견했다고 했다. 즉 우리는 발생하지도 않을 고민을 안고 살고 있다는 결과를 보여주는 실험이다. 자신들의 고민을 적어 넣었던 쪽지가 사라진 것이 아니라, 자신이 발생할 거라고 생각했던 고민이 실제로는 발생하지 않았기 때문에, 더 이상 고민거리가 아니라는 D가 답이 된다.

Tip 첫 번째 7일이 지난 후의 결과를 참고하면 어떤 결과가 나왔을지 추측할 수 있다.

단어 忍不住 rěnbuzhù 참을 수 없다 | 感激 gǎnjī 图 감격하다 | 纸条 zhǐtiáo 图 종이 쪽지

03

| A 所以 | B 说明 | A 그래서 | B 설명하다 |
| C 所谓 | D 肯定 | C 소위 | D 확실히 |

시크릿 烦恼是自己找上门来的，这就是_____的"自寻烦恼"。

해설 **품사 찾기** '수식어 的 + 피수식어'의 어순으로 的 앞부분에는 수식어가 될 수 있는 동사, 형용사, 명사 등이 나올 수 있다.

정답 찾기 접속사 所以(그래서)는 뒤 절의 맨 앞에 나와야 하고, 부사 肯定(확실히)은 술어 앞에 나와야 하므로 빈칸에 들어갈 수 없다. 所谓는 '소위'라는 뜻의 형용사로 주로 설명할 필요가 있는 단어를 제시할 때 사용하므로, 답은 C가 된다.

Tip 所谓의 활용
这就是所谓"信息时代"。이것이 바로 소위 말하는 '정보시대'다.
所谓有配偶，是指男人有妻、女人有夫。소위 짝이 있다는 말은 남자에게는 아내가 있고, 여자에게는 남편이 있음을 일컫는다.

단어 说明 shuōmíng 图 설명하다 | ★ 所谓 suǒwèi 图 소위 | 肯定 kěndìng 閏 확실히

04

| A 了解 | B 忘掉 | A 이해하다 | B 잊어버리다 |
| C 达到 | D 应付 | C 도달하다 | D 대처하다 |

시크릿 据统计…，而92%的忧虑从未发生过，剩下的8%则是你能够轻易_____的。

해설 **품사 찾기** '주어(你) + 조동사(能够) + 부사어(轻易)' 이하에는 동사 술어가 나와야 한다.

짝꿍 찾기 동사의 첫 번째 힌트는 목적어고, 목적어가 없으면 주어가 힌트다. 이 문장에서 생략된 주어는 忧虑(우려)다.

정답 찾기 92%의 고민거리는 발생조차 하지 않았고, 나머지 8%의 고민거리는 발생한다 하더라도 충분히 쉽게 대처할 수 있다가 문맥상 적절하다. 따라서 답은 D의 应付(대처하다, 대응하다)로, 어떤 일에 대해 적절한 방법이나 조치를 취한다는 의미를 갖는다.

Tip 应付突然事件 갑작스런 사건에 대처하다 / 应付危急局面 위급 상황에 대처하다

단어 了解 liǎojiě 图 잘 알다, 이해하다 | 忘掉 wàngdiào 图 잊어버리나 | ★ 应付 yìngfù 图 대처하다

[05-08]

<table>
<tr><td>제목</td><td>엘리베이터 고장 시 위기 대처법</td><td>주제</td><td>엘리베이터가 고장 나더라도 침착하게 대응해야 한다.</td></tr>
</table>

　　乘坐电梯时，如果电梯突然停住了，也没有其他人发现电梯坏了，你应该怎么办？首先不要 ＿5＿ ，确定电梯是不是真的无法正常运行。然后，立刻按红色的电梯门铃，求救铃声一响，就会有 ＿6＿ 的救援人员来救你。同时，也可以大声地呼救，电梯外的人有可能会听到，帮助你脱离困境。千万不要 ＿7＿ 激动地用力拍打电梯门，那样的话，电梯很可能会不正常地上升或下降，＿8＿ 。

엘리베이터를 탔을 때, 만약 엘리베이터가 갑자기 멈추고, 엘리베이터가 고장 난 것을 발견한 다른 사람도 없다면, 당신은 어떻게 해야 하겠는가? 먼저 당황하지 말고, 엘리베이터가 정말로 정상적으로 운행될 수 없는지 확인한다. 그런 후에, 즉시 빨간색 비상벨을 누르면, 구조요청 벨이 울리고, 전문 구조요원이 당신을 구하러 올 것이다. 또한 큰소리로 도움을 요청하면, 엘리베이터 밖에 있는 사람이 어쩌면 소리를 듣고, 당신이 곤경에서 빠져나올 수 있도록 도와줄 수도 있다. 절대로 정서적으로 흥분해서 엘리베이터 문을 세게 두드려서는 안 된다. 그렇게 하면, 엘리베이터는 매우 비정상적으로 상승 또는 하강하여, 불필요한 위험을 초래할 수 있다.

단어 乘坐 chéngzuò 용 타다 | 电梯 diàntī 명 엘리베이터 | 如果 rúguǒ 접 만약 | 突然 tūrán 부 갑자기 | 停住 tíngzhù 용 멈추다 | 没有 méiyǒu 용 없다 | 其他 qítā 대 그 외 | 发现 fāxiàn 용 발견하다 | 坏 huài 용 고장 나다 | 应该 yīnggāi 조동 마땅히 ~해야 한다 | 怎么办 zěnmebàn 어찌하다 | 首先 shǒuxiān 부 먼저 | 确定 quèdìng 용 확정하다 | 无法 wúfǎ 방법이 없다 | 正常 zhèngcháng 형 정상적이다 | ★运行 yùnxíng 용 운행하다 | 然后 ránhòu 접 그런 후에 | 立刻 lìkè 부 바로 | 按 àn 용 누르다 | 红色 hóngsè 명 붉은색 | ★求救 qiújiù 용 구원을 청하다 | ★铃声 língshēng 명 벨소리 | 响 xiǎng (소리가) 울리다 | ★救援 jiùyuán 용 구원하다 | 人员 rényuán 명 인원, 요원 | 救 jiù 용 구조하다 | 同时 tóngshí 접 또한, 동시에 | 可以 kěyǐ 조동 ~할 수 있다 | 大声 dàshēng 명 큰소리 | ★呼救 hūjiù 용 구조를 요청하다 | 可能 kěnéng 부 아마도 | 帮助 bāngzhù 용 돕다 | ★脱离 tuōlí 용 벗어나다 | 困境 kùnjìng 명 곤경 | 千万 qiānwàn 부 절대로 | ★激动 jīdòng 용 흥분하다 | 用力 yònglì 힘을 쓰다 | ★拍打 pāida 용 두드리다 | 上升 shàngshēng 용 위로 올라가다 | 或 huò 접 혹은 | 下降 xiàjiàng 용 하강하다

05

| A 委屈 | B 慌张 | A 억울하다 | B 당황하다 |
| C 沉默 | D 犹豫 | C 침묵하다 | D 망설이다 |

시크릿 乘坐电梯时，如果电梯突然停住了 … 首先不要＿＿＿＿，确定电梯是不是真的无法正常运行。

해설 **품사 찾기** '부사(不) + 조동사(要)' 뒤에는 동사나 형용사 술어가 쓰일 수 있다.

짝꿍 찾기 뒤에 바로 쉼표(,)가 있으므로 빈칸은 목적어 없이 단독으로 쓰이는 동사나 형용사 술어 자리다. 따라서 전체 문맥을 정확하게 파악해야 한다.

정답 찾기 빈칸 앞 절에는 엘리베이터 안에 혼자 있는데, 엘리베이터가 갑자기 고장 났을 때의 내용이 있고, 뒤 절에는 정상적으로 운행될 수 있는지 여부를 확인하라는 내용이 나와 있다. 이러한 행동은 당황하지 않은 상황에서 할 수 있으므로, 답은 B가 된다.

단어 ★委屈 wěiqu 형 억울하다 | ★慌张 huāngzhāng 형 당황하다 | ★沉默 chénmò 형 조용하다 용 침묵하다 | ★犹豫 yóuyù 형 망설이다

06

| A 完美 | B 时髦 | A 완벽하다 | B 유행이다 |
| C 成熟 | D 专业 | C 성숙하다 | D 전문의 |

시크릿 立刻按红色的电梯门铃，求救铃声一响，就会有＿＿＿＿的救援人员来救你。

해설 **품사 찾기** 구조조사 的가 救援人员(구조요원)과 결합되어 있는 것으로 보아, 빈칸에는 명사 救援人员(구조요원)을 수식하는 수식어가 필요하다. 제시된 보기가 모두 형용사이므로 형용사 자리가 된다.

짝꿍 찾기 수식어의 힌트는 명사 救援人员(구조요원)이 된다.

07

A 情绪	B 心理	A 정서	B 심리
C 逻辑	D 思想	C 논리	D 사상

시크릿 千万不要＿＿＿＿激动地用力拍打电梯门,

해설 **품사 찾기** 빈칸 앞의 '부사(不) + 조동사(要)'와 뒤에 나오는 명사 电梯门(엘리베이터 문)을 보고 동사 술어 자리라고 생각할 수 있지만, 전체 문장의 술어는 拍打(두드리다)가 된다. 또한 보기에는 모두 명사가 제시되어 있다.

짝꿍 찾기 수식어의 힌트는 빈칸 뒤의 激动(흥분하다)과 결합이 가능한 명사를 고르면 된다.

정답 찾기 激动(흥분하다)은 감정을 나타내는 동사로, '정서, 감정'이라는 뜻을 가진 情绪(정서)와 호응하므로, 답은 A가 된다.

Tip 心理(심리)는 心理状态(심리 상태), 心理学家(심리학자), 青少年心理(청소년 심리), 心理治疗(심리 치료) 등의 단어로 활용된다.

단어 情绪 qíngxù 명 정서 | 心理 xīnlǐ 명 심리 | ★ 逻辑 luójí 명 논리 | 思想 sīxiǎng 명 사상

08

A 改变危险的状况	A 위험한 상황을 바꿀
B 威胁到他人安全	B 다른 사람의 안전을 위협할
C 造成不必要的危险	C 불필요한 위험을 초래할
D 知道引起人们的注意	D 사람들의 주의를 끈다는 것을 알

시크릿 电梯很可能会不正常地上升或下降, ＿＿＿＿。

해설 **품사 찾기** 빈칸 앞의 쉼표(,)와 뒤의 마침표(。)를 보면 하나의 절이 나와야 함을 알 수 있다.

짝꿍 찾기 절의 힌트는 앞뒤 절 혹은 전체 문장의 의미를 파악해야 찾을 수 있다. 이 문제는 앞 절을 힌트로 삼아야 한다.

정답 찾기 흥분해서 엘리베이터 문을 두드리면, 엘리베이터가 비정상적으로 상승하거나 하강할 수 있다는 설명을 하고 있다. 엘리베이터 문을 세게 두드리면 상황이 더 위험해진다는 부정적인 결과를 말하고 있으므로 답은 C가 된다.

Tip 엘리베이터에 혼자 갇힌 상황에 대처하는 방법을 설명하고 있으므로, 他人(타인)을 위협하는 상황(B)은 지문과 맞지 않는다. 또한 위험한 상황을 바꾸고(A), 사람의 주의를 끌 수 있다(D)는 것은 긍정적 결과이므로 문장의 흐름과 맞지 않다.

단어 改变 gǎibiàn 동 바꾸다 | 危险 wēixiǎn 형 위험하다 | 状况 zhuàngkuàng 명 상황 | ★ 威胁 wēixié 동 위협하다 | 安全 ānquán 명 안전 | 造成 zàochéng 동 초래하다 | 必要 bìyào 형 필요하다 | 知道 zhīdào 동 알다 | 引起 yǐnqǐ 동 (주의를) 끌다 | 注意 zhùyì 동 주의하다

제목	단점과 결점의 진정한 의미

某少年认为自己最大的缺点是胆小，所以他去看心理医生。

医生听了他介绍的情况后，说："这怎么叫缺点呢，分明是个优点嘛。你只不过是非常__9__罢了，而这样的人总是最可靠，很少出乱子。"

少年有些疑惑："怎么勇敢倒成为缺点了？"

医生摇摇头，说："不，勇敢是一种优点，而胆小是另一种优点。胆小和勇敢，就好像白银和黄金，人们重视黄金，但并不是说要__10__白银。如果你是个战士，胆小__11__是缺点；但如果你是个司机，胆小则是优点。你与其为自己的胆小而担心，还不如利用这个特点，想办法增长自己的才能。到那时候，__12__也很困难了。"

주제	단점을 잘 살리면 오히려 장점이 될 수 있다.

어떤 소년이 자신의 최대 결점은 소심한 것이라고 생각해서, 정신과 의사를 찾아갔다.

의사는 그의 상황을 들은 후, "이것이 어떻게 결점인가요. 분명히 장점입니다. 당신은 단지 매우 <u>신중할</u> 뿐입니다. 오히려 이런 사람들이 항상 가장 믿음직스럽고, 사고를 가장 적게 내죠."라고 말했다.

소년은 좀 의심스러워했다. "어떻게 용감한 것이 단점이 될 수 있나요?"

의사는 고개를 저으며 대답했다. "아닙니다. 용감한 것은 장점 중의 하나지만, 소심한 것은 또 다른 장점 중의 하나지요. 소심한 것과 용감한 것은 마치 은과 황금 같아요, 사람들은 황금을 중시하지만, 결코 은을 부정한다고 말할 수는 없죠. 만약 당신이 전사라면, 소심한 것은 <u>분명히</u> 단점이 되겠지만, 만약 당신이 운전사라면, 소심한 것은 오히려 장점이 되지요. 자신의 소심함을 걱정하느니, 차라리 이 특징을 이용하여, 자신의 재능을 향상시키는 방법을 생각하세요. 그때가 되면 설령 당신이 겁쟁이가 되고 싶더라도 무척 어려울 거예요."

단어 ★某 mǒu 때 어느 | 少年 shàonián 명 소년 | 认为 rènwéi 통 ~라고 여기다 | 自己 zìjǐ 때 자신 | 最大 zuìdà 형 최대의 | 缺点 quēdiǎn 명 단점 | 胆小 dǎnxiǎo 형 소심하다 | 所以 suǒyǐ 접 그래서 | 看 kàn 통 진료하다 | 心理 xīnlǐ 명 심리 | 医生 yīshēng 명 의사 | 介绍 jièshào 통 소개하다 | 情况 qíngkuàng 명 상황 | 怎么 zěnme 때 어찌 ~하랴 | 分明 fēnmíng 부 분명히 | 优点 yōudiǎn 명 장점 | 只不过…罢了 zhǐbúguò…bà le 단지 ~일 뿐이다 | 非常 fēicháng 부 매우 | 总是 zǒngshì 항상, 늘 | 可靠 kěkào 형 믿음직스럽다 | ★乱子 luànzi 명 사고 | ★疑惑 yíhuò 통 의심을 품다 | ★勇敢 yǒnggǎn 형 용감하다 | 倒 dào 부 오히려 | 成为 chéngwéi 통 ~이 되다 | ★摇头 yáotóu 통 고개를 가로젓다 | 另 lìng 때 다른 | 好像 hǎoxiàng 부 마치 ~과 같다 | 白银 báiyín 명 은 | 黄金 huángjīn 명 황금 | 重视 zhòngshì 통 중시하다 | 并 bìng 부 결코 | 如果 rúguǒ 접 만약 | 战士 zhànshì 명 전사 | 司机 sījī 명 운전사 | 则 zé 접 오히려 | 与其 yǔqí 접 ~하느니 (차라리) | 担心 dānxīn 통 걱정하다 | 不如 bùrú 통 ~하는 편이 낫다 | 利用 lìyòng 통 이용하다 | 办法 bànfǎ 명 방법 | 增长 zēngzhǎng 통 향상시키다, 증가하다 | 才能 cáinéng 명 재능 | 困难 kùnnan 형 어렵다, 곤란하다

09

A 周到	B 谨慎	A 주도면밀하다	B 신중하다
C 沉默	D 专心	C 조용하다	D 몰두하다

시크릿 某少年认为自己最大的缺点是胆小 … 你只不过是非常____罢了，而这样的人总是最可靠，很少出乱子。

해설 **품사 찾기** 빈칸 앞의 부사 非常(매우)을 보고 술어 자리임을 알 수 있다. 또한 정도부사 非常(매우)이 형용사 술어를 이끌기 때문에 빈칸은 형용사 자리다.

짝꿍 찾기 앞뒤 절의 문맥을 고려하면 문제를 쉽게 풀 수 있다.

정답 찾기 소년은 자신이 胆小(소심하다)하다고 생각하지만, 의사는 그의 그런 성격이 오히려 可靠(믿음직스럽다)하다고 평가했다. 과묵하거나 주도면밀하기보다는 매우 신중하기에 다른 사람이 믿음직스럽게 생각하게 되고, 사고도 적게 낸다는 말이므로, 답은 B가 된다.

단어 周到 zhōudào 형 주도면밀하다 | ★谨慎 jǐnshèn 형 신중하다 | ★沉默 chénmò 형 조용하다 | 专心 zhuānxīn 형 몰두하다

| A 承认 | B 确定 | A 인정하다 | B 확정하다 |
| C 否定 | D 珍惜 | C 부정하다 | D 귀중히 여기다 |

시크릿 人们重视黄金，但并不是说要＿＿＿白银。

해설
품사 찾기 빈칸 앞에 조동사 要가 있고, 뒤에 목적어 白银(은)이 있으므로 빈칸은 동사 자리임을 알 수 있다.
짝꿍 찾기 동사는 목적어를 힌트로 삼지만, 여기에서는 앞뒤 문맥을 모두 고려하면서 풀어야 한다.
정답 찾기 앞 절에서 용감한 것과 소심한 것이 모두 장점이 될 수 있다는 것을 금과 은에 비유해서 설명하고 있으므로, 금과 은 모두 귀중하다는 의미가 되도록 해야 한다. 빈칸 앞에 부정부사 不가 있어 빈칸에는 부정적 의미의 단어가 위치해야 전체 의미가 긍정이 되므로 답은 C가 된다.

단어 承认 chéngrèn 통 인정하다 | 确定 quèdìng 통 확정하다 | 否定 fǒudìng 통 부정하다 | 珍惜 zhēnxī 통 귀중히 여기다

| A 显然 | B 居然 | A 분명하다 | B 뜻밖에 |
| C 竟然 | D 依然 | C 뜻밖에 | D 여전히 |

시크릿 如果你是个战士，胆小＿＿＿是缺点；但如果你是个司机，胆小则是优点。

해설
품사 찾기 빈칸은 주어 胆小(소심하다) 뒤, 술어 是(~이다) 앞이므로, 부사어 자리다. 显然(분명하다)은 형용사이고 나머지는 모두 부사로, 모두 부사어 역할을 할 수 있다. 따라서 문맥상 적합한 뜻의 단어를 찾아야 한다.
짝꿍 찾기 부사어는 술어를 힌트로 삼지만, 술어가 판단동사 是(~이다)이므로, 여기에서는 앞뒤 문맥을 모두 고려하여 가장 적합한 단어를 골라야 한다.
정답 찾기 보기에서 B와 C는 모두 '뜻밖에'라는 의미로, 둘 중 하나만 답이 될 수 없으니 일단 모두 제외한다. 역접을 나타내는 但(그러나) 뒤에서 소심한(胆小) 것이 장점(优点)이라고 강조했으므로, 빈칸이 있는 앞 절에서는 그와 반대로 缺点(단점)이라고 해야 한다. 따라서 A가 가장 적합한 답이 된다.

Tip 依然(여전히, 아직도)의 동의어는 仍然, 还是다.

단어 显然 xiǎnrán 형 분명하다 | 居然 jūrán 부 뜻밖에 | 竟然 jìngrán 부 뜻밖에 | ★ 依然 yīrán 부 여전히

A 哪怕你非常勇敢	A 설령 당신이 매우 용감하다고 해도
B 没有人会笑话你	B 당신을 비웃는 사람이 없어도
C 只要你能坚持下去	C 당신이 끈기 있게 지속할 수만 있어도
D 即使你想做个胆小鬼	D 설령 당신이 겁쟁이가 되고 싶더라도

시크릿 还不如利用这个特点，想办法增长自己的才能。到那时候，＿＿＿也很困难了。

해설
품사 찾기 빈칸의 앞에 쉼표(,)가 있는 것으로 보아 절이 들어가야 한다.
짝꿍 찾기 주어진 보기에 쓰인 접속사들을 주의해서 살펴봐야 한다. 접속사는 뒤 절에 함께 호응하는 접속사나 부사가 있기 때문에, 뒤 절의 호응 단어를 보고 적합한 접속사를 유추할 수 있다.
정답 찾기 빈칸 뒤의 也와 함께 쓰이는 접속사를 찾으면 A와 D가 답이 될 수 있는데, 두 단어 모두 '설령 ~일지라도'라는 뜻의 동의어이므로, 뒤 문장과 문맥상 자연스러운 보기를 선택하면 된다. 소심하다는 특징을 재능으로 개발하면 겁쟁이처럼 굴려고 해도 그렇게 될 수 없다는 의미로, 소심하다는 것과 겁쟁이는 다르다는 뜻이 되어야 한다. 따라서 답은 D가 된다.

Tip 只要(~하기만 하면 ~하다)는 부사 就와 호응하는 접속사다.

단어 哪怕 nǎpà 접 설령 | 笑话 xiàohua 통 비웃다 | 只要 zhǐyào 접 ~하기만 하면 | 坚持 jiānchí 통 견지하다 | 即使 jíshǐ 접 설령 ~할지라도 | ★ 胆小鬼 dǎnxiǎoguǐ 명 겁쟁이

| 제목 | 각주구검의 유래 | 주제 | 사람의 생각도 세상의 변화에 따라 발전해야 한다. |

有个楚国人乘船渡江，一不小心，把自己的剑掉进江里。他 __13__ 在船上刻了一个记号，说："我的剑就是从这儿掉下去的。"船靠 __14__ 后，这个人顺着船上的记号下水去找剑，但找了半天也没有找到。船已经走了很远，而剑却还在原来的地方，根据那个记号怎么能找回丢失的剑呢？这个故事告诉我们，世界上的 __15__ 总是在不断地发展变化，人们想问题、办事情，都应当考虑到这种变化，适应这种变化。

초나라 사람이 배를 타고 강을 건너다가, 잘못해서 자신의 칼을 강에 빠뜨렸다. 그는 급하게 배 위에 기호를 새기고, "내 칼은 바로 여기에 떨어졌어."라고 말했다. 배가 해안에 닿은 후, 초나라 사람은 배 위의 기호를 따라서 물 아래로 내려가 칼을 찾았지만, 한참을 찾아도 찾지 못했다. 배는 이미 매우 멀리 이동해왔고, 칼은 여전히 원래의 위치에 있으니 그 표시에 근거하여 어떻게 잃어버린 칼을 찾을 수 있겠는가? 이 이야기는 우리에게, 세상의 사물은 항상 끊임없이 발전하고 변화해서, 사람들이 문제를 생각하거나 일을 처리할 때는 이러한 변화를 고려하고, 이러한 변화에 적응해야 한다는 것을 알려준다.

단어 楚 Chǔ 몡 초나라 | 乘 chéng 동 타다 | 船 chuán 몡 배 | ★ 渡江 dùjiāng 동 강을 건너다 | 小心 xiǎoxīn 동 조심하다 | 自己 zìjǐ 때 자신 | 剑 jiàn 몡 검 | 掉 diào 동 떨어뜨리다 | 江 jiāng 몡 강 | 刻 kè 동 새기다 | 记号 jìhao 몡 표시 | 靠 kào 동 다가가다, 닿다 | 顺着 shùnzhe 동 ~에 따르다 | 找 zhǎo 동 찾다 | 半天 bàntiān 몡 한참 | 已经 yǐjing 뷔 이미 | 走 zǒu 동 이동하다 | 远 yuǎn 혱 멀다 | 却 què 뷔 오히려, 하지만 | 原来 yuánlái 혱 원래의 | 地方 dìfang 몡 장소 | 根据 gēnjù 젠 ~에 근거하여 | 怎么 zěnme 때 어떻다, 어떠하다 | 回 huí 동 돌아가다 | ★ 丢失 diūshī 동 잃어버리다 | 故事 gùshi 몡 이야기 | 告诉 gàosu 동 알리다, 말하다 | 世界 shìjiè 몡 세계 | 总是 zǒngshì 뷔 항상, 늘 | 不断 búduàn 뷔 끊임없이 | 发展 fāzhǎn 동 발전하다 | 变化 biànhuà 동 변화하다 | 问题 wèntí 몡 문제 | 办 bàn 동 처리하다 | 事情 shìqing 몡 일 | 应当 yīngdāng 조동 반드시 ~해야 한다 | 考虑 kǎolù 동 고려하다 | 适应 shìyìng 동 적응하다

13

| A 始终 | B 陆续 | A 줄곧 | B 끊임없이 |
| C 未必 | D 急忙 | C 반드시 ~한 것은 아니다 | D 급하다 |

시크릿 一不小心，把自己的剑掉进江里。他______在船上刻了一个记号，

해설 **품사 찾기** 빈칸 앞뒤로 주어 他(그)와 전치사구 在船上(배 위에)이 있기 때문에, 빈칸에는 부사어가 쓰여야 한다. 보기에서 D는 형용사고, 나머지는 부사로, 모두 부사어가 될 수 있다. 따라서 문맥상 적합한 뜻의 단어를 선택해야 한다.

짝꿍 찾기 부사어는 술어를 힌트로 삼거나, 앞뒤 내용의 흐름에 따라 적합한 단어를 선택한다.

정답 찾기 어떤 사람이 강에 칼을 빠뜨리고 배에 기호를 새겼다는 내용으로, 상황이 급히 진행되고 있음을 알 수 있다. 따라서 답은 D의 急忙(급하다)이 된다.

단어 始终 shǐzhōng 뷔 줄곧 | ★ 陆续 lùxù 뷔 끊임없이 | 未必 wèibì 뷔 반드시 ~한 것은 아니다 | 急忙 jímáng 혱 급하다

14

| A 弯 | B 岸 | A 모퉁이 | B 해안 |
| C 田野 | D 池子 | C 들판 | D 웅덩이 |

시크릿 "我的剑就是从这儿掉下去的。"船靠______后，这个人顺着船上的记号下水去找剑，

해설 **품사 찾기** 빈칸 앞에 동사 술어 靠(다가가다)가 있으므로, 빈칸은 목적어 자리다.

짝꿍 찾기 목적어 문제는 동사 술어를 힌트로 삼는다.

정답 찾기 '배가 ~에 접근하다'라는 의미다. 배가 접근하기에 적절한 장소는 岸(해안)으로, B가 답이 된다.

단어 弯 wān 몡 모퉁이 | 岸 àn 몡 해안 | 田野 tiányě 몡 들판 | ★ 池子 chízi 몡 웅덩이

<table>
<tr><td rowspan="2">15</td><td>A 事物</td><td>B 商品</td><td>A 사물</td><td>B 상품</td></tr>
<tr><td>C 精力</td><td>D 业务</td><td>C 정력</td><td>D 업무</td></tr>
</table>

시크릿 世界上的_____总是在不断地发展变化，

해설 **품사 찾기** '관형어 + 주어 + 부사'의 형태로, 빈칸에는 주어가 쓰여야 한다. 주어의 품사는 명사일 가능성이 높다.

짝꿍 찾기 주어의 힌트는 술어 发展变化(발전하고 변화하다)가 된다.

정답 찾기 지문은 융통성 없이 현실에 맞지 않는 낡은 생각을 고집하는 어리석음을 이르는 刻舟求剑(각주구검)에 대한 유래다. '세상에서 계속 변화 발전하고 있는 것'은 주어진 보기 중 事物(사물)가 가장 적합하므로, 답은 A가 된다.

단어 事物 shìwù 명 사물 | 精力 jīnglì 명 정력 | 业务 yèwù 명 업무

제2부분

p.149~151

제목	지진 발생 대처법

주제	지진 발생 시, 침착하고 신속하게 대처해야 한다.

16 地震是一种自然现象，目前人类还不能阻止地震的发生。但是我们可以采取有效措施，最大限度地减轻灾害损失。当遇到地震时切忌恐慌，我们要沉着冷静，迅速采取正确行为。在高楼和人员密集的场所，原地躲避最现实。

지진은 일종의 자연현상으로, 현재 인류도 지진의 발생을 저지할 수 없다. 하지만 우리는 효과적인 조치를 취하여, 최대한도로 재난의 손실을 줄일 수 있다. 지진에 부닥쳤을 때는 최대한 당황하지 말고, 침착하고 냉정해야 하며, 신속하게 올바른 행동을 취해야 한다. 고층 건물이나 사람들이 밀집된 장소에서는, 제자리에서 숨는 것이 가장 현실적이다.

A 地震是自然原因造成的
B 地震发生时要迅速往外跑
C 世界上天天都在发生地震
D 人类可以采取措施避免地震

A 지진은 자연적 원인이 초래하는 것이다
B 지진 발생 시에는 신속하게 밖으로 도망가야 한다
C 세계에는 매일 지진이 발생하고 있다
D 인류는 적절한 조치를 취하여 지진을 방지할 수 있다

해설 지진은 자연현상으로, 현재 인류도 그 발생을 막을 수 없다는 내용이 지문의 첫 부분에 나온다. 따라서 지진은 자연적 원인에 의해 발생한다는 A가 답이 된다.

B – 지진 발생 시 고층 건물이나 사람들이 밀집된 장소에서는 제자리에서 몸을 피하는 것이 현실적이라고 하였다.

C – 지진이 발생하는 빈도수에 대한 언급은 없었다.

D – 인간이 효과적인 조치를 취하여, 최대한도로 재난의 손실을 줄일 수는 있지만, 지진을 막을 수는 없다고 하였다.

단어 地震 dìzhèn 명 지진 | 种 zhǒng 양 종류 | 自然 zìrán 명 자연 | 现象 xiànxiàng 명 현상 | 目前 mùqián 명 현재 | 人类 rénlèi 명 인류 | ★ 阻止 zǔzhǐ 동 저지하다 | 发生 fāshēng 동 발생하다 | 但是 dànshì 접 그러나 | 可以 kěyǐ 조동 ~할 수 있다 | 采取 cǎiqǔ 동 취하다 | 有效 yǒuxiào 형 효과가 있다 | 措施 cuòshī 명 조치 | 最大 zuìdà 형 최대의 | 限度 xiàndù 명 한도 | 减轻 jiǎnqīng 동 줄다, 감소하다 | 灾害 zāihài 명 재해 | 损失 sǔnshī 명 손실 | 遇到 yùdào 동 부닥치다 | 切忌 qièjì 동 절대로 삼가다 | ★ 恐慌 kǒnghuāng 형 당황하다 | ★ 沉着 chénzhuó 형 침착하다 | 冷静 lěngjìng 형 냉정하다 | 迅速 xùnsù 형 신속하다 | 正确 zhèngquè 형 올바르다 | 行为 xíngwéi 명 행위 | 高楼 gāolóu 명 고층 건물 | 人员 rényuán 명 인원 | ★ 密集 mìjí 동 밀집하다 | 场所 chǎngsuǒ 명 장소 | 原地 yuándì 명 제자리 | ★ 躲避 duǒbì 동 숨다 | 现实 xiànshí 형 현실적이다 | 原因 yuányīn 명 원인 | 造成 zàochéng 동 초래하다 | 往 wǎng 전 ~쪽으로 | 跑 pǎo 동 도망가다 | 世界 shìjiè 명 세계 | 天天 tiāntiān 부 매일, 날마다 | ★ 避免 bìmiǎn 동 방지하다, 피하다

17

人遇到事情的时候要往好处想，也许事情的结果就会完全不同。在沙漠里，两个人迷路了，他们都只剩下半瓶水。悲观者绝望地说："完了，只剩下半瓶水了！"乐观者却高兴地说："有半瓶水就有希望！"结果，悲观者倒在了离水源仅有百步的地方，乐观者凭着半瓶水，终于走出了沙漠。很多时候，仅仅是换一种心情，换一种角度，便会从困境中走出来。

A　梦想比现实更重要
B　悲观者还剩一瓶水
C　他们看问题的角度不同
D　少数人掌握的才是真理

| 주제 | 긍정적인 시각으로 상황을 봐야 한다. |

사람이 일에 부닥쳤을 때 좋은 쪽으로 생각하면, 아마도 일의 결과는 완전히 달라질 수 있다. 사막에서 두 사람이 길을 잃었는데 그들에겐 모두 겨우 반병의 물만 남아있었다. 비관적인 사람은 "끝났어, 물이 반밖에 남지 않았잖아!"라고 절망하며 말했고, 긍정적인 사람은 오히려 "반병이 남았으니 희망이 있어!"라고 기뻐하며 말했다. 그 결과, 비관적인 사람은 수원까지 겨우 백 보밖에 안 되는 곳에서 쓰러졌고, 긍정적인 사람은 반병의 물에 의지해 마침내 사막을 빠져나왔다. 많은 경우에 단지 마음만 바꾸고, 각도만 바꿔도 곤경에서 벗어날 수 있다.

A　꿈은 현실보다 더 중요하다
B　비관적인 사람에게는 한 병의 물이 남았다
C　그들이 문제를 바라보는 각도가 다르다
D　소수의 사람이 장악한 것이 진리다

해설 사막에서 길을 잃은 두 사람 중 한 사람은 반병의 물에 대해 비관적(悲观)이었고, 한 사람은 낙관적(乐观)이었다. 이를 통해 두 사람은 서로 다른 태도를 보이고 있다는 것을 알 수 있으므로, 답은 C가 된다. A와 D의 보기는 지문의 내용과 관련이 없다.

B- 두 사람 모두에게 반 병의 물만 있었다.

단어 遇到 yùdào 동 부닥치다 | 好处 hǎochù 명 좋은 쪽 | 也许 yěxǔ 부 아마도 | 结果 jiéguǒ 명 결과 | 完全 wánquán 부 완전히 | ★ 沙漠 shāmò 명 사막 | ★ 迷路 mílù 동 길을 잃다 | ★ 剩 shèng 동 남다 | 瓶 píng 양 병 | ★ 悲观 bēiguān 형 비관적이다 | ★ 绝望 juéwàng 동 절망하다 | ★ 乐观 lèguān 동 낙관적이다 | 倒 dǎo 동 쓰러지다 | ★ 水源 shuǐyuán 명 수원(물의 발원지) | 仅有 jǐnyǒu 동 단지 ~밖에 없다 | ★ 凭 píng 동 의지하다 | 终于 zhōngyú 부 마침내 | 心情 xīnqíng 명 마음 | 角度 jiǎodù 명 (사물을 보거나 생각하는) 각도 | 困境 kùnjìng 명 곤경 | 梦想 mèngxiǎng 명 꿈 | 现实 xiànshí 명 현실 | 重要 zhòngyào 형 중요하다 | 问题 wèntí 명 문제 | ★ 掌握 zhǎngwò 동 장악하다 | ★ 真理 zhēnlǐ 명 진리, 도리

18

一年夏天，曹操率领部队去讨伐另一个国家，天气非常热，士兵们渴得要命，为了激励士气，聪明的曹操就对士兵们说："前面不远处有很大的一片梅树林，梅子特别多，又甜又酸，到时我们吃个痛快。"士兵们听了，一个个都流出口水来，不再说渴了，行军的速度也加快了。他们翻山越岭到了目的地，却没有看到梅树林。

A　士兵们看到梅树林
B　士兵们没有吃到梅子
C　曹操一个人到了目的地
D　士兵们吃到梅子，所以不渴了

| 주제 | 때로는 선의의 거짓말도 필요하다. |

어느 해 여름, 조조는 부대를 이끌고 다른 나라를 토벌하러 갔다. 날씨가 너무 더워서 병사들은 갈증이 심했고, 사기를 북돋아주기 위해, 현명한 조조는 병사들에게 말했다. "이 앞 멀지 않은 곳에 매우 큰 매화나무 숲이 있다. 매실이 아주 많고, 새콤달콤하니 도착하면 마음껏 먹도록 하자." 병사들은 이 말을 듣고, 모두 침이 흘러나와 더는 갈증난다고 하지 않고, 행군의 속도도 더 빨라졌다. 그들은 산과 고개를 넘어 목적지에 도착했지만, 매화나무 숲은 보이지 않았다.

A　병사들은 매화나무 숲을 보았다
B　병사들은 매실을 먹지 못했다
C　조조는 혼자 목적지에 도착했다
D　병사들은 매실을 먹어서 목마르지 않았다

해설 부사 却(하지만)는 역접을 나타낸다. 역접의 의미를 나타내는 단어가 나오면, 그 뒤에 핵심 내용이 나온다. 병사들은 매화나무를 보지 못했다고 했으므로 매실을 먹지 못했음을 알 수 있다. 따라서 답은 B가 된다.
A- 병사들은 목적지에 도달할 때까지 매화나무를 발견하지 못했다.
C- 조조는 모든 병사들을 이끌고 목적지에 도착했다.
D- 병사들은 매실을 먹어서가 아니라, 매화나무가 있다는 말을 듣고 갈증을 견뎌냈다.

단어 夏天 xiàtiān 몡 여름 | ★ 曹操 Cáo Cāo 고유 조조 | ★ 率领 shuàilǐng 통 거느리다, 이끌다 | 部队 bùduì 몡 부대 | ★ 讨伐 tǎofá 통 토벌하다 | 士兵 shìbīng 몡 병사 | 渴 kě 통 목마르다 | 要命 yàomìng 뿐 아주, 몹시 | ★ 激励 jīlì 통 격려하다 | ★ 士气 shìqì 몡 사기 | 聪明 cōngming 휑 똑똑하다 | 树林 shùlín 몡 숲 | ★ 梅子 méizi 몡 매실 | 特别 tèbié 뿐 아주, 특히 | 甜 tián 휑 달다 | ★ 酸 suān 휑 시다 | 痛快 tòngkuài 휑 마음껏 즐기다 | ★ 口水 kǒushuǐ 몡 침 | ★ 行军 xíngjūn 통 행군하다 | 速度 sùdù 몡 속도 | 加快 jiākuài 통 속도를 내다 | ★ 翻山越岭 fānshān yuèlǐng 성에 산 넘고 재를 넘다, 일을 성취하기 위하여 끊임없이 애쓰다 | 目的地 mùdìdì 몡 목적지 | 却 què 뿐 오히려

<table>
<tr><td>제목</td><td>성공의 조건</td><td>주제</td><td>포기하지 않는 것이 성공하는 길이다.</td></tr>
</table>

19

如果在人们都要放弃的时候你再坚持一会儿，你就会赢得最后的成功。不论做什么事，如不坚持到底，半途而废，那么再简单的事也只能功亏一篑；相反，只要抱着锲而不舍、持之以恒的精神，再难办的事情也会迎刃而解。

A 坚持就是胜利
B 要三思而后行
C 多听取别人的意见
D 世上没有不可能的事情

만일 사람들이 모두 포기하려고 할 때, 당신이 조금만 더 견뎌낸다면, 당신은 최후의 성공을 거둘 수 있을 것이다. 어떤 일을 하든지, 끝까지 견디지 못하고 중도에 포기한다면, 아무리 간단한 일이라도 성공을 눈앞에 두고 실패할 수밖에 없다. 반대로 한 번 마음먹은 대로 끝까지 해내고, 오랫동안 꾸준하게 나아가는 정신을 가진다면, 아무리 어려운 일이라도 쉽게 해결할 수 있을 것이다.

A 견디는 것이 곧 승리다
B 심사숙고한 후에 행동해야 한다
C 다른 사람의 의견을 많이 귀담아듣는다
D 세상에 불가능한 일은 없다

해설 첫 문장에 전체 주제가 나와 있고, 뒤에 서로 다른 두 가지 경우를 제시하며 주제에 대해 부연 설명을 하고 있다. 어떤 일을 포기하고 싶을 때 조금 더 끈기 있게 견뎌낸다면, 마지막에 성공할 수 있다고 이야기하고 있으므로 답은 A가 된다.
▶ 어휘 바꿔치기
　赢得成功 성공을 거두다 = A 胜利 승리하다

단어 如果 rúguǒ 젭 만약 | 放弃 fàngqì 통 포기하다 | 坚持 jiānchí 통 견지하다 | ★ 赢得 yíngdé 통 얻다, 획득하다 | 成功 chénggōng 몡 성공 | 不论 búlùn 젭 ～하든지 간에 | 到底 dàodǐ 통 끝까지 가다 | ★ 半途而废 bàntú'érfèi 성에 (어떤 일을 완성하지 않고) 중도에 포기하다 | 简单 jiǎndān 휑 간단하다 | ★ 功亏一篑 gōngkuīyíkuì 성에 성공을 눈앞에 두고 실패하다 | 相反 xiāngfǎn 젭 반대로, 도리어 | 只要 zhǐyào 젭 ～하기만 하면 | 抱 bào 통 가지다, 품다 | ★ 锲而不舍 qiè'érbùshě 성에 한 번 마음먹은 대로 끈기 있게 끝까지 해내다 | ★ 持之以恒 chízhīyǐhéng 성에 오랫동안 꾸준하게 나아가다 | 精神 jīngshén 몡 정신 | 难办 nánbàn 휑 하기 어렵다 | ★ 迎刃而解 yíngrèn'érjiě 성에 순리적으로 문제가 해결되다 | 胜利 shènglì 통 승리하다 | ★ 三思而后行 sānsī ér hòuxíng 세 번 생각하고 행동하다, 심사숙고하다 | 听取 tīngqǔ 통 귀담아듣다 | 意见 yìjiàn 몡 의견 | 事情 shìqing 몡 일

<table>
<tr><td>제목 아이의 호기심</td><td>주제 아이의 호기심을 길러줘야 한다.</td></tr>
</table>

20

对孩子进行教育的时候，一定要培养孩子的好奇心。孩子对这个东西好奇，才会对它感兴趣，然后让兴趣成为孩子的老师。如果只是强迫孩子做不喜欢做的事情，时间长了，孩子就会对它感到厌烦，这样会影响孩子的正常发展。

A 让孩子自由发展
B 保护孩子的好奇心
C 父母是孩子最好的老师
D 要对孩子从小进行严格教育

아이에게 교육을 할 때는 반드시 아이의 호기심을 길러주어야 한다. 아이가 어떤 일에 호기심을 가져야, 비로소 그것에 대한 흥미를 느낄 수 있고, 그런 다음에는 흥미가 아이들의 스승이 되게 한다. 만일 아이에게 하기 싫어하는 일을 하도록 강요만 한다면, 시간이 흐른 후 아이는 그것을 싫어할 것이고, 이는 아이의 정상적인 발전에 영향을 미칠 것이다.

A 아이를 자유롭게 발전할 수 있도록 한다
B 아이의 호기심을 보호한다
C 부모는 아이의 가장 좋은 스승이다
D 아이한테는 어렸을 때부터 엄격한 교육을 해야 한다

해설 첫 문장에 주제가 제시된 지문으로, 앞부분만 잘 파악해도 쉽게 답을 고를 수 있다. 지문 첫 부분에 아이를 가르칠 때는 반드시 아이의 호기심을 길러줘야 한다고 했으므로 답은 B가 된다.

▶ 어휘 바꿔치기
培养 기르다 = B 保护 보호하다

단어 孩子 háizi 몡 아이 | 进行 jìnxíng 동 진행하다 | 教育 jiàoyù 동 교육하다, 가르치다 | 一定 yídìng 뷔 반드시 | 培养 péiyǎng 동 양성하다 | ★ 好奇心 hàoqíxīn 몡 호기심 | 感兴趣 gǎnxìngqù 흥미가 있다 | 然后 ránhòu 젭 그런 후에 | 成为 chéngwéi 동 ~이 되다 | 如果 rúguǒ 젭 만약 | ★ 强迫 qiángpò 동 강요하다 | 事情 shìqing 몡 일 | 感到 gǎndào 동 느끼다 | ★ 厌烦 yànfán 동 싫증나다 | 影响 yǐngxiǎng 동 영향을 끼치다 | 正常 zhèngcháng 혱 정상적인 | 自由 zìyóu 혱 자유롭다 | 发展 fāzhǎn 동 발전하다 | 保护 bǎohù 동 보호하다 | ★ 严格 yángé 동 엄격히 하다

<table>
<tr><td>제목 다른 사람의 의견을 대하는 올바른 자세</td><td>주제 다른 사람의 의견을 맹목적으로 반대하지 말고, 귀 기울여야 한다.</td></tr>
</table>

21

要善于发现别人的见解的独到性，不要盲目地否定别人的意见。只有这样，才能多角度地看问题。如果截然相反的意见会使你大动肝火，这就表明，你的理智已失去了控制。假如你细心观察，你会发觉也许错误在你这一边。多听听别人的意见，也会让自己受益无穷。

A 团结就是力量
B 生气是不能解决问题的
C 不要轻易否定别人的看法
D 不要自己做决定，要听别人的

다른 사람의 견해의 독창성을 잘 발견하고, 다른 사람의 의견을 맹목적으로 부정해서는 안 된다. 이렇게 해야만, 비로소 다양한 각도로 문제를 볼 수 있다. 만약 완전히 상반된 의견이 당신을 노발대발하게 한다면, 이는 바로 당신의 이성과 지혜가 이미 통제력을 잃었다는 것을 나타낸다. 만일 당신이 주의 깊게 살펴본다면, 잘못은 어쩌면 당신 편에 있다는 것을 발견할 수도 있다. 다른 사람의 의견을 많이 들으면, 자신이 얻는 이익이 무한해진다.

A 단결이 힘이다
B 화를 내는 것은 문제를 해결할 수 없다
C 다른 사람의 의견을 쉽게 부정하지 마라
D 자신이 결정하지 말고, 다른 사람의 의견을 들어야 한다

해설 이 글은 상대방의 의견이 자신과 다르더라도 무조건 부정해서는 안 된다는 주제의 내용으로, 답은 C가 된다. 보기에서 지문의 盲目(맹목적인)와 轻易(쉽게)의 의미가 유사하다는 것만 알고 있다면, 첫 문장만 보고도 쉽게 답을 고를 수 있다.
D- 다른 사람의 의견을 들을 필요가 있다는 것이지 무조건 다른 사람의 말만 들으라는 것은 아니다.

▶ 어휘 바꿔치기
盲目 맹목적인 / 意见 의견 = C 轻易 쉽게 / 看法 견해

 善于 shànyú 图 ~를 잘하다 | 发现 fāxiàn 图 발견하다 | 见解 jiànjiě 圈 견해 | ★ 独到 dúdào 圈 독창적이다 | 盲目 mángmù 圈 맹목적인 | 意见 yìjiàn 圈 의견 | 角度 jiǎodù 圈 각도 | 如果 rúguǒ 젭 만약 | ★ 截然 jiérán 틔 완전히, 분명하게 | 相反 xiāngfǎn 圈 상반되다 | ★ 大动肝火 dàdòng gānhuǒ 셍에 노발대발하다, 대단히 성을 내다 | 表明 biǎomíng 图 분명하게 밝히다 | 理智 lǐzhì 圈 이성과 지혜 | 控制 kòngzhì 图 통제하다 | 假如 jiǎrú 젭 만약 | 细心 xìxīn 圈 세심하다 | 观察 guānchá 图 관찰하다 | 发觉 fājué 图 발견하다, 알게 되다 | 也许 yěxǔ 틔 아마도 | 错误 cuòwù 圈 잘못 | 受益 shòuyì 图 이익을 얻다 | ★ 无穷 wúqióng 圈 끝이 없다 | 团结 tuánjié 图 단결하다 | 力量 lìliang 圈 힘 | 生气 shēngqì 图 화내다 | 解决 jiějué 图 해결하다 | 问题 wèntí 圈 문제 | 轻易 qīngyì 틔 함부로, 쉽게 | 否定 fǒudìng 图 부정하다 | 看法 kànfǎ 圈 견해 | 决定 juédìng 图 결정하다

22

| 제목 | 중국 차 문화의 역사 |

中国的茶文化历史悠久，喝茶的传统已经流传了几千年。对于中国人来说，喝茶就是养生，对于保持身体健康很有帮助。喝茶也是一门学问，不同的季节喝的茶也不一样。简单地说就是："春天喝花茶，<u>夏天喝绿茶，</u>秋天喝青茶，冬天喝红茶。"

A 夏天应该多喝绿茶
B 喝茶有减肥的效果
C 茶和饮料的功能差不多
D 尤其是孩子，应该多喝茶

| 주제 | 중국에서는 차 마시는 것도 하나의 학문으로, 계절에 따라 다른 차를 마신다. |

중국의 차 문화는 역사가 유구하며, 차를 마시는 전통은 이미 몇천 년이나 전해 내려왔다. 중국인에게 있어서, 차를 마시는 것은 보양하는 것이며, 신체 건강을 유지하는 데 매우 도움이 된다. 차를 마시는 것 역시 하나의 학문으로, 각 계절마다 마시는 차도 다르다. 간단히 말하자면, '봄에는 화차를 마시고, <u>여름에는 녹차를 마시고,</u> 가을에는 청차를 마시고, 겨울에는 홍차를 마신다.'는 것이다.

A 여름에는 녹차를 많이 마셔야 한다
B 차를 마시는 것은 다이어트 효과가 있다
C 차와 음료의 기능은 비슷하다
D 특히 아이들은 차를 많이 마셔야 한다

해설 중국에서 차를 마시는 것은 보양하는 것과 같고, 하나의 학문으로 여긴다는 내용으로, 지문은 중국 차 문화의 역사에 관한 내용인 것을 알 수 있다. 계절마다 봄에는 화차, 여름에는 녹차, 가을에는 청차, 겨울에는 홍차를 마신다고 했으므로, 답은 A가 된다. 계절마다 마시는 차를 잘 확인했다면 쉽게 풀 수 있는 문제다. 다이어트 효과(B)나 아이들이 차를 많이 마셔야 한다는 것(D)에 대해서는 언급하지 않았다.

단어 文化 wénhuà 圈 문화 | 历史 lìshǐ 圈 역사 | ★ 悠久 yōujiǔ 圈 유구하다 | 传统 chuántǒng 圈 전통 | ★ 流传 liúchuán 图 대대로 전해 내려오다 | ★ 养生 yǎngshēng 图 보양하다 | 保持 bǎochí 图 유지하다 | 健康 jiànkāng 圈 건강 | 帮助 bāngzhù 图 돕다 | 学问 xuéwèn 圈 학문 | 季节 jìjié 圈 계절 | 简单 jiǎndān 圈 간단하다 | 春天 chūntiān 圈 봄 | 夏天 xiàtiān 圈 여름 | 秋天 qiūtiān 圈 가을 | 冬天 dōngtiān 圈 겨울 | 应该 yīnggāi 조图 마땅히 ~해야 한다 | 绿茶 lùchá 圈 녹차 | ★ 减肥 jiǎnféi 图 살을 빼다 | 效果 xiàoguǒ 圈 효과 | 饮料 yǐnliào 圈 음료 | ★ 功能 gōngnéng 圈 효능 | 差不多 chàbuduō 圈 비슷하다 | 尤其 yóuqí 틔 특히 | 孩子 háizi 圈 아이

23

| 제목 | 도시의 발전과 특징 |

与以农业为主的乡村比起来，城市是后来兴起的。<u>但自从城市出现以后，它就成为人类活动的中心，</u>它大小不等，历史或长或短，有工业城市，也有旅游城市，风貌和特色各不相同。

A 城市的历史悠久
B 农村开始重视旅游业
C 城市是人类活动的中心
D 旅游城市的人口逐年增加

| 주제 | 도시마다 각각의 특징이 있다. |

농업을 위주로 하는 농촌과 비교해보면, 도시는 나중에 생겨났다. <u>그러나</u> 도시가 나타난 이후에 <u>도시는 곧 인류활동의 중심이 되었다.</u> 도시는 크기가 다르며, 역사가 길거나 짧고, 공업도시가 있는가 하면 여행도시도 있어, 경치와 특색이 각각 다르다.

A 도시의 역사는 유구하다
B 농촌은 여행업을 중시하기 시작했다
C 도시는 인류활동의 중심이다
D 여행도시의 인구는 해마다 증가한다

해설 지문은 도시의 발전과 특징에 관한 내용으로, 두 번째 문장에서 도시가 나타난 이후, 도시는 곧 인류활동의 중심이 되었다는 이야기를 하고 있으므로 답은 C가 된다.

A- 도시는 농촌보다 나중에 생겨났으며, 그 역사는 길 수도 있고 짧을 수도 있다.

D- 여행도시도 있다고 했을 뿐 그 도시의 인구에 대한 설명은 없다.

▶ 접속사 힌트

但(그러나)은 역접의 의미를 나타낸다. 역접의 접속사가 나오면 그 뒷부분이 핵심 내용이 되므로 주의깊게 확인하자.

단어 以…为… yǐ…wéi… ~을 ~로 여기다 | ★ 乡村 xiāngcūn 圐 농촌 | 后来 hòulái 圐 나중, 훗날 | 兴起 xīngqǐ 圐 왕성하게 생겨나다 | 但 dàn 圙 그러나 | 自从 zìcóng 圙 ~부터 | 出现 chūxiàn 圐 나타나다 | 成为 chéngwéi 圐 ~이 되다 | 大小 dàxiǎo 圐 크기 | 不等 bùděng 圐 같지 않다 | 工业 gōngyè 圐 공업 | 旅游 lǚyóu 圐 여행하다 | 城市 chéngshì 圐 도시 | ★ 风貌 fēngmào 圐 경치 | ★ 特色 tèsè 圐 특색 | ★ 各不相同 gèbùxiāngtóng 圙에 서로 다르다 | 历史 lìshǐ 圐 역사 | ★ 悠久 yōujiǔ 圐 유구하다 | 农村 nóngcūn 圐 농촌 | 开始 kāishǐ 圐 시작하다 | 重视 zhòngshì 圐 중시하다 | 人类 rénlèi 圐 인류 | 活动 huódòng 圐 활동 | 中心 zhōngxīn 圐 중심 | 人口 rénkǒu 圐 인구 | ★ 逐年 zhúnián 圙 해마다 | ★ 增加 zēngjiā 圐 증가하다

<table>
<tr><td>제목</td><td>쿤밍(昆明)에 관한 소개</td><td>주제</td><td>전형적인 온대기후인 쿤밍을 사람들은 '봄의 도시'라 부른다.</td></tr>
</table>

24

昆明是云南的省会，是国家级历史文化名城。它是云南省唯一的特大城市，也是云南省政治、经济、文化的中心。昆明夏天不热，冬天不冷，气候宜人，具有典型的温带气候特点。城区平均温度在0到29℃之间，温度差异是全中国最小的。所以很多人都叫昆明为"春城"。

A 云南冬天好冷
B 昆明四季如春
C 昆明的省会是云南
D 云南四季没有温度差异

쿤밍은 윈난의 성도로, 국가급 역사 문화 도시다. 쿤밍은 윈난성에서 유일한 특대형 도시이며, 윈난성 정치, 경제, 문화의 중심지이기도 하다. 쿤밍은 여름에 덥지 않고 겨울에도 춥지 않아, 기후가 사람에게 알맞고, 전형적인 온대기후의 특징을 가지고 있다. 도심지 평균 온도는 0~29℃ 사이이며, 온도 차가 중국 전체에서 제일 적다. 그래서 많은 사람들이 쿤밍을 '봄의 도시'라고 부른다.

A 윈난의 겨울은 매우 춥다
B 쿤밍의 사계는 마치 봄과 같다
C 쿤밍의 성도는 윈난이다
D 윈난의 사계는 온도 차이가 없다

해설 윈난의 성도인 쿤밍에 관한 내용으로, 쿤밍은 사계절의 온도 차가 중국에서 가장 적어서 많은 사람이 쿤밍을 봄의 도시라고 부른다고 했다. 그만큼 쿤밍은 사계절 내내 봄처럼 따뜻한 도시라는 것을 알 수 있으므로, 답은 B가 된다.

A- 윈난의 성도인 쿤밍이 겨울에 춥지 않다고 했으므로, 윈난이 겨울에 매우 춥다고는 할 수 없다.

C- 쿤밍이 윈난의 성도다.

D- 윈난은 사계절의 온도 차이가 중국에서 가장 적다고 했으므로, 차이가 없는 것은 아니다.

▶ 접속사 힌트

所以(그래서)는 결과, 결론을 이야기할 때 주로 쓰이므로, 문장의 핵심 내용이 그 뒷부분에 있을 가능성이 높다.

단어 ★ 省会 shěnghuì 圐 성도 | 历史 lìshǐ 圐 역사 | 文化 wénhuà 圐 문화 | ★ 名城 míngchéng 圐 유명한 도시 | 唯一 wéiyī 圐 유일한 | 特大 tèdà 圐 특별히 큰, 특대의 | 城市 chéngshì 圐 도시 | 政治 zhèngzhì 圐 정치 | 经济 jīngjì 圐 경제 | 中心 zhōngxīn 圐 중심지 | 夏天 xiàtiān 圐 여름 | 热 rè 圐 덥다 | 冬天 dōngtiān 圐 겨울 | 冷 lěng 圐 춥다 | 气候 qìhòu 圐 기후 | ★ 宜人 yírén 圐 (사람의) 마음에 들다, 적합하다 | 具有 jùyǒu 圐 가지고 있다 | ★ 典型 diǎnxíng 圐 전형적인 | ★ 温带 wēndài 圐 온대 | 特点 tèdiǎn 圐 특징 | 城区 chéngqū 圐 도심지 | 平均 píngjūn 圐 평균적인 | 温度 wēndù 圐 온도 | 之间 zhījiān 圐 (~의) 사이 | ★ 差异 chāyì 圐 차이 | 所以 suǒyǐ 圙 그래서 | 四季 sìjì 圐 사계

제목	아이들에게 이치를 깨닫게 하는 책

주제	성공하려면 먼저 삶 속의 어려움을 극복하는 법을 배워야 한다.

这是一本十分有趣的书。书中有十二个胆小鬼的故事。这些故事让孩子明白一个道理：要想干成事情，首先就得学会克服学习、生活和工作中的困难。为了给孩子们的阅读带来更大的乐趣，书中还配有大量插图和汉语拼音。

A 这本免费送光盘
B 作者非常害怕鬼
C 书里只有12个人物
D 这些书的读者是孩子

이것은 매우 흥미로운 책이다. 책에는 12명의 겁쟁이의 이야기가 있다. 이러한 이야기들은 아이에게 한 가지 이치를 알게 해준다. 일을 해내고 싶다면, 먼저 공부, 생활 그리고 업무 중의 어려움을 극복하는 것을 배워야만 한다는 점이다. 아이들의 독서에 더욱 큰 흥미를 가져다주기 위해서, 책에는 많은 삽화와 한어병음을 싣고 있다.

A 이 책은 무료로 CD를 증정한다
B 작가는 귀신을 매우 무서워한다
C 책 속에는 단지 12명의 인물만 있다
D 이러한 책의 독자는 아이다

해설 지문은 아이들에게 이치를 깨닫게 해주는 흥미로운 책에 관한 내용이다. 책 안의 이야기들은 아이에게 한 가지 이치를 알게 해준다고 했으므로, 책은 아이들을 위한 책이라는 것을 알 수 있다. 따라서 답은 D가 된다.

B- 지문의 胆小鬼(겁쟁이)와 보기의 鬼(귀신)는 의미가 다르다.

C- 책에는 12명의 겁쟁이에 대한 이야기가 들어 있다는 것이지, 12명의 인물만 등장한다는 의미는 아니다.

단어 十分 shífēn 〔부〕매우 | 有趣 yǒuqù 〔형〕재미있다 | ★ 胆小鬼 dǎnxiǎoguǐ 〔명〕겁쟁이 | 故事 gùshi 〔명〕이야기 | 孩子 háizi 〔명〕아이 | 明白 míngbai 〔동〕알다. 이해하다 | 道理 dàolǐ 〔명〕도리. 이치 | 事情 shìqing 〔명〕일 | 首先 shǒuxiān 〔부〕먼저 | ★ 克服 kèfú 〔동〕극복하다 | 困难 kùnnan 〔명〕어려움 | 为了 wèile 〔전〕~를 위해서 | ★ 阅读 yuèdú 〔동〕열독하다. 읽다 | 乐趣 lèqù 〔명〕즐거움 | ★ 配有 pèiyǒu 〔동〕배치되어 있다 | ★ 插图 chātú 〔명〕삽화 | 汉语 Hànyǔ 〔명〕한어, 중국어 | ★ 拼音 pīnyīn 〔명〕병음 | 免费 miǎnfèi 〔동〕무료로 하다 | ★ 光盘 guāngpán 〔명〕CD | 作者 zuòzhě 〔명〕작가 | 非常 fēicháng 〔부〕아주, 매우 | 害怕 hàipà 〔동〕무서워하다 | 人物 rénwù 〔명〕인물 | ★ 读者 dúzhě 〔명〕독자

[26-29]

제목　기회를 잡는 법	주제　기회는 번거로움을 두려워하지 않는 사람을 좋아한다.

一个星期五的下午，马上就要下班了。一位陌生人走进来问小王，哪儿能找到一位助手，来帮他整理一下资料，因为他手头有些工作必须当天完成。

小王问："请问你是谁？"他回答："我们办公室是在一个楼层，我知道你们这里有速记员。"小王告诉他，公司所有速记员都去看体育比赛了，如果晚来了5分钟，自己也会走。但小王却说，²⁶自己还是愿意留下帮他，因为看比赛，以后有的是机会，但是工作啊，必须当天完成。

那天工作做了很久，做完已经很晚了。²⁷那个人对小王表达了谢意，问小王应该付他多少钱。小王说，1000元。那个人说可以。小王忙说，他是开玩笑。但²⁷那个人还是给了他这些钱。

3个月之后，小王早已经把这件事忘掉了，那个人却又找到小王。²⁷原来那个人是律师，他很看重小王的工作能力，²⁸他请小王去他的公司工作，薪水比原来的地方高了很多。

因此，²⁹千万不要怕麻烦，因为机会总爱装成"麻烦"的样子。

어느 금요일 오후, 곧 퇴근하려던 참이었다. 한 낯선 사람이 들어와 샤오왕에게 자신을 도와 자료 정리를 해줄 조수를 어디에서 찾을 수 있는지 물었다. 왜냐하면, 그는 반드시 그날 안에 수중에 있는 몇몇 업무를 완성해야 했기 때문이다.

샤오왕이 물었다. "실례지만 누구십니까?" 그는 "우리 사무실은 같은 층에 있어요. 이곳에 속기사가 있다고 알고 있는데요."라고 대답했다. 샤오왕은 그에게 회사에 있는 모든 속기사가 스포츠 시합을 보러 갔고, 만약 5분만 늦게 왔다면 자신도 퇴근했을 거라고 알려줬다. 그러나 샤오왕은 오히려 ²⁶자신은 남아서 그를 돕겠다고 했다. 왜냐하면 경기를 보는 것은 이후에도 기회가 있지만, 업무는 반드시 그날에 완성해야 하기 때문이다.

그날 한참을 일하고, 마치고 나니 이미 매우 늦었다. ²⁷그 사람은 샤오왕에게 감사의 마음을 전했고, 샤오왕에게 돈을 얼마나 지급해야 할지 물었다. 샤오왕이 1000위안이라고 말하자, 그 사람은 알겠다고 했다. 샤오왕은 급히 농담이라고 말했지만 ²⁷그 사람은 샤오왕에게 그 돈을 기어코 지불했다.

3개월 후, 샤오왕은 이미 이 일을 잊고 있었는데, 그 사람이 오히려 다시 샤오왕을 찾아왔다. ²⁷알고 보니, 그 사람은 변호사였다. 그는 샤오왕의 업무 능력을 중시 여겼고, ²⁸샤오왕에게 자신의 회사에 와서 일하지 않겠냐고 제안했다. 월급은 원래의 직장보다 훨씬 높았다.

그래서 ²⁹절대로 번거로움을 두려워해서는 안 된다. 왜냐하면 기회는 언제나 '번거로운' 모습으로 가장하는 것을 좋아하기 때문이다.

단어　★ 陌生人 mòshēngrén 몡 낯선 사람 | ★ 助手 zhùshǒu 몡 조수 | 整理 zhěnglǐ 통 정리하다 | 资料 zīliào 몡 자료 | ★ 手头 shǒutóu 몡 수중 | 必须 bìxū 튀 반드시 | 当天 dāngtiān 몡 그날 | 办公室 bàngōngshì 몡 사무실 | ★ 楼层 lóucéng 몡 (건물의) 층 | 速记员 sùjìyuán 몡 속기사 | 所有 suǒyǒu 톙 모든 | 体育 tǐyù 몡 체육, 스포츠 | 如果 rúguǒ 젭 만약 | 却 què 튀 오히려 | 还是 háishi 튀 그래도, 끝내 | 愿意 yuànyì 통 동의하다 | 表达 biǎodá 통 표현하다 | 谢意 xièyì 몡 감사의 뜻 | 付 fù 통 지불하다 | 开玩笑 kāi wánxiào 통 농담하다 | 忘掉 wàngdiào 통 잊어버리다 | 原来 yuánlái 튀 원래 | 律师 lùshī 몡 변호사 | 怕 pà 통 두려워하다 | 麻烦 máfan 톙 번거롭다 | 总 zǒng 튀 언제나 | 装 zhuāng 통 가장하다

26　通过上文，我们可以知道小王：

　A 经验丰富
　B 乐于助人
　C 身体健康
　D 不爱工作

이 글을 통해 샤오왕에 대해 알 수 있는 것은:

　A 경험이 풍부하다
　B 다른 사람을 돕는 것을 좋아한다
　C 몸이 건강하다
　D 일하기를 싫어한다

 샤오왕의 동료들은 모두 스포츠 시합을 보러 나갔고, 샤오왕도 정리하고 나가려던 찰나에 낯선 사람이 도움을 요청하러 왔다. 샤오왕은 시합 보는 것을 뒤로하고, 일을 더 중요하게 여겨, 남아서 낯선 사람을 도왔으므로, 답은 B가 된다.

Tip 乐于助人은 喜欢帮助别人의 뜻이다.

단어 通过 tōngguò 젠 ~을 통하여 | 经验 jīngyàn 명 경험 | 丰富 fēngfù 형 풍부하다 | ★ 乐于 lèyú 동 기꺼이 (어떤 일을) 하다 | ★ 助人 zhùrén 사람을 돕다 | 健康 jiànkāng 형 건강하다

27

下列哪一项是正确的? / 다음 중 옳은 것은?

A 小王是经理 / A 샤오왕은 사장이다
B 律师很感谢小王 / B 변호사는 샤오왕에게 매우 고마워했다
C 律师没有给小王钱 / C 변호사는 샤오왕에게 돈을 주지 않았다
D 那天工作很快就做完了 / D 그날 업무는 매우 빨리 끝났다

해설 지문의 네 번째 단락에서 샤오왕에게 도움을 요청하러 온 낯선 사람은 변호사였다는 것을 알 수 있다. 세 번째 단락에서 일을 끝내고 그는 샤오왕에게 감사의 뜻을 전하면서(表达谢意) 1000위안을 주었다고 했으므로, B가 답이 된다.

단어 正确 zhèngquè 형 정확하다 | 经理 jīnglǐ 명 사장, 책임자 | 感谢 gǎnxiè 동 감사하다

28

过了3个月后, 发生了什么事? / 3개월 후 어떤 일이 일어났는가?

A 小王当上了律师 / A 샤오왕은 변호사가 됐다
B 小王不做速记员了 / B 샤오왕은 속기사 일을 하지 않았다
C 小王被公司开除了 / C 샤오왕은 회사에서 해고당했다
D 律师请小王去自己的公司工作 / D 변호사는 샤오왕에게 자신의 회사에서 일할 것을 요청했다

해설 네 번째 단락에서 샤오왕의 능력을 좋게 평가한 변호사는 높은 보수를 제안하며, 샤오왕이 자신의 회사에 와서 일해주기를 제안했다. 따라서 답은 D가 된다. 변호사에게 필요한 것은 속기사였고, 또 변호사는 속기사로서의 업무 능력을 마음에 들어 한 것이므로 B는 답이 될 수 없다.

단어 当 dāng 동 되다 | ★ 开除 kāichú 동 해고하다

29

这篇文章告诉我们: / 이 글이 우리에게 말하는 것은:

A 要多学知识 / A 지식을 많이 배워야 한다
B 要主动帮助别人 / B 주동적으로 다른 사람을 도와야 한다
C 做事不要轻易放弃 / C 일하는 것을 쉽게 포기해서는 안 된다
D 机会偏爱不怕麻烦的人 / D 기회는 번거로움을 두려워하지 않는 사람을 좋아한다

해설 지문의 마지막 단락에 주제가 언급되어 있다. 작가가 전달하고자 하는 메시지는 '귀찮고, 번거로운 일을 마다하지 않는 사람에게 좋은 기회가 온다'는 것이다. B도 틀린 내용은 아니지만, 일반적인 상황이 아니라 번거로운 상황임을 강조하고 있으므로, D가 답이 된다.

단어 轻易 qīngyì 부 함부로, 쉽게 | ★ 偏爱 piān'ài 동 편애하다

제목	흐르는 강물과 인생의 공통점

주제	인생 또한 강물처럼 장애를 피해 굽이굽이 흘러간다.

地理老师把一幅世界河流分布图挂在黑板上，问："同学们，³⁰这幅示意图上的河流有什么特点呢？""都不是直线，而是弯弯的曲线。"同学们回答说。"为什么会是这样呢？"老师继续问。

同学们七嘴八舌地议论开了，有的说，河流走弯路，拉长了河流的流程，河流也因此能拥有更大的流量，有的说，由于河流的流程拉长，河水对河床的冲击力也随之减弱，这就起到了保护河床的作用。

"³¹同学们，你们说的这些都对。"老师说，"但我看来，河流为什么不走直路而走弯路，最根本的原因就是，³²走弯路是自然界的一种常态，而走直路是一种非常态，因为河流在前进的过程中，会遇到各种各样的障碍，有些障碍是无法逾越的，所以它只有取弯路，绕道而行，也正因为走弯路，让它避开了一道道障碍，最终抵达了遥远的大海。"

说到这里，老师突然把话题一转，说："其实，人生也是如此，³²当你遇到坎坷、挫折时，也要把曲折的人生看作一种常态，不悲观失望，不长吁短叹，不停滞不前，把走弯路看成是前行的一种形式、另一条途径，这样你也可以像那些走弯路的河流一样，抵达遥远的人生大海。"

지리 선생님께서 세계 강 분포도를 칠판에 걸어놓고 물으셨다. "여러분, ³⁰이 안내도에 있는 강은 어떤 특징이 있죠?" "모두 직선이 아니라 구불구불한 곡선이에요." 학생들이 대답했다. "왜 그럴까요?" 선생님께서 계속해서 물으셨다.

학생들은 왁자지껄하며 의논하기 시작했다. 어떤 학생은 강이 구불구불한 길을 지나면, 강의 물길이 연장되고, 강도 이 때문에 더 많은 유동량을 확보할 수 있다고 말했다. 어떤 학생은 강의 물길이 연장되기 때문에, 하상에 대한 강물의 충격도 그에 따라 약해지고, 이것은 하상을 보호하는 역할을 한다고 했다.

"³¹여러분, 여러분이 한 말은 모두 맞아요." 선생님께서 말씀하셨다. "하지만 선생님이 보기에, 강이 왜 직선으로 흐르지 않고 굽은 길로 흐르는지, 가장 근본적인 원인은 바로, ³²굽은 길은 자연계의 정상적인 상태고, 직선의 길은 비정상적인 상태여서예요. 왜냐하면 강이 앞으로 나아가는 과정에서, 여러 가지 장애물에 부딪힐 수 있는데, 어떤 장애물은 뛰어넘을 수 없는 것도 있어요. 그래서 강은 구불구불한 길로 돌아서 가야만 하는 것이죠. 또한 구불구불한 길을 가기 때문에, 만나는 장애물을 하나씩 하나씩 피하게 되어, 마지막에 머나먼 큰 바다에 다다를 수 있게 되는 거예요."

여기까지 말한 후, 선생님은 갑자기 화제를 돌려 말했다. "사실 인생도 마찬가지예요. ³²여러분은 험난함과, 좌절에 부딪혔을 때, 곡절이 많이 있는 인생을 정상적이라고 생각해야 해요. 비관하거나 실망하지 말고, 거듭 한숨 쉬지 말고, 정체되어 있지 말고, 굽은 길로 가는 것을 앞으로 나아가는 하나의 방식이며, 또 다른 경로라고 생각하면 됩니다. 이렇게 하면 여러분도 돌아서 가는 저 강들처럼 멀고 먼 인생의 큰 바다에 도착할 수 있게 된답니다."

단어 地理 dìlǐ 몡 지리 | 河流 héliú 몡 강 | ★ 分布图 fēnbùtú 몡 분포도 | 黑板 hēibǎn 몡 칠판 | ★ 示意图 shìyìtú 몡 안내도 | 直线 zhíxiàn 몡 직선 | 曲线 qūxiàn 몡 곡선 | 继续 jìxù 통 계속하다 | ★ 七嘴八舌 qīzuǐ bāshé 성에 왁자지껄하다, 제각기 말하다 | 议论 yìlùn 통 의논하다 | ★ 走弯路 zǒu wānlù 굽은 길로 가다 | 拉长 lācháng 통 연장하다 | 流程 liúchéng 몡 물길 | 拥有 yōngyǒu 통 보유하다 | 流量 liúliàng 몡 유동량 | ★ 河床 héchuáng 몡 하상(하천의 바닥) | 冲击 chōngjī 통 (세차게) 부딪치다 | 自然界 zìránjiè 몡 자연계 | ★ 常态 chángtài 몡 정상적인 상태 | ★ 障碍 zhàng'ài 몡 장애물 | ★ 逾越 yúyuè 통 뛰어넘다 | 取 qǔ 통 취하다 | ★ 绕道 ràodào 통 돌아가다 | ★ 避开 bìkāi 통 피하다 | 最终 zuìzhōng 몡 마지막, 최후 | 抵达 dǐdá 통 도착하다 | ★ 遥远 yáoyuǎn 몡 아득히 멀다 | 话题 huàtí 몡 화제 | 如此 rúcǐ 떼 이와 같다 | ★ 坎坷 kǎnkě 몡 험난하다. (지면이) 울퉁불퉁하다 | 挫折 cuòzhé 몡 좌절 | 曲折 qūzhé 몡 (일이나 이야기의 내용 등이) 곡절이 많다. 복잡하다 | 悲观 bēiguān 몡 비관하다 | ★ 长吁短叹 chángxū duǎntàn 성에 거듭 탄식하다 | ★ 停滞不前 tíngzhì bùqián 성에 정체되어 앞으로 나아가지 못하다 | 途径 tújìng 몡 경로, 과정

30

地图上的河流都有什么特点？

지도에 있는 강은 모두 어떤 특징이 있는가?

A 都是弯的
B 流量都很大
C 流程都很长
D 都由东向西流

A 모두 구불구불하다
B 유동량이 모두 매우 크다
C 물길이 모두 매우 길다
D 모두 동쪽에서 서쪽으로 흐른다

 지리 선생님이 학생들에게 세계 강 분포도를 보여주면서 어떠한 특징이 있는지 묻는 질문에 학생들이 강은 직선이 아니라, 구불구불한 곡선으로 되어 있다고 대답한 것을 지문 첫 단락에서 찾을 수 있다. 따라서 답은 A가 된다.

31

同学们的回答:	학생들의 대답은:
A 都有道理	A 모두 일리가 있다
B 都是错的	B 모두 틀린 것이다
C 书上没有的	C 책에는 없는 것이다
D 让老师很意外	D 선생님을 매우 의아하게 했다

해설 '강은 왜 모두 굽은 길로 흐를까?'라는 질문에 학생들은 각자 자신의 생각을 발표하였는데, 선생님은 학생들의 말이 모두 옳다고 말씀하셨다. 따라서 답은 A가 된다. 지문의 都对(모두 맞다)를 보기에서는 都有道理(모두 일리가 있다)로 바꾸어 표현하였다.

단어 道理 dàolǐ 명 도리 | 意外 yìwài 형 의외다

32

第4段中画线句子是什么意思?	네 번째 단락 중 밑줄 친 부분의 뜻은 무엇인가?
A 人生很顺利	A 인생은 매우 순조롭다
B 学会尊重别人	B 다른 사람을 존중하는 것을 배워서 터득한다
C 坚持才能成功	C 끈기가 있어야 성공할 수 있다
D 人要学会绕道而行	D 사람은 돌아가는 것을 터득해야 한다

해설 강이 장애를 뛰어넘을 수 없을 때 굽이쳐 흐름으로써 장애를 피해 드넓은 바다로 도달할 수 있는 것처럼, 사람의 인생도 경우에 따라서는 돌아가는 길을 선택할 줄 알아야 한다는 뜻이므로, 답은 D가 된다.

단어 顺利 shùnlì 형 순조롭다 | 坚持 jiānchí 동 견지하다

33

适合这篇文章的标题是:	이 글에 적합한 제목은:
A 一幅世界地图	A 한 폭의 세계지도
B 世界河流分布	B 세계 강의 분포
C 地理课上的收获	C 지리 수업의 성과
D 一位难忘的老师	D 잊기 어려운 선생님

해설 지리 선생님이 강의 분포도를 보여주면서 강이 굽이쳐 흐르는 이유를 물어본 것은 학생들에게 인생의 깨달음을 주기 위해서였다. 세계 강의 분포도를 통해 인생의 진리를 학생들에게 알려주는 성과가 있었으므로, C가 답이 된다. 지문은 선생님의 훌륭함보다는 지리 수업 시간에 물줄기의 흐름과 인생을 비유하여 학생들에게 깨달음을 주는 데 중점을 두고 있는 내용이므로 D는 답이 될 수 없다.

단어 收获 shōuhuò 명 수확 | 难忘 nánwàng 형 잊기 어렵다

제목	운동 후 피로의 종류와 해결방법

주제	운동 후에 생기는 피로는 정상적인 것이다.

参加体育锻炼以及运动训练和比赛，到一定程度的时候，[34]人体就会产生工作能力暂时降低的现象，这种现象称为运动性疲劳。对于参加运动的人来说，这是常有的现象。

没有疲劳就没有训练，疲劳是检查训练效果的一个标志。所以[36]产生疲劳是训练的正常反应。[35]疲劳的程度一般可以通过运动者的自我感觉和某些外部表现来判断。由于运动量不同，每个人情况不一样，产生的疲劳也有不同程度之分。一般将疲劳分成三个层次：轻度、中度和重度疲劳。运动后产生疲劳感是正常的。轻度疲劳可以在短时间内消除；中度疲劳通过采取一系列手段也很快能消除，不会影响身体；但如果重度疲劳不能及时消除，就会影响学习和生活，损伤身体。

因此，作为一名教练除了在思想上、生活上关心运动员之外，主要应把重点放在不同的训练阶段，把训练手段和恢复手段结合起来。尤其对运动员来讲，疲劳在很大程度上和心理因素有关。为此，要根据具体对象的具体情况采用各种不同的恢复手段，以加速恢复过程。恢复方法是多方面的。训练后洗个温水澡是最简单易行的消除疲劳方法。温水浴可促进全身的血液循环，调节血流，加强新陈代谢，有利于机体内营养物质的运输和疲劳物质的排除。还要多吃水果和蔬菜，多吃肉来缓解疲劳这种想法是错误的。

체력단련 및 운동 훈련과 시합에 참가하고, 어느 정도가 되었을 때, [34]인체는 업무 능력이 잠시 떨어지는 현상이 나타날 것이다. 이러한 현상을 운동성 피로라고 부른다. 운동에 참가하는 사람에게 이것은 자주 있는 현상이다.

피로가 없다면, 그것은 훈련이 아니다. 피로는 훈련의 효과를 점검하는 하나의 표지다. 그래서 [36]피로가 생기는 것은 훈련의 정상적인 반응이다. [35]피로의 정도는 일반적으로 운동하는 사람의 자아 감각과 어떤 외부적 표현을 통해 판단할 수 있다. 운동량이 다르고 사람마다 상황이 다르기 때문에, 생기는 피로 역시 정도가 다르게 구분된다. 일반적으로 피로를 경도피로, 중도피로, 강도피로의 세 단계로 나눌 수 있다. 운동 후에 생기는 피로감은 정상적이다. 경도피로는 단시간 내에 없앨 수 있다. 중도피로도 일련의 방법을 통해서 빨리 없앨 수 있으며, 신체에 영향을 주지 않는다. 그러나 만약 강도피로를 신속히 해소하지 못한다면, 공부와 생활에 영향을 주고, 신체에 해로울 수 있다.

그러므로 감독은 선수들의 정신과 생활에 관심을 두는 것 외에도, 각 훈련단계에 중점을 두고, 훈련방법과 회복방법을 결합시켜야 한다. 특히 운동선수들에게 피로는 심리적 요소와 아주 큰 관계가 있다. 이 때문에, 구체적인 대상의 구체적인 상황에 따라 각기 다른 회복방법을 취해, 회복과정을 빠르게 해야 한다. 회복방법은 다양하다. 훈련 후 온수로 샤워하는 것은 제일 간단하고 쉽게 피로를 없애는 방법이다. 온수욕은 전신의 혈액순환을 촉진하고, 혈류를 조절하며, 신진대사를 강화하여, 신체 내 영양물질의 운반과 피로물질의 배출에 도움이 된다. 또한 과일과 채소를 많이 먹어야 하며, 고기를 많이 먹는 것이 피로를 완화해준다는 생각은 잘못된 것이다.

단어 | 参加 cānjiā 图 참가하다 | 以及 yǐjí 접 및, 그리고 | 程度 chéngdù 명 정도 | 产生 chǎnshēng 图 생기다, 나타나다 | 暂时 zànshí 명 잠시, 잠깐 | 降低 jiàngdī 图 떨어지다, 낮추다 | ★ 疲劳 píláo 형 피곤하다 | 对于 duìyú 전 ~에 대해 | 训练 xùnliàn 图 훈련하다 | 效果 xiàoguǒ 명 효과 | 标志 biāozhì 명 표지, 상징 | 反应 fǎnyìng 명 반응 | 判断 pànduàn 图 판단하다 | 由于 yóuyú 전 ~ 때문에 | 情况 qíngkuàng 명 상황 | ★ 消除 xiāochú 图 없애다 | 采取 cǎiqǔ 图 취하다 | 一系列 yíxìliè 형 일련의 | ★ 损伤 sǔnshāng 图 손상되다 | 教练 jiàoliàn 명 감독 | 思想 sīxiǎng 명 사상 | 阶段 jiēduàn 명 단계 | 恢复 huīfù 图 회복하다 | 结合 jiéhé 图 결합하다 | 尤其 yóuqí 부 특히 | 因素 yīnsù 명 구성 요소 | 具体 jùtǐ 형 구체적이다 | 加速 jiāsù 图 빠르게 하다 | 促进 cùjìn 图 촉진시키다 | ★ 血液循环 xuèyè xúnhuán 혈액순환 | 调节 tiáojié 图 조절하다 | ★ 血流 xuèliú 혈류 | ★ 新陈代谢 xīnchén dàixiè 명 신진대사 | ★ 运输 yùnshū 图 운반하다 | ★ 排除 páichú 图 제거하다 | ★ 缓解 huǎnjiě 완화되다

---

34 运动性疲劳会有什么表现?

A 很难恢复
B 不想吃饭
C 出现心理问题
D 工作能力暂时降低

운동성 피로는 어떻게 나타나는가?

A 회복하기 매우 어렵다
B 밥을 먹고 싶지 않다
C 심리문제가 나타난다
D 업무 능력이 잠시 떨어진다

 첫 번째 단락에, 운동도 어느 정도에 이르면 피로감이 생겨 업무 능력을 잠시 저하시키는데, 이러한 현상을 운동성 피로라고 부른다는 내용이 나와 있다. 따라서 답은 D가 된다.

35

"疲劳" 通过什么来判断?	'피로'는 무엇을 통해 판단하는가?
A 训练的结果	A 훈련 결과
B 恢复的时间	B 회복 시간
C 运动者的自我感觉	C 운동하는 사람의 자아 감각
D 运动员的心理状况	D 운동선수의 심리 상황

 두 번째 단락을 보면, 피로는 훈련의 효과를 점검하는 표지로, 그 정도는 운동하는 사람의 자아 감각과 외부적 표현을 통해 판단할 수 있다고 했다. 따라서 답은 C가 된다.

 状况 zhuàngkuàng 명 상황

36

根据上文，下列哪项正确?	이 글에 의하면 다음 중 옳은 것은?
A 训练后要洗冷水澡	A 훈련 후에는 냉수로 씻어야 한다
B 缓解疲劳应多吃肉	B 피로를 완화하려면 고기를 많이 먹어야 한다
C 疲劳是正常的训练反应	C 피로는 정상적인 훈련 반응이다
D 运动性疲劳是很少发生的	D 운동성 피로는 매우 드물게 발생한다

 세 번째 단락은 피로의 회복방법에 대한 내용으로, 훈련 후에는 냉수가 아닌 따뜻한 온수로 샤워해야 한다(A)고 했으며, 고기가 아닌 과일과 야채를 많이 먹어야 피로를 없애준다(B)고 했다. 또한 운동성 피로는 운동에 참가하는 사람에게 자주 나타나는 현상이라고 지문 첫 단락에 나와 있으므로 A, B, D는 모두 답이 될 수 없다. 두 번째 단락에 운동하고 피로를 느끼는 것은 정상적인 반응이라고 언급되어 있으므로, 답은 C가 된다.

37

最适合这篇文章的标题是:	이 글에 가장 적합한 제목은:
A 运动和疲劳	A 운동과 피로
B 怎样缓解压力	B 어떻게 스트레스를 푸는가
C 如何训练运动员	C 어떻게 운동선수를 훈련하는가
D 运动的好处和坏处	D 운동의 장점과 단점

 지문을 다 읽고 나서 떠오르는 단어는 运动(운동), 疲劳(피로), 消除(해소) 등이다. 지문은 운동에서 생기는 피로감의 종류와 해결하는 방법 등을 소개하고 있으므로 A가 답이 된다. 세 번째 단락에서 감독은 선수들의 훈련단계에 중점을 두어야 한다고 한 것은 훈련단계에 따라 다른 회복방법이 필요하다는 것을 말하고자 했던 것이므로 C는 답이 될 수 없다.

 适合 shìhé 동 적합하다 | 压力 yālì 명 스트레스, 압력

[38–40]

<table>
<tr><td>제목</td><td>불치병의 극복</td><td>주제</td><td>긍정적인 마음가짐과 자신을 사랑하는 생활태도는
불치병도 극복할 수 있다.</td></tr>
</table>

乔恩被医生叫到了办公室。大夫通知他，他得的是不治之症，最多活到年底，还让他小心圣诞节的时候不要出事。他想，新年的太阳估计见不到了。[38]他回到家，留着泪，拿出纸笔，开始写遗书。他忧虑恐惧地过了些日子，可是他发现自己总能在第二天清晨睁开眼睛。从前的每一天，他都认为自己活着是理所当然的，[40]而现在，每个小时对他来说都是上帝的恩赐。于是，他不再忧虑恐惧，而是感恩地过每一天。他尽量让自己每天都过得快乐。他决定做自己以前想做但根本没去做的一些事、那些让他觉得开心和兴奋的事。渐渐地，他放弃了药物治疗，也不去医院了，[39]困了就睡，渴了就喝，饿了就吃，完全只听自己身体的调配。他锻炼身体，出去散步，欣赏花草，关注单纯的生活，努力发现生活的美好，不去和任何人斤斤计较。他称自己的做法是"自然疗法"。就这样，他一直轻松地活到了现在。

존은 의사의 부름으로 사무실에 왔다. 의사는 그에게 그가 불치병에 걸렸고, 기껏해야 연말까지 살 수 있다고 말했다. 그리고 그에게 크리스마스 때 사고가 발생하지 않도록 조심하라고 했다. 그는 새해의 태양은 아마 보지 못하겠거니 생각했다. [38]그는 집에 돌아와, 눈물을 흘리며 펜과 종이를 꺼내 유서를 쓰기 시작했다. 그는 걱정과 두려움으로 세월을 보냈다. 그러나 그는 자신이 항상 다음날 새벽에 눈을 뜰 수 있다는 것을 알게 되었다. 지난날에는 매일, 그는 항상 자신이 살아 있는 것이 당연하다고 여겼다. [40]그러나 지금은 그에게 매시간이 모두 하느님의 은총이었다. 그래서 그는 더이상 걱정하고 두려워하지 않고, 매일 하루를 감사해하며 보냈다. 그는 최대한 자신이 매일 행복하게 보낼 수 있도록 했다. 그는 이전에 자신이 하고 싶었지만 하지 못했던 일, 그를 기쁘고 신나게 하는 그러한 일을 하기로 결심했다. 점차, 그는 약물 치료를 포기하고 병원에도 가지 않았다. [39]피곤하면 자고, 목마르면 마시고, 배고프면 먹으면서 완전히 자신의 몸이 원하는 대로 맞춰나갔다. 그는 운동하고, 산책을 하며, 풀과 꽃을 감상하고, 단순한 생활을 주시했다. 생활의 아름다움을 발견하려고 노력했고, 어떤 사람과도 시시콜콜하게 따지지 않았다. 그는 자신의 행동을 '자연 치료법'이라 불렀다. 이렇게 해서 그는 계속 편안하게 지금까지 살고 있다.

단어 办公室 bàngōngshì 몡 사무실 | ★ 不治之症 búzhìzhīzhèng 셩어 불치병 | 圣诞节 Shèngdànjié 몡 크리스마스 | 估计 gūjì 통 추측하다 | 遗书 yíshū 몡 유서 | ★ 忧虑 yōulǜ 통 걱정하다 | ★ 恐惧 kǒngjù 혱 두렵다 | 清晨 qīngchén 몡 이른 아침 | ★ 理所当然 lǐsuǒdāngrán 셩어 당연히 그렇다 | 上帝 shàngdì 몡 하느님 | ★ 恩赐 ēncì 통 하사하다 | 感恩 gǎn'ēn 통 고맙게 여기다 | 尽量 jǐnliàng 閉 가능한 한 | ★ 渐渐 jiànjiàn 閉 점점 | 放弃 fàngqì 통 포기하다 | 治疗 zhìliáo 통 치료하다 | ★ 调配 diàopèi 통 할당, 분배 | 锻炼 duànliàn 통 단련하다 | 散步 sànbù 통 산책하다 | 欣赏 xīnshǎng 통 감상하다 | 关注 guānzhù 통 주시하다 | 单纯 dānchún 혱 단순하다 | ★ 斤斤计较 jīnjīn jìjiào 셩어 중요하지 않은 일을 시시콜콜 따지다 | ★ 疗法 liáofǎ 몡 치료법

---

38 乔恩知道自己很快就会离开这个世界，他的心情很：

A 遗憾
C 安慰
B 沉重
D 不安

존이 자신이 곧 세상을 떠난다는 것을 알았을 때 그의 심정은 매우:

A 유감스럽다   B 우울하다
C 위안이 되다   D 불안하다

해설 最多活到年底(기껏해야 연말까지 산다)는 죽음을 의미한다. 존은 자신이 곧 죽을 거라는 말을 듣고 눈물을 흘리며 유서를 썼다고 했으므로, 죽음을 앞둔 주인공의 심정을 遗憾(유감스럽다)으로 나타내기엔 부족하다. 갑자기 시한부 인생을 선고받은 그의 마음이 두려움과 걱정으로 가득하여 沉重(우울하다)한 것을 유추할 수 있으므로, 답은 B가 된다. D의 不安(불안하다)은 '마음이 편하지 않고 조마조마한 느낌' 혹은 '막연한 위기감'을 말하는데, 여기서 주인공이 불치병이라는 것은 이미 기정 사실이므로 不安(불안하다)보다는 沉重(우울하다)이라는 표현이 더 적합하다.

단어 ★ 遗憾 yíhàn 혱 유감스럽다 | ★ 沉重 chénzhòng 혱 우울하다 | ★ 安慰 ānwèi 혱 위안이 되다 | 不安 bù'ān 혱 불안하다

<table>
<tr><td>39</td><td>乔恩放弃了医院的治疗，开始:

A 等死　　B 自我治疗
C 大吃大喝　　D 尽情享受</td><td>존이 병원의 치료를 포기하고 시작한 것은:

A 죽음을 기다렸다　　B 자아 치료했다
C 실컷 먹고 마셨다　　D 한껏 즐겼다</td></tr>
</table>

해설 존은 자신이 그동안 해보고 싶었지만 하지 못했던, 스스로를 기쁘게 하는 일들을 하며 점차 약물치료를 포기하고, 병원에 가지 않았다고 했다. 자신의 몸이 원하는 대로 맞춰나가며 운동과 산책을 하는 등 '자연 치료법'을 썼다고 했으므로 답은 B가 된다.

단어 ★尽情 jìnqíng 児 한껏, 마음껏 | 享受 xiǎngshòu 통 누리다

<table>
<tr><td>40</td><td>乔恩现在觉得每活一个小时，都是:

A 忧虑　　B 恐惧
C 受罪　　D 上帝的恩赐</td><td>존이 생각하기에 이제 살아 있는 매시간은 모두:

A 걱정된다　　B 두렵다
C 벌을 받는다　　D 하느님의 은총이다</td></tr>
</table>

해설 그는 예전에는 자신에게 주어진 삶이 당연하다고 여겼으나, 불치병에 걸린 이후로 매시간이 하느님의 은총임을 깨달았다고 했으므로, 답은 D가 된다.

단어 ★受罪 shòuzuì 통 벌을 받다

[41-45]

제목 성공의 목적

주제 성공은 남이 아닌 자신을 위한 것이다.

[43]中国人对成功、失败、快乐、悲伤，有比较概念化的统一模式。换句话说，[41]中国人活着就是为了争口气，是为了一种体面，因为在别人面前必须有可以炫耀的东西。比如说，孩子小的时候，爸妈会对他说:"孩儿啊，你要好好念书，长大考个好大学，给你爸你妈争口气。"运动员参加国际比赛，领导也会握着他的手说:"祖国和人民期待着你为中国人争光!"对西方人来说，人生是自己的人生，跟别人没有多大关系，应该帮助别人，但没必要为谁而活。[44]他们更看重体现个人特性和自我价值的平和人生。在西方，无论你从事什么职业都无高低贵贱之分，[42]干事业强调的是事业本身的兴趣和幸福愉快。而西方人自己的人生价值的实现，成功与否，跟别人都没有任何关系，他们也不需要通过他人的肯定来获得自己心理的满足和回报。[45]淡泊的人生在西方人看来是一种享受，守住一份简朴，不愿意显山露水，越来越被西方人认为是一种难得的人生境界。

[43]중국인은 성공, 실패, 기쁨, 슬픔에 대해서 비교적 개념화된 통일된 양식이 있다. 다시 말해서 [41]중국인들은 지지 않기 위해서, 체면을 위해서 살아간다. 왜냐하면 다른 사람 앞에서 반드시 과시할 것이 있어야 하기 때문이다. 예를 들어, 아이가 어렸을 때 부모는 자식에게 "얘야, 너는 열심히 공부해서, 커서 좋은 대학에 붙어야 해. 그래서 엄마 아빠 체면을 살려주렴." 하고 말한다. 운동선수가 국제 경기에 참가하면 코치도 선수의 손을 부여잡고, "조국과 국민은 자네가 중국인을 위해 영예를 빛내주기를 기대하고 있다네."라고 말할 것이다. 서양인에게 있어서, 인생은 자신의 것이며 다른 사람과는 크게 관계가 없다. 다른 사람을 도와주기는 해야 하지만, 누군가를 위해 살아갈 필요는 없다. [44]그들은 개인의 특성과 자아 가치를 구현하는 평화로운 삶을 더 중시한다. 서양에서는 당신이 어떤 직업에 종사하든 높고 낮고 귀하고 천함이 없다. [42]일을 할 때 강조하는 것은 일 자체에 대한 흥미와 행복, 즐거움이다. 그리고 서양인들은 자신의 인생 가치 실현, 성공의 여부는 다른 사람과 어떠한 관계도 없다. 그들은 또한 타인의 인정을 통해 자신의 심리적 만족과 보답을 얻는 것을 필요로 하지 않는다. [45]명예나 이익을 좇지 않는 인생은 서양인들이 보기에는 일종의 즐거움이다. 소박한 삶을 지키고, 재능을 드러내기를 원하지 않는 것은 점점 서양인들에게는 귀한 인생의 경지로 여겨지고 있다.

 悲伤 bēishāng 휑 슬프다 | ★ 概念化 gàiniànhuà 동 개념화하다 | 统一 tǒngyī 휑 통일된 | ★ 模式 móshì 명 양식, 패턴 | 体面 tǐmiàn 명 체면 | ★ 炫耀 xuànyào 동 자랑하다, 과시하다 | 念书 niànshū 동 공부하다 | ★ 争口气 zhēng kǒu qì 지지 않으려고 애쓰다, 체면을 세우다 | 领导 lǐngdǎo 명 지도자 | 期待 qīdài 동 기대하다 | 争光 zhēngguāng 동 영예를 빛내다 | 必要 bìyào 휑 필요하다 | 看重 kànzhòng 동 중시하다 | 体现 tǐxiàn 동 구현하다, 드러내다 | 特性 tèxìng 명 특성 | 无论 wúlùn 접 ~을 막론하고 | 强调 qiángdiào 동 강조하다 | 兴趣 xìngqù 명 흥미 | 满足 mǎnzú 동 만족하다 | ★ 淡泊 dànbó 휑 명예나 이익을 쫓지 않다, 욕심이 없다 | 享受 xiǎngshòu 동 즐기다, 누리다 | ★ 简朴 jiǎnpǔ 휑 소박하다 | ★ 显山露水 xiǎnshān lùshuǐ 성어 재능을 드러내 주목을 끌다 | 境界 jìngjiè 명 경지

---

41 根据上文，中国人活着不是为了：

A 有面子
B 争口气
C 向别人炫耀
D 快乐和享受

이 글에 의하면 중국인이 살아가는 이유가 아닌 것은:

A 체면을 위해서
B 지지 않기 위해서
C 다른 사람에게 과시하기 위해서
D 기쁨과 향유를 위해서

해설 지문 앞부분에서 중국인들은 지지 않기 위해서, 체면을 세우기 위해서, 자신을 과시하기 위해서 살아가고 있다고 말했다. A, B, C 모두 언급된 내용이지만, D는 서양 사람들이 살아가는 이유이므로, D가 답이 된다.

Tip 보기에 지문 내용이 나열된 형식으로 나오면, 언급되지 않은 내용이 답이 될 수 있다.

---

42 西方人做工作，凭的是：

A 兴趣
B 自由
C 劳动
D 工作的高低贵贱

서양인들이 일을 할 때 의지하는 것은:

A 흥미
B 자유
C 노동
D 직업의 높고 낮고 귀하고 천함

해설 서양 사람들은 일할 때 직업의 귀천을 따지지 않는다고 하였으니 D는 답에서 제외된다. 그들은 일에 대한 자신의 흥미와 행복, 즐거움에 가장 중점을 둔다고 했으므로, 답은 A가 된다.

단어 自由 zìyóu 명 자유 | 劳动 láodòng 명 노동, 일

---

43 中国人看待成功和失败：

A 模式统一
B 别人说了不算
C 没有统一标准
D 没有固定概念

중국인들이 보는 성공과 실패는:

A 통일된 유형이다
B 다른 사람이 말하는 것은 소용없다
C 통일된 기준이 없다
D 고정적인 개념이 없다

해설 성공과 실패를 바라보는 시각은 사람마다 다를 수 있다. 중국인들은 자신의 관점이 아닌 다른 사람이 자신을 어떻게 평가할지에 초점을 맞춘다. 남에게 지지 않고, 과시하고 뽐낼 수 있다면 성공한 것이라는 통일된 생각을 하고 있다고 앞부분에 언급되어 있다. 따라서 답은 A가 된다.

단어 看待 kàndài 동 대하다, 취급하다 | 标准 biāozhǔn 명 기준 | ★ 固定 gùdìng 휑 고정적이다

44

西方人追求的人生要体现:

A 富裕　　　　　　　B 他人的成就
C 兴趣和愉快　　　　D 个性和自我价值

서양인들이 추구하는 인생이 구현해야 하는 것은:

A 부유함　　　　　　B 타인의 성과
C 흥미와 즐거움　　　D 개성과 자아 가치

해설 서양 사람들은 자신의 인생을 다른 사람의 시선에 맞추어 살지 않고, 개인의 특성과 자아 가치를 구현하는 것을 더욱 중요하게 생각한다고 언급하였으므로 답은 D가 된다. C도 언급되긴 하였으나 흥미와 즐거움은 일을 할 때 중요하게 생각하는 내용이므로 답이 될 수 없다.

단어 ★富裕 fùyù 웹 부유하다 | 成就 chéngjiù 웹 성취, 성과 | 个性 gèxìng 웹 개성

西方人认为最高的人生境界是:

A 简朴淡泊
B 游山玩水
C 富有大方
D 无关他人

서양인들이 여기는 최고의 인생 경지는:

A 소박하고 명예와 이익을 쫓지 않는 것
B 자연에서 노니는 것
C 부유하고 호탕한 것
D 타인과 무관한 것

해설 서양인이 생각하는 인생의 최고 경지는 돈을 많이 벌어 부유한 것도 아니고, 다른 사람과 상관없는 삶을 사는 것도 아니다. 마지막 부분에서 그들은 소박하고 욕심 없이 사는 것이 인생의 경지라고 생각한다고 했으므로, 답은 A가 된다.

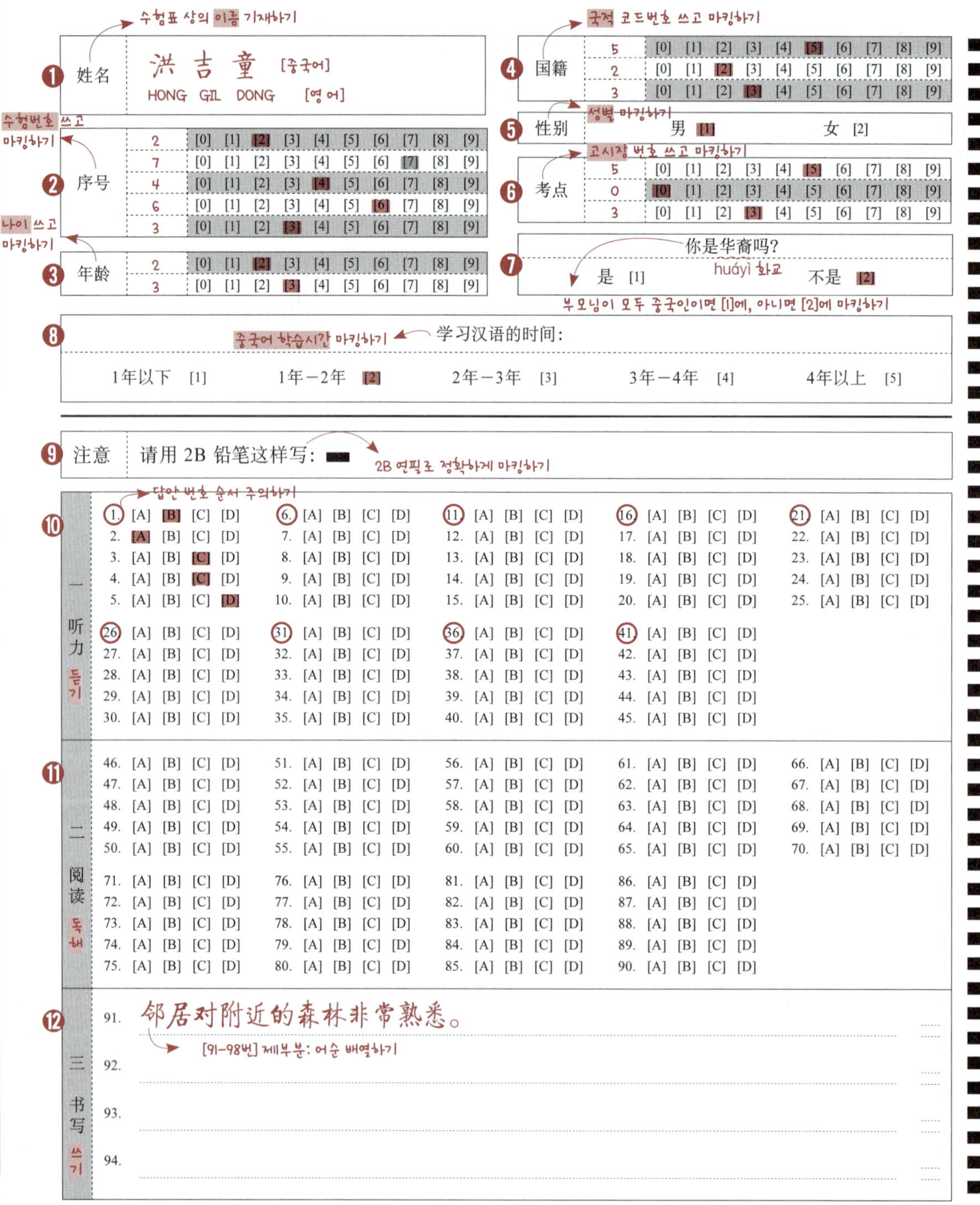
新 汉 语 水 平 考 试
HSK（五级）答题卡
수험표 상의 이름 기재하기
① 姓名　洪吉童 [중국어]　HONG GIL DONG [영어]
수험번호 쓰고 마킹하기
② 序号
③ 年龄
나이 쓰고 마킹하기
국적 코드번호 쓰고 마킹하기
④ 国籍
성별 마킹하기
⑤ 性别　男 [1]　女 [2]
고시장 번호 쓰고 마킹하기
⑥ 考点
你是华裔吗?
⑦ 是 [1]　huáyì 화교　不是 [2]
부모님이 모두 중국인이면 [1]에, 아니면 [2]에 마킹하기
⑧ 종국어 학습시간 마킹하기　学习汉语的时间：
1年以下 [1]　1年-2年 [2]　2年-3年 [3]　3年-4年 [4]　4年以上 [5]
⑨ 注意　请用 2B 铅笔这样写：　2B 연필로 정확하게 마킹하기
답안 번호 순서 주의하기
⑩ 一 听力 듣기
⑪ 二 阅读 독해
⑫ 三 书写 쓰기
91. 邻居对附近的森林非常熟悉。
[91-98번] 제부분: 어순 배열하기
92.
93.
94.

95.

96.

97.

98.

99.

　我每次去学校都要经过一个不太大的广场。

100.

我这两天有点着凉了。

国家汉办/孔子学院总部
Hanban/Confucius Institute Headquarters

新 汉 语 水 平 考 试
Chinese Proficiency Test

HSK（五级）成绩报告
HSK (Level 5) Examination Score Report

姓名：
Name

性别：　　　　　国籍：
Gender　　　　　Nationality

考试时间：　　　　　　　年　　　　　月　　　　　日
Examination Date　　　　Year　　　Month　　　Day

编号：
No.

	满分（Full Score）	你的分数（Your Score）
听力（Listening）	100	
阅读（Reading）	100	
书写（Writing）	100	
总分（Total Score）	300	

总分180分为合格（Passing Score：180）

主任　　　　　　　　　　　国家汉办
Director　　　　　　　　　Hanban

中国 • 北京
Beijing • China